# आलोचना में सहमति-असहमति

# आलोचना में सहमति-असहमति

मैनेजर पाण्डेय

वाणी प्रकाशन

प्रकाशन के उत्कृष्टतम 63 वर्ष

सजिल्द पहला संस्करण : 2013
सजिल्द दूसरा संस्करण : 2026

vaniprakashan.com

**वाणी प्रकाशन**

*4695, 21-ए, दरियागंज, नयी दिल्ली-110 002*

*फ़ोन : + 91 11 23273167, 23275710*

**शाखाएँ**

*अशोक राजपथ, पटना-800 004, बिहार*

*कॉफ़ी हाउस कैम्पस, महात्मा गांधी मार्ग, प्रयागराज-211 001, उत्तर प्रदेश*

*महात्मा गांधी अन्तरराष्ट्रीय हिन्दी विश्वविद्यालय, वर्धा-442 001, महाराष्ट्र*

sales@vaniprakashan.in
vaniprakashan@gmail.com

Alochana Mein Sahamati-Asahamati
*by* Manager Pandey

ISBN : 978-93-5072-557-3
Criticism



मूल्य : ₹700



*जी.एस. ऑफ़सेट, दिल्ली-110 095 में मुद्रित*

*वाणी प्रकाशन का लोगो मक़बूल फ़िदा हुसैन की कूची से*

# भूमिका

आलोचना चाहे सैद्धान्तिक हो या व्यावहारिक, वह सहमति-असहमति की द्वन्द्वात्मक प्रक्रिया से निर्मित और विकसित होती है। यह बात भारतीय साहित्य शास्त्र के बारे में सच है और पश्चिमी समालोचना के सन्दर्भ में भी। हिन्दी आलोचना के आज तक के इतिहास से भी यही बात जाहिर होती है।

आलोचना में चाहे सहमति हो या असहमति, उसका साधार और सप्रमाण होना जरूरी है तभी सहमति या असहमति विश्वसनीय होती है। आलोचना की विश्वसनीयता को सबसे अधिक खतरा होता है मनमानेपन से। आलोचना में तर्क-वितर्क, खण्डन-मण्डन, आरोप-प्रत्यारोप के लिए जगह होती है, पर उतनी ही जितनी विचारशीलता में सत्यनिष्ठा और सच्चाई के लिए जरूरी है। आलोचना सहमति या असहमति के नाम पर 'मनमाने की बात' नहीं है। जब आलोचना में मनमानेपन का विस्तार होता है तो आलोचना गैर-जिम्मेदार हो जाती है। गैर-जिम्मेदार आलोचना से वैचारिक अराजकता पैदा होती है। आलोचना में सहमति-असहमति का सन्तुलन तब बिगड़ता है जब खुद को सही मानने की जिद दूसरों को गलत साबित करने की कोशिश बनती है।

इस पुस्तक के पहले लेख में आज की हिन्दी आलोचना में सैद्धान्तिक सोच की दयनीय दशा पर चिन्ता व्यक्त की गयी है। हिन्दी में कुछ आलोचकों ने अपनी सुविधा को सिद्धान्त बनाकर यह घोषणा कर दी है कि आलोचना तो केवल व्यावहारिक होती है। अगर यही सच होता तो न तो भारतीय साहित्य शास्त्र विकसित होता न पश्चिम का साहित्य चिन्तन। कल्पना कीजिए कि यदि रामचन्द्र शुक्ल ने काव्यालोचन से सम्बन्धित सैद्धान्तिक निबन्ध नहीं लिखे होते तो हिन्दी में कविता की आलोचना का आधार और ढाँचा कैसे निर्मित होता! यही नहीं, अगर मुक्तिबोध ने अपने समय के साहित्य सम्बन्धी सैद्धान्तिक सवालों पर सोच-विचार नहीं किया होता तो उनके बाद की साहित्यिक समझदारी का क्या हाल होता। बिना सैद्धान्तिक समझ के व्यावहारिक आलोचना अन्धी होती है और बिना व्यावहारिक आलोचना के सैद्धान्तिक चिन्ता बन्ध्या। इस पुस्तक के दूसरे, तीसरे, चौथे और पाँचवें निबन्ध में हिन्दी आलोचना के सामने मौजूद कुछ महत्त्वपूर्ण सवालों पर विचार करने की कोशिश

है। उसके बाद के एक निबन्ध 'उत्तर-आधुनिक युग में मध्ययुगीनता की वापसी' में समकालीन सांस्कृतिक सन्दर्भ की छानबीन है। उसके बाद के दो निबन्धों में हिन्दी में आत्मकथा की संरचना और संस्कृति पर सोच-विचार है। आगे के दो निबन्धों में दो पुस्तकों की समीक्षाएँ हैं। फिर माधवराव सप्रे, रामचन्द्र शुक्ल, शिवदान सिंह चौहान, राहुल सांकृत्यायन, यशपाल, पांडेय बेचन शर्मा 'उग्र', राजेन्द्र यादव और सुरेन्द्र चौधरी के चिन्तन और लेखन का मूल्यांकन है। इस पुस्तक के एक निबन्ध में मृदुला गर्ग की कहानियों की संवेदना, सोच और कला का विवेचन है। इसके बाद प्रसिद्ध संस्कृति विचारक अडोर्नो की आलोचना की संस्कृति सम्बन्धी सोच की समीक्षा है। इस पुस्तक के निबन्ध समय-समय पर लिखे गये हैं इसलिए कुछ निबन्धों में दोहराव सम्भव है।

मैं इस पुस्तक में मौजूद विचारों, व्याख्याओं और मान्यताओं से पाठकों की सहमति और असहमति का इन्तजार करूँगा।

**—मैनेजर पाण्डेय**

बी-डी/8ए
डी.डी.ए. फ्लैट्स, मुनिरका
नयी दिल्ली-110067

# अनुक्रम

# खण्ड : एक

# इस अकाल वेला में

टेरी इग्लटन ने 'साहित्य-सिद्धान्त' नामक अपनी पुस्तक की भूमिका में प्रसिद्ध अर्थशास्त्री जे.एस. कीन्स का एक कथन उद्धृत किया है, जो इस प्रकार है, "जो अर्थशास्त्री सिद्धान्त को नापसन्द करते हैं या किसी सिद्धान्त के बिना ही अपने बेहतर अर्थशास्त्र का दावा करते हैं, वे वास्तव में पुराने सिद्धान्त की जकड़न में ही जीते हैं।" टेरी इग्लटन ने यह भी लिखा है कि कुछ आलोचक साहित्य-सिद्धान्त को पाठ और पाठक के बीच अवरोध समझते हैं, जबकि बिना सिद्धान्त के न तो यह जाना जा सकता है कि साहित्यिक कृति क्या है और न यही कि उसे कैसे पढ़ें। साहित्य-सिद्धान्त के विरोध का अभिप्राय है दूसरों के सिद्धान्तों का विरोध। टेरी इग्लटन के इस कथन से यह संकेत मिलता है कि यद्यपि पश्चिम में साहित्य-सिद्धान्तों की बाढ़-सी दिखाई देती है, लेकिन वहाँ भी साहित्य-सिद्धान्त का विरोध होता रहा है। यह विरोध सबसे अधिक इंग्लैंड और अमेरिका के अनेक व्यवहारवादी दार्शनिक करते दिखाई देते हैं। पिछली दो सदियों में प्रायः साहित्य-सिद्धान्तों की जन्मभूमि फ्रांस रहा है और उनकी कर्मभूमि अमेरिका। किसी भी सिद्धान्त को अश्लील और भोंडा बनाने में अमेरिका का कोई प्रतिद्वन्द्वी नहीं है।

हिन्दी में पाँच प्रकार की आलोचनाएँ प्रचलित हैं। पहली है अखबारी आलोचना, दूसरी पुस्तक समीक्षा, तीसरी अध्यापकीय आलोचना, चौथी आस्वादपरक आलोचना जो पत्रिकाओं से लेकर व्याख्याओं तक में पायी जाती है और पाँचवीं है परा-आलोचना या साहित्य-सिद्धान्त। हिन्दी में जिसे साहित्य की मुख्यधारा कहा जाता है उसमें साहित्य-सिद्धान्त का पूरी तरह अकाल ही है। पहले उपनिवेशवाद के कारण और अब भूमण्डलीकरण के प्रभाव में जैसे जीवन के प्रत्येक क्षेत्र में उधार से काम चलाने की हमारी आदत बन गयी है, उसका विस्तार साहित्य की आलोचना में है और साहित्य-सिद्धान्त में भी। हमारे यहाँ कुछ भूतपूर्व और कुछ अभूतपूर्व आलोचक साहित्य के सैद्धान्तिक प्रश्नों पर सोच-विचार से खुद परहेज करते हैं और दूसरों को रोकते भी हैं। यही नहीं, जो लोग इस दिशा में कुछ प्रयत्न करते हैं उनका मज़ाक उड़ाया जाता है। परिणाम यह है कि हिन्दी में साहित्य-सिद्धान्त के विकास की सम्भावनाएँ नहीं दिखाई देतीं। सवाल यह है कि आखिर ऐसा क्यों है।

रेमण्ड विलियम्स ने लिखा है कि संस्कृति और समाज के बीच सम्बन्धों की समस्या सैद्धान्तिक समस्या के रूप में तभी सामने आती है जब संस्कृति और समाज में ऐतिहासिक दृष्टि से महत्त्वपूर्ण कुछ परिवर्तन घटित होते हैं। समाज से संस्कृति और उसके विभिन्न रूपों के सम्बन्धों पर विचार करने वाले वे ही लेखक महत्त्वपूर्ण होते हैं जिन्हें ऐसे परिवर्तनों का बोध होता है। वे ही सिद्धान्त और साहित्य के सिद्धान्तों का निर्माण करते हैं और इन दोनों की रचना तथा आलोचना का मार्गदर्शन भी करते हैं। ऐसा नहीं है कि भारत में आजादी के बाद के वर्षों में समाज, साहित्य और संस्कृति के क्षेत्र में ऐतिहासिक दृष्टि से महत्त्वपूर्ण परिवर्तन घटित न हुए हों, बल्कि बहुत परिवर्तन हुए हैं, लेकिन इन परिवर्तनों को पहचानने और उनके बारे में सैद्धान्तिक सोच विकसित करने के प्रयत्न हिन्दी में नहीं दिखाई देते। स्वतन्त्र भारत के हिन्दी के बुद्धिजीवी इस दृष्टि से असफल बुद्धिजीवी ही माने जाएँगे।

पिछली दो सदियों में सारी दुनिया में जो भी साहित्य-सिद्धान्त निर्मित हुए हैं उनमें से अधिकांश प्रायः साहित्येतर अनुशासनों से प्रेरित और प्रभावित दिखाई देते हैं। इन साहित्य-सिद्धान्तों के मूल में भाषा-विज्ञान, मनोविज्ञान, समाजशास्त्र, इतिहास-दर्शन और राजनीतिशास्त्र के अनुशासनों की प्रेरणा रही है। मार्क्सवाद, विधेयवाद, संरचनावाद, उत्तर-संरचनावाद, उत्तर-आधुनिकवाद, विखण्डनवाद और नव इतिहासवाद का मूल समाज विज्ञान के विभिन्न अनुशासनों में देखा जा सकता है। बीसवीं सदी में यह जरूर हुआ है कि रूसी रूपवाद से लेकर अमेरिकी नयी समीक्षा तक जो रूपवादी साहित्य-सिद्धान्त विकसित हुए हैं वे साहित्य की स्वायत्तता पर जोर देते रहे हैं, लेकिन उनका भी दूसरे साहित्य-सिद्धान्तों से संवाद और विवाद होता रहा है, जिनके परिणामस्वरूप उनका भी परिष्कार हुआ है। हिन्दी में समाजविज्ञान के विभिन्न अनुशासनों में मौलिक चिन्तन बहुत कम विकसित हुआ है। सच बात तो यह है कि हिन्दी ज्ञान की भाषा के रूप में अब भी अविकसित ही है, बल्कि स्वाधीनता आन्दोलन के काल में वह जितनी ज्ञान की भाषा बनी थी, उतनी भी अब नहीं है। अब या तो वह बाज़ार की भाषा बन रही है या फिर साहित्य में केवल कविता, कहानी, उपन्यास और इनके बारे में बातचीत करने वाली आलोचना की भाषा है। हिन्दी के बुद्धिजीवियों की आकांक्षा और व्यवहार के बीच जो खाई है उसी में डूबा है हिन्दी का सैद्धान्तिक चिन्तन।

ऐसा नहीं है कि हिन्दी में साहित्य-सिद्धान्त सम्बन्धी सोच-विचार की प्रवृत्ति और परम्परा नहीं रही है। यह सब जानते हैं कि आधुनिक हिन्दी साहित्य का आरम्भ भारतेन्दु युग से होता है। साहित्य-सम्बन्धी सैद्धान्तिक सोच की शुरुआत भी भारतेन्दु युग से होती है। भारतेन्दु युग के लेखकों के सामने साहित्य-सिद्धान्त की दो परम्पराएँ मौजूद थीं। एक थी संस्कृत काव्यशास्त्र की परम्परा और दूसरी अंग्रेजी के माध्यम से प्राप्त साहित्य चिन्तन की यूरोपीय परम्परा। भारतेन्दु युग

के लेखकों ने इनमें से किसी से परहेज नहीं किया, लेकिन किसी का अनुगमन भी नहीं किया। उन्होंने अपना स्वतन्त्र मार्ग बनाया। भारतेन्दु युग के सजग लेखक यह अनुभव कर रहे थे कि उनके समय के भारतीय समाज के साथ हिन्दी साहित्य भी नयी दिशा में आगे बढ़ रहा है और साहित्य में ऐतिहासिक दृष्टि से महत्त्वपूर्ण परिवर्तन हो रहे हैं। ऐसी स्थिति में जो साहित्य लिखा जा रहा था उसे समझने के लिए साहित्य की एक नयी धारणा की जरूरत थी। यह काम न तो संस्कृत साहित्यशास्त्र से पूरा हो सकता था और न पाश्चात्य साहित्यशास्त्र से। यही कारण है कि बालकृष्ण भट्ट ने 1881 ई. में साहित्य की नयी धारणा सामने रखी। उन्होंने एक निबन्ध लिखा, जिसका शीर्षक था 'साहित्य जनसमूह के हृदय का विकास है'। यह एक तरह से भारतेन्दु युग के साहित्य की परिभाषा है और उसको समझने की कुंजी भी। इसी के आस-पास 1883 ई. में भारतेन्दु हरिश्चन्द्र ने 'नाटक' नाम का एक लम्बा निबन्ध लिखा जिससे हिन्दी में नाटक सम्बन्धी सैद्धान्तिक सोच का आरम्भ होता है। बालकृष्ण भट्ट की धारणा में साहित्य के भाव पक्ष पर अधिक जोर था, जबकि साहित्य में ज्ञान का भी समावेश हो रहा था। इसीलिए बीसवीं सदी के आरम्भ में महावीर प्रसाद द्विवेदी ने अपने समय के साहित्य को ध्यान में रखकर साहित्य की नयी धारणा सामने रखी। उन्होंने लिखा कि "ज्ञानराशि के संचित कोश का ही नाम साहित्य है।" बालकृष्ण भट्ट और महावीर प्रसाद द्विवेदी साहित्य की धारणाएँ निर्मित करते हुए जातीय साहित्य की अवधारणा भी विकसित कर रहे थे। अपनी स्वतन्त्रता के लिए संघर्षशील जाति का साहित्य जातीय साहित्य ही होता है। महावीर प्रसाद द्विवेदी ने उसी निबन्ध में लिखा था, "जाति विशेष के उत्कर्षोपकर्ष का, उसके ऊँच-नीच भावों का, उसके धार्मिक विचारों और सामाजिक संघटन का, उसकी ऐतिहासिक घटनाओं और राजनीतिक स्थितियों का प्रतिबिम्ब देखने को यदि कहीं मिल सकता है तो उसके साहित्य में मिल सकता है। सामाजिक शक्ति या सजीवता, सामाजिक अशक्ति या निर्जीवता और सामाजिक सभ्यता तथा असभ्यता का निर्णायक एकमात्र साहित्य ही है।" बाद के समय में हिन्दी साहित्य क्रमशः विकसित हो रहा था, रचनाशीलता अधिक कलात्मक हो रही थी, उसमें भाव और ज्ञान का अलगाव मिट रहा था इसलिए अब साहित्य की ऐसी धारण की जरूरत थी जिसमें भाव और ज्ञान की एकता हो। ऐसी धारणा विकसित की आचार्य रामचन्द्र शुक्ल ने। उन्होंने अपने 'हिन्दी साहित्य का इतिहास' में लिखा कि "साहित्य जनता की चित्तवृत्ति का संचित प्रतिबिम्ब होता है।" इस धारणा में साहित्य के सामाजिक और ऐतिहासिक स्वरूप की ओर स्पष्ट संकेत है।

हिन्दी में साहित्य-सिद्धान्त सम्बन्धी चिन्तन पर सोचते समय जो नाम हमारे सामने आता है वह आचार्य रामचन्द्र शुक्ल का है। वे हिन्दी में साहित्य-सिद्धान्त के निर्माण की दिशा में व्यवस्थित प्रयत्न करने वाले पहले व्यक्ति हैं। आचार्य शुक्ल

का सारा सैद्धान्तिक चिन्तन सम्बन्धी प्रयत्न कविता से जुड़ा हुआ है। उनका अपना स्वतन्त्र काव्यदर्शन है। उन्होंने कविता सम्बन्धी सैद्धान्तिक सोच के विकास के लिए अथक प्रयास किया था। इसका एक प्रमाण यह है कि उन्होंने 'कविता क्या है' निबन्ध का 1909 से 1930 तक निरन्तर सुधार और परिष्कार किया। नामवर सिंह ने ठीक ही लिखा है कि "1909 से 1930 तक लगभग इक्कीस वर्षों में 'कविता क्या है' नामक निबन्ध का पूर्णतः कायाकल्प हो गया। कविता व्यक्ति हृदय से निकलकर लोक हृदय तक पहुँची और बद्धावस्था से मुक्तावस्था तक। भावों का व्यापार भाव-योग हुआ—ज्ञानयोग और कर्मयोग के समकक्ष, किन्तु ज्ञान और कर्म से संयुक्त भी। हिन्दी आलोचना के इतिहास में यह अन्तर्यात्रा जितनी रोमांचकारी है, उतनी ही महत्त्वपूर्ण भी।" 'कविता क्या है' के साथ ही 'काव्य में लोकमंगल की साधनावस्था, साधारणीकरण और व्यक्ति वैचित्र्यवाद, रसात्मक बोध के विविध रूप, काव्य में प्राकृतिक दृश्य, काव्य में रहस्यवाद और काव्य में अभिव्यंजनावाद जैसे निबन्धों के माध्यम से रामचन्द्र शुक्ल ने भारतीय काव्यशास्त्र की परम्परा का पुनर्मूल्यांकन और पाश्चात्य साहित्यशास्त्र से संवाद-विवाद करते हुए कविता की व्याख्या का नया दृष्टिकोण निर्मित किया। आचार्य शुक्ल न तो पश्चिम के कविता सम्बन्धी वादों और सिद्धान्तों से आतंकित हुए और न भारतीय काव्यशास्त्र के सिद्धान्तों से अभिभूत। एक ओर उन्होंने लिखा है कि "आजकल पाश्चात्य वाद-वृक्षों के बहुत से पत्ते—कुछ हरे नोचे हुए, कुछ सूखकर गिरे पाये हुए—यहाँ पारिजात पत्र की तरह प्रदर्शित किये जाने लगे हैं, जिससे साहित्य-उपवन में बहुत गड़बड़ी दिखाई देने लगी है। इन पत्तों की परख करने के लिए हमें अपनी आँखें खुली रखने और उन पेड़ों की परीक्षा करने की आवश्यकता है जिनके वे पत्ते हैं, पर यह बात हो नहीं रही है।" दूसरी ओर उन्होंने वह भी लिखा है कि "हमारे यहाँ कवियों को रीतिग्रन्थों ने जैसा चारों ओर से जकड़ा वैसा और कहीं के कवियों को नहीं। इन ग्रन्थों के कारण कवियों की दृष्टि संकुचित हो गयी। लक्षणों की कवायद पूरी करके वे अपने कर्तव्य की समाप्ति मानने लगे, काव्य का स्वरूप संघटित करने के स्थान पर वे बाहरी सजावट में अधिक उलझने लगे।" विदेशी और स्वदेशी काव्यशात्र के बारे में ऐसी सावधानी के बाद जो काव्यदर्शन निर्मित होता है वही सच्चा काव्यविवेक सिद्ध होता है।

आचार्य शुक्ल साहित्य में वादों के अतिवाद के विरोधी थे, इसलिए उन्होंने उनके प्रतिवाद पर अधिक ध्यान दिया। फिर भी अपने काव्य-सिद्धान्त को वे अभिव्यक्तिवाद कहते थे। अगर किसी को इस अभिव्यक्तिवाद का स्वरूप जानना हो तो उसे 'रसमीमांसा' को पढ़ना चाहिए। आचार्य शुक्ल की एक देन यह है कि उन्होंने हिन्दी आलोचना को काव्यालोचना से सम्बन्धित जितनी पारिभाषिक शब्दावली दी है उतनी हिन्दी के अन्य किसी आलोचक ने नहीं।

स्वाधीनता के बाद प्रयोगवाद और नयी कविता के दौर में काव्यानुभूति के स्वरूप पर बहस हुई, अनुभूति की ईमानदारी, सच्चाई, समझदारी आदि पर विवाद हुए, लघुमानव पर बात हुई, लेकिन कोई ऐसा सैद्धान्तिक परिप्रेक्ष्य नहीं सामने आया जिससे कविता और समाज के नये सम्बन्धों की नयी समझ सम्भव हो। कविता के नये प्रतिमानों की खोज की दिशा में जो प्रयत्न हुए उनमें भी अमेरिकी नयी समीक्षा की शब्दावली और धारणाओं का हिन्दीकरण ही हुआ दिखाई देता है।

हिन्दी की मार्क्सवादी आलोचना ने भी सिद्धान्त निर्माण की दिशा में कोई उल्लेखनीय उपलब्धि नहीं प्राप्त की है। यहाँ जार्ज लुकाच, रेमण्ड विलियम्स या लूसिएँ गोल्डमान की कौन कहे, क्रिस्टोफर कॉडवेल, फ्रेडरिक जेम्सन और टेरी इग्लटन जैसा प्रयत्न भी नहीं दिखाई देता। हिन्दी की मार्क्सवादी आलोचना में यथार्थवाद, प्रगतिशीलता, प्रतिबद्धता, विचारधारा और साहित्यकार की आस्था आदि पर बहसें हुई हैं, पर उन बहसों से भी कोई सैद्धान्तिक दृष्टि नहीं उभरी है। रामविलास शर्मा और नामवर सिंह के बीच परम्परा पर विवाद हुआ है, लेकिन वह भी सास-बहू का झगड़ा ही अधिक लगता है, परम्परा पर कोई गम्भीर सैद्धान्तिक बहस नहीं।

हिन्दी के मार्क्सवादियों में अकेले मुक्तिबोध ऐसे लेखक-विचारक हैं जिन्होंने सैद्धान्तिक सोच की दिशा में मौलिक और महत्त्वपूर्ण प्रयत्न किया है। मुक्तिबोध के लिए मार्क्सवाद सम्पूर्ण जीवन का दर्शन था, केवल राजनीति या साहित्य का सिद्धान्त नहीं। उन्होंने लिखा है कि "मार्क्सवाद मनुष्य को कृत्रिम रूप से बौद्धिक नहीं बनाता है, वरन् ज्ञानालोकित आदर्श प्रदान करता है। मार्क्सवाद मनुष्य की अनुभूति को ज्ञानात्मक आदर्श प्रदान करता है। वह उसकी अनुभूति को बाधित नहीं करता वरन् बोधयुक्त करते हुए उसे अधिक परिष्कृत और उच्चतर स्थिति में ला देता है।" इसी समझ के कारण मुक्तिबोध ज्ञानात्मक संवेदना और संवेदनात्मक ज्ञान की बात करते हैं। उन्होंने साहित्य की सृजन-प्रक्रिया की नयी व्याख्या की है, फैंटेसी को रचना के सिद्धान्त के रूप में विवेचित किया है और आलोचना को 'सभ्यता समीक्षा' कहा है। मुक्तिबोध ने इन सैद्धान्तिक मान्यताओं को अपनी व्यावहारिक आलोचनाओं में चरितार्थ भी किया है। उन्होंने यह भी लिखा है कि "राजनीति और साहित्य मात्र अभिव्यक्ति में भिन्न हैं। उनका मूल है आज का यथार्थ यानी जनजीवन का यथार्थ, उसके लक्ष्य, उसके अभिप्रेत, उसके संघर्ष।" इस दृष्टिकोण से लिखी गयी आलोचना ही नहीं, रचना भी सभ्यता समीक्षा ही होगी। मुक्तिबोध मानते हैं कि साहित्य विवेक जीवन विवेक का अंग होता है। वे हिन्दी के अकेले ऐसे मार्क्सवादी आलोचक हैं जिन्होंने यथार्थवादी दृष्टि और यथार्थवादी शिल्प में अन्तर किया है। यही नहीं उन्होंने यह भी कहा है कि यथार्थवादी दृष्टि की अभिव्यक्ति गैर यथार्थवादी शिल्प में हो सकती है और यथार्थवादी शिल्प के भीतर गैर यथार्थवादी दृष्टि व्यक्त हो सकती है। इस दृष्टि से यथार्थवाद पर विचार किया जाए तो हिन्दी में यथार्थवाद के नये

सिद्धान्त के विकास की सम्भावना हो सकती है। मुक्तिबोध ने हिन्दी आलोचना को रामचन्द्र शुक्ल के बाद सबसे अधिक बीज-शब्द दिये हैं।

हिन्दी में सैद्धान्तिक सोच की दिशा में नयी और सार्थक शुरुआत स्त्रीवाद और दलित विमर्श के क्षेत्र में हो रही है; क्योंकि ये दोनों ही केवल साहित्य सम्बन्धी विचार-विमर्श के परिणाम नहीं हैं, बल्कि गहरे स्तर पर सामाजिक, सांस्कृतिक और ऐतिहासिक दृष्टियों से जुड़े हुए हैं। एक ओर महादेवी वर्मा (शृंखला की कड़ियाँ), प्रभा खेतान (उपनिवेश में स्त्री), कात्यायनी (दुर्ग द्वार पर दस्तक), मृदुला गर्ग (चुकते नहीं सवाल) और अनामिका (स्त्रीत्व का मानचित्र) के लेखों में स्त्री की पराधीनता और स्वाधीनता के सवालों के सन्दर्भ में साहित्य पर नये ढंग से विचार हो रहा है तो दूसरी ओर धर्मवीर (हिन्दी की आत्मा), ओमप्रकाश वाल्मीकि (दलित साहित्य का सौन्दर्यशस्त्र) और कँवल भारती के लेखन में समाज तथा साहित्य के सन्दर्भ में दलित विमर्श की सैद्धान्तिक चिन्ताएँ मिल रही हैं। स्त्रीवाद और दलित विमर्श के लेखक एक ओर साहित्य के इतिहास और आलोचना में अपनी खोई हुई, दबायी गयी और उपेक्षित परम्पराओं तथा रचनाओं की खोज और मूल्यांकन का काम कर रहे हैं तो दूसरी ओर हिन्दी की मुख्यधारा में जिन लेखकों और कृतियों को मानदण्ड मान लिया गया है उनके बारे में तरह-तरह के सवाल पूछ रहे हैं, उनकी 'महानता' को अपनी आकांक्षा की कसौटी पर कसकर परख रहे हैं। इस तरह हिन्दी साहित्य के जाने-माने रत्नों (कैनन्स) के मूल्यांकन-पुनर्मूल्यांकन की प्रक्रिया शुरू हुई है जो आलोचला ही नहीं परा-आलोचना या कि साहित्य-सिद्धान्त के नये विकास की दिशा में सहायक सिद्ध.होगी। इससे साहित्य की परम्परा का अर्थ और स्वरूप भी बदलेगा।

आजकल हिन्दी आलोचना में व्यवहारवाद का राज है, और व्यवहारवाद का अन्त प्रायः अवसरवाद में होता है। व्यवहारवादियों को न तो सिद्धान्त और व्यवहार के द्वन्द्वात्मक सम्बन्ध की चिन्ता है न उसकी जरूरत का बोध। फिर नया सैद्धान्तिक विमर्श विकसित कैसे होगा। जहाँ रचनाओं और रचनाकारों के बारे में रोज-रोज बदलनेवाली रायजनी ही आलोचना है वहाँ साहित्य-सिद्धान्त के लिए कैसे और कितनी जगह होगी। आलोचना को केवल सहृदयता, सुरुचि, संवेदनशीलता, समझदारी, साहित्यिक दक्षता, परिष्कृत मानस और भाषिक कुशलता के भरोसे छोड़ना उसे रहस्यमय बनाने और मनमानी करने की सुविधा देना है; क्योंकि इन गुणों का दावा कौन नहीं करता।

यह देखकर आश्चर्य होता है कि उत्तर-आधुनिकतावादियों द्वारा सिद्धान्तों से विदाई की घोषणाओं के बावजूद समाज विज्ञानों में आज भी सिद्धान्तों की सार्थकता स्वीकार की जाती है। लेकिन साहित्यालोचन में सिद्धान्त के प्रति अरुचि ही अधिक दिखाई देती है। अगर हम ज्ञान-मीमांसा की जटिलताओं और सूक्ष्मताओं पर ध्यान

दें तो सिद्धान्त की जरूरत समझ में आएगी। समाज के यथार्थ के जटिल, गहन और तहदार संरचनाओं की समझ केवल इन्द्रियबोध और अनुभव से सम्भव नहीं होती, इसीलिए सैद्धान्तिक दृष्टि की जरूरत पड़ती है। ठीक यही स्थिति साहित्य में भी दिखाई देती है। यह ठीक है कि निष्कर्ष निकालने की जल्दबाजी या उसके आधार पर सिद्धान्त बनाने की हड़बड़ी के खतरे हैं, पर रचना के व्यवस्थित बोध के लिए सुनिश्चित दृष्टि की आवश्यकता हमेशा रही है। जो लोग दृष्टिहीनता को ही मुक्त दृष्टि और खाली दिमाग को खुला दिमाग समझते हैं वे ही प्रायः सिद्धान्त की आवश्यकता को अस्वीकार करते हैं।

साहित्य के पाठक और आलोचक के सामने हमेशा कुछ ऐसे प्रश्न होते हैं जिनका उत्तर सैद्धान्तिक समझ की माँग करता है। उन प्रश्नों को गोपीचन्द नारंग ने इस तरह रखा है, "अगर आप जानना चाहते हैं कि अदब क्या है, अच्छा अदब और नाअदब क्या है, अदब की विशेषता और वास्तविकता क्या है, अदब और जिन्दगी में रिश्ता क्या है, भाषा अदब में क्योंकर जादू जगाती है, अर्थोत्पादकता, तहदारी, अद्‌भुतता, नवीनता क्या है, हर्ष और आनन्द, प्रभाव और सौन्दर्य क्या है, मूल्य क्या है और इन्सान, समाज व सभ्यता में क्या सम्बन्ध है और अदब में इन रहस्यमय सम्बन्धों की नब्ज किस तरह डूबती-उभरती है और सौन्दर्य किस तरह कलाकृति बनाता है।" इन सबके साथ ही और भी बहुत-से सवाल हैं जिनके उत्तर खोजने की प्रक्रिया में ही साहित्य-सिद्धान्तों का विकास हुआ। केवल आख्यान के स्वरूप, प्रयोजन और प्रकारों के विवेचन के लिए पूरा आख्यानशास्त्र विकसित हुआ। हिन्दी में यह सब अभी दूर की बात है।

कैथेरिन वेल्से ने ठीक ही लिखा है कि 'साहित्य-सिद्धान्त का प्रश्न मुख्यतः अर्थ मीमांसा का प्रश्न है।' अर्थ मीमांसा के लिए पाठ और उसकी दुनिया (भीतरी और बाहरी) के सम्बन्ध की खोज और पहचान जरूरी है जिसमें सिद्धान्त हमारी मदद करता है। अगर आलोचना का लक्ष्य पाठ की व्याख्या है तो व्याख्या के भी अनेक सिद्धान्त हैं, भारत में और पश्चिम में भी। व्याख्या का एक लक्ष्य पाठ में व्यक्त अर्थ के सच की खोज है और ऐसी खोज सिद्धान्तहीन नहीं होती। रचना के अर्थ की चिन्ता एक स्तर पर भाषा, मनुष्य की चेतना और संसार के सम्बन्ध की चिन्ता है और इस सम्बन्ध को सिद्धान्त के सहारे समझा जा सकता है केवल सहजबोध से नही।

यह जानी-पहचानी बात है कि हर व्याख्या की एक राजनीति होती है; वह व्याख्या चाहे वेद की हो, उपनिषदों की, रामायण-महाभारत की, कबीर-तुलसी के पाठों की या फिर भारतीय संविधान की। अगर व्याख्या की राजनीति है तो फिर व्याख्या के सिद्धान्तों की भी राजनीति जरूर होगी। कहने का अर्थ यह है कि साहित्य-सिद्धान्तों के निर्माण और व्यवहार की भी राजनीति होती है। पिछले सौ-डेढ़ सौ वर्षों में प्रायः सिद्धान्त यूरोप से एशिया, अफ्रीका या लातिनी अमेरिका के उपनिवेशों की यात्रा

करते रहे हैं। इस यात्रा की भी राजनीति रही है जिसका विस्तृत विश्लेषण एडवर्ड सईद ने प्राच्यवाद (ओरिएंटलिजम) में किया है। साहित्य-सिद्धान्तों की यात्राएँ भी इस राजनीति से मुक्त नहीं हैं, जिसकी कुछ पहचान हिन्दी में रामचन्द्र शुक्ल ने की थी।

फ्रांस के प्रसिद्ध समाजशास्त्री पियरे बोर्दिए ने उन्नीस सौ निन्यानवे में एक निबन्ध लिखा था, 'साम्राज्यवादी बुद्धि की चालाकी', जिसमें उन्होंने कहा था कि साम्राज्यवादी बुद्धि अपनी विशेष ऐतिहासिक स्थितियों और जरूरतों से उपजे प्रश्नों, विचारों और सिद्धान्तों को सार्वभौम प्रश्नों, विचारों और सिद्धान्तों के रूप में प्रस्तुत करती है। बोर्दिए का यह कथन साहित्य-सिद्धान्त के प्रसंग में भी सच है। उन्नीसवीं और बीसवीं सदी में यह काम यूरोप कर रहा था, लेकिन बीसवीं सदी के उत्तरार्द्ध से अब तक यही प्रयत्न अमेरिका कर रहा है। आजकल अमेरिका में साहित्य-सिद्धान्त के क्षेत्र में बहुसांस्कृतिकवाद, बहुलतावाद और उत्तर-औपनिवेशिकता का जोर-शोर से प्रचार-प्रसार हो रहा है। ये सभी सिद्धान्त अमेरिकी समाज की जरूरत से पैदा हुए हैं, लेकिन तीसरी दुनिया के देशों में इनका निर्यात किया जा रहा है। आप बहुलतावाद या कि बहुवचनवाद को देखिए। हिन्दी में भी इस वाद के अनेक समर्थक हैं। बहुलतावाद की बुनियादी मान्यता यह है कि सबका अपना-अपना सच होता है। साहित्य-सिद्धान्त के रूप में इसका आशय यह हुआ कि किसी भी पाठ का अर्थ व सच प्रत्येक पाठक के लिए अलग होगा। लेकिन इसके प्रचारक यह नहीं सोचते कि बहुलतावाद स्वेच्छाचारिता की छूट भी देता है। सम्भवतः इसी बात को ध्यान में रखकर रामचन्द्र शुक्ल ने 1929 में लिखा था, "सत्य सबकी सामाजिक सम्पत्ति होती है; झूठ हर एक का अलग-अलग होता है। यही बात काव्यगत सत्यासत्य के सम्बन्ध में ठीक समझनी चााहिए।" बहुलतावाद पूँजीवादी लोकतन्त्र का ही विचारधारात्मक प्रतिबिम्ब है और प्रतिनिधि भी।

आजकल एक और साहित्य-सिद्धान्त बहुत धूमधाम से भारत जैसे देशों में फैलाया जा रहा है। वह है उत्तर-औपनिवेशिक साहित्य-सिद्धान्त। इसके अधिकांश व्याख्याकार अनिवासी भारतीय बुद्धिजीवी (एन.आर.आई.आई.) हैं। यह एशिया, अफ्रीका तथा लातिनी अमेरिका के साहित्य की ऐसी व्याख्या करता है जिससे यह साबित हो कि अब इन देशों में कहीं भी किसी तरह का उपनिवेशवादी प्रभाव नहीं है। क्या यही सच है? उत्तर-औपनिवेशिकता के सिद्धान्तकार साहित्य और संस्कृति में नकल, दोगलापन और प्रवासीपन को मूल्य तथा दृष्टि के रूप में स्थापित करते हैं। आरिफ डिर्लिक ने उत्तर-औपनिवेशिकता के सिद्धान्तकारों की गतिविधियों के बारे में लिखा है कि इनका इरादा यूरोप और अमेरिका में उपजे बौद्धिक सरोकारों और दृष्टिकोणों के अनुसार सांस्कृतिक विमर्श का ऐसा भूमण्डलीकरण है जिसमें केन्द्र और हाशिए के सभी अन्तर मिट जाएँ और विश्व के विभिन्न समाजों के बीच

केवल बहुलता और आकस्मिकता के सम्बन्ध रह जाएँ।

यह कहा जा सकता है कि आज का समय हिन्दी में साहित्य-सिद्धान्त के सन्दर्भ में अकाल का समय है, लेकिन अगर हमारे समाज में आलोचनात्मक चेतना है तो ऐसे साहित्य-सिद्धान्तों के विकास की सम्भावना भी है जो स्थिर और स्थापित मान्यताओं के विरोध में खड़े हों, समाज की आलोचना बुद्धि को सजग बनाएँ और संस्कृति के क्षेत्र में हस्तक्षेपकारी भूमिका निभाएँ, क्योंकि एडवर्ड सईद के शब्दों में आलोचनात्मक चेतना मूलतः विकल्पों की खोज की दुर्निवार प्रवृत्ति नहीं तो और क्या है?

# हिन्दी आलोचना और मुक्ति का सवाल

हिन्दी आलोचना में मुक्ति की चिन्ता करने वाले पहले व्यक्ति थे आचार्य रामचन्द्र शुक्ल। उन्होंने कविता के सन्दर्भ में हृदय की मुक्ति की बात की थी। उनके अनुसार 'अपनी सत्ता को लोक सत्ता में लीन करना ही हृदय की मुक्तावस्था है।' आलोचना बुद्धि की क्रिया है, इसीलिए नामवर सिंह ने कभी कहा था कि 'आलोचना बुद्धि की मुक्तावस्था है।' मुझे लगता है कि अपनी सत्ता को लोक सत्ता में लीन करना ही बुद्धि की भी मुक्तावस्था होगी। जो अलोचना-बुद्धि ऐसी कोशिश करेगी उसी से पैदा हुई आलोचना समाज के सन्दर्भ में मुक्ति की सच्ची चिन्ता करेगी। ऐसी मुक्तिधर्मी आलोचना को एडवर्ड सईद आलोचना की लौकिकता कहते हैं। उसे आलोचना की सामाजिकता भी कहा जा सकता है।

हिन्दी आलोचना संकट में है, यह बात बार-बार कही जाती है। ऐसी चिन्ता केवल हिन्दी में हो, ऐसा नहीं है। जिस पश्चिम से हिन्दी आलोचना पिछले लगभग डेढ़ सौ वर्षों से प्रेरणा और प्रभाव ग्रहण करती रही है, उस पश्चिम में भी आलोचना के संकट की चर्चा हो रही है। पश्चिम में कला और साहित्य के अन्त या मौत की घोषणाएँ हो चुकी हैं और साथ ही आलोचना के अन्त या मौत की भी। असल में कला, साहित्य और आलोचना के अन्त या मौत की घोषणा के मूल में मनुष्य, चेतना, सामाजिक, विचारधारा, लेखक और इतिहास के अन्त या मौत की मुनादी है लेकिन पश्चिम में कुछ ऐसे विचारक भी हैं जो इस स्थिति को आलोचनात्मक चेतना या आलोचनात्मक मानस के संकट के रूप में देख रहे हैं और आलोचनात्मक मानस के पुनर्नवीकरण की चिन्ता कर रहे हैं। फ्रांस के जाने माने विचारक ब्रूनो लातूर ने 2004 में एक निबन्ध में यह प्रश्न किया था कि क्या समालोचना निस्तेज हो गयी है? उन्होंने माना था कि पश्चिम में आलोचनात्मक मानस निर्जीव हो गया है और उसके पुनर्नवीकरण की जरूरत है। उन्होंने यह भी लिखा था कि अगर आलोचनात्मक मानस का नवीनीकरण करना है और उसे पुनः प्रासंगिक बनाना है तो हमें दृढ़ता से यथार्थवादी दृष्टि को अपनाना होगा; एक ऐसा यथार्थवादी दृष्टिकोण जिसका सम्बन्ध तथ्यों के बदले सरोकारों से अधिक हो।

असल में आज पूँजीवाद के भूमण्डलीकरण के कारण बड़े पैमाने पर आलोचनात्मक

मानस निस्तेज हुआ है और आलोचना संकटग्रस्त हुई है, क्योंकि हार्बट मारक्यूस के शब्दों में पूँजीवाद ऐसी सहनशीलता चाहता है जिसमें सहमति की माँग अधिक होती है, इसीलिए असहमति या विरोध को अपराध घोषित किया जाता है। फिर भी सारी दुनिया में और भारत में भी असहमति, विरोध और प्रतिरोध की आवाज़ें जगह-जगह लगातार सुनाई दे रही हैं, कला और साहित्य की रचनाओं में, बुद्धि जीवियों के विचारों और आम आदमी के व्यवहारों में भी। इन सबको देखते हुए लगता है कि मौत और अन्त की सारी घोषणाएँ अफवाह अधिक हैं और सच्चाई कम।

हिन्दी आलोचना का वर्तमान अगर संकटग्रस्त है तो इसके कारणों की पहचान होनी चाहिए। इस संकट का सबसे बड़ा कारण है आलोचना में साहित्यिक को सामाजिक से अलग समझने और मानने की प्रवृत्ति। इसी प्रवृत्ति के कारण आलोचनात्मक व्यवहार के दौरान राजनीति, विचारधारा और सभ्यता के सवालों को साहित्य की आलोचना से बाहर कर दिया गया है। ऐसी स्थिति में आलोचना में लौकिकता या सामाजिकता कैसे होगी? इस आलोचना-दृष्टि के पीछे दो प्रकार की आलोचनात्मक प्रवृत्तियाँ रही हैं। उनमें एक थी नयी आलोचना के समय की अन्तर्वर्ती आलोचना, जो रचना में राजनीति, विचारधारा और सभ्यता के सवालों की बात करने वाली आलोचना को बाह्यवर्ती मानकर खारिज करती थी। दूसरी थी भारतीय साहित्य की परम्परा से प्राप्त भाष्य और टीका की पद्धति को अपनाने वाली आलोचना, जिसमें राजनीति, विचारधारा और सभ्यता के सवालों के लिए कोई जगह न थी। इन दोनों प्रकार की आलोचनाओं का मनुष्य की मुक्ति के प्रश्न से कोई सम्बन्ध नहीं था। आश्चर्य की बात तो यह है कि पश्चिम के अनेक आलोचकों ने लम्बे समय तक अन्तर्वर्ती आलोचना के सक्रिय रहने के बाद यह माना कि आलोचना सामाजिक चिन्ता के अभाव में सार्थक नहीं हो सकी। पाल डी मान को लिखना पड़ा कि आज के समय की हवा रूपवाद और अन्तर्वर्ती आलोचना की दिशा में नहीं बह रही है। लेकिन हिन्दी आलोचना में न तो अन्तर्वर्ती आलोचना की पहचान हुई और न भाष्य-टीका पद्धति की समकालीन व्यर्थता का बोध हुआ। हिन्दी आलोचना में इन दोनों पद्धतियों के प्रवक्ता और प्रयोक्ता आज भी क्रियाशील हैं।

हिन्दी आलोचना में भारतीय मनुष्य और समाज की मुक्ति की चेतना के विकास के लिए उसमें पहले से मौजूद कुछ प्रवृत्तियों और आदतों से खुद आलोचना की मुक्ति आवश्यक है। जो खुद मुक्त नहीं होगा वह दूसरों को क्या मुक्त करेगा। जिन प्रवृत्तियों और आदतों से हिन्दी आलोचना की मुक्ति आवश्यक है, उनके बारे में बात करना जरूरी है।

हिन्दी आलोचना में समकालीनता के आग्रह का अतिरेक बहुत है। कुछ लोग समझते हैं कि आज आलोचक होने के लिए आज के साहित्य पर ही लिखना आवश्यक है। इस स्थिति को देखकर ही अशोक वाजपेयी कहते हैं कि हिन्दी आलोचना विस्मृति

का शिकार है। यह सही है कि आलोचक वर्तमान की आँख से ही अपने समय की रचनाशीलता को देखता है और अतीत की रचनाशीलता को भी। लेकिन जब समकालीन साहित्य को देखने की प्रक्रिया अतीत की स्मृतियों से रहित होती है तब वर्तमान का मूल्यांकन भी अधूरा ही होता है। यही नहीं, हर समय की आलोचना का एक दायित्व यह भी है कि वह अतीत की कालजयी कृतियों और कृतिकारों की 'विगत सार्थकता और वर्तमान अर्थवत्ता की खोज और व्याख्या करे।'

हिन्दी आलोचना के शिल्प में अतिरंजना और सरलीकरण की प्रवृत्ति बहुत व्यापक हैं। अतिरंजना और सरलीकरण के मूल में चमत्कार की चिन्ता होती है, जिससे पाठक या श्रोता चकित तो होते हैं, पर विवेकशील नहीं बनते। ध्यान से देखिए तो ये दोनों प्रवृत्तियाँ साथ-साथ सक्रिय होती हैं, एक दूसरी को मजबूत बनाती हैं।

हिन्दी आलोचना में एक आदत और भी है। कभी-कभी आलोचक खुद को सही साबित करने की जिद में दूसरों को गलत साबित करते हैं। ऐसी आलोचना विवेक से नहीं पूर्वाग्रह से संचालित होती है, इसीलिए इसमें दुर्व्याख्या का विस्तार प्रायः दिखाई देता है। इस आदत के कारण हिन्दी की मार्क्सवादी आलोचना कई बार दुर्घटना का शिकार हुई है। हिन्दी की मार्क्सवादी आलोचना की दुर्गति का एक कारण पक्षधरता और पक्षपात में अन्तर न कर पाने की आदत भी है। पक्षधरता का अर्थ है किसी रचना या रचनाकार की सृजनशीलता को उसके सन्दर्भ और उद्देश्य के साथ प्रस्तुत करते हुए उसके पक्ष में खड़ा होने की वैचारिक दृढ़ता, जबकि पक्षपात का मतलब है किसी के पक्ष में गिर पड़ना और अपने दुराग्रहों से दूसरी व्याख्या की राह का रोड़ा बनना। कार्ल मार्क्स ने कहा था कि समालोचना की पहली शर्त है दुराग्रह या पक्षपात से मुक्ति। इस शर्त को न जानने और न मानने के कारण हिन्दी की मार्क्सवादी आलोचना में अनेक असंगतियाँ आई हैं।

हिन्दी आलोचना की एक प्रवृत्ति अपनी सुविधा को सिद्धान्त बनाने की भी है। जो लोग कविता की बारीकियों का सामना नहीं कर सकते वे कहते हैं कि कविता सामन्ती विधा है। क्या वे नहीं जानते कि कविता आदिम युग से भूतपूर्व समाजवादी समाजों तक में क्रियाशील रही है और सार्थक भी। उसके सामने कई बार अस्तित्व सम्बन्धी संकट आये हैं, पर कविता ने उन संकटों का सामना करते हुए अपनी सार्थकता सिद्ध की है। जो लोग उपन्यास की व्यापकता और जटिलता को समझने में असमर्थ हैं वे कविता और कहानी में ही विशेष रूप से रमते हैं और उपन्यास की निन्दा करते हुए रस का अनुभव करते हैं। हिन्दी में कहानी के असंख्य आलोचक हैं, क्योंकि कहानी की खराब आलोचना करना जितना आसान है, उतना ही कठिन है कहानी की अच्छी आलोचना लिखना। लेकिन कहानी के आलोचक उसी को आज के हिन्दी साहित्य की केन्द्रीय विधा घोषित करते हैं। ये सभी बातें सुविधा को सिद्धान्त बनाने की गवाही देती हैं। सुविधा और सिद्धान्त का सम्बन्ध एक और प्रसंग में दिखाई देता है। हिन्दी आलोचना में मुक्तिबोध के बाद साहित्य-सिद्धान्त

की चिन्ता कहीं दिखाई नहीं देती, लेकिन जहाँ-तहाँ यह जरूर सुनाई देता है कि आलोचना तो केवल व्यावहारिक होती है। अगर रामचन्द्र शुक्ल और मुक्तिबोध ने ऐसा ही माना होता तो हिन्दी आलोचना साहित्य-सिद्धान्त सम्बन्धी चिन्तन की दृष्टि से आज कहाँ होती, इसका अनुमान किया जा सकता है। अपने समय के अर्थशास्त्रियों के व्यवहारवाद को देखकर ही जे.एम. कीन्स ने कहा था कि जो अर्थशास्त्री सिद्धान्त को नापसन्द करते हैं या कहते हैं कि वे बिना सिद्धान्त के ही बेहतर काम कर सकते हैं; वे किसी न किसी पुराने सिद्धान्त की गिरफ्त में होते हैं। यह बात हिन्दी आलोचना में सिद्धान्त सम्बन्धी सोच-विचार का विरोध करने वाले आलोचकों के बारे में कही जा सकती है।

हिन्दी के आलोचनात्मक मानस को भारतीय समाज के सन्दर्भ में मुक्तिधर्मी बनाने के लिए उसे नये-पुराने औपनिवेशिक विचारों, धारणाओं और मान्यताओं के प्रभाव से मुक्त करना और रखना जरूरी है। यह जानी-पहचानी बात है कि पहले यूरोपीय साम्राज्यवाद और अब अमेरिकी साम्राज्यवाद द्वारा अपने समाज और इतिहास के अनुभवों तथा विशिष्ट स्थितियों से उपजी विश्व-दृष्टियों से निकली धारणाओं और मान्यताओं को सार्वभौम घोषित करते हुए उन्हें बाकी दुनिया में फैलाने का भरपूर प्रयत्न होता रहा है। यह प्रक्रिया ज्ञान के सभी क्षेत्रों और सभी रूपों को प्रभावित करती है। भारत में 18वीं सदी से 20वीं सदी के लगभग मध्य तक भारतीय मानस को अपने विचारों का उपनिवेश बनाने का प्रयास अंग्रेजी साम्राज्यवाद ने किया तो 20वीं सदी के मध्य के बाद से आज तक ऐसा ही प्रयास अमेरिकी साम्राज्यवाद की ओर से हो रहा है। सखाराम गणेश देउस्कर ने देसेर कथा (1904) में इस प्रक्रिया को 'सम्मोहन–चित्तविजय' का अभियान कहा था।

इस अभियान का असर हिन्दी साहित्य और हिन्दी में क्रियाशील आलोचात्मक मानस पर पहले भी था और अब तो और अधिक हो रहा है। आजकल हिन्दी आलोचना में भूमण्डलीकरण, विचारधारा के अन्त, इतिहास के अन्त और सभ्यताओं के संघर्ष की अमेरिकी धारणाओं की प्रतिध्वनियाँ बार-बार सुनाई देती हैं। यह भारतीय आलोचनात्मक मानस के औपनिवेशीकरण के नये दौर का प्रमाण है। अंग्रेजी साम्राज्यवाद के चित्तविजय की प्रक्रिया और प्रभावों को पहचानते हुए बहुत पहले आचार्य रामचन्द्र शुक्ल ने हिन्दी के आलोचकों और लेखकों को सावधान रहने की सलाह देते हुए कहा था कि 'आजकल पाश्चात्यवाद के बहुत से पत्ते–कुछ हरे नोचे हुए, कुछ सूखकर गिरे पाये हुए–यहाँ पारिजात-पत्र की तरह प्रदर्शित किये जाने लगे हैं, जिससे साहित्य के उपवन में बहुत गड़बड़ी दिखाई देने लगी है। उन पेड़ों की परीक्षा करने की जरूरत है जिनके वे पत्ते हैं, आचार्य शुक्ल के इस कथन में दो बातें महत्त्वपूर्ण हैं। पहली यह कि पश्चिम से जो विचार लिए जाएँ, वे सोच-समझकर, अपने विवेक की कसौटी पर कसकर, सार्थक-निरर्थक की पहचान के बाद लिए जाएँ, न कि जैसे-तैसे हड़बडी में। पश्चिम के 'वाद वृक्षों के कुछ हरे नोचे हुए, कुछ

सूखकर गिरे पाये गये पत्ते' बटोरना ठीक नहीं है। दूसरी बात यह है कि पश्चिम से जो विचार लिए जाएँ उनकी ऐतिहासिक भूमि और भूमिका की जाँच-परख जरूरी है। शुक्ल जी के शब्दों में 'उन पेड़ों की परीक्षा करने की आवश्यकता है जिनके वे पत्ते हैं।' भारत के आलोचनात्मक मानस को साम्राज्यवादी विचारों की औपनिवेशिकता से मुक्त करने का यह एक जरूरी तरीका हो सकता है।

हिन्दी आलोचना में भारतीय मनुष्य की मुक्ति की चिन्ता के विकास के लिए यह भी जरूरी है कि आलोचना, साहित्यवाद के आग्रह से मुक्त हो। यह देखकर आश्चर्य होता है कि जिस समय इतिहासकार, राजनीतिशास्त्री, समाजशास्त्री और दार्शनिक अपने सोच-विचार को व्यापक और अधिक सामाजिक बनाने के लिए साहित्य की ओर मुड़ रहे हैं, वे साहित्य के ऐतिहासिक महत्त्व, राजनीतिक अभिप्राय, समाजशास्त्रीय सार्थकता और दार्शनिक अर्थवत्ता की खोज कर रहे हैं, उस समय साहित्य के कुछ समालोचक साहित्य की स्वायत्तता के नाम पर साहित्यवाद की वकालत कर रहे हैं।

साहित्य के जो आलोचक यह जानते हैं कि साहित्य में मानव-मानस की सम्पूर्ण क्रियाशीलता, उसके अनुभव, सोच-विचार, स्वप्न और कल्पनाशीलता की अभिव्यक्ति होती है, वे यह भी जानते हैं कि साहित्य में मानव ज्ञान के सभी रूपों की अभिव्यक्ति होती है। इसलिए साहित्य से मनोविज्ञान, दर्शन, राजनीति, अर्थशास्त्र, इतिहास और समाजशास्त्र ही नहीं विज्ञान तक के सम्बन्ध की खोज और व्याख्या हुई है। बहुत पहले एफ.आर. लीविस ने लिखा था कि 'साहित्य में वास्तविक दिलचस्पी का अर्थ है मनुष्य, समाज और सभ्यता में दिलचस्पी।' जब साहित्य में आलोचक की ऐसी दिलचस्पी होगी तभी आलोचना में सामाजिकता या लौकिकता का विकास होगा। मुक्तिबोध जब आलोचना को सभ्यता-समीक्षा कहते थे तब वे साहित्य-विवेक को जीवन-विवेक, समाज-विवेक और इतिहास-विवेक से सम्बद्ध मानते थे। ऐसे साहित्य-विवेक से सम्पन्न आलोचना ही मनुष्य तथा समाज की मुक्ति में सहायक हो सकती है।

आलोचना अगर रचना की व्याख्या है तो वह उन रचनाओं की व्याख्या करती हुई मुक्तिधर्मी बन सकती है, जिसमें भारतीय समाज के पराधीनों की पीड़ा और उस पराधीनता से मुक्ति के लिए संघर्ष की कोशिशों की अभिव्यक्ति हो रही है। भारतीय समाज के सबसे अधिक शोषित, अपमानित और उपेक्षित जन हैं आदिवासी, दलित और स्त्रियाँ। आजकल इन तीनों समुदायों के रचनाकार अपने जीवन-संघर्ष और मुक्ति-संघर्ष की अभिव्यक्ति साहित्य के विभिन्न रूपों में कर रहे हैं। उनकी मुक्तिकामी रचनाओं की सम्यक् समझ और समुचित व्याख्या करने वाली आलोचना मुक्तिधर्मी हो सकती है; लेकिन हिन्दी में साहित्यवाद का आग्रह ऐसी आलोचना के विकास में बाधक है। इस स्थिति को देख ग़ालिब का एक शेर याद आता है। ग़ालिब ने कहा था—

*फरियाद की कोई लै नहीं है,*
*नालः पाबन्द-ए-नै नहीं है।*

जो लोग आलोचना के दौरान कविता, कहानी और नाटक में मौजूद फरियाद की लय की किस्म की तलाश करते हैं और आर्तनाद में बाँसुरी का स्वर खोजते हैं उनकी आलोचना बौद्धिक ऐयाशी है, उसका मुक्ति की चिन्ता से क्या लेना-देना हो सकता है।

यह सब जानते हैं कि साहित्य भाषिक कला है जिसमें शब्द का विशेष महत्त्व है। उस महत्त्व के मूल में शब्द की सामाजिकता है। साहित्य में शब्द और संसार के बीच अनन्त सम्बन्धों की खोज, पहचान और अभिव्यक्ति होती है। अगर आलोचना में रचना की भाषिक विशिष्टता की ही पहचान करनी हो तो शब्द की सामाजिकता की समझ के लिए शब्द से अर्थ के, अर्थ से अनुभव के, अनुभव से जीवन जगत के यथार्थ के, यथार्थ से जीवन की परिस्थितियों के और जीवन की परिस्थितियों से इतिहास की प्रक्रियाओं के सम्बन्धों का बोध अर्जित करती हुई ही आलोचना सामाजिक हो सकती है और मुक्तिधर्मी भी।

आलोचना से मुक्ति के सम्बन्ध के सवाल के प्रसंग में यह याद रखना जरूरी है कि कला, साहित्य और आलोचना के माध्यम से जो मुक्ति अर्जित की जाती है वह राजनीतिक, सामाजिक और सांस्कृतिक होती है। इस मुक्ति को अर्जित करने की दिशा में आगे बढ़ने के लिए मूलगामी आलोचनात्मक अन्तर्दृष्टि जरूरी है। मार्क्स ने लिखा है मूलगामी का अर्थ है वस्तुओं के मूल तक पहुँचना और मनुष्य के लिए मूल तो मनुष्य ही है। इसका तात्पर्य यह हुआ कि मूलगामी अन्तर्दृष्टि मनुष्य की नियति की चिन्ता से जुड़ी होती है।

# रचना की राजनीति

रचना, और बहुत सारी बातों की तरह राजनीति के प्रसंग में भी केवल अँगुली से संकेत दे सकती है। पाठकों को आगे चलकर स्वयं जाना होता है। रचनाएँ संकेत करती हैं।

मैं एक दूसरे किस्म की रचना का हवाला देना चाहता हूँ कि रचनाएँ कैसे संकेत देती हैं और राजनीतिक संकेत कैसे देती हैं? 2001 में यूएनओ की सिक्यूरिटी काउंसिल से अमेरिका के विदेश मंत्री कॉलिन पावेल को इराक पर हमले की स्वीकृति लेनी थी, उसको वहाँ भाषण देने जाना था, जिस दिन भाषण देने जाना था, उसी दिन सबेरे-सबेरे उसके सामने एक संकट आ गया। संकट ये था कि यूएनओ की सिक्यूरिटी काउंसिल के मुख्य द्वार पर पिकासो का महान चित्र गुएर्निका लटका हुआ है। और गुएर्निका ने अमेरिकी साम्राज्यवाद के प्रतिनिधि को लगभग ललकारते हुए यह संकेत दिया।

ये गुएर्निका नाम का चित्र पिकासो ने बनाया है। 1937 में स्पेन में फ्रांको की सेना ने जो बमबारी की थी और जिसमें गुएर्निका नाम के गाँव को तबाह और बर्बाद कर दिया, वह दुनिया का सबसे बड़ा युद्ध विरोधी चित्र माना जाता है। उसमें मरे हुए, घायल, जवान, वृद्ध, बच्चे ही नहीं बल्कि जानवर तक मौजूद हैं। और यही सब करने की अनुमति लेने कॉलिन पावेल जा रहा था। इतना संकेत तो उसने समझा कि गुएर्निका के नीचे से गुजरकर सुरक्षा परिषद से यही सब करने की अनुमति माँगना सम्भव नहीं होगा। उसके बाद जिस कला में अमेरिका बहुत माहिर है, वही हुआ। अमेरिका दुनिया भर में कवरअप में बहुत माहिर है, चीजों को ढँकने में। तो तय यह हुआ कि गुएर्निका के ऊपर एक नीले रंग का पर्दा लगा दिया जाएगा और तब कॉलिन पावेल उसके नीचे से गुजरकर सुरक्षा परिषद में भाषण देगा और अनुमति लेगा। इसलिए रचना के राजनीतिक अभिप्राय पर विस्तार से बात करनी हो तो साहित्य के अलावा दूसरी कला विधाओं को भी ध्यान में रखना होगा।

मुझे हमेशा यह लगता रहा है कि राजनीति का यह जो छल-छद्मवाला अर्थ है, वह इतना नया नहीं है जितना आप लोगों को लगता होगा। राजनीति का छल-छद्म वाला अर्थ तब से है जब से राजसत्ता मौजूद है। मैं एक पुराने और अपने परमप्रिय

कवि को सामने रखना चाहता हूँ। सूरदास का एक पद है—'हरि हैं राजनीति पढ़ि आये।' गोपियाँ कह रही हैं—हरि यानी कृष्ण राजनीति पढ़कर आ गये हैं। उसमें राजनीति शब्द का वही अर्थ है, जो आज है। यानी छल-छद्म के अर्थ में। आगे है— 'समुझी बात कहत मधुकर जो समाचार कछु पाये', अर्थात राजनीति की भाषा अबूझ होती है, सूरदास यह भी कहना चाहते हैं। उस पद की आखिरी पंक्ति अटल बिहारी वाजपेयी को ले डूबी। वे शायद पूरी पंक्ति नहीं जानते थे। उसका एक शब्द उनको ले डूबा। सूरदास अच्छी राजनीति की भी चिन्ता करते थे। उसी पद की आखिरी पंक्ति है जो छल-छद्म वाले अर्थ से भिन्न है—'राजधर्म सब भए सूर जहँ प्रजा न जाए सताये'।

सच्चा राजधर्म तब होता है जहाँ प्रजा को सताया नहीं जाता। इसलिए राजनीति के छल-छद्म वाला अर्थ और राजनीति का न्यायप्रिय अर्थ—ये दोनों अर्थ सूरदास के जमाने में तो कम से कम थे ही। जब से राजसत्ता है तब से ये दोनों अर्थ राजसत्ता के व्यवहार से पैदा हुए अर्थ हैं जो अब तक चलते आये हैं।

छल-छद्म वाले अर्थ को सूरदास ने और गहरा बताया है। सूरदास ने छल-छद्म वाले अर्थ की व्याख्या करते हुए और उस राजनीति को समझाते हुए लिखा है कि 'राजनीति की रीति सुनौ हौं, चरत वारिचर खेत।' राजनीति की रीति सुनो। राजनीति की रीति ऐसी होती है कि जैसे बादल खेत चर रहे हों।

बादल का काम है जीवन देना। जीवन के दोनों अर्थ हैं—फसलों के लिए पानी देना और जिन्दगी देना। अब अगर बादल ही खेत चरने लगें तो यह छल ही होगा न! आज का शासक वर्ग भी जनता के प्रसंग में उसी तरह का व्यवहार कर रहा है, जैसा सूरदास कह रहे थे। तो यही है राजनीति का वह अर्थ जिसके बारे में सूर ने दूसरे पद में कहा था—हरि हैं राजनीति पढ़ि आये।

असल में रचना की राजनीति के प्रसंग में बात करते हुए मुझे बराबर लगता है कि रचना मनुष्य की मनुष्यता और उसकी स्वतन्त्रता की रक्षा में जहाँ खड़ी होती है और जितनी दूर तक खड़ी होती है, उतनी ही दूर तक वह राजनीतिक होती है। जाहिर है मनुष्य की मनुष्यता और उसकी स्वतन्त्रता के पक्ष में खड़ा होने के लिए यह जरूरी है कि मनुष्य की परतन्त्रता और उसके विरूद्ध जो शक्ति है उसकी भी पहचान की क्षमता रचना में होनी चाहिए। तभी वह मनुष्यता और स्वतन्त्रता के पक्ष में चेतना पैदा कर सकती है। और ध्यान दीजिए रचना में राजनीति एकदम नयी चीज नहीं है, जैसा लगने लगा है कुछ हाल के वर्षों में।

आलोचना में भी राजनीति तब से ही है जब से आलोचना है। 16वीं सदी के अन्त के रचनाकार थे—भक्त कवि नाभादास। उन्होंने भक्तमाल लिखा। भक्तमाल के दो कवियों के बारे में उन्होंने जो छन्द लिखा है, उन दो छन्दों में से एक की आखिरी पंक्ति है—'कबीर कानि राखी नहीं वरनाश्रम षड्दर्शनी।' कबीर ने न वर्णाश्रम को

माना, न छह हिन्दू दर्शनों को माना। बताइए, हजारी प्रसाद द्विवेदी या किसी ने इससे ज्यादा नयी और बड़ी बात कबीर के बारे में और क्या लिखी। कबीर ने वर्णाश्रम का विरोध किया और षड्दर्शन को अस्वीकार किया। यही कबीर की सबसे बड़ी विशेषता है। यही कबीर की मनुष्य की मनुष्यता और उसकी स्वतन्त्रता के पक्ष में खड़ी होने वाली ताकत है। यही उसकी राजनीति भी है।

नाभादास ने स्त्री पराधीनता के विरुद्ध खड़ी होनेवाली मीराबाई के बारे में जो लिखा है, उसकी आखिरी पंक्ति है—'लोकलाज कुलशृंखला तजि मीरा गिरिधर भजी।' स्त्री को पराधीन बनाने वाली दो ही बड़ी ताकतें होती हैं—एक, जिसे लोकलाज कहते हैं, लोक की मर्यादा। अपने भारतीय समाज में अगर कोई स्त्री हँस दे, तो चार लोग एक साथ बोलेंगे कि अरे, ये हँसती है। मतलब जिस समाज में स्त्रियों के होंठ खोलने का भी दायरा पहले से तय हो, उसमें स्त्री की पराधीनता कितनी जबर्दस्त है, यह हम सब जानते हैं। उस समाज में मीराबाई ने कहा कि 'लोकलाज कुल कानि जगत की दई बहाय जस पानी।'

मीराबाई के इस व्यवहार के बारे में लोगों ने कहा कि दीवानी हो गयी है, बौरा गयी है। मीराबाई ने कहा कि 'अपने घर का परदा कर लो मैं अबला बौरानी।'

स्वतन्त्रता के लिए कई बार लड़ते समय दीवानापन लाना पड़ता है। पागल होना पड़ता है। दुनिया में इस तरह स्वतन्त्रता के जो बड़े-बड़े सेनानी हुए, वे दीवाने बने, वे शहीद हो गये या पागल हुए। मीराबाई की इस ताकत को नाभादास ने पहचाना। दूसरी सबसे बड़ी पराधीनता स्त्री की होती है, कुल की मर्यादा। पितृसत्ता जिसको कहते हैं। इन दोनों का मीरा ने निषेध किया, खण्डन किया। यह बात 16वीं सदी में नाभादास ने बतलाई। मीराबाई के बारे में इससे दूसरी बड़ी बात किस आलोचक ने लिखी है? इसीलिए मैं कह रहा हूँ कि जहाँ भी रचना मनुष्य की मनुष्यता के पक्ष में, अमानवीयता के विरुद्ध, मनुष्य की स्वतन्त्रता के पक्ष में और परतन्त्रता के विरुद्ध खड़ी होती है, वहीं वह राजनीतिक हो जाती है।

किसी के राजनीतिक होने के लिए केवल राजनीतिक विषयों पर कविता लिखना काफी या जरूरी नहीं है। हिन्दी में बहुत बहस चल रही है दलित साहित्य पर और बहुत सारे लोग ये चिन्ता-चर्चा करते हैं कि दलित साहित्य में और सब कुछ तो है साहित्य नहीं है, कला नहीं है। मैं वर्षों से कहता रहा हूँ कि ललित साहित्य से एकदम भिन्न है दलित साहित्य।

दलित साहित्य में एक बात है। कहीं-कहीं शुरू में उसमें फरियाद का स्वर था। इसके बाद आर्तनाद और अब इसके बाद है आक्रोश। फरियाद और आर्तनाद के बारे में एक लगभग राजनीतिक शेर है ग़ालिब का। ग़ालिब ने लिखा है कि 'फरियाद की कोई लै नहीं है, नालः पाबन्दये-नै नहीं है'। कोई ये कहे कि फरियाद आप राग बागेश्वरी में करेंगे तभी हम सुनेंगे। और कोई ये कहे कि रोना है तो बाँसुरी में रोइए

तभी हम सुनेंगे। अब इस मूर्खता का क्या जवाब है? अब ग़ालिब के इस शेर से बड़ा राजनीतिक बयान क्या दिया जा सकता है? सारे दलित-साहित्य के आलोचकों के मुँह पर तमाचा है ग़ालिब का वह शेर। इसलिए कविता राजनीतिक किन-किन रूपों में होती है, इस पर थोड़ा ध्यान दीजिए।

राजनीतिक कविता के बहुत सारे रूप हैं। राजनीतिक कविता की शुरुआत होती है—'विजयी विश्व तिरंगा प्यारा, झंडा ऊँचा रहे हमारा।' यह एक तरह की राजनीतिक कविता है। दूसरी राजनीतिक कविता ये है कि 'हर जोर-जुल्म की टक्कर में, हड़ताल हमारा नारा है।' तीसरी राजनीतिक कविता है नागार्जुन की 'इन्दु जी, इन्दु जी, क्या हुआ आपको'। पर यहीं तक राजनीतिक कविता सीमित नहीं होती। इसके बाद 'राष्ट्रगीत में भला कौन वह भारत भाग्य विधाता है, फटा सुथन्ना पहने जिसके गुन हरिचरना गाता है' रघुवीर सहाय की कविता है। इसके और आगे चलिए तो हिन्दी की अत्यन्त महत्त्वपूर्ण राजनीतिक कविता है 'अँधेरे में' मुक्तिबोध की। 'अँधेरे में' के साथ और आगे जाइए तो राजनीतिक कविता का एक स्तर 'राम की शक्ति पूजा' में दिखाई देगा। और निराला में यह क्षमता थी। सब कवियों में यह क्षमता नहीं होती कि वह 'राम की शक्ति पूजा' भी लिखें और 'मानव जहाँ बैल-घोड़ा है' भी लिख सकें। हिन्दी के कवि आलोक धन्वा के बारे में मैंने एक बार लिखा था कि जो लोग घाटियों से बचते हुए केवल शिखरों की यात्रा करना चाहते हैं वे कविता लिखना बन्द कर देते हैं..., निराला घाटियों में भी उतरते थे और शिखरों की यात्रा भी करते थे। मानव जहाँ बैल-घोड़ा है—यह वह कविता है जो किसी व्याख्या की माँग नहीं करती। पर 'राम की शक्ति पूजा' के लिए व्याख्या की भी जरूरत होती है। आप उस व्याख्या से सहमत-असहमत जरूर हो सकते हैं।

ये केवल कुछ उदाहरण हैं। इसे और भी बढ़ाया जा सकता है। इसीलिए मैं यह निवेदन करना चाहता हूँ कि राजनीतिक कविता पर विचार करते समय राजनीतिक कविता के विभिन्न रूपों और स्तरों पर भी ध्यान दिया जाना चाहिए। केवल एक तरह की कविता को राजनीतिक कविता मानकर उसी पर बात करना काफी नहीं है, क्योंकि इन सबकी अलग-अलग भूमिकाएँ हैं।

मैं सबसे अन्त में केवल एक बात इस प्रसंग में और कह रहा हूँ कि जोश की 'बोल एकतारा झन झन झन' कविता भी राजनीतिक कविता है, और एक राजनीतिक कविता 'स्पार्टाकस' पर कामरेड महेन्द्र सिंह की कविता भी है।

जितनी चर्चा की है मैंने उसे सारांश के रूप में देखें तो तीन तरह की राजनीतिक कविताएँ होती हैं। कुछ आन्दोलनधर्मी राजनीतिक कविताएँ होती हैं, मतलब जो आन्दोलन पैदा करने में भी सक्षम होती हैं। ऐसी कविताएँ जनान्दोलनों के दौर में लिखी जाती हैं। और वे कवि लिखते हैं जो जनान्दोलनों से जुड़े हुए होते हैं। हिन्दी में ऐसे कवि आपको मिल जाएँगे। एक ओर नागार्जुन हैं, दूसरी ओर गोरख पाण्डेय हैं, तीसरी ओर और बहुत सारे लोग हैं। शील भी जनान्दोलनों से जुड़े थे।

ऐसी कविताएँ पाठकों को ताकत देती हैं, जोश भी देती हैं। लेकिन उसके अलावा एक दूसरे किस्म की भी राजनीतिक कविता होती है जिसको मैं मुक्तिधर्मी राजनीतिक कविता कहता हूँ, आन्दोलनधर्मी राजनीतिक कविता से थोड़ी भिन्न। जैसे 'अँधेरे में' कविता मुक्तिधर्मी कविता है। इसका मतलब यह है कि जो अपने पाठकों की चेतना को, संस्कारों की जड़ता से मुक्त करे। उसका काम है जीवन-जगत के बारे में दृष्टि देना।

मुक्तिबोध की कविता 'अँधेरे में' को अगर आप ठीक से पढ़ें तो पढ़ने से पहले आपकी चेतना जो होगी पढ़ने के बाद वही नहीं रह जाएगी। इसलिए ऐसी कविताओं को मैं मुक्तिधर्मी कविता कहता हूँ। ऐसी कविताएँ केवल मुक्तिबोध ने ही नहीं, नागार्जुन ने भी लिखी हैं। और तीसरी वो राजनीतिक कविताएँ होती हैं जो सीधे आन्दोलन से निकलती हैं, जैसे नागार्जुन की भोजपुर पर लिखी हुई कविता। नक्सलबाड़ी आन्दोलन से जुड़ी हुई कविताएँ। वरवर राव की अधिकांश कविताएँ इसी तरह की कविताएँ हैं। हमने पिछले पचास वर्षों से, मुक्तिबोध की मृत्यु के लगभग बाद से, हिन्दी में हजारों बार उनकी यह पंक्ति दुहराई है—लेखों में, भाषणों में। हजारी प्रसाद द्विवेदी का शब्द उधार लूँ तो लगभग कचारा-निचोड़ा गया है उस पंक्ति को—'अब अभिव्यक्ति के सारे खतरे उठाने ही होंगे', पर खतरा एक भी किसी ने नहीं उठाया। वरवर राव से जाकर पूछिए कि अभिव्यक्ति के खतरे उठाने का क्या मतलब है? उसके काव्य संग्रह 'भविष्य चित्रपट्टम' पर एनटीआर की सरकार ने पाबन्दी लगाई थी। सिकन्दराबाद जेल में मौत से जूझ रहा था वह। राजनीतिक कविता लिखिए और अभिव्यक्ति के खतरे उठाने की बात कीजिए तो कुछ ऐसा भी कीजिए। लेकिन इस प्रसंग में रचनाकारों की स्वतन्त्रता पर भी थोड़ा ध्यान रखना चाहिए। नागार्जुन की 'प्रतिबद्ध हूँ' कविता में तीन धारणाएँ एक साथ हैं। कविता या साहित्य की राजनीति को समझने के लिए उन तीनों धारणाओं के महत्त्व को समझना बहुत जरूरी है। बाबा ने लिखा है—'आबद्ध हूँ, सम्बद्ध हूँ, प्रतिबद्ध हूँ'। आबद्धता, सम्बद्धता और प्रतिबद्धता में फर्क होता है। उनके दायरे अलग-अलग होते हैं। उनके प्रयोजन कविता के प्रसंग में अलग-अलग होंगे। उनके साथ कविता का व्यवहार अलग-अलग होगा और एक अच्छा कवि बनने के लिए आबद्धता, सम्बद्धता और प्रतिबद्धता तीनों की जरूरत होगी। अन्यथा केवल 'झंडा ऊँचा रहे हमारा' ही लिखा जाएगा राजनीति के नाम पर। इसीलिए कविता में राजनीति के अर्थ की व्यापकता को भी समझना होगा। इस प्रसंग में एक और बात कहनी है कि राजनीतिक कविता के लिए एक जरूरत यह है कि रचनाकार में सच को समझने की दृष्टि होनी चाहिए। दूसरी बात यह है कि उस सच को कहने का साहस होना चाहिए। तीसरी बात यह है कि उस सच को प्रभावी बनाने के लिए कहने की कला भी होनी चाहिए।

एक कुम्हार से पूछिए, जो पचास साल से तरह-तरह के बर्तन बनाता है। बर्तन बनाना उसने अपने बाप से सीखा। उसके बाप ने अपने बाप से सीखा था। अगर बर्तन बनाने के लिए कोई अचानक चाक पर जाकर बैठ जाए, तो वह नाद बनाने के बदले गड्ढा बनाने लगेगा। अगर घड़ा बनाने में कला की जरूरत है और उसे सीखने की जरूरत होती है, तो कविता या उपन्यास या कहानी भी कला है, उसे भी सीखने में श्रम करना चाहिए।

रचनाकार को यह भी जानना चाहिए कि कौन सा सच किससे कहना है। जिससे कहना है उसको ध्यान में रखकर कला का विकास करना होगा। हर समय एक ही तरह की कला काम नहीं आती।

असल में हमारे यहाँ एक प्रवृत्ति बहुत है, जो आलोचकों में भी है। प्रवृत्ति यह है कि लोग नितान्त स्थानीय, आत्मबद्ध बात भी इस शैली में कहते हैं, जैसे उन्होंने शाश्वत सिद्धान्त खोज लिया हो। राजेश जोशी की बात लीजिए। कहना उनको यह है कि मैं शहर का कवि हूँ और एक महत्त्वपूर्ण कवि हूँ। हमें इसे मानने में कोई सन्देह नहीं है, दुविधा भी नहीं है। लेकिन यह कहते हुए उनको लगता होगा कि हिन्दी में किसान जीवन से आया हुआ कोई कवि नहीं है। बद्री नारायण, निलय उपाध्याय, अष्टभुजा शुक्ल की कविताएँ एक साथ रखिए तो किसान जीवन के कवि सामने आएँगे।

अंटोनियो ग्राम्शी ने एक बहुत महत्त्वपूर्ण स्थापना की थी। उनकी महत्त्वपूर्ण स्थापना यह है कि जिनको समाज के वर्चस्व की प्रक्रिया में अपने वर्ग के वर्चस्व की स्थापना करनी है, मतलब मजदूरों और किसानों के वर्चस्व की स्थापना करनी है तो उनको कॉमनसेंस अर्थात् लोकमत पर ध्यान देना चाहिए। और देखिए, ग्राम्शी के कॉमनसेंस का अनुवाद मैं तुलसीदास की मदद से कर रहा हूँ। लोकमत शब्द तुलसीदास का है। तुलसीदास ने एक दोहे में पूरी राजनीति को समझाया है—'लोकमत, साधुमत, नृपनय निगम विचारि', ये चारों चीजें मिलकर राजनीति बनती है।

ग्राम्शी ने भी दो पद गढ़े थे—कॉमनसेंस और गुडसेंस। ग्राम्शी ने यह भी कहा था कि कॉमनसेंस में प्रगतिशील तत्त्व भी होते हैं और प्रतिक्रियावादी तत्त्व भी होते हैं। लोकमत में अग्रगामी तत्त्व भी होते हैं और पीछेदेखू तत्त्व भी होते हैं।

फिर मैं कबीर की मदद लूँगा। ग्राम्शी से पहले स्वयं कबीर इसे कह चुके हैं। कबीर ने कहा कि 'लोकामति के भोरा रे। जो कासी तन तजै कबीरा, तो रामहिं कहा निहोरा रे।' लोकमत में भ्रम भी होते हैं, अन्धविश्वास भी होते हैं, लेकिन अगर आप लोक यानी जन का वर्चस्व स्थापित करना चाहते हैं तो उससे संवाद तो करेंगे। संवाद के लिए लोकमत को समझना जरूरी है। और लोकमत में जो आलोचनात्मक चेतना है, उसको समझना, पकड़ना, अपनी रचना में लाना और जनता के लायक भाषा में व्यक्त करना वर्चस्व की प्रक्रिया में लोक के वर्चस्व को स्थापित करने का सबसे बड़ा साधन है।

मैं अभी कोलम्बिया के महान उपन्यासकार मार्खेज की आत्मकथा पढ़ रहा था। मार्खेज ने अपनी आत्मकथा में एक वाक्य लिखा है कि उपन्यास और पत्रकारिता दोनों एक ही माता की सन्तानें हैं। अगर ऐसा है तो मानना होगा कि उपन्यास बुनियादी तौर पर राजनीतिक होता है। हिन्दी में साहित्य और राजनीति या रचना और राजनीति की बहस करते समय उपन्यास और कथा-साहित्य को भी ध्यान में रखना बहुत जरूरी है। हिन्दी साहित्य को राजनीतिक बनाने का काम हिन्दी के एक कथाकार ने किया था और वे थे प्रेमचन्द। प्रेमचन्द ने पहली बार हिन्दी साहित्य को गहरे स्तर पर राजनीतिक बनाया। परिवर्तन की चेतना पैदा की, अपने उपन्यासों और कहानियों के माध्यम से। उनकी राजनीति सीधे स्वाधीनता आन्दोलन से जुड़ी हुई राजनीति थी और केवल स्वाधीनता आन्दोलन तक सीमित नहीं थी। भारतीय समाज के बुनियादी परिवर्तन की राजनीति की प्रेरणा भी उन्होंने अपनी कहानियों, अपने उपन्यासों के माध्यम से दी। इसलिए रचना की राजनीति की चर्चा उपन्यास और कहानी की चर्चा के बिना हो ही नहीं सकती।

# साहित्य और जनतन्त्र

मैं साहित्य से जनतन्त्र के सम्बन्ध पर कुछ कहने के पहले यह बताना ज़रूरी समझता हूँ कि मुझे लोकतन्त्र शब्द से अधिक पसन्द है जनतन्त्र। इस पसन्द के कुछ कारण हैं। पहला तो यही कि लोक अब एक सरकारी शब्द है। प्रमाण के लिए आप 'लोक सेवा आयोग' से लेकर 'लोक निर्माण विभाग' तक को याद कर सकते हैं। इस तरह आप यह भी जान सकते हैं कि 'लोक सेवा आयोग' में आये लोक का क्या अर्थ है और उसमें लोक की कितनी और कैसी सेवा होती है। इससे यह भी जाहिर होगा कि सरकार जब किसी शब्द को अपना बनाती है तो उसके अर्थ की क्या गति या दुर्गति होती है। 'लोक सेवा आयोग' में मौजूद लोक का वही अर्थ नहीं है जो कबीर और तुलसी की कविता में लोक का है। लोक शब्द के अर्थ की इस स्थिति से बचने के लिए लोक के बदले जन का प्रयोग बेहतर होगा।

दूसरा कारण यह है कि अपने मूल रूप में लोक शब्द का अर्थ इतना व्यापक है कि उसके भीतर शोषक और शोषित जन ही नहीं प्रकृति का भी समावेश है, इसलिए लोक का विरोधी परलोक है। तीसरा कारण यह है कि अंग्रेजी के डेमोक्रेसी शब्द के मूल में जो डेमोस शब्द है उसका ठीक-ठीक अर्थ जन है, लोक नहीं। इसीलिए अब्राहम लिंकन ने जनतन्त्र की परिभाषा करते हुए कहा था कि वह जन का, जन के लिए और जन द्वारा शासन है।

चौथा कारण यह है कि जन शब्द जितना पुराना है उतना सर्वप्रिय भी। डॉ. रामविलास शर्मा ने 1954 में एक निबन्ध लिखा था, "एशिया का प्राचीन शब्द 'जन'।" उन्होंने निबन्ध के आरम्भ में लिखा है, "एशिया की भाषाओं में बहुत-से शब्द सामान्य हैं। इन परम गौरवपूर्ण शब्दों में एक शब्द है 'जन'। एशिया की जनता जितनी प्राचीन है उतना ही प्राचीन यह छोटा सा शब्द है। भाषाओं के विकास-क्रम में बहुत से शब्द बने और मिट गये, लेकिन जनता की तरह यह शब्द भी अजर-अमर है। भारत के प्राचीन ग्रन्थ ऋग्वेद में यह शब्द सम्मानप्रद आसन पर प्रतिष्ठित है।" इसी निबन्ध में डॉक्टर शर्मा ने यह भी लिखा है कि 'यह प्राचीन शब्द यूरोप और एशिया की भाषाओं को मिलाने वाला भी है। इस तरह इसे संसार का अति प्राचीन ही नहीं, अति प्रचलित शब्द मानना उचित होगा।' (विराम चिह्न, पृष्ठ 178-79)

साहित्य और जनतन्त्र के बीच सम्बन्ध इतना सहज, स्वाभाविक और अनिवार्य है कि उसकी ओर प्रायः लोगों का ध्यान ही नहीं जाता। पूरी दुनिया में साहित्य की संस्कृति अब तक चार अवस्थाओं से गुज़र चुकी है। पहली अवस्था मौखिक थी जब लिपि का विकास नहीं हुआ था। तब साहित्य के सृजन और सम्प्रेषण की प्रक्रिया मौखिक ही थी। साहित्य श्रुति और स्मृति के सहारे जन-जीवन में मौजूद था। तब कवि जन समुदाय का अंग था, वह विशिष्ट व्यक्ति नहीं बना था। उस समय सम्पूर्ण साहित्य-संसार में पूरा जनतन्त्र था। साहित्य की संस्कृति दूसरी अवस्था में तब आई जब लिपि का आविष्कार और विकास हुआ। तब साहित्य लिखित हुआ। इस अवस्था में साहित्य का जनतन्त्र पहली अवस्था की तुलना में कमजोर हुआ; क्योंकि साहित्य-संसार केवल पढ़े-लिखे लोगों तक सीमित हो गया, अनपढ़ जन उससे बाहर हो गये। इस अवस्था में एक ओर साहित्य व्यक्तिगत हुआ, उसमें प्रयोगों की सम्भावनाएँ पैदा हुईं और स्थायित्व आया तो दूसरी ओर अनेक प्रकार के विधि-निषेधों का प्रचलन हुआ। साहित्य की संस्कृति में तीसरी अवस्था तब आई जब मुद्रण और प्रकाशन का विकास हुआ। यह साहित्य की संस्कृति की मुद्रित अवस्था थी। इसमें एक बार फिर साहित्य संसार में दूसरी अवस्था से अधिक जनतन्त्र आया; क्योंकि दूसरी अवस्था के विधि-निषेध निरर्थक हो गये। मुद्रित साहित्य को बाज़ार से खरीदकर कोई भी पढ़ सकता था। बाज़ार जाति और लिंग के भेद-भाव को नहीं मानता था। पर इस प्रक्रिया में लेखक और पाठक के बीच की दूरी जरूर बढ़ी। आजकल साहित्य की संस्कृति चौथी अवस्था में प्रवेश कर रही है, वह डिजिटल है, उसमें देश की सीमाएँ समाप्त हो रही हैं, पर उन्हीं के लिए जिनकी उस तक पहुँच है। इस अवस्था में अभी साहित्य का जनतन्त्र सीमित ही है। साहित्य की संस्कृति की एक विशेषता यह भी है कि आज उसकी चारों अवस्थाएँ कमोबेश साथ-साथ मौजूद हैं और क्रियाशील भी।

साहित्य से जनतन्त्र का सम्बन्ध मध्यकाल में सहज था, इसलिए तुलसीदास ने लिखा था 'किरति भनिति भूति भल सोई, सुरसरि सम सब कँह हित होई'। यह एक विडम्बना ही है कि आधुनिक काल में जब समाज में जनतन्त्र आया तब कविता से जनतन्त्र का सम्बन्ध जटिल होने लगा; क्योंकि आधुनिक युग में समाज और साहित्य दोनों में जनतन्त्र के समानान्तर जनतन्त्र-विरोधी प्रवृत्तियाँ भी पैदा हुईं। एक ओर व्यक्तिवाद आया तो दूसरी ओर कला के लिए कला का सिद्धान्त। एक समाज में जनतन्त्र के खिलाफ खड़ा हुआ तो दूसरा साहित्य में जनतन्त्र के विरुद्ध। इसीलिए आधुनिक काल में बार-बार साहित्य से जनतन्त्र के अन्तरंग सम्बन्ध पर जोर देने और उस पर बात करने की जरूरत पड़ी। पश्चिम में जब साहित्य को अक्षरों का गणतन्त्र कहा गया तब उसका लक्ष्य साहित्य के जनतन्त्र की स्मृति को ताजा करना ही था।

उत्तर-आधुनिक समय में एक बार फिर समाज का जनतन्त्र संकट में है और साहित्य का जनतन्त्र भी, इसलिए पिछले कुछ वर्षों में इन दोनों संकटों पर विचार की प्रक्रिया तेज हुई है। समाज के जनतन्त्र के संकट के मूल में बाजार की तानाशाही है तो साहित्य के जनतन्त्र के संकट के मूल में उत्तर-आधुनिकतावाद की उत्तर, अन्त और मौत की घोषणाएँ हैं। लेकिन इन सभी घोषणाओं के बावजूद समाज का इतिहास और साहित्य का इतिहास अपनी गति से चल रहे हैं। इसीलिए सीमस हीनी ने एक कविता में लिखा है 'यह उत्तर/वह उत्तर/और वह भी उत्तर/पर कुछ भी अतीत नहीं है।' आजकल समाज और साहित्य के इतिहास में जो है उससे बेहतर की खोज में जनतन्त्र के विकास के लिए जनता संघर्षशील है।

उत्तर-आधुनिक समय में साहित्य और जनतन्त्र के सम्बन्ध पर अत्यन्त महत्त्वपूर्ण सोच विचार का प्रयत्न जॉक देरिदा ने किया है। उन्होंने लिखा है "साहित्य की नियति प्रतिबन्ध से मुक्ति के साथ बँधी है, जनतान्त्रिक स्वतन्त्रता के आकाश से; जिसमें मुद्रण और प्रकाशन की स्वतन्त्रता के साथ बोलने की स्वतन्त्रता भी शामिल है। साहित्य के बिना जनतन्त्र सम्भव नहीं है और जनतन्त्र के अभाव में साहित्य भी नहीं है। यह सम्भव है कि कोई व्यक्ति दोनों में से किसी को न चाहे। इन दोनों के बिना अपना काम करने वाले शासकों की भी कमी नहीं है, दोनों को बिना शर्त अच्छा और अनिवार्य न मानने वालों का अभाव नहीं है। लेकिन किसी भी स्थिति में एक को दूसरे से अलग नहीं किया जा सकता। यह सब मानते हैं कि जब भी किसी साहित्यिक कृति पर प्रतिबन्ध लगाया जाता है तब जनतन्त्र खतरे में होता है। साहित्य की सम्भावना, समाज द्वारा दी गयी वैधता, उसके बारे में सन्देह या भय का शमन आदि मिलजुलकर उसे कोई भी सवाल पूछने, सभी कट्टरताओं पर संदेह करने, यहाँ तक कि नैतिकता और उत्तरदायित्व की राजनीति से सम्बद्ध मान्यताओं का भी विश्लेषण करने की छूट देते हैं।"

जनतन्त्र में साहित्य की केन्द्रीय भूमिका और जनतन्त्र से उसका अन्तरंग सम्बन्ध इस तथ्य पर निर्भर है कि जनतन्त्र साहित्य को सब कुछ कहने का अधिकार देता है और उस कहे हुए के लिए लेखक को जवाबदेह नहीं मानता। देरिदा के इस कथन पर टिप्पणी करते हुए जोनाथन कलर ने ठीक ही लिखा है कि साहित्यिक विमर्श के बारे में यह एक सुपरिचित सच्चाई है कि उसमें व्यक्त विचार, पूछे गये प्रश्न, प्रस्तावित तर्क और सम्बन्ध लेखक के निजी नहीं माने जाते।

साहित्य और जनतन्त्र के जिस सम्बन्ध की व्याख्या देरिदा ने की है वह मुख्यतः राजनीतिक सम्बन्ध है, जो तानाशाही के समय में अत्यन्त जटिल होता है। जब सत्ताएँ कवियों, लेखकों और कलाकारों की कल्पना को कैद करने की कोशिश करती हैं तब साहित्य का जनतन्त्र खतरे में होता है। लेकिन तभी कला और साहित्य की और उसमें क्रियाशील कल्पना की शक्ति की परीक्षा भी होती है। ऐसी स्थिति में

साहित्यकारों की कल्पला विपक्ष की भूमिका निभाती है। सोवियत संघ में यही हुआ था। वहाँ राजनीतिक सत्ता के विरुद्ध सबसे शक्तिशाली और प्रभावशाली विपक्ष की भूमिका में कला और साहित्य में सक्रिय सृजनात्मक कल्पना ही थी।

केवल समय-समय पर होने वाले आम चुनावों तक सीमित लोकतन्त्र में भी साहित्य का जनतन्त्र हमेशा सुरक्षित नहीं होता। चुनाव जनतन्त्र का एक लक्षण है, वह जनतन्त्र का सर्वस्व नहीं है। जनतन्त्र केवल राजनीतिक व्यवस्था ही नहीं है, वह सामाजिक स्थिति, सांस्कृतिक चेतना और मानसिक दशा भी है। जहाँ चुनाव की व्यवस्था के बावजूद असहमति का स्वीकार, विरोध का सम्मान और आलोचना का अधिकार समाज में न होगा वहाँ चुनाव जनतन्त्र का केवल आडम्बर ही होगा। एशिया, अफ्रीका और लातीनी अमेरिका में ऐसे अनेक देश हैं जहाँ चुनावी लोकतंत्र तो है लेकिन शासन और प्रशासन की रीति-नीति अजनतान्त्रिक है। जहाँ विरोध को अपराध, असहमति को विद्रोह और प्रतिरोध को आतंकवाद माना जाता हो वहाँ दिखाऊ लोकतन्त्र भले ही हो, लेकिन सच्चा जनतन्त्र नहीं होगा। ऐसी स्थिति में कला और साहित्य के भीतर तथा बाहर सत्ता के बारे में सब कुछ कहने, कोई भी प्रश्न पूछने और असुविधाजनक राय जाहिर करने की स्वतन्त्रता कैसे हो सकती है? जहाँ ऐसी स्वतन्त्रता नहीं होगी वहाँ साहित्य का जनतन्त्र भी नहीं होगा।

साहित्य में तभी पूरा सच्चा जनतन्त्र होगा जब उसमें जन हो और जन तक उसकी पहुँच भी हो। इसके लिए साहित्य के स्वरूप, उसके सिद्धान्त, उसके लक्ष्य और उसकी आलोचना पर विचार करना आवश्यक होगा।

साहित्य के रूपों में सबसे प्राचीन हैं कविता और कथा। आरम्भ में जब ये दोनों मौखिक थे तब पूरी तरह जनतान्त्रिक भी थे; क्योंकि तब कवि और कथाकार जनसमुदाय से स्वतन्त्र और स्वायत्त व्यक्ति न थे। वे जनसमुदाय के बीच के ही व्यक्ति थे, दूसरों से अधिक सजग, संवेदनशील, समझदार और सर्जक। इसीलिए वे पूरे जनसमुदाय की आकांक्षाओं, भावनाओं, सुखों, दुखों और चिन्ताओं की कविता और कथा कहते थे और जन-समुदाय उनकी कविताओं और कथाओं को सहज रूप से ग्रहण करता था। कविता और कथा की ये मूल प्रवृत्तियाँ, ये मूलरूप और क्रियाशीलताएँ, मध्य युग की कुलीनता और आधुनिक युग के अभिजनवाद के आग्रहों के बावजूद कभी कविता और कथा की रचनाशीलता के लक्ष्यों के दायरों से बाहर नहीं हुई।

आधुनिक काल में भी कुछ ऐसे कवि हुए हैं जो कविता को जनतान्त्रिक बनाने के लिए चिन्तित और प्रयत्नशील रहे हैं। ऐसे कवियों में एक थे अमेरिका के वाल्ट विट्मैन। वे आधुनिक कविता को जनतान्त्रिक बनाने की कोशिश कर रहे थे, रचनाशीलता के स्तर पर और काव्य सिद्धान्त के स्तर पर भी। कविता को बोलचाल की भाषा के निकट लाने और उसे छन्द के बन्धनों से मुक्त करते हुए जनता के

लिए ग्राह्य बनाने के उद्देश्य से ही उन्होंने 'लीव्स ऑफ ग्रास' की रचना की थी। वे कवि और आलोचक दोनों के आतंक से मुक्त कविता लिख रहे थे, इसीलिए उन्होंने कहा था कि 'वह व्यक्ति मेरी शैली का सर्वाधिक सम्मान करेगा जो मेरी कविता से यह सीखेगा कि कविता के लिए अध्यापक की कोई ज़रूरत नहीं है।' विट्मैन कविता को छन्द के बन्धनों से मुक्त करने की प्रक्रिया में ही उसे राजतन्त्र और अभिजातवाद के आग्रहों से भी मुक्त कर रहे थे। (न्यू लिटरेरी हिस्ट्री, समर 2010, पी. 671) वे मानते थे कि एक जनतान्त्रिक नागरिक जैसे राजनीति में स्वतन्त्र रूप से विकसित होने का अधिकारी है वैसे ही कल्पना में भी। यही कविता के जनतान्त्रिक होने की सम्भावना का मूल सूत्र है। विट्मैन के अनुसार जैसे जनतान्त्रिक समाज में समानता और पारदर्शिता आवश्यक है वैसे ही कविता में भी, जो सरल-सहज भाषा शैली से जुड़ी हुई हो। उन्होंने कहा था कि 'बड़े कवियों का प्रत्येक पुरुष और स्त्री के लिए यह सन्देश है कि हमारे पास समानता के भाव से आओ। तभी तुम हमें समझ सकते हो। हम तुमसे बेहतर नहीं हैं।' यही सच्ची जनतान्त्रिक भावना है जिस पर टिका होता है कविता का जनतन्त्र। पर आज के समय यह कितना दुर्लभ या अलभ्य है, यह कहने की ज़रूरत नहीं है। वाल्ट विट्मैन ने सांग ऑफ माइसेल्फ में लिखा है :

*शब्द*
*घास की तरह सरल*
*बिना कंघी किए सिर के*
*बालों की तरह*
*हँसी और भोलेपन जैसे*

कविता सच्चे अर्थों में जनतान्त्रिक तब होती है जब उसका रूप और शिल्प जन के लिए सुलभ और ग्राह्य हो। हिन्दी में आधुनिक समय में ऐसी कविता सम्भव की है नागार्जुन ने। नागार्जुन की अधिकांश कविताएँ सीधे जन को साम्बोधित हैं। उन्होंने लिखा है :

*जनता मुझसे पूछ रही है, क्या बतलाऊँ*
*जनकवि हूँ मैं, साफ कहूँगा, क्यों हकलाऊँ*

बोलने में हकलाहट तब आती है जब मन में दुविधा होती है और कविता में हकलाहट तब आती है जब उसमें मन की दुविधा व्यक्त होती है। जो कवि कविता से जीवन में सुविधा चाहते हैं वे दुविधा की भाषा में कविता लिखते हैं। हिन्दी में ऐसे कवि कम नहीं हैं जो दुविधा से उपजी हकलाहट को कविता की कला कहते हैं।

जन तक कविता की पहुँच में सबसे अधिक बाधक है कविता का वह रूप जो साधारण जन को कविता के भीतर प्रवेश की अनुमति नहीं देता है। नागार्जुन ने

कविता के रूप को जनसुलभ बनाने के लिए उसमें अनेक प्रकार के प्रयोग किए हैं। उन्होंने छन्दों में कविताएँ लिखी हैं और मुक्त छन्द में भी। छन्दों का चुनाव करते समय वे ऐसे छन्दों में कविता लिखते हैं जिनसे साधारण जन परिचित हैं। उन्होंने दोहा छन्द को नया जीवन दिया है। और अर्थ भी। उदाहरण के लिए आप चाहें तो शासन की बन्दूक और अन्न पचीसी के दोहे पढ़ सकते हैं। कभी-कभी नागार्जुन किसी पुराने प्रसिद्ध दोहे के एक हिस्से का उपयोग करते हुए समकालीन राजनीति पर व्यंग्य और विनोद से भरपूर कविता लिखते हैं। ऐसी ही एक कविता है:

*'स्वेत-स्याम-रतनार' अँखियाँ निहार के*
*सिंडकेटी प्रभुओं की पग-धूर झार के*
*लौटे हैं दिल्ली से कल टिकट मार के*
*खिले हैं दाँत ज्यों दाने अनार के*
*आये दिन बाहर के!*

कोई भी सोच नहीं सकता कि रसलीन के प्रसिद्ध दोहे का राजनीतिक व्यंग के लिए ऐसा उपयोग किया जा सकता है।

नागार्जुन कभी-कभी लोक प्रचलित पुराने गीतों और उनकी धुनों का उपयोग करते हुए समकालीन वास्तविकता और विचार की कविता लिखते हैं। ताकि जन उस कविता के रूप और उसकी धुन से आत्मीयता अनुभव करते हुए उसमें व्यक्त वास्तविकता और विचार को सहज रूप से आत्मसात कर सके। ऐसी ही उनकी एक लोकप्रिय कविता है :

*आओ रानी, हम ढोएँगे पालकी,*
*यही हुई है राय जवाहर लाल की*

नागार्जुन कविता को जनता तक पहुँचाने के लिए भक्तिकाल के सन्तों और भक्तों की कविता की पंक्तियों और ढाँचों का उपयोग करते हैं; क्योंकि वे जानते हैं कि भक्ति काल की कविता जन जीवन में रमी हुई कविता है। उनकी एक कविता है अमेरिका के राष्ट्रपति जॉनसन पर, जो सन्त रैदास के प्रसिद्ध पद 'प्रभु जी, तुम चन्दन हम पानी' की मदद से लिखी गयी है। वह कविता इस प्रकार है :

*हम काहिल हैं, हम भिखमंगे,*
*तुम हो औढ़रदानी*
*अब की पता चला है प्रभुजी,*
*तुम चन्दन हम पानी*
*हम निचाट धरती निदाघ की,*
*तुम बादल बरसाती*
*अबकी पता चला है प्रभुजी*
*तुम दीपक हम बाती।*

इसी तरह नागार्जुन ने अपनी एक कविता में नरसी मेहता के उस पद का

उपयोग किया है जो गाँधीजी को बहुत प्रिय था। नागार्जुन की कविता का आरम्भ यह है :

*कांग्रेस जन तो तेणे कहिए,*
*जे पीर आपणी जाणे रे*
*पर दुख में अपना सुख साधे,*
*दया भाव न आणे रे।*

ऐसे अनेक प्रयोग नागार्जुन के काव्य संसार में मौजूद हैं।

कविता में जनतन्त्र केवल रूप के माध्यम से ही नहीं आता। उसमें सच्चा जनतन्त्र तब आता है जब कविता में जन हो, उसका जीवन हो, उसके जीवन की वास्तविकताएँ, समस्याएँ, आशाएँ और आकांक्षाएँ हों, उसका सुख-दुख हो और उसके जीवन की प्रकृति, संस्कृति और विकृति भी हो। यह सब नागार्जुन की कविता में बहुत है और वह जगजाहिर है, इसलिए यहाँ उसकी चर्चा अनावश्यक है। नागार्जुन के समानधर्मा हिन्दी के अनेक कवि, कुमार विकल के शब्दों में 'जनतन्त्र में उग रहे वनतंत्र' को देखकर चिन्तित और परेशान होते रहे हैं और उन्होंने अपनी चिन्ता और परेशानियों को अपनी कविताओं में व्यक्त किया है। आज की हिन्दी कविता में ऐसे अनेक कवि हैं।

भारतीय समाज में कुछ ऐसे जनसमुदाय हैं जिनकी निराशा और यातना की चिन्ता भारतीय लोकतंत्र को तो कम है ही, हिन्दी कविता के जनतन्त्र को भी बहुत अधिक नहीं है। ऐसा एक जनसमुदाय है भारत के किसानों का। पिछले दो दशकों में, जबसे भारत में भूमण्डलीकरण की आँधी चली है तब से दो लाख से अधिक किसानों ने आत्महत्या की है। यह किसी भी संवेदनशील लोकतंत्र में राष्ट्रीय शोक या राष्ट्रीय शर्म की घटना मानी जाती, लेकिन भारतीय लोकतंत्र को इस घटना पर न शोक है और न शर्म। दुख की बात यह कि हिन्दी साहित्य के जनतन्त्र में भी इस त्रासदी पर न शोक व्यक्त हो रहा है, न शर्म और क्षोभ। भारतीय लोकतंत्र या किसी देश के लोकतंत्र में केवल वर्तमान जनसमुदाय की चिन्ता होती है, लेकिन साहित्य के जनतन्त्र में वर्तमान ही नहीं अतीत और भविष्य के नागरिकों की भी चिन्ता होती है।

हिन्दी के एक कवि राजेश जोशी ने भारत के किसानों की आत्महत्या पर दो महत्त्वपूर्ण और आन्दोलित करने वाली कविताएँ लिखी हैं। उनमें एक है 'इस आत्महत्या को अब कहाँ जोड़ूँ' और दूसरी है 'विकल्प'। दोनों कविताओं में किसानों की आत्महत्या पर गहरा विक्षोभ है जैसा नागार्जुन की कविताओं में मिलता है। इन कविताओं में विक्षोभ के साथ मजबूरी का जो बोध है वह आज के भारतीय लोकतंत्र में जीने-मरने वाले हर साधारण जन के अनुभव का हिस्सा है। इस विक्षोभ और मजबूरी के बोध में मौजूद है कविता का जनतन्त्र। राजेश जोशी की पहली कविता के कुछ हिस्से पर गौर कीजिए और उसमें मौजूद कविता के जनतन्त्र के बारे में

सोचिए :

*देश के बारे में लिखे गये*
*हज़ारों निबन्धों में लिखा गया*
*पहला अमर वाक्य एक बार फिर लिखता हूँ*
*भारत एक कृषि प्रधान देश है*
*दुबारा उसे पढ़ने को जैसे ही आँखें झुकाता हूँ*
*तो लिखा हुआ पाता हूँ*
*कि पिछले कुछ बरसों में*
*डेढ़ लाख से अधिक किसानों ने*
*आत्महत्या की है इस देश में।*
*भयभीत होकर काग़ज़ पर से*
*अपनी आँखें उठाता हूँ*
*तो मुस्कुराती हुई दिखती है हमारी सरकार*
*कोई शर्म नहीं किसी की आँख में*
*दुख या पश्चात्ताप की एक*
*झाँई तक नहीं चेहरे पर।*

भारत का एक और जनसमुदाय है जो पहले भारतीय लोकतंत्र के न अतीत बोध में था न वर्तमान बोध में, लेकिन अब वह उसकी चिन्ता के केन्द्र में है; क्योंकि वह सजग, सचेत और संघर्षरत है। वह है भारत का आदिवासी जनसमुदाय। हिन्दी साहित्य के हाशिए पर उसके लिए थोड़ी जगह रही है। वह भी वास्तविक कम और काल्पनिक अधिक। हाल के वर्षों में जब से भारत के आदिवासी अपने जंगल, जल, ज़मीन और जीवन की रक्षा के लिए संघर्ष कर रहे हैं तब से भारतीय लोकतंत्र ने उनकी ओर ध्यान देना शुरू किया है, वह भी उनके विकास के लिए कम और विनाश के लिए अधिक। ऐसी स्थिति में हिन्दी साहित्य का जनतन्त्र अगर आदिवासी जनजीवन से दूर होगा तो वह अधूरा ही रहेगा। हिन्दी कविता में नागार्जुन ने आदिवासी जीवन की वास्तविकताओं और विडम्बनाओं पर अनेक कविताएँ लिखी हैं। हाल के दिनों में कुछ नये कवियों ने हिन्दी कविता के जनतन्त्र का विस्तार करते हुए उसमें आदिवासी जन के लिए जगह बनाई है। ऐसे कवियों में एक हैं चन्द्रकान्त देवताले, जिनकी एक कविता 'यह काटी गाँव है' 10 जनवरी, 2010 के 'जनसत्ता' में छपी है। इस कविता में आदिवासी जन जीवन की जिस गरीबी, बदहाली, भुखमरी और इन सबकी भारतीय लोकतंत्र द्वारा उपेक्षा का चित्रण है वह किसी भी संवेदनशील व्यक्ति को बेचैन करने के लिए पर्याप्त है। आप इस कविता के एक अंश पर ध्यान दीजिए :

*किसी महाराणा प्रताप-व्रताप के वंशज नहीं ये*
*न ही कोई स्मृति-उत्सव न किसी गिनीज बुक में*
*नाम दर्ज कराने को बेताब*

*फिर भी महीने भर से*
*घास की रोटी खाने को मजबूर*
*अपने काटीगाँव के लोग*

भारतीय साहित्य में साहित्य के जनतन्त्र का जिसने सबसे अधिक विस्तार किया है और जो समाज के आखिरी आदमी की आवाज़ बनकर साहित्य में बोलती हैं, वे महाश्वेता देवी इस कविता में मौजूद हैं। यह उचित भी है क्योंकि जहाँ भारत के आदिवासियों की यातना का चित्रण और ब्योरा हो वहाँ महाश्वेता देवी की अनुपस्थिति असम्भव है। इस कविता के लगभग अन्त में कवि ने लिखा है :

*अलबत्ता आ जाए दीदी महाश्वेता*
*बैठ जाए जीमने*
*और तोड़ टुकड़ा घास की रोटी का*
*पूछ ले काए से खाऊँ इसे*
*और कह दे अकस्मात बुढ़िया कोई*
*आँसू टपकाकर-भूख मिलाकर खा ले माई*
*तो क्या यह दुबारा*
*धरती फट जाने जैसा नहीं होगा?*

जनतन्त्र का गहरा सम्बन्ध मानवीय संवेदनशीलता से है। अगर वह न हो तो जनतन्त्र के सारे सिद्धान्त और प्रयोग व्यर्थ हैं। देवताले की कविता उसी मानवीय संवेदन शीलता को जगाने वाली कविता है। ऐसी ही कविता पढ़ते हुए कार्ल मार्क्स का यह कथन याद आता है कि कविता मनुष्यता की मातृभाषा है।

पिछले चार-पाँच दशकों में भारत के वंचित, उपेक्षित और प्रताड़ित जन-समुदाय—स्त्रियाँ, आदिवासी, दलित, ईसाई और मुसलमान—अपने जीवन के अनुभवों, वास्तविकताओं और यातनाओं की अभिव्यक्ति अपनी-अपनी भाषाओं में, अपनी ज़िन्दगी की भाषाओं में व्यक्त कर रहे हैं, जिससे भारतीय साहित्य में एक नये प्रकार का जनतन्त्र विकसित हो रहा है। उन सबकी आवाज़ और उसकी अनुगूँज पहले से सुनी जाती आवाज़ और उसकी अनुगूँजों से एकदम अलग है, जितनी प्रामाणिक उतनी ही पारदर्शी और प्रभावशाली भी।

साहित्य के रूपों में जनतन्त्र के सबसे करीब उपन्यास है; क्योंकि उसका जन्म ही पश्चिम में जनतन्त्र के जन्म के साथ हुआ था। उपन्यास स्वभाव से जनतान्त्रिक होता है। प्रसिद्ध रूसी आलोचक मिखाईल बाख्तिन ने ठीक ही कहा था कि उपन्यास में दृष्टियों और स्वरों की बहुलता होती है। दृष्टियों और स्वरों की बहुलता से उपन्यास में जनतन्त्र आता है। उपन्यास में प्रत्येक पात्र की दृष्टि और स्वर की स्वतन्त्र सत्ता होती है, जिससे उसकी मानवीय गरिमा और अर्थवत्ता का निर्माण होता है। बाख्तिन ने यह भी लिखा है कि उपन्यास की औपन्यासिकता उसकी संवादधर्मिता में निहित

होती है। उपन्यास में केवल स्वरों की अनेकता ही नहीं होती, उसमें भाषाओं और बोलियों की अनेकता भी होती है जिनसे विभिन्न सामाजिक समूहों और वर्गों के जीवन के अनुभवों, स्थितियों, वास्तविकताओं और संवेदनाओं की अभिव्यक्ति होती है। अगर आप उपन्यास की संवादधर्मिता, स्वरों की अनेकता और भाषाओं तथा बोलियों की बहुलता से निर्मित उपन्यास के जनतन्त्र को देखना चाहते हैं तो आपको फणीश्वरनाथ रेणु का 'मैला आँचल' पढ़ना चाहिए।

भारत में उपन्यास पराधीनता के काल में पैदा हुआ, इसलिए वह आरम्भ ही मुक्ति के आख्यान के रूप में विकसित हुआ। बंकिम के यहाँ वह राष्ट्र की मुक्ति का आख्यान है तो प्रेमचन्द के यहाँ किसानों, दलितों और स्त्रियों की मुक्ति का आख्यान। प्रेमचन्द अपने उपन्यासों के माध्यम से जनतन्त्र की सम्भावनाओं और सन्देहों का आख्यान रचते हैं तो रेणु उन सम्भावनाओं के अन्त और सन्देहों के सच होने की कथा कहते हैं।

हिन्दी साहित्य में जनतन्त्र के विकास के प्रसंग में प्रेमचन्द के उपन्यास की भूमिका पर ध्यान देना जरूरी है। प्रेमचन्द ने अपने कथा-साहित्य के माध्यम से हिन्दी साहित्य की संस्कृति का रूपान्तरण किया। भारतीय समाज के जो जनसमुदाय और व्यक्ति मुख्यधारा से अलग हाशिए पर रहने के लिए मजबूर थे वे प्रेमचन्द के उपन्यासों और कहानियों के माध्यम से कथा के केन्द्र में आये और पहले जो केन्द्र में होते थे वे हाशिए पर चले गये। जो पहले नायक होते थे वे खलनायक बन गये और जो उपेक्षित तथा अदृश्य थे वे नायक बने। प्रेमचन्द ने 'रंगभूमि' उपन्यास में जिस सूरदास को नायक बनाया था वह 'गरीब अन्धा चमार था और भिखमंगा भी'। वह अपने साहस और संघर्ष के कारण उस उपन्यास का ही नहीं अपने समय और समाज का भी नायक बन गया और खलनायक बने सत्ता के दलाल तथा सेवक उच्च वर्ग के लोग। साहित्य के इस जनतन्त्रीकरण का परिणाम यह हुआ कि साधारण जन भी उपन्यास के पाठक के रूप में अपना वर्तमान और भविष्य उपन्यास में देखने लगे। इस तरह हिन्दी उपन्यास ने साहित्य के जनतन्त्र का विस्तार किया।

जैसे जनतन्त्र और कट्टरतावाद परस्पर विरोधी हैं वैसे ही उपन्यास भी कट्टरतावाद का दुश्मन है। बहुलतावाद उपन्यास के स्वभाव का अंग है और कट्टरतावाद को वह पूरी तरह अस्वीकार करता है। उपन्यास और जनतन्त्र में आलोचनात्मक चेतना की स्वतन्त्र क्रियाशीलता सहज स्वीकार है। पर कट्टरतावाद आलोचना को बर्दाश्त नहीं करता। इसीलिए योरोप और भारत में भी जनतन्त्र के साथ-साथ उपन्यास से धार्मिक कट्टरतावाद के संघर्ष के अनेक प्रसंग और उदाहरण मिल जाते हैं। कट्टरतावाद खुद को जिस नैतिकता का ठेकेदार और रक्षक मानता है उसकी पोल खोलने का प्रयत्न दुनियाभर के उपन्यासों ने किया है और इस प्रक्रिया में व्यक्ति की स्वतन्त्रता की रक्षा करते हुए जनतान्त्रिक वातावरण, दृष्टि और व्यवहार

का विकास किया।

साहित्य के विभिन्न रूपों की रचनाओं में जहाँ और जितना जनतन्त्र है उसकी व्याख्या और विस्तार का काम आलोचना करती है। बशर्ते वह ऐसी दृष्टि की उपज हो जो पाठकों को प्रबुद्ध बनाये और ऐसी शैली और भाषा में लिखी हो जो पाठकों के 'बूझो तो जाने' की चुनौती न दे। प्रायः आलोचना की शैली आलोचक के सोच की शैली को प्रतिबिम्बित करती है। हिन्दी में कुछ ऐसे आलोचक हैं जिनकी शैली और भाषा में अतिरंजना और सरलीकरण की भरमार होती है। ऐसी आलोचना पाठकों को चकित करती है तो भटकाती भी है। वह रचना की अर्थवत्ता और सार्थकता से पाठकों को दूर ले जाती है। कुछ आलोचक रचना की केवल अर्थवत्ता की व्याख्या करते हैं तो कुछ उसकी केवल सार्थकता की। वे इस बात पर ध्यान नहीं देते कि अर्थवत्ता रचनानिष्ठ होती है जबकि सार्थकता समाजसापेक्ष।

हिन्दी में कुछ ऐसे भी आलोचक हैं जो किसी सिद्धान्त के अतिरिक्त आग्रह के कारण अमूर्त और अबूझ शैली, संस्कृत या अंग्रेज़ी शब्दों तथा मुहावरों से भरी हुई भाषा में जो आलोचना लिखते हैं उससे एक तरह का रहस्यवाद फैलता है, जो पाठकों को आतंकित करता है और डराता भी है। यह सब जानते हैं कि जहाँ आतंक और डर होगा वहाँ जनतन्त्र नहीं होगा। एडवर्ड सईद ने ठीक ही लिखा है कि जार्गन्स से भरी आलोचना की भाषा उन जार्गन्स से अपरिचित पाठकों को रचना की ओर आकर्षित करने के बदले उससे विमुख करती है। ऐसी आलोचना को सईद जनतन्त्र विरोधी ही नहीं बौद्धिकता विरोधी भी कहते हैं। वे यह भी मानते हैं कि जिसे प्रतिरोधी आलोचना कहा जाता है उसे ग्रहणीय और पठनीय के साथ ही ऐसी समालोचनात्मक भी होना चाहिए जो पाठकों की स्वतन्त्रता, उनके ज्ञानोदय और उनकी क्रियाशीलता को गति दे। जनतान्त्रिक आलोचना के लिए यह जरूरी है कि वह ऐसी शैली और भाषा में लिखी जाए जो पाठकों की समझ की क्षमता को नहीं बल्कि उनके पूर्वग्रहों को चुनौती दे ताकि पाठक असमंजस की मनोदशा के बदले सहमत या असहमत होने की स्वतन्त्रता का अनुभव करे। ऐसी ही आलोचना सचमुच जनतान्त्रिक होगी।

# उत्तर-आधुनिक समय में मध्ययुगीनता की वापसी

बीसवीं सदी के अन्तिम दो दशकों में जो विचार प्रणाली यूरोप में अत्यन्त प्रभावशाली बनी है और जिसने ज्ञान तथा संस्कृति के विभिन्न क्षेत्रों के सोच-विचार को व्यापक रूप से और गहरे स्तर से प्रभावित किया है, उसे उत्तर-आधुनिकतावाद कहा जाता है। उसने उत्तर, अन्त और मौत की मदद से यूरोपीय समाज के इतिहास में विकसित आधुनिक, आधुनिकता और आधुनिकतावाद के साथ उस समय में पैदा जीवन मूल्यों, सामाजिक मान्यताओं, विचारधाराओं, विश्वदृष्टियों और ज्ञान के विभिन्न रूपों के अन्त की घोषणा कर दी। इसीलिए पिछले तीन दशकों के समय को उत्तर-आधुनिक समय कहना आवश्यक हो गया है।

उत्तर-आधुनिकतावाद ने आधुनिकता के विरोध के लिए एक ओर ज्ञानोदय की मुक्तिधर्मी योजना और उसकी वैचारिक परिणतियों का खण्डन जरूरी समझा तो दूसरी ओर ज्ञानोदय से उपजे बुद्धिवाद, अनुभववाद, मानववाद और व्यक्ति की स्वायत्तता की आलोचना को अपना लक्ष्य माना। जर्मन दार्शनिक कांट ने 1884 में 'ज्ञानोदय क्या है' शीर्षक निबन्ध लिखकर ज्ञानोदय की मुख्य विशेषताओं को स्पष्ट किया था। उनके अनुसार बिना किसी बाहरी सत्ता की मदद या हस्तक्षेप के जानने और सोचने का साहस विकसित करना ज्ञानोदय का लक्ष्य है और यह मनुष्य की बुद्धि के स्वतन्त्र उपयोग से ही सम्भव है।

मानव समाज स्वतन्त्र रूप से बुद्धि या विवेक का उपयोग कैसे करे, यही स्पष्ट करने के लिए कांट ने अपना पूरा दर्शन निर्मित किया था। कांट के लिए आधुनिकता एक प्रवृत्ति और दृष्टि थी, जिसकी मुख्य विशेषता बौद्धिकता थी। इसी के परिणामस्वरूप वह मानववाद सामने आया, जिसने धार्मिक सत्ता, धार्मिक आस्था और धार्मिक अन्धविश्वासों का विरोध किया। कांट ने ज्ञानोदय और अन्धविश्वास का अन्तर स्पष्ट करते हुए लिखा है, 'बुद्धि की शिथिलता ही पूर्वग्रह है और सबसे बड़ा पूर्वग्रह अन्धविश्वास है। अन्धविश्वास से मुक्ति ही ज्ञानोदय है।' धार्मिक सत्ता का विरोध केवल कांट ने ही नहीं किया था। हेगेल ने भी धार्मिक सत्ता से राज सत्ता के गठजोड़ और जनता की तबाही की ओर संकेत करते हुए लिखा था कि 'जनता उस पुरोहितवाद की धोखाधड़ी का शिकार होती है जो स्वयं को अन्तर्दृष्टि

का एकमात्र मालिक मानता है और स्वार्थी उद्देश्यों को पूरा करता है। साथ ही वह उस तानाशाही से भी दुरभिसन्धि करता है जो स्वयं जनता की नासमझी और पुरोहितों के बुरे इरादे से ऊपर रहने का दावा करती हुई भी दोनों को अपने भीतर समाहित करती है।' इस तरह ज्ञानोदय की प्रक्रिया ने एक ओर मानव समाज को धार्मिक सत्ता की गुलामी से मुक्त किया तो दूसरी ओर लोकतन्त्र का मार्ग प्रशस्त किया। नरहरि कविराज ने ठीक ही लिखा है कि 'ज्ञानोदय ने पहली बार मध्य युग अर्थात आस्था के युग के अन्त और आधुनिक युग अर्थात बुद्ध के युग के आरम्भ की घोषणा की थी।' उत्तर-आधुनिकतावाद ने ज्ञानोदय की मुख्य उपलब्धि बुद्धिवाद का खण्डन करते हुए आस्था के युग अर्थात मध्य युग की वापसी की राह बनाई है।

पिछले कुछ वर्षों में उत्तर-आधुनिकतावाद ने केवल ज्ञानोदय और आधुनिकता की ही आलोचना नहीं की है। उसके अनेक विचारकों ने वर्तमान समय को उत्तर धर्मनिरपेक्ष समय भी घोषित कर दिया है। सम्भवतः इसीलिए हाल के वर्षों में राजनीति पर बहसें कम हुई हैं और नैतिकता, धार्मिक आस्था और मूल्यों से सम्बन्धित विवाद अधिक हुए हैं। आधुनिकता के दौर में व्यक्ति की जो अस्मिता सामाजिक और राजनीतिक स्थितियों से निश्चित होती है, वही अस्मिता अब धर्म से तय होने लगी है। उत्तर-आधुनिकतावाद के एक गुरु फूको ने न केवल 1979 में ईरान की इस्लामी क्रान्ति का उत्साह के साथ समर्थन किया था, बल्कि वे राजनीतिक अध्यात्म या आध्यात्मिक राजनीति की बातें भी करने लगे थे।

सारी दुनिया में इस उत्तर धर्मनिरपेक्षता के परिणामस्वरूप एक ओर धार्मिक अतिवाद का विस्तार हो रहा है तो दूसरी ओर राजनीति में रूढ़िवाद का प्रभाव भी बढ़ रहा है। उत्तर धर्मनिरपेक्षता के कारण बुद्धिवाद कमज़ोर हुआ है और आस्था मज़बूत हुई है। यह जगज़ाहिर बात है कि आस्था का अन्त रूढ़िवाद में होता है। इस स्थिति का सबसे बुरा असर दुनियाभर की स्त्रियों की स्वाधीनता के आन्दोलन पर पड़ा है। सभी धर्मों के अतिवादी अपने-अपने धर्मों और समाजों की स्त्रियों को मध्ययुगीन पराधीनता की स्थितियों में लौटाना चाहते हैं; वे पितृसत्ता, पारिवारिकता, ब्रह्मचर्य और धार्मिक नैतिकता के पालन की वकालत कर रहे हैं। वे अपनी मध्ययुगीन मान्यताओं और पूर्वग्रहों के विरुद्ध कोई आवाज़ या आलोचना न सुनते हैं और न सहते हैं। पश्चिम के धार्मिक अतिवादी कहते हैं कि हमारी औरतें मुक्त हैं, उन्हें किसी मुक्ति आन्दोलन की ज़रूरत नहीं है, केवल पूरब की स्त्रियों को मुक्ति की ज़रूरत है। यही बात पूरब के धार्मिक अतिवादी भी कहते हैं। इन दोनों के धार्मिक दुराग्रहों का शिकार है स्त्रियों की स्वाधीनता।

मानव समाज को धर्मनिरपेक्षता न सहजता से प्राप्त हुई थी और न मुफ्त में, वह लम्बे और कठिन संघर्ष से मिली थी। हन्ना अरेंड ने ठीक ही लिखा है कि

पश्चिम में धर्मनिरपेक्षता क्रान्ति की देन है। उन्होंने लिखा है कि, 'जिसे हम क्रान्ति कहते हैं वह ऐसी अवस्था है जिससे एक नयी धर्मनिरपेक्षता की दुनिया पैदा होती है। उस प्रक्रिया से ऐसी धर्मनिरपेक्ष दुनिया का जन्म होता है जिसमें राजनीति से धर्म का अलगाव होता है।' इससे स्पष्ट है कि दुनिया में धर्मनिरपेक्षता के उदय और विकास की प्रक्रिया में अमेरिकी, फ्रांसीसी और रूसी क्रान्तियों की महत्त्वपूर्ण भूमिका है। यह अकारण नहीं है कि लोकतांत्रिक और समाजवादी क्रान्तियों की वास्तविकता ही नहीं, सम्भावना से भी सबसे अधिक परेशान और भयभीत धर्म की ध्वजा धारण करने वाले होते हैं। और वे ही राजनीति में तानाशाही के समर्थक भी होते हैं।

आज के उत्तर-आधुनिक समय में मध्ययुगीनता की वापसी कोई कल्पना नहीं है। वह एक ऐसी वास्तविकता है, जिसका पश्चिम के विचारक अनुभव कर रहे हैं, उसका विश्लेषण कर रहे हैं और उससे चिन्तित भी हैं। अगस्त 2007 के एक लेख में मार्क लिला ने लिखा था कि 'आज हम एक ऐसे बिन्दु तक पहुँच गये हैं जहाँ हमारी समस्याएँ सोलहवीं सदी की समस्याओं से मिलती-जुलती हैं।' वे यह भी मानते हैं कि आज की दुनिया की बहुत सारी परेशानियाँ राजनीतिक धर्मशास्त्र की उपज हैं। जब तक जनसंख्या का एक बड़ा हिस्सा राजनीतिक धर्मशास्त्र के सच में विश्वास करता रहेगा तब तक आधुनिक उदार लोकतन्त्र से उसके सामंजस्य की आशा नहीं की जा सकती।

मार्क लिला से पहले इटली के उपन्यासकार और विचारक उम्बर्तो एको ने मध्ययुगों की वापसी शीर्षक से दो लेख लिखे थे—मध्ययुगों के स्वप्न और मध्ययुगों में जीना। पहले निबन्ध में उम्बर्तो एको ने अमेरिकी साहित्य, वहाँ की लोकप्रिय संस्कृति, इंग्लैण्ड और इटली के साहित्य आदि में मध्ययुग के स्वप्नों की उपस्थिति का विश्लेषण किया है। उन्होंने यह भी लिखा है कि साहित्य और कला में मध्ययुगों की वापसी, असल में, अपनी जड़ों की पहचान के प्रयत्नों का परिणाम है। अमेरिका का अपना कोई मध्ययुग नहीं है, इसलिए वहाँ यूरोप के मध्ययुगों में अपनी जड़ों की पहचान की कोशिश होती है। एको ने यह सवाल भी किया है कि मध्ययुग के सपने देखने में समकालीन आकांक्षा व्यक्त होती है या उत्तर-आधुनिक आकांक्षा, वे यह भी कहते हैं कि मध्ययुगों के सपने देखने की प्रवृत्ति आधुनिकता के काल में भी थी। एको ने मध्ययुगों के सपने के दस प्रकारों की बात की है। वे दस प्रकार ये हैं—

मध्ययुग बहाने के रूप में, विडम्बनापूर्ण पुनर्यात्रा के रूप में, दार्शनिक स्रोत के रूप में, राष्ट्रीय अस्मिताओं के रूप में, भाषाशास्त्रीय पुनर्निर्मिति के रूप में, पतन के युगों के रूप में, परम्परा के रूप में और आशा के स्रोत के रूप में। आज के समय में मध्ययुग के ये सभी रूप यूरोप और अमेरिका में ही नहीं भारत में भी मौजूद हैं,

जिनसे हमारा चिन्तन, लेखन, सृजन और विचार के साथ-साथ जीवन भी प्रभावित हो रहा है। पिछले एक दशक में केवल अंग्रेजी में मध्ययुगीनता की वापसी और उपस्थिति पर दर्जनों किताबें छपीं।

यद्यपि उत्तर-आधुनिकता का जन्म फ्रांस में हुआ था, लेकिन उसका प्रचार और प्रभाव जितना अमेरिका में है उतना और कहीं नहीं है। इसीलिए कुछ लोग उत्तर-आधुनिकतावाद को भूमण्डलीकरण के दौर के पूँजीवाद की सांस्कृतिक परिणति या विचारधारा कहते हैं। चूँकि पूँजीवाद के भूमण्डलीकरण का नेतृत्व अमेरिका कर रहा है, इसलिए अमेरिका की राजनीति, संस्कृति और समाज में मध्ययुगीनता की उपस्थिति पर ध्यान देना ज़रूरी है। 11 सितम्बर, 2001 को अमेरिका पर जो आतंकवादी हमला हुआ था, उसके जवाब में जार्ज बुश का जो बयान आया उसमें जानबूझकर मध्ययुगीन धर्म युद्धों की भाषा, धार्मिक बुनियादपरस्ती और दैवीय अधिकारों की अभिव्यक्ति थी। जार्ज बुश ने कहा था कि 'यह धर्म युद्ध, आतंकवाद के विरुद्ध कुछ समय तक चलेगा।' उसके एक सप्ताह बाद ओसामा बिन लादेन ने उसी भाषा में जार्ज बुश को जवाब दिया था। उन्होंने कहा था कि 'यह लड़ाई अलकायदा और अमेरिका के बीच नहीं है। यह मुसलमानों का दुनिया के ईसाई धर्म योद्धाओं से युद्ध है।' इसका तात्पर्य यह है कि जार्ज बुश के अमेरिका और ओसामा बिन लादेन के अलकायदा के बीच युद्ध मध्ययुगीन धर्म युद्ध बन गया। जार्ज बुश मध्ययुगीन राजाओं और बादशाहों की तरह युद्ध के प्रसंग में धार्मिक भाषा का प्रयोग करते थे। उन्होंने अफगानिस्तान पर आक्रमण को अनन्त न्याय नाम दिया था। बाद में जब उन्हें बताया गया कि अनन्त न्याय तो केवल ईश्वर दे सकता है तब उस आक्रमण का सांकेतिक नाम स्थायी स्वतन्त्रता हो गया। अमेरिका ने पूँजीवाद के भूमण्डलीकरण के साथ-साथ बड़े पैमाने पर साम्राज्य स्थापित करने की जो कोशिश की है, उसका एक प्रेरणा स्रोत रोम का साम्राज्य है। यह बात अमेरिकी साम्राज्यवाद के अनेक वकील स्वीकार करते हैं।

मध्ययुगीनता केवल राजनीति में ही नहीं है, वह आधुनिक आलोचनात्मक चिन्तन में भी जहाँ-तहाँ दिखाई देती है। ब्रुश होलसिंगर ने क्रिटिकल इन्क्वायरी के एक निबन्ध में यह लिखा है कि अनेक आधुनिक चिन्तकों के लेखन में मध्ययुगीनता की छायाएँ और चिह्न मौजूद हैं। उन्होंने उत्तर-आधुनिकतावाद के एक गुरु हाइडगर के लेखन, दूसरे उत्तर-आधुनिक जॉक लाका के सातवें सेमिनार, रोलांबार्थ की पुस्तक एस/ज़ेड, बेनेडिट एंडरसन और होमीभाभा आदि के लेखन में मध्ययुगीनता की अनेक रूपों में उपस्थिति की पहचान की है। उन्होंने माइकेल हार्ड और अंटोनियो नेग्री की लोकप्रिय पुस्तक 'इम्पायर' में जगह-जगह प्रयुक्त फ्रेंसिस ऑफ असीसी और अन्य मध्यकालीन ईसाई सन्तों के कथनों और विचारों की अभिव्यक्ति तथा सेमुअल पी हटिंगटन द्वारा प्रस्तुत सभ्यताओं के संघर्ष की धारणा में भी मध्ययुगीनता की

उपस्थिति की ओर संकेत किया है।

मध्ययुगीन धार्मिकता और आधुनिक बुद्धिवाद के बीच सबसे कठिन और निर्णायक संघर्ष विज्ञान के मैदान में हुआ। मध्ययुगीन धार्मिकता यह मानती और कहती रही है कि प्रकृति, समाज और मानव मानस की कोई ऐसी स्थिति और गति नहीं है जो ईश्वर की कृपा या हस्तक्षेप के बिना सम्भव हो। पूरी सृष्टि के जन्म और विकास को धर्मग्रन्थों के आधार पर समझती और जनता को समझाती रही है। इसके लिए पश्चिम के ईसाई बाइबिल का उपयोग करते हैं तो भारत के धर्मशास्त्री पुराणों का। इसे सृष्टिवाद कहा जाता है। प्रकृति-विज्ञान समाज-विज्ञान और मनोविज्ञान ने प्रकृति, समाज और मानव मन की स्थितियों और गतियों की स्वायत्तता को बुद्धि, अनुभव और प्रयोगों के माध्यम से सिद्ध करते हुए उन्हें ईश्वरीय हस्तक्षेप से मुक्त किया और सृष्टिवाद के भ्रमों से आम जनता को भी। इस प्रक्रिया में मानव बुद्धि की स्वतन्त्रता साबित हुई। डार्विन ने विकासवाद के माध्यम से प्रकृति का जो विज्ञान विकसित किया, उसमें ईश्वर के हस्तक्षेप के लिए कोई जगह नहीं रही। फिर कार्ल मार्क्स ने समाज के परिवर्तन और विकास की व्याख्या करते हुए जो समाजविज्ञान निर्मित किया, उसमें भी ईश्वर के लिए कोई जगह नहीं बची। बाद में फ्रायड ने मनोविश्लेषण के सहारे मानव-मानस का जो विज्ञान प्रस्तुत किया, उसके अनुसार मानव मन से ईश्वर का बहिष्कार हो गया। यही कारण है कि मध्ययुगीन मानसिकता के धर्मशास्त्री डार्विन, कार्ल मार्क्स और फ्रायड को अपना सबसे बड़ा दुश्मन मानते हैं।

डार्विन के विकासवाद से सृष्टिवादियों के संघर्ष का इतिहास लम्बा है, लेकिन पिछले कुछ दशकों से अमेरिका में सृष्टिवादियों ने 'इंटेलिजेंट डिजाइन' नाम से एक ऐसा अभियान चला रखा है जिसका लक्ष्य है एक ओर डार्विन, मार्क्स और फ्रायड का विरोध करना तो दूसरी ओर सृष्टिवाद को वैज्ञानिक भाषा में पेश करते हुए दर्शन, राजनीति और संस्कृति के क्षेत्र में अपना वर्चस्व स्थापित करना। इस अभियान को रीगन से लेकर जार्ज बुश तक की अमेरिकी सत्ता का समर्थन प्राप्त रहा है। इंटेलिजेंट डिजाइन के अभियान से जुड़े लोगों की मुख्य मान्यता यह है कि प्रकृति और समाज में जो बौद्धिक परिकल्पना मिलती है, उससे किसी परिकल्पक की सम्भावना बनती है और वही ईश्वर है। हाल के वर्षों में अमेरिका में ही नहीं, भूतपूर्व समाजवादी देशों में भी धार्मिक आस्था और पूर्वग्रहों की बड़े पैमाने पर वापसी हो रही है।

यह देखकर आश्चर्य होता है कि जिस पूँजीवाद ने अपने आरम्भिक दौर में मध्ययुगीन मानसिकता और धार्मिक कट्टरतावाद का विरोध किया था, विज्ञानों और समाज विज्ञानों के क्षेत्र में बुद्धि की स्वतन्त्र क्रियाशीलता का समर्थन किया था, वही अब मध्ययुगीन मानसिकता और धार्मिक कट्टरतावाद का पोषक बन गया है। असल में पूँजीवाद को जब सामन्तवाद से लड़ना था तब उसने धार्मिक सत्ताओं,

संस्थाओं और मान्यताओं का विरोध करने वालों का पक्ष लिया था, लेकिन वह अब समाजवाद से भयभीत होकर स्वयं धर्म की सत्ता का समर्थक बन रहा है।

पूँजीवाद धर्म के प्रभाव से पहले भी मुक्त नहीं रहा है, आधुनिकता के उत्थान के दौर में भी नहीं। इसीलिए आजकल आधुनिकता के धार्मिक मूलों की खोज हो रही है। आप कह सकते हैं कि यह खोज मध्ययुगीन मानसिकता से पैदा हुई है। आज के कुछ विचारक यह मानते हैं कि आधुनिकता के समय में धार्मिक मिथकों को धर्मनिरपेक्ष भाषा में व्यक्त किया जाता था। जॉन ग्रे ने लिखा है कि 'नयी सहस्राब्दि के आरम्भ में हम स्वयं को एक ऐसी दुनिया में पा रहे हैं जिसमें अनेक ऐसे कल्पना लोकों की योजनाओं के खण्डहर फैले हुए हैं, जो यद्यपि धर्म के सच को अस्वीकार करने वाली धर्मनिरपेक्ष भाषा में गढ़े गये थे, लेकिन वास्तव में वह भाषा धार्मिक मिथकों को व्यक्त करती है।'

पूँजीवाद से धर्म के सम्बन्ध का विवेचन कार्ल मार्क्स ने भी किया था। मार्क्स मानते थे कि ईसाई धर्म पूँजी का विशेष धर्म है। दोनों में व्यक्ति का महत्त्व है। जैसे ईसाई धर्म में सब कुछ आस्था पर निर्भर है, वैसे ही पूँजीवाद में सब कुछ साख पर निर्भर है। मार्क्स ने मैक्स वेबर से पहले पूँजीवाद के साथ प्रोटेस्टेंट ईसाई धर्म के सम्बन्ध को स्पष्ट किया था। वे मानते थे कि बुर्जुआ अर्थव्यवस्था ही प्रोटेस्टेंटवाद को पैदा करती है। इसके विपरीत मैक्स वेबर ने लिखा है कि पूँजीवाद प्रोटेस्टेंट ईसाई धर्म की उस संन्यासी मानसिकता से पला बढ़ा, जिसके पीछे काल्विनवादी धर्मशास्त्र के साथ मुक्ति की कल्पना भी थी। जो भी हो, यह स्पष्ट है कि पूँजीवाद अपने उत्थानकाल में भी ईसाई धर्म से अनेक रूपों से जुड़ा था। वही जुड़ाव आज अपने उग्र रूप में दूसरे धर्मों की बुनियादपरस्ती से होड़ करता हुआ हमारे सामने आ रहा है।

दुनिया के दूसरे देशों में मध्ययुगीनता की वापसी की बात हो और अपना देश भारत उस चर्चा के बाहर रहे, यह अपने देश के साथ न्यान नहीं होगा। इसलिए अब भारत में मध्ययुगीनता की वापसी या उपस्थिति के बारे में थोड़ी चर्चा जरूरी है। भारत ऐसा देश है जिसमें आज भी आदिम, मध्ययुगीन, आधुनिक और उत्तर-आधुनिक स्थितियाँ साथ-साथ मौजूद हैं। आदिवासी समाजों में अब भी आदिम स्थितियाँ हैं तो ग्रामीण जीवन में मध्ययुगीनता। छोटे-बड़े शहरों में आधुनिकता दिखाई देती है तो दिल्ली और मुम्बई जैसे महानगरों में उत्तर-आधुनिकता। भारत का मध्यवर्ग एक साथ मध्ययुगीन मानसिकता, आधुनिक सुविधा और उत्तर-आधुनिक आकांक्षा के साथ जीता है, इसलिए वह कभी-कभी इन तीनों से जुड़ता और अलग होता दिखाई देता है।

भारत में मध्ययुगीनता की एक शरण स्थली राजनीति है। यहाँ चुनाव अभियान की शुरुआत से लेकर मन्त्रीमंडल में शामिल होने के लिए शपथग्रहण तक सब कुछ

ज्योतिषियों की सलाह से होता है। बड़े-बड़े राजनेता स्वयं को जनता के सामने मध्ययुगीन नायकों या देवी-देवताओं के रूप में पेश करते हैं। कोई तलवार भेंट लेता है और शिवाजी बनता है तो कोई धनुष वाण धारण कर राम जैसा दिखाई देता है। कोई हनुमान की तरह गदा धारण करता है तो कोई शिव की तरह त्रिशूल। कुछ राजनेता रथयात्राएँ निकालते हैं, भले ही वे रथ नवीनतम कारों से क्यों न बने हों। पिछले तीन दशकों से देश की संसद के समानान्तर धर्म-संसद की घोषणाएँ सुनाई दे रही हैं। पिछले कुछ समय से देश की राजनीति पर जिस तरह जातिवाद हावी हुआ है, वह भारतीय समाज के मध्ययुगीन जातिवाद की वापसी की ओर संकेत करता है।

भारत में उत्तर-आधुनिक से मध्ययुगीन धार्मिकता, रूढ़िवाद और अन्धविश्वासों का तालमेल देखना हो तो जनसंचार के विभिन्न माध्यमों पर ध्यान दीजिए। हिन्दी का शायद ही कोई अखबार हो जो राशिफल न छापता हो। उत्तर-आधुनिक से मध्ययुगीन का असली संगम टेलीविज़न के विभिन्न चैनलों के कार्यक्रमों में दिखाई देता है। सात-आठ चैनल तो ऐसे हैं जिन पर दिन-रात धार्मिक प्रवचन, ज्योतिष पर व्याख्यान, योग की शिक्षा और भूतप्रेतों की कहानियों का प्रदर्शन तथा विभिन्न अवतारों और देवी-देवताओं की महिमा का गान करने वाले सीरियल्स दिखाए जाते हैं। ये सब मध्ययुगीन मानसिकता के निर्माण में सहायक हैं।

असल में भारत में कभी भी सच्ची और पूरी आधुनिकता विकसित ही नहीं हुई। अंग्रेज़ी राज के आरम्भिक दौर में जो आधुनिकता आई वह आधी-अधूरी और औपनिवेशिक थी। भारत में ज्ञान-विज्ञान का ऐसा विकास बहुत कम हुआ जो मध्ययुगीन धार्मिकता के प्रभावों से जन-मानस को मुक्त कर सके। भारतीय नवजागरण और स्वाधीनता आन्दोलन पर हिन्दू धर्म का गहरा असर था और इस्लाम का भी। विवेकानन्द, अरविन्द, तिलक और गाँधी के प्रयत्नों से जो राष्ट्रीय चेतना बनी वह बुद्धिवादी कम और आस्थावादी अधिक थी, भौतिकवादी बहुत कम और अध्यात्मवादी बहुत अधिक थी। इसका स्वाभाविक परिणाम यह हुआ कि भारत में जो आधुनिकता आजादी के बाद विकसित हुई वह विज्ञान और अध्यात्म के बीच एकता की बात ज्यादा करती थी, इसीलए स्वतन्त्र भारत में निर्मित बड़े बाँध आधुनिकता के मन्दिर कहे गये, कल-कारखानों की नींव रखने के पहले भूमि पूजन जरूरी हो गया।

1980 के बाद भारत में हिन्दूवाद का जो उभार हुआ उसका चरम रूप आडवानी की रथ यात्रा के दौरान सामने आया। उससे जो उन्माद पैदा हुआ उसे मध्ययुगीन ही कहा जा सकता है। उस समय की स्थिति का एक चित्र हिन्दी की एक कविता में इस प्रकार है:

*इक्कीसवीं सदी में/जाने को आतुर/लौट गये सदी/अठारहवीं में/हम/पूर्ववर्ती*

*शताब्दियाँ/इतनी दिव्य हैं कि/जल्दी ही/चले जाएँगे/सत्रहवीं, सोलहवीं शताब्दी में/ हमें मोह है विगत वैभव से/ प्रेम नहीं/वर्तमान से/स्वप्न नहीं देखते/हम सुनहरे अनागत का/मध्ययुगीन मूल्यवान पहिए/खींच रहे हैं/जीवन रथ/विवेकहीन अन्धे घोड़े/दौड़ रहे हैं काली सड़क पर/सरपट/दूर तक गूँजती/ टापों की आवाज़ से/ सहम जाते हैं परिन्दे/ सिहर उठते हैं पेड़/सूरज छिप जाता है/बादलों की ओट में/रास थामे/चतुर सारथी/मुस्कराता है/मन्द मन्द।* (चन्द्रा सदायत)

केन्द्र की सत्ता पर भाजपा के काबिज़ होने के बाद मध्ययुगीनता की वापसी की सड़क अधिक चौड़ी हुई और वह राजमार्ग बन गयी। फिर आधुनिक विज्ञान की जगह वैदिक विज्ञान की स्थापना होने लगी। दुनिया की भौतिकवादी, बुद्धिवादी और धर्मनिरपेक्ष समझ की जगह धार्मिक, आध्यात्मिक और आस्थावादी समझ की वकालत होने लगी, लगभग उसी तरह जैसे इन्टेलिजेंट डिजाइन के समर्थक सृष्टिवादी करते हैं। यह सब करते हुए हिन्दुत्ववादी भारतीय मानस को उपनिवेशवाद और पाश्चात्यवाद के प्रभाव से मुक्त करने का दावा भी करते हैं, ताकि उनकी योजना राष्ट्रवादी प्रतीत हो।

आइए, संक्षेप में यह भी देखा जाए कि वह वैदिक विज्ञान किस रूप में प्रस्तुत किया जाता रहा है। 1996 में यू.के. की विश्व हिन्दू परिषद् ने एक पुस्तिका प्रकाशित की, जिसका नाम है 'एक्सप्लेनिंग हिन्दू धर्म : ए गाइड फॉर टीचर्स।' इंटेलिजेंट डिजाइन के प्रवक्ताओं की तरह विश्व हिन्दू परिषद् वाले भी यह चाहते हैं कि उनकी यह किताब स्कूलों में पढ़ाई जाए। उस किताब के अनुसार सनातन धर्म प्रकृति के शाश्वत नियमों का समूह है, जिनको वैदिक ऋषियों ने पहले खोजा और बाद में आधुनिक विज्ञान ने उन्हें सच माना। वे यह भी कहते हैं कि वे जो हिन्दुओं के प्राचीनतम ग्रन्थ हैं, उन्हें वैज्ञानिक पाठ माना जाए। वे गुण-सिद्धान्त को वैज्ञानिक कहते हैं। वे यह भी कहते हैं कि धर्म के शाश्वत नियमों और आधुनिक विज्ञान के नियमों में कोई संघर्ष नहीं है। मीरा नन्दा ने ठीक ही लिखा है कि वेद यह नहीं बताते कि गुण सिद्धान्त पर आधारित जाति-व्यवस्था कितनी अमानवीय है। भाजपा शासन के दौरान ज्योतिष और वास्तुशास्त्र की पढ़ाई विभिन्न संस्थाओं में होने लगी, जो शायद अब भी कहीं-कहीं हो रही हो। वेद-विज्ञान की दो धाराएँ हैं। कुछ कहते हैं कि सम्पूर्ण वैदिक साहित्य वैज्ञानिक है तो कुछ कहते हैं कि केवल ज्योतिष, वास्तुशास्त्र, आयुर्वेद और योग को ही वैदिक विज्ञान के अन्तर्गत रखा जा सकता है।

मध्ययुगीनता, चाहे भारत में हो या अमेरिका में, वह स्पष्टतः स्त्रियों की स्वाधीनता और दलितों की मुक्ति का विरोधी है। यही नहीं, वह लोकतन्त्र और मनुष्य की स्वतन्त्रता के लिए खतरनाक है। इतिहास से यह भी साबित होता है कि मध्ययुगीनता प्रायः दमन की सत्ता का समर्थन करती है।

# सार्वजनिक चौराहों पर व्यक्तिगत चेहरे

हिन्दी में आत्मकथा के लेखन की कोई विकसित परम्परा नहीं है और एक साहित्यिक विधा के रूप में आत्मकथा के स्वरूप पर विचार-विमर्श की स्थिति भी कोई बहुत अच्छी नहीं है। आत्मकथा से सम्बद्ध पत्र, डायरी और संस्मरण आदि का भी संग्रह तथा सम्पादन बहुत कम ही हुआ है। पिछले एक दशक से हिन्दी में आत्मकथा के लेखन की ओर लेखकों का ध्यान गया है और उसके महत्त्व पर भी बहस की शुरुआत हुई है।

आत्मकथा का लेखक अपने पाठकों को अपने नितान्त निजी संसार, अपने निजी जीवन और अनुभवों का सहभागी बनाने के लिए आमंत्रित करता है, इसलिए उसके सामने यह समस्या होती है कि वह जो कुछ कह रहा है उसे पाठक सच मानेगा या नहीं और अगर सच मानेगा तो कैसे। सन्त ऑगस्ताइन ने अपनी आत्मकथा में लिखा है कि "वे (पाठक) जब मुझसे अपने बारे में सुनते हैं तो यह कैसे मानेंगे या जानेंगे कि मैं सच कह रहा हूँ, क्योंकि एक मनुष्य के मन में क्या चल रहा है यह उसकी चेतना के अलावा और कौन जान सकता है?" आत्मकथा का लेखक अपने जीवन के बारे में कही हुई अपनी बातों को सच साबित करने या सच मनवाने की कोशिश करता है और उसके लिए वह कभी-कभी कुछ कौशलों का प्रयोग भी करता है। जो आत्मकथाएँ आत्मस्वीकार या कन्फेशन के रूप में लिखी गयी हैं उनमें भी पाठकों के सन्देहों को दूर करने और अपनी बातों को सच के रूप में रखने के कौशल का प्रयोग दिखाई देता है। ऐसा ही प्रयोग रूसो ने अपनी प्रसिद्ध आत्मकथा के अन्त में किया है। उन्होंने अपनी आत्मकथा के अन्त में एक प्रबुद्ध श्रोतावर्ग के सामने अपनी आत्मकथा को पढ़कर सुनाने की बात लिखी है और यह भी लिखा है कि उनकी आत्मकथा सुनने के बाद श्रोताओं पर क्या प्रभाव पड़ा। रूसो को इस कौशल से भी सन्तोष नहीं हुआ, इसलिए उन्होंने अपनी आत्मकथा के अन्त में यह भी लिखा है कि "मैंने सच लिखा है। अगर कोई व्यक्ति मैंने जो कुछ लिखा है उसके विपरीत कुछ सुनता है, तो वह सब झूठ है। ऐसे व्यक्ति को चाहिए कि वह मेरी बातों से सुनी हुई बातों की तुलना करे और वह भी तब तक जब तक मैं जिन्दा हूँ। अगर वह ऐसा नहीं करता तो वह न तो न्याय का मित्र है, न सच का। मैं बिना किसी

भय के यह घोषणा करता हूँ कि अगर कोई व्यक्ति मेरे स्वभाव, चरित्र, व्यवहार और आदतों को ठीक से जाने बिना मुझे बेईमान कहता है तो वह स्वयं बेईमान है और उसकी बातों पर ध्यान देने की ज़रूरत नहीं है।"

अच्छी आत्मकथा लिखने के लिए यह आवश्यक है कि लेखक में अप्रिय सच कहने का साहस हो और उसके पाठकों में वैसे सच को सहने तथा स्वीकार करने का धैर्य भी हो। भारतीय साहित्य में आत्मकथा के अभाव का एक कारण शायद यह भी है कि यहाँ लगातार यह उपदेश दिया जाता रहा है कि सच बोलो, पर अप्रिय सच नहीं। ऐसे उपदेशों से जो मानसिकता बनती है वह अप्रिय सच कहने के साहस का नाश करती है और उसे स्वीकार करने के धैर्य का भी। इस मानसिकता ने भारतीय समाज में सच कहने पर तरह-तरह के प्रतिबन्ध लगा रखे हैं। इसीलिए भारतीय साहित्य में आत्मकथा की परम्परा विकसित नहीं हुई है। आत्मकथा का लेखक सच कहने का दावा करता है, पर वह सच को छुपाने की कोशिश भी करता है। मार्क ट्वेन ने ठीक ही लिखा है कि "आत्मकथा सर्वाधिक सच्ची किताब होती है; यद्यपि उसमें सच को छुपाने, उससे बचने और उसको आंशिक रूप से ही सामने लाने की कोशिश होती है, फिर भी उसमें पंक्तियों के बीच में निष्ठुर सत्य छिपा रहता है। इसलिए लेखक की कोशिश के बावजूद पाठक उसके जीवन के सच को पहचान ही लेता है।" भाषा से परे सच का अस्तित्व नहीं है, लेकिन शब्द सच को छिपाने में जितनी मदद करते हैं उससे अधिक सच को खोलने का काम भी करते हैं। शमशेर जब कहते हैं कि "बात बोलेगी/हम नहीं।" तब वे शब्द की उसी क्षमता की ओर संकेत करते हैं जो सच कहने से जुड़ी होती है।

प्रत्येक आत्मकथा लेखक के सामने सामाजिक मुखौटा और व्यक्तिगत ईमानदारी का द्वन्द्व होता है। यह बात कहने और सुनने में अच्छी लगती है कि व्यक्तिगत चेहरे को सार्वजनिक चौराहे पर लाना महत्त्वपूर्ण है, लेकिन आत्मकथा लिखते हुए ऐसा करना आसान नहीं होता। मुखौटे से अस्मिता का द्वन्द्व आत्मकथा लेखन में बार-बार प्रकट होता है और लेखक को उस द्वन्द्व का सामना भी करना पड़ता है। एक अच्छी आत्मकथा यह बताती है कि जीवन जीना कितना मुश्किल काम है। हर व्यक्ति के जीवन में अनेक प्रकार के अन्तर्विरोध होते हैं और उन अन्तर्विरोधों के बीच से ही उसका आत्म बनता-बिगड़ता है। जो लेखक ऐसे अन्तर्विरोधों पर पर्दा डालकर अपने स्वत्व की कथा कहने का प्रयत्न करते हैं वे खुद को धोखा देते हैं और अपने पाठकों को भी। जो लोग अपनी सामाजिक छवि की चकाचौंध के शिकार होते हैं, अपनी सामाजिक छवि के प्रभामंडल या प्रभाव को बढ़ाने तथा फैलाने के लिए आत्मकथा लिखते हैं, वे झूठी आत्मा की कथा कहते हैं। लेखक की सामाजिक छवि और अपनी अनुभूति के प्रति ईमानदारी की जो कशमकश होती है वह आत्मकथा में जितनी ज्यादा उभरती है उतनी ही ज्यादा आत्मकथा की कला चमकती है।

जो व्यक्ति अकेला, निरावरण, सहज और साधारण होने के सुख और महत्त्व को नहीं जानता वह अच्छी आत्मकथा नहीं लिख सकता। इसका अर्थ आत्मा की स्वायत्तता के नाम पर आत्यन्तिक व्यक्ति की वकालत करना नहीं है और न वैयक्तिकता की बलि-वेदी पर सामाजिकता का बलिदान करना है। इसका मतलब केवल यह है कि अपनी सामाजिक छवि की चिन्ता के अतिरेक के कारण व्यक्तिगत और निजी के महत्त्व को आत्मकथा का लेखक अस्वीकार न करे तभी आत्मकथा में आत्म का नैतिक विश्लेषण सम्भव होता है और अपनी दुविधाओं की अभिव्यक्ति भी हो पाती है। 20 वीं सदी का अधिकांश साहित्य विभाजित स्वत्व का साहित्य है। इसीलिए आत्मकथा आधुनिकता की प्रतिनिधि साहित्यिक विधा है; क्योंकि उसमें विभाजित व्यक्तित्व या स्वत्व के द्वन्द्व को पूरी जटिल समग्रता के साथ अभिव्यक्ति मिलती है। मुक्तिबोध के सम्पूर्ण काव्य में यह सच्चाई बार-बार सामने आती है। इसलिए उनकी कविता गहरे अर्थों में आत्मकथात्मक कविता है, जिसमें 'मैं' से 'वह' के अलगाव तथा द्वन्द्व में स्वत्व के विभाजन के सच और एकीकरण की आकांक्षा व्यक्त हुई है।

स्वत्व के विभाजन की अनुपम अभिव्यक्ति रोलां बार्थ की आत्मकथा में हुई है। उन्होंने एक किताब लिखी है, जिसका नाम है 'रोलाँ बार्थ के बारे में रोलां बार्थ'। उसमें रोलां बार्थ के जीवन और लेखन का तटस्थ और निर्मम आकलन है। आत्मकथात्मक होने के बावजूद वह प्रचलित अर्थ में आत्मकथा नहीं है। उसमें बार्थ के जीवन से अधिक उनके लेखन की कथा है और लेखन से लेखक के सम्बन्ध की भी कथा है। यह किताब आख्यानपरक नहीं है। उसमें परस्पर सम्बद्ध, फिर भी स्वतन्त्र टुकड़ों को अक्षरादि क्रम से संकलित किया गया है, जिनमें कुछ टुकड़े प्रथम पुरुष में लिखे गये हैं और कुछ तृतीय पुरुष में। शीर्षक भी आकस्मिक है। रोलां बार्थ ने स्वयं लिखा है कि यह उनके विचारों की किताब नहीं है, बल्कि अपने ही विचारों का उनके द्वारा प्रतिरोध की किताब है। वे यह भी लिखते हैं कि अपने बारे में जो भी लिख रहा हूँ वह अन्तिम नहीं है। मैं जितना अधिक ईमानदार हूँ उतना ही व्याख्या के लिए तैयार भी। इस पुस्तक को पढ़ते हुए लगता है कि बार्थ अपना विश्लेषण नहीं कर रहे हैं, बल्कि अपनी विभिन्न छवियों को उलट-पुलटकर जाँचने-परखने और पाठकों के सामने रखने की कोशिश कर रहे हैं। इसी प्रक्रिया में उन्होंने अपने लेखन का आत्मसजग विश्लेषण भी किया है।

आत्मकथा पर विचार करते समय यह ध्यान देने की बात है कि आत्मकथा के लेखक ने अपने जीवन के किस मोड़ पर आत्मकथा लिखी है और क्यों। प्रायः आत्मकथाएँ वे ही लिखते हैं जिनको समाज में अपने महत्त्वपूर्ण होने का बोध या कभी-कभी भ्रम होता है; क्योंकि जो महत्त्वपूर्ण होता है उसी की ज़िन्दगी में दूसरों की दिलचस्पी होती है। लोग उसके जीवन के सच और झूठ को जानना भी चाहते

हैं। एमएफ हुसैन ने अपनी आत्मकथा 'एम एफ हुसैन की कहानी अपनी जुबानी' तब लिखी जब वे चित्रकला की दुनिया में लगभग शीर्ष पर पहुँचे हुए थे। उनकी आत्मकथा में मक़बूल के हुसैन बनने की कथा तो है ही, हुसैन के मक़बूल (=हरदिल अज़ीज़) होने की भी कथा है। महात्मा गाँधी ने अपनी आत्मकथा तब लिखी थी जब वे 'महात्मा' घोषित हो चुके थे। इसीलिए उनकी आत्मकथा में सत्य के साथ प्रयोग की जो कथा है वह गाँधी के महात्मा बनने की भी कथा है। उन्होंने स्वयं लिखा है कि "मैं इतना ही चाहता हूँ कि मैंने जिन प्रयोगों की चर्चा की है, उनको दृष्टान्त रूप मानकर सब अपने-अपने प्रयोग यथाशक्ति और यथामति करें। इस संकुचित क्षेत्र में मेरी आत्मकथा के लेखों में से बहुत कुछ मिल सकेगा, ऐसा मेरा विश्वास है।" ज्याँ पाल सार्त्र ने अपनी आत्मकथा तब लिखी जब वे केवल फ्रांस और यूरोप ही नहीं, बल्कि दुनिया के जाने-माने बुद्धिजीवी और लेखक बन चुके थे। इसीलिए उनकी आत्मकथा 'शब्द' में एक ओर अपने समय के सवालों से मुठभेड़ की कोशिश है तो दूसरी ओर अपनी चेतना की जाँच-परख की ऐसी कोशिश भी है, जिसके माध्यम से उसके बनने का ब्योरा सामने आता है। उसमें अपने युग के बेचैन मानस का प्रतिबिम्बन है और अपने अस्तित्व की समस्याओं से जूझने के प्रयत्नों का आकलन भी। जुलियस फ्यूचिक और रामप्रसाद 'बिस्मिल' की आत्मकथाएँ जीवन की देहरी लाँघकर मृत्यु के क्षेत्र में प्रवेश करने वाले व्यक्तियों की आत्मकथाएँ हैं जो जीवन का अर्थ बताती हैं और मृत्यु की सार्थकता का रहस्य भी खोलती हैं।

आत्मकथा के रूप और शिल्प पर कम ध्यान दिया गया है। आत्मकथाएँ अनेक रूपों में लिखी गयी हैं। उनमें से सबसे जाना-पहचाना रूप है—जीवन के इतिहास के रूप में आत्मकथा का लेखन। राहुलजी की आत्मकथा 'मेरी जीवन-यात्रा', स्वामी सहजानन्द सरस्वती की आत्मकथा 'मेरा जीवन संघर्ष' और यशपाल की आत्मकथा 'सिंहावलोकन' का लेखन जीवन के इतिहास के रूप में ही है, जिसमें व्यक्ति के साथ-साथ समय और समाज का इतिहास भी सामने आता है। कुछ आत्मकथाएँ अस्वीकार के रूप में लिखी गयी हैं, जैसे कि सन्त ऑगस्ताइन, रूसो और गाँधी की आत्मकथाएँ। प्रायः आत्मकथाएँ आत्म के बनने-बिगड़ने की आत्मकथाएँ होती हैं, उनमें स्वत्व की खोज और पहचान का आख्यान होता है। लेकिन ऐसी आत्मकथाएँ तभी महत्त्वपूर्ण होती हैं जब उनमें आत्मविश्लेषण हो और अपने नैतिक द्वन्द्वों-दुविधाओं और सन्देहों की अभिव्यक्ति भी हो। जहाँ आत्मकथा में आत्मविश्वास का अतिरेक होता है, वहाँ विवेक गायब हो जाता है। आत्मकथा को आत्मा की कथा के रूप में देखते समय यह जानना भी जरूरी है कि उसमें कैसी आत्मा की आवाज़ व्यक्त हुई है। क्या वह बेचैन आत्मा है या आश्वस्त आत्मा? संघर्षों में विकसित आत्मा बेचैन होती है, जबकि सुविधाओं में पली हुई आत्मा आश्वस्त होती है। बेचैन आत्मा की कथा में उसकी छटपटाहट और चीख सुनाई दे सकती है, जबकि आश्वस्त आत्मा

सुविधा के लिए दुविधा की भाषा बोलती है। कुछ लोग पुराना हिसाब चुकाने या अपना पाप धोने के लिए आत्मकथाएँ लिखते है। कभी-कभी यह भी दिखाई देता है कि आत्मकथा का उपयोग खुद को सही साबित करने, अपनी सफाई देने और दूसरों को गलत सिद्ध करने के लिए किया जाता है। बच्चन की आत्मकथा में ऐसी कोशिशें हैं। जो लोग आत्मकथा का उपयोग अपने बारे में मिथक गढ़ने के लिए करते हैं वे आत्मकथा के नाम पर अपना स्मारक बनाते दिखाई देते हैं।

दुनिया में वही आत्मकथाएँ महत्त्वपूर्ण मानी गयी हैं जिनमें अपने जीवन और समाज में फैले पाखंड को अनावृत्त करने या उनकी पोल खोलने की कोशिश है। इसी दृष्टि से 'उग्र' की 'अपनी ख़बर' विशेष रूप से महत्त्वपूर्ण है। लेकिन ऐसी आत्मकथा लिखने के खतरे भी हैं। जब उग्र की आत्मकथा छपकर आई तो बनारस के पंडों ने उनको जान से मारने की धमकी दी थी। अभी हाल में तसलीमा नसरीन ने अपनी आत्मकथा 'द्विखण्डिता' (भाग 3) और 'वे अँधेरे दिन' (भाग 4) में साहित्यिक समाज में व्याप्त पाखंड और कदाचार का ब्योरा दिया है तो उसके विरुद्ध बांग्लादेश और भारत में हंगामा पैदा हो गया है और तसलीमा का आत्मकथा लिखना गुनाह बन गया है।

हिन्दी में पिछले कुछ वर्षों में ऐसी आत्मकथाएँ आई हैं जो आत्मकथा की दृष्टि से महत्त्वपूर्ण भले ही न हों, परन्तु वे आत्मकथा पर विचार करने की प्रेरणा जरूर देती हैं। ऐसी ही एक आत्मकथा है राजेन्द्र यादव की 'मुड़-मुड़ के देखता हूँ'। यह पूरी आत्मकथा वास्तव में असमंजस कथा है। इसका उपशीर्षक है 'लगभग आत्मकथ्य'। यही नहीं पुस्तक के अनेक निबन्धों के शीर्षक आत्मविश्वास के अतिरेक से भरे हुए हैं; जैसे कि हम न मरैं मरिहैं संसारा, लेकिन प्रायः निबन्धों का अन्त कहीं प्रश्न और कहीं असमंजस में होता है। लेखक को यह प्रश्न लगातार परेशान करता है कि "क्या यह सारी जिन्दगी योंही व्यर्थ गयी?" राजेंन्द्र यादव अपने-आप से बहुत सारे सवाल पूछते हैं—"स्वतन्त्रता की छूट का मेरा ऑब्सैशन सच ही कहीं 'लम्पटता की छूट' का ही तो दूसरा नाम नहीं है? मुझे घर भी चाहिए और निर्बन्ध उत्तरदायित्व हीनता भी। यह अपनी रचनात्मक ऊर्जा और वैचारिक स्वाधीनता के लिए बार-बार किया जाने वाला नवीनीकरण है या अधूरे होने की हीनताग्रन्थि से उत्पन्न दमित-सेक्स की विकृत-अभिव्यक्ति जो बार-बार दूसरे से अपनी पूर्णता का आश्वासन चाहती है? यह मेरी निजी कुण्ठा है या प्राक्ऐतिहासिक आदिम पुरुष-वृत्ति, जहाँ वह अपने कक्षों में शत्रुओं और शिकारों के सिर सजाकर विजय के गर्व को बार-बार जीवित रखता है? या वह सामन्त जिसे हरम में अनगिनत भोग-सामग्री चाहिए?" ये प्रश्न जिस निबन्ध में हैं उसमें ऐसे और भी अनेक प्रश्न हैं। राजेन्द्र यादव उनमें से किसी का उत्तर नहीं देते। वे प्रायः ऐसे सवालों को अपने-आप से अलग रखकर समझना चाहते हैं। राजेन्द्र यादव ने 'पुनर्नवा' नामक पत्रिका द्वारा 'आत्मकथा' पर आयोजित परिचर्चा में

यह कहा कि "मैं श्रेष्ठ आत्मकथा का एक मात्र गुण मानता हूँ उन अन्तरंग अनछुए और लगभग अकथनीय प्रसंगों का अन्वेषण जो व्यक्ति की कहानी को विश्वसनीय और आत्मीय बनाते हैं।" राजेन्द्र यादव की आत्मकथा इस कसौटी पर खरी उतरती नहीं लगती। वे प्रायः अपनी सामाजिक छवि की चिन्ता और व्यक्तिगत ईमानदारी के द्वन्द्व में फँसे दिखाई देते हैं। उसी परिसंवाद में उन्होंने यह भी कहा है कि "मैंने अभी तक अपने हरामीपने को स्वीकार करने वाली आत्मकथा शायद ही पढ़ी हो।" राजेन्द्र यादव जी ने अपनी आत्मकथा में इस दिशा में कुछ कोशिश जरूर की है, लेकिन वे बहुत सफल हुए नहीं लगते।

राजेन्द्र यादव की आत्मकथा की भूमिका में एक महत्त्वपूर्ण सवाल सामने आता है कि हमारे जीवन में स्मृति का कोई महत्त्व है या नहीं। वे अतीतजीवी और स्मृतिजीवी को लगभग एक मानकर दोनों का विरोध करते दिखाई देते हैं। वे कहते हैं कि अतीतजीवी व्यक्ति स्मृतिजीवी निठल्ला होता है और राष्ट्र सांस्कृतिक राष्ट्रवादी बन जाता है। वे इस बात पर ध्यान नहीं देते कि स्मृतियाँ कई तरह की होती हैं। कुछ स्मृतियाँ संघर्ष की होती हैं, यातना की होती हैं, दमन की होती हैं तो कुछ सफलता, सुख, ऐश्वर्य और विलासिता की भी होती हैं। दोनों तरह की स्मृतियों से छुटकारे की चिन्ता समान नहीं होती। संघर्ष यातना और दमन की स्मृतियों से भविष्य में संघर्ष का संकल्प प्राप्त होता है, इसीलिए दुनिया भर के संघर्षशील समुदाय संघर्ष की पुरानी स्मृतियों को भविष्य की शक्ति के रूप में स्वीकार करते हैं। यह अकारण नहीं है कि आज नारी-मुक्ति के आन्दोलन से जुड़ी हुई स्त्रियाँ पण्डिता रमाबाई के जीवन-संघर्ष की स्मृतियों को इतिहास के पुनर्लेखन के माध्यम से सामने ला रही हैं और आज के दलित आन्दोलन में ज्योतिराव फुले तथा डॉ. आम्बेडकर के संघर्षों की स्मृतियों को विस्तार से जानने-समझने की कोशिशें हो रही हैं। जो लोग समाज और संस्कृति पर कब्जा करते हुए पराधीनता की पुरानी व्यवस्थाओं को कायम रखना चाहते हैं वे उन व्यवस्थाओं के विरुद्ध संघर्षों की स्मृतियों को मिटा देना चाहते हैं। कभी-कभी स्मृतियाँ अतीत के अन्यायों और अत्याचारों के बारे में समाज को सजग बनाने का भी काम करती हैं। इसीलिए 1946-47 के हिन्दू-मुस्लिम दंगे के शिकार उर्दू के एक शायर कलीम आज़िज़ ने लिखा है :

*वो जो शायरी का सबब हुआ वो मुआमला भी अजब हुआ*
*मैं ग़ज़ल सुनाऊँ हूँ इसलिए कि जमाना उसको भूला न दे।*

आत्मकथा के प्रसंग में भी व्यापक सामाजिक सन्दर्भ में स्मृतियों के बारे में सोचते और बात करते समय स्मृति के मोह और स्मृति के विवेक में फर्क करना जरूरी है। दूसरी बात यह है कि कभी-कभी स्मृति के नाम पर झूठ का प्रचार-प्रसार भी होता है, जैसा कि आजकल सांस्कृतिक राष्ट्रवादी करते दिखाई देते हैं। तीसरी बात यह भी है कि उपनिवेशवादी और सांस्कृतिक राष्ट्रवादी समाज को विस्मृति

की दशा में रखना चाहते हैं या फिर चुनी हुई और गढ़ी हुई स्मृतियों तक सीमित रखकर अपने उद्देश्यों को पूरा करना चाहते हैं। ऐसी स्थिति में स्मृति मात्र से बचने की कोशिश के बदले झूठी और सच्ची स्मृतियों के बीच फर्क करना ज़रूरी है और स्मृति के सम्मोहन से स्मृति विवेक को अलगाना आवश्यक है।

आत्मकथा का लेखन एक स्तर पर विस्मृति के विरुद्ध स्मृति के लिए संघर्ष से जुड़ा होता है। असल में आत्मकथा में स्मृतियाँ प्रायः वैसी नहीं होतीं जैसी वे वास्तव में होती हैं। आत्मकथा का लेखक जिन्हें याद करता है, वही स्मृतियाँ आत्मकथा में आ पाती हैं। यही नहीं आत्मकथा में जीवन भी वैसा नहीं होता जैसा वह जिया जाता है, बल्कि जिया गया जीवन जैसा याद आता है या जैसा याद किया जाता है, वही आत्मकथा में व्यक्त होता है। वाल्टर बेंजामिन ने ठीक ही लिखा है कि आत्मकथा स्मृति और विस्मृति के द्वन्द्व से पैदा होती है। उन्होंने यह भी लिखा है कि जीवन में घटनाओं का अनुभव सीमित होता है। वह देशकाल से बँधा हुआ भी होता है, जबकि याद किए जाने पर वह स्मृति के रूप में असीम बन जाता है; क्योंकि वह अतीत को वर्तमान से जोड़ता है।

यहाँ इतिहास और स्मृति का सम्बन्ध भी विचारणीय है। प्रायः इतिहास उनका होता है जो विजयी होते हैं। जो पराजित होते हैं वे और उनकी आवाज भी, यहाँ तक कि उनकी चीख भी इस तरह दबा दी जाती है कि इतिहास और भविष्य उसे भूल जाए। स्मृति की जरूरत और सार्थकता उन दबी हुई, कुचली हुई और भुला दी गयी आवाजों को खोजने, पहचानने और आमने-सामने लाने में हैं। जार्ज स्टाइनर ने ठीक ही लिखा है कि अन्याय और झूठ से मुक्त स्मृति से ही सच्चा भविष्य निर्मित हो सकता है। जो लोग ऐसे भविष्य की चिन्ता करते हैं वही लोग रामप्रसाद 'बिस्मिल', जुलियस फ्यूचिक और स्वामी सहजानन्द सरस्वती जैसों की आत्मकथाएँ पढ़ते हुए संघर्ष की स्मृतियों से शक्ति प्राप्त करते हैं। प्रायः कर्मवीरों के जीवन की स्मृतियाँ शब्दवीरों के जीवन की स्मृतियों से भिन्न होती हैं। इसीलिए उनकी आत्मकथाएँ भी एक जैसी नहीं होतीं।

पिछले कुछ वर्षों में हिन्दी में दलितों और स्त्रियों की जो आत्मकथाएँ आई हैं उन्होंने आत्मकथा लेखन की दृष्टि और दिशा को या कि आत्मकथा की संस्कृति को बदल दिया है। दलितों और स्त्रियों की आत्मकथाओं ने इस विधा के लेखन को आत्मबद्धता से मुक्त किया है और 'मैं' की केन्द्रीयता से भी। आप कुछ और गैर दलित पुरुषों की लिखी आत्मकथाओं के शीर्षकों पर ध्यान दीजिए तो उनमें 'मैं' की केन्द्रीयता स्पष्ट दिखाई देती है। गाँधी की आत्मकथा का नाम है 'सत्य के साथ मेरे प्रयोग', राहुल जी की आत्मकथा है 'मेरी जीवन यात्रा', सहजानन्द सरस्वती की आत्मकथा है 'मेरा जीवन संघर्ष' और राजेन्द्र यादव की आत्मकथा का नाम है 'मुड़-मुड़ के देखता हूँ....(मैं)'। अब आप कुछ दलितों और स्त्रियों की

आत्मकथाओं के शीर्षकों को देखिए—'अपने-अपने पिंजरे' (मोहनदास नैमिशराय), 'तिरस्कृत' (सूरजपाल चौहान), 'जूठन' (ओमप्रकाश वाल्मीकि) और 'कस्तूरी कुण्डल बसै' (मैत्रेयी पुष्पा)। दलितों की आत्मकथाओं में केवल आत्म की कथा नहीं होती, बल्कि उससे अधिक अपने समुदाय के शोषण, दमन, यातना और जीवन-संघर्ष की कथा होती है। इन आत्मकथाओं के माध्यम से भारतीय समाज का जो अमानवीय रूप सामने आया है और उसकी जैसी आलोचना विकसित हुई है, वैसी पहले कहीं शायद ही मिले। दलितों और स्त्रियों की आत्मकथाओं में प्रतिरोध और आक्रोश की भी अभिव्यक्ति दिखाई पड़ती है, इसलिए उनका आत्मकथा लेखन अपनी अस्मिता और स्वाधीनता के दावों को समाज के सामने लाने का प्रयत्न भी है। कुछ लोग इन आत्मकथाओं को कला की कसौटी पर कसकर अस्वीकार करने की कोशिश भी करते हैं; उनसे ग़ालिब के शब्दों में यही कहा जा सकता है :

*फरियाद की कोई लै नहीं है*
*नालः पाबन्द-ए नै नहीं है।*

जो लोग फरियाद को किसी विशेष लय में सुनना चाहते हैं और आर्त्तनाद को बांसुरी के स्वर में ही—वे कला-पारखी तो क्या, सच्चे इन्सान भी नहीं हैं।

मैत्रेयी पुष्पा ने अपनी आत्मकथात्मक रचना 'कस्तूरी कुण्डल बसै' में एक भारतीय स्त्री के रूप में स्वयं को और अपने समय के स्त्री जीवन को समझने की कोशिश की है। किताब का शीर्षक भारतीय स्त्री में उपजे आत्मविश्वास और आत्मन्वेषण की प्रवृत्ति की ओर संकेत करता है। यह एक प्रकार से भारतीय स्त्री के जागरण की कथा है और जड़ संस्कारों से मुक्ति के लिए संघर्ष की कथा भी। इस जागरण और मुक्ति की ओर स्पष्ट संकेत 'कस्तूरी कुण्डल बसै' के आखिरी वाक्यों में है, "आकाश का अनन्त विस्तार बच्ची ने आँखें खोलकर देखा तो मैत्रेयी नरम धूप की लहरों में चक्राकार नाचने लगी। सारी दुनिया उसके आस-पास घूमती है। घर का कारागार टूट रहा है।"

बेबी काम्बले मराठी की लेखिका हैं और दलित भी। उनकी आत्मकथात्मक रचना है—'जीवन हमारा'। उसमें महाराष्ट्र की दलित स्त्रियों की ज़िन्दगी की असह्य यातनाओं का सच हर पन्ने पर उभरकर पाठकों के सामने आता है। 'जीवन हमारा' में महाराष्ट्र के एक गाँव की महार जाति की स्त्रियों की गुलामी और यातना की तस्वीरें हैं और अनुभूतियाँ भी। इसमें गुलामी का वह पेचीदा मन्त्र सामने आता है जिसका शिकार दलित स्त्री समाज में होती है और अपने घर में भी। महात्मा ज्योतिराव फुले ने 'गुलाम गीरी' में ठीक ही लिखा है कि "जो सहता है वही जानता है" और वही ऐसा सच अपनी आत्मकथात्मक रचना में लिख सकता है। जब कोई दलित अपने समुदाय के जीवन के बारे में संवेदनशीलता और समझदारी से लिखता है तो उसकी दृष्टि में जैसी आग, उसके चित्रों में जैसी आभा और उसकी भाषा में जैसी ऊर्जा

होती है वैसी ही 'जीवन हमारा' में है। इसमें दलित स्त्रियों का जीवन-संघर्ष ही नहीं है उनके मुक्ति-संघर्ष की प्रेरणा और प्रारम्भ की कथा भी है।

दलितों और स्त्रियों की आत्मकथाओं से इस विधा के लेखन को व्यक्तिवाद से मुक्ति मिली है और रचनाशीलता के स्तर पर सामाजिकता का विस्तार हुआ है। यहाँ रचना के स्तर पर आत्म की स्वायत्तता से अधिक उसकी प्रातिनिधिकता की चिन्ता है, इसीलिए दलितों और स्त्रियों की आत्मकथाएँ अपने समुदायों की कथाएँ भी हैं। यहाँ पाठ रचने की प्रक्रिया में ही आत्मान्वेषण की प्रक्रिया भी चलती दिखाई देती है। आत्मकथा उपन्यास की तरह अपने समय और समाज से स्वतन्त्र नहीं होती, इसीलिए आत्मकथा लेखन इतिहास-बोध के निर्माण और विकास की दिशा में एक प्रयत्न की तरह हमारे सामने आता है।

# आत्मा का आईना

अच्छी आत्मकथा लेखक की आत्मा का आईना होती है। सेनेका ने कहा था कि आईने का आविष्कार इसलिए हुआ था कि मनुष्य स्वयं को जान सके, लेकिन यह भी सच है कि आईना अगर एक ओर खुद को जानने में मनुष्य की मदद करता है तो वह कभी-कभी आत्ममुग्धता भी पैदा करता है, जैसाकि नार्सिसस के साथ हुआ था। आत्मकथा में भी ये दोनों स्थितियाँ मिलती हैं। कुछ आत्मकथाएँ आईने की तरह साफ होती हैं जिनमें लेखक के गुण-दोष स्पष्ट दिखाई देते हैं तो कुछ आत्मकथाओं में आत्ममुग्धता भी पाई जाती है। हिन्दी में अगर उग्र की आत्मकथा 'अपनी खबर' में आईनेदारी है तो बच्चन की आत्मकथा में आत्म-मुग्धता है।

आत्मकथा के माध्यम से लेखक का एक लक्ष्य अगर खुद को जानना है तो खुद को जानने की कोशिश के दौरान ही वह दुनिया को भी जानता है; क्योंकि खुदी दुनिया को भी जानने की प्रक्रिया का ही परिणाम है। लेखक का या किसी का भी आत्म व्यक्तिगत होता है और सामाजिक भी। आत्मकथा में आत्म के दोनों रूपों की कथा होती है, इसलिए वह व्यक्तिगत दस्तावेज होते हुए भी सामाजिक रूप से सार्थक होता है।

यह मानी हुई बात है कि आत्मकथा में स्मृति के सहारे जीवन का पुनर्निर्माण होता है। लेकिन यह भी ध्यान में रखना चाहिए कि उस पुनर्निर्माण की प्रक्रिया में स्मृति जीवन के अतीत का रूपान्तरण करती है। रूपान्तरित अतीत घटित अतीत के समीप हो सकता है और दूर भी। उस प्रक्रिया में कभी अतीत का आविष्कार होता है तो कभी उसका सरलीकरण, कभी वह अतिरंजित होता है तो कभी-कभी विकृत भी। गार्सिया मार्खेज ने अपनी आत्मकथा के आरम्भ में ठीक ही कहा है कि आत्मकथा में जीवन वह नहीं होता जिसे लेखक जी चुका होता है, बल्कि वह होता है जिसे वह याद करता है और याद करने की प्रक्रिया भी कहने या लिखने की आकांक्षा के अनुरूप होती है।

मन्नू भण्डारी की 'एक कहानी यह भी' एक पीड़ित और बेचैन आत्मा की कहानी है। मन्नू इस कहानी को आत्मकथा नहीं मानतीं। उन्होंने 'स्पष्टीकरण' में लिखा है कि "यह मेरी आत्मकथा कतई नहीं है, इसीलिए मैंने इसका शीर्षक भी

'एक कहानी यह भी' ही रखा। जिस तरह कहानी जिन्दगी का एक अंश मात्र ही होती है, एक पक्ष...एक पहलू, उसी तरह यह भी मेरी जिन्दगी का एक टुकड़ा मात्र ही है, जो मुख्यतः मेरे लेखन और मेरी लेखकीय यात्रा पर केन्द्रित है।" लेकिन अपनी कहानी कहने के दौरान एक जगह उन्होंने उसे 'आत्मकथ्य' कहा है और दूसरी जगह उन्होंने यह भी लिखा है कि "आगे बढ़ने के लिए पीछे मुड़कर देखना सहायक ही नहीं कभी-कभी अनिवार्य भी नहीं हो जाता! यादों की, घटनाओं की, स्थितियों की न जाने कितनी छोटी-छोटी पोटलियाँ खुँसी मिलेंगी जो जरा-सा स्पर्श पाते ही अपनी पूरी जीवन्तता के साथ आ खड़ी होंगी।" यही है आत्मकथा लेखन की प्रक्रिया—पीछे मुड़कर अपने निजी और सार्वजनिक अतीत को देखने और दिखाने की लेखकीय प्रक्रिया। यह प्रक्रिया जिस रचना में हो, लेखक उसे कहानी कहे या कथा या आत्मचरित या जीवन संघर्ष, है वह आत्मकथा ही।

मन्नू भण्डारी ने यह भी लिखा है कि "अपनी कहानी लिखते समय सबसे पहले तो मुझे अपनी कल्पना के पर ही कतर एक ओर सरका देने पड़े।" इसका क्या अर्थ है। क्या यह कि 'एक कहानी यह भी' में कल्पना कहीं है ही नहीं। क्या यह सम्भव है कि कोई व्यक्ति अपनी या किसी और की कहानी लिखे या कहे और लिखने या कहने की प्रक्रिया में कल्पना की कोई भूमिका या जरूरत न हो? और कहीं नहीं तो कहानी की संरचना और भाषा की बनावट में कल्पना की महत्त्वपूर्ण भूमिका तो होगी ही। मन्नू ने स्पष्टीकरण में यह भी कहा है कि उन्होंने 'एक कहानी यह भी' में जो कुछ लिखा है उसे ईमानदारी और आवेगहीन तटस्थता के साथ लिखा है। यही तो अच्छी आत्मकथा की बुनियादी विशेषता है।

कहा जाता है कि कहानी या उपन्यास में झूठ के माध्यम से सच की अभिव्यक्ति होती है। लेकिन आत्मकथा में प्रायः ऐसी सुविधा नहीं होती। उसमें जीवन का सच ही रचना का सच भी होता है। मन्नू की कथा में उनके व्यक्तिगत और लेखकीय जीवन की कटु और मधुर सच्चाइयों का बेलौस बयान ही उसकी जान है। हर कथा और कहानी की तरह 'एक कहानी यह भी' के बारे में डी.एच. लारेन्स का वह प्रसिद्ध कथन ही सही लगता है कि कहानी पर विश्वास कीजिए कहानीकार पर नहीं। अगर आप ऐसा करेंगे तो 'एक कहानी यह भी' पढ़ने के बाद मानेंगे कि यह मन्नू की आत्मा का आईना है।

आत्मकथा लिखने के अनेक उद्देश्य होते हैं। रूसो की आत्मकथा अद्वितीय मानी जाती है। आत्मकथा लिखते समय रूसो का लक्ष्य अपनी अनन्यता सिद्ध करना है, इसीलिए उसने कहा था कि मैं जैसा हूँ वैसा दुनिया में कोई दूसरा नहीं है। उसका दूसरा लक्ष्य अपनी आत्मकथा को पाठकों के लिए पूरी तरह पारदर्शी बनाना, इसलिए उसने यह भी कहा था कि मुझे कुछ भी अनकहा नहीं छोड़ना है। रूसो के ठीक विपरीत है रोलां बार्थ की आत्मकथा, उसमें अनन्यता और पारदर्शिता

दोनों का विखण्डन है। रोलां बार्थ आत्मकथा लिखते हुए 'मैं' शैली नहीं अपनाते। वे मैं के बदले कहीं वह, कहीं आर.बी., कहीं तुम का प्रयोग करते हैं। वे आत्म का पुनर्लेखन करते हैं। रोलां बार्थ ने रूसो को सामने रखकर अपनी आत्मकथा के बारे में लिखा है, "यह किताब स्वीकारोक्ति नहीं है, लेकिन यह कपटपूर्ण भी नहीं है। मैं जो अपने बारे में लिखता हूँ वह अन्तिम नहीं है, मैं जितना अधिक ईमानदार हूँ उतना ही अधिक व्याख्येय हूँ।"

मन्नू भण्डारी की आत्मकथा पुरानी शैली की आत्मकथा है जिसमें प्रामाणिकता सत्यनिष्ठा पर और सत्यनिष्ठता आवेगरहित ईमानदार तटस्थता पर निर्भर है। 'एक कहानी यह भी' के केन्द्र में मुख्य रूप से लेखिका मन्नू हैं लेकिन उसमें किशोरी, युवती, प्रेमिका और पत्नी के रूपों में व्यक्ति मन्नू भी पर्याप्त रूप से मौजूद है। इस आत्मकथा में दो कथाएँ साथ-साथ चलती हैं, एक कथा व्यक्ति मन्नू की है और दूसरी लेखिका मन्नू की। दोनों कथाएँ समानान्तर चलती हैं पर एक-दूसरी से मिलती हुई, आपस में टकराती हुई और कभी-कभी एक-दूसरी को काटती हुई भी। प्रेमिका, पत्नी और लेखिका के रूप में मन्नू की कहानी के नायक और खलनायक राजेन्द्र यादव हैं। एक तरह से 'एक कहानी यह भी' जवाब है राजेन्द्र यादव की आत्मकथा 'मुड़-मुड़ के देखता हूँ' का, भरपूर जवाब, लगभग जैसे को तैसा। यह जवाब जितना तल्ख और बेबाक 'एक कहानी यह भी' में है, उससे अधिक 'देखा तो इसे भी देखते' में है जो किताब में पूरक प्रसंग के रूप में मौजूद है।

'एक कहानी यह भी' की कथा के केन्द्र में है मन्नू और राजेन्द्र का बनता-बिगड़ता और टूटता सम्बन्ध जो प्रेम से विवाह तक तो सहज रूप में चलता है पर बाद में लगाव और अलगाव के कशमकश की खाइयों और खन्दकों से गुजरता अनेक प्रकार के तनावों से भरा हुआ है। इस सम्बन्ध के एक छोर पर मन्नू की सहज भावुकता, उनका विश्वासी मन, स्वभाव का खुलापन और सरल भोलापन है तो दूसरे छोर पर राजेन्द्र यादव की कुटिल बौद्धिकता है। इन दोनों के बीच सन्तुलन साधने से उपजी जटिलताओं का अन्त टकराहट और टूट-फूट में होना स्वाभाविक है।

मन्नू की कथा से राजेन्द्र यादव का जो व्यक्तित्व उभर कर पाठकों के सामने आता है वह लगभग उत्तर-आधुनिक व्यक्तित्व है, जिसकी बुनियादी विशेषताएँ हैं बेहद विस्फारित अहं, सामन्ती संस्कार, पौरुषीय अहं, अपने पक्ष पर अड़े रहने का दुराग्रह भरा हठ, सच को स्वीकार करने के साहस का अभाव, घुन्नापन, बहुरूपियापन, आत्मकेन्द्रीयता, पेंचदारी और गुट्ठलता, कुकर्मीपन, कुतर्कीपन और क्रूरता। इन सबका अनुभव मन्नू ने किया होगा। इसलिए उन्होंने जो लिखा है उस पर सन्देह करने की सम्भावना नहीं है। 'एक कहानी यह भी' को पढ़ते हुए कोई भी पाठक यह महसूस करेगा कि राजेन्द्र यादव के दुराचरण से मन्नू इतनी आहत और विचलित हैं कि उस सब पर लिखते हुए अपने आक्रोश और आवेग को दबा नहीं पातीं। यह सिक्के का एक पहलू है।

दूसरा पहलू यह है कि अनेक बुराइयों के बावजूद मन्नू के अनुसार राजेन्द्र यादव के व्यक्तित्व में सह्रदयता है और बौद्धिकता भी। मन्नू ने ऐसे अनेक प्रसंगों का उल्लेख किया है जिनमें राजेन्द्र यादव की सहृदयता व्यक्त हुई है। व्यक्ति राजेन्द्र के बारे में मन्नू चाहे जितनी कटु हों, लेकिन लेखक राजेन्द्र यादव की उन्होंने दिल खोलकर भरपूर तारीफ की है, जो अतिरंजित भी है। वे राजेन्द्र यादव की प्रतिभा और मौलिकता पर मुग्ध हैं। उन्होंने लिखा है कि “यह तो सभी मानेंगे कि अपने चिन्तन, मौलिक नजरिए और बेहद प्रभावपूर्ण, पारदर्शी भाषा शैली के कारण ही राजेन्द्र ने अपना एक विशिष्ट स्थान बनाया है।” दूसरा कोई भी ऐसा माने या न माने पर मन्नू तो ऐसा ही मानती हैं। ‘एक कहानी यह भी’ केवल शिकायतों की किताब नहीं है। इसमें आत्मीयता, अन्तरंगता, सद्‌भाव और कृतज्ञता के ऐसे अनेक प्रसंग हैं जो मन्नू को इस निष्कर्ष तक ले जाते हैं कि दुनिया आज भी सुन्दर है... रहने योग्य।

महत्त्वपूर्ण लेखकों, कलाकारों और फिल्मकारों की आत्मकथाओं को पढ़ने का एक लाभ यह भी होता है कि उससे उनकी कृतियों के प्रेरणास्रोतों, रचनात्मक उद्देश्यों और रचना प्रक्रियाओं को समझने में मदद मिलती है और साथी लेखकों, कलाकारों और फिल्मकारों की दुनिया के रूप-रंग, चाल-ढाल, उठा-पटक और दाँव-पेंच की भी जानकारी मिलती है। मन्नू की इस आत्मकथा में उनकी कहानियों, उपन्यासों, नाट्य रूपान्तरों और पटकथाओं आदि की प्रेरणाओं और रचने की प्रक्रियाओं से सम्बन्धित महत्त्वपूर्ण संकेत और सूत्र भरे पड़े हैं जिनकी मदद से उनकी रचनाशीलता की बेहतर समझ बनती है। इन सबके साथ ही इसमें नयी कहानी के आन्दोलन और उसके नेता—मोहन राकेश, कमलेश्वर और राजेन्द्र यादव के आपसी सम्बन्धों की जटिलताओं और कुटिलताओं का भी बोध होता है। अपनी पीढ़ी के दिल्लीवासी कथाकारों के बारे में मन्नू का एक कथन ध्यान देने लायक है—“यहाँ आकर जाना कि साहित्यकार केवल अनेकार्थी भाषा का ही प्रयोग नहीं करते, उनका सारा आचरण भी अनेकार्थी, अनेक-परतीय होता है।” मन्नू की इस राय में अनेक राज़ छिपे हैं, जिनमें से कुछ का खुलासा उन्होंने किया भी है।

अगर आप जानना चाहते हैं कि भारत के मध्यवर्गीय समाज में एक स्त्री का लेखकीय जीवन कैसी विडम्बनाओं, असुविधाओं, तनावों और कटुताओं में गुजरता है तो आप ‘एक कहानी यह भी’ जरूर पढ़िए। स्त्री के लेखकीय जीवन में कठिनाइयाँ और समस्याएँ परिवार की ओर से आती हैं और समाज की ओर से भी। यद्यपि मन्नू खुद को स्त्रीवादी लेखिका नहीं मानतीं, पर वे लिखती हैं स्त्री जीवन की व्याथा-कथा ही। ‘एक कहानी यह भी’ एक पुरुष द्वारा प्रवंचित और प्रताड़ित स्त्री की यातना के अनुभवों और उनसे पैदा हुई प्रतिक्रियाओं की कहानी है। दुनियाभर में और हिन्दी में भी आत्मकथा पीड़ितों का एक ऐसा पाठ साबित हो रहा है जिसके माध्यम से

पीड़ित वर्ग और समुदाय के व्यक्ति अपने जीवन की कथा कहते हुए अपने वर्ग और समुदाय की जिन्दगी की वास्तविकताओं और आकांक्षाओं की अभिव्यक्ति करते हैं।

भारतीय समाज में स्त्री अपना जीवन ब्रैकेट्स के भीतर जीती है। उस ब्रैकेट के एक ओर पिता के घर का घेरा होता है तो दूसरी ओर पति के घर का घेरा। इन दोनों से घिरी हुई, दोनों के बीच रहने और उन घेरों को सहने वाली स्त्री की सोच और लेखन में मौजूद ब्रैकेट्स उसकी आत्मा के बन्धनों के प्रतीक हैं और प्रमाण भी। मन्नू की इस आत्मकथा में ब्रैकेट्स की भरमार है। मन्नू ब्रैकेट्स के भीतर अपने मन का सच लिखती है और ब्रैकेट्स के बाहर दिमाग का सच। इसके अनेक उदाहरण दिये जा सकते हैं लेकिन यहाँ मैं केवल दो उदाहरण दे रहा हूँ :

(क) आज जिस टिंकू पर ये इतना निर्भर करते हैं...जो इन्हें अपना एकमात्र सहारा दिखाई देती है, कभी पीछे मुड़कर देखें तो कि उसके जन्म से लेकर उसके पालने-पोसने में क्या किया इन्होंने...कौन-सा संकट झेला? (पर पीछे मुड़कर देखने में तो इन्हें सिर्फ अपनी प्रेमिकाएँ दिखाई देती हैं...उस दौरान जिन्दगी में टिंकू कभी रही हो तो दिखाई दे।)

(ख) केवल पत्नी अपनी इच्छा और पहल पर ऐसा निर्णय ले ले और पुरुष उसे सहज भाव से स्वीकार कर ले यह तो स्त्रियों की बराबरी का दावा करने वाले ...उनके अधिकारों का डंका पीटनेवालों के लिए भी सम्भव नहीं था। (यह बात मैं केवल अपनी पीढ़ी के पुरुषों के लिए लिख रही हूँ।)

हिन्दी में लेखकों की आत्मकथाएँ बहुत कम हैं और अच्छी जीवनियाँ तो और भी कम। आखिर ऐसा क्यों है? मन्नू ने इस महत्त्वपूर्ण सवाल का उत्तर दिया, जो इस प्रकार है : "हमारे यहाँ बहुत ईमानदारी से लेखकों के व्यक्तिगत जीवन का लेखा-जोखा प्रस्तुत करने का प्रचलन ही नहीं है और न ही लेखक खुद ही बहुत ईमानदारी से वह सब लिख पाते हैं। लेखक जिन्दा है तो यह संकोच कि वह क्या सोचेगा। इस लिखे पर कहीं मित्रता ही समाप्त हो जाए। जब अधिकतर लेखक अपनी रचनाओं की जरा-सी प्रतिकूल समीक्षाएँ तक बर्दाश्त नहीं कर पाते तो व्यक्तिगत जीवन के दबे-ढके धुँधले पक्षों का अनावरण बर्दाश्त कर सकेंगे भला?" मन्नू मानती हैं कि ईमानदारी से लिखी आत्मकथाओं और जीवनियों के अभाव का एक कारण यह है कि हिन्दी के लेखकों में सच कहने के साहस का अभाव है तो हिन्दी समाज में सच सुनने और उसे सहने की आदत का भी अभाव है।

मन्नू जी की इस पुस्तक में कुछ प्रसंग ऐसे भी हैं जिनका सम्बन्ध मन्नू के जीवन से कम और हिन्दी के लेखकों के आचरण की सभ्यता से अधिक है। पहला प्रसंग रघुवीर सहाय के आचरण से जुड़ा है। आपातकाल लगते ही 'दिनमान' में उसके समर्थन में रघुवीर सहाय का सम्पादकीय लिखना मन्नू को आश्चर्यजनक

लगा था; क्योंकि रघुवीर सहाय हिन्दी के एक बड़े कवि थे और समाजवादी होने के नाते जे.पी. की सम्पूर्ण क्रान्ति के समर्थक भी। ऐसे व्यक्ति का आपातकाल का समर्थन चकित न करता तो क्या करता! दूसरा प्रसंग धर्मवीर भारती से सम्बन्धित है। धर्मवीर भारती ने एक ओर जे.पी. के आन्दोलत का समर्थन और आन्दोलन के दमन का विरोध व्यक्त करने वाली 'मुनादी' जैसी लोकप्रिय कविता लिखी तो दूसरी ओर आपातकाल लगने के बाद मनोहर आशी की फिल्म, 'सूर्य के अंश' की टिप्पणी लिखी, जिसमें इन्दिरा गाँधी और संजय गाँधी को देश का भविष्य कहा गया था। मन्नू इन दोनों लेखकों के अवसरवाद से परेशान हुईं क्योंकि वे मानती हैं कि "हमारी कलम से जो भी शब्द निकलते हैं, विशेषकर सृजन के सन्दर्भ में, उनके पीछे हमारे विचार, हमारा विश्वास, हमारी आस्था, हमारे मूल्य कितना कुछ तो निहित रहता है।" ऐसा ईमानदार लेखक मानते हैं जो अब दुर्लभ होते जा रहे हैं।

'एक कहानी यह भी' में अँधेरे की गाथाएँ हैं और उजाले की कथाएँ भी। इस पुस्तक पर सोचते समय केवल अँधेरों पर ध्यान देना और उजालों को छोड़ देना कहानी के साथ अन्याय होगा। कहानी में गहराई केवल उजाले में मैदानों की लेखकीय यात्रा से नहीं आती, वह आती है अँधेरी खाइयों और घाटियों में चलने से। इस कहानी में मन्नू की संवेदनशीलता और सहजता के उजाले हैं तो पति के रूप में राजेन्द्र यादव के दुराचरण के अँधेरे भी हैं। साथ ही लेखक राजेन्द्र यादव की प्रतिभा और मौलिकता की चमक की चिन्ता भी है। इन सबके साथ रघुवीर सहाय और धर्मवीर भारती के अवसरवाद के गड्ढे भी हैं।

'एक कहानी यह भी' और 'देखा तो इसे भी देखते...' में बार-बार और जगह-जगह स्त्री मुक्ति के पुरोधा बनने के राजेन्द्र यादव के दावों और प्रयत्नों को महज दिखावा कहती हुई मन्नू ने व्यंग्य और आक्रमण किया है। लेकिन सवाल यह है कि स्त्री की मुक्ति या भारतीय स्त्री की मुक्ति कोई मुद्दा है या नहीं और अगर है तो उसे क्या केवल राजेन्द्र यादव के आचरण के कारण अस्वीकार करना उचित है। एक और सवाल यह भी है कि स्त्री मुक्ति के मुद्दे पर मन्नू की इस कहानी में मन्नू का क्या दृष्टिकोण है। स्त्री मुक्ति से सम्बन्धी राजेन्द्र यादव के दावों पर मन्नू व्यंग्य तो करती हैं, लेकिन स्त्री मुक्ति के बारे में अपना कोई दृष्टिकोण प्रस्तुत नहीं करतीं।

इस कहानी में एक पात्र और उससे जुड़ा प्रसंग ऐसा है जिस पर अगर मन्नू परानुभूति या समानुभूति के साथ सोचतीं और लिखतीं तो उनकी आत्मकथा असाधारण होती। वह पात्र है मीता, जो एक ओर राजेन्द्र यादव के बौद्धिक छल का शिकार हुई है तो दूसरी ओर मन्नू तथा राजेन्द्र के बीच तनाव और अलगाव का कारण भी है। मेरे सामने सवाल यह है कि क्या मीता के कुछ दुख-दर्द नहीं होंगे। अगर वे हैं तो उनकी चिन्ता किसी को नहीं है, न राजेन्द्र को और न मन्नू को। मन्नू के अनुसार

राजेन्द्र का जैसा चरित्र है उसे देखते हुए उनसे यह उम्मीद करना बेमानी है कि उन्हें भी मीता के दुख-दर्दों की चिन्ता होगी। पर मन्नू तो एक स्त्री हैं और संवेदनशील लेखिका भी। यही नहीं वे स्वयं राजेन्द्र के छल से पीड़ित स्त्री हैं। इसलिए उनसे यह उम्मीद की जा सकती है कि वे मीता की पीड़ा को, एक समदुखिनी के दर्द को समझने और व्यक्त करने की कोशिश करतीं। लेकिन उन्होंने ऐसा नहीं किया है। मन्नू एक समर्थ लेखिका हैं इसलिए उन्होंने अपनी यातना की कहानी प्रभावशाली रूप में लिखी है, पर मीता तो लेखिका नहीं है फिर उसके दुख-दर्द की कहानी कौन कहेगा? लगता है कि दूसरी असंख्य स्त्रियों की तरह मीता की पीड़ा भी अनकही ही रह जाएगी।

# व्यक्तिगत और सामाजिक का संगम

हिन्दी में जीवनी लेखन की स्थिति सन्तोषजनक नहीं है। कुछ लेखकों की ऐसी जीवनियाँ जरूर लिखी गयी हैं जो महत्त्वपूर्ण हैं और चर्चित भी हैं। उनमें भारतेन्दु हरिश्चन्द्र (शिवनन्दन सहाय), प्रेमचन्द (अमृत राय), निराला (रामविलास शर्मा), शरतचन्द्र (विष्णु प्रभाकर) और नन्ददुलारे वाजपेयी (विजय बहादुर सिंह) की जीवनियाँ विशेष रूप से उल्लेखनीय हैं। साहित्य से बाहर के व्यक्तियों के बारे में हिन्दी में ऐसी जीवनियाँ बहुत कम लिखी गयी हैं जो आकर्षक हों और दिलचस्प भी। आखिर ऐसा क्यों है? लगता है हिन्दी साहित्य और हिन्दी समाज में लोगों की दिलचस्पी जितनी खुद में है उतनी दूसरों में नहीं। अगर कभी दूसरों में दिलचस्पी होती भी है तो वह सकारात्मक कम और नकारात्मक अधिक होती है। ऐसी स्थिति में जीवनी का लेखन सम्भव नहीं है। इसके साथ ही हिन्दी समाज में सच कहने का साहस और सच को सहने की आदत भी कम ही है। ऐसी हालत में जीवनी लेखन की दृष्टि और कला का विकास मुश्किल है। फिर भी जो लोग अनेक प्रकार के जोखिम उठाकर किसी बड़े लेखक की जीवनी लिखने का प्रयत्न करते हैं वे साहसी हैं और सराहनीय भी। एक ऐसे ही लेखक हैं विश्वनाथ त्रिपाठी, जिन्होंने 'व्योमकेश दरवेश' नाम से आचार्य हजारीप्रसाद द्विवेदी की शानदार जीवनी लिखी है।

'व्योमकेश दरवेश' का बुनियादी ढाँचा जीवनी का है, लेकिन उसमें जीवनी के साथ संस्मरण भी शामिल है। संस्मरण व्यक्तिगत होता है। वह स्मरण है किसी व्यक्ति के साथ के सम्बन्धों, उसके सम्पर्क में जिये गये जीवन के अनुभव और उसके साथ बिताए गये समय का; लेकिन जीवनी वस्तुपरक होती है। जिसकी जीवनी लिखी जाती है उससे जीवनीकार की आत्मीयता के बावजूद एक प्रकार की तटस्थता और दूरी की माँग जीवनी करती है। 'व्योमकेश दरवेश' में जहाँ संस्मरण की आत्मपरकता है वहीं जीवनी की वस्तुपरकता भी है। आत्मपरकता से उसमें संवेदनशीलता आयी है और वस्तुपरकता से विचारशीलता। यह सच है कि विश्वनाथ त्रिपाठी ने द्विवेदी जी की जीवन कथा के साथ ही उनसे जुड़े अपने जीवन की भी कुछ कथा लिखी है, लेकिन उस कथा के अनेक प्रसंगों से द्विवेदी जी के व्यक्तित्व और चरित्र की कुछ विशेषताएँ प्रकट हुई हैं, इसलिए वह कथा अनावश्यक नहीं लगती। विश्वनाथ त्रिपाठी

द्विवेदी जी के शिष्य हैं; सच्चे, पक्के, पूरे और परम भी। इसीलिए वे इस जीवनी को 'पुण्य स्मरण' कहते हैं। इस कथन में द्विवेदी जी की स्मृति बसी हुई है। द्विवेदी जी ने सिक्ख गुरुओं पर जो पुस्तक लिखी थी उसमें 'पुण्य स्मरण' मौजूद है।

विश्वनाथ त्रिपाठी ने द्विवेदी जी के जीवन के साथ-साथ उनके परिवार और परिवेश की भी कथाएँ लिखी हैं। जिसके परिणामस्वरूप उस परिवेश में क्रियाशील व्यक्तियों के शब्द चित्र भी इस जीवनी में मिलते हैं। ऐसे शब्द-चित्रों की रचना की शुरुआत द्विवेदी जी के गाँव से होती है, फिर वह शान्तिनिकेतन से होती हुई काशी पहुँचती है, जहाँ वह देश और काल की दृष्टि से व्यापकता प्राप्त करती है। बाद में वह चंडीगढ़ होती हुई काशी लौटकर विराम लेती है। यही द्विवेदी जी की जीवन यात्रा के विभिन्न पड़ाव भी हैं। इस चित्रावली में रवीन्द्रनाथ टैगोर हैं तो क्षितिमोहन सेन भी हैं। काशी के शब्द-चित्रों की तो पूरी चित्रशाला है, जिसमें त्रिलाचन, नामवर सिंह और केदारनाथ सिंह हैं तो जगन्नाथ प्रसाद शर्मा और विश्वनाथ प्रसाद मिश्र भी हैं।

इस जीवनी को दिलचस्प बनाती है कथा कहानी की वह कला, जिसे विश्वनाथ जी ने 'नंगातलाई का गाँव' लिखते हुए अर्जित की थी। इस कला के कारण इस जीवनी को पढ़ते हुए पाठकों को वह कथा-रस मिलता है जो जीवनीकार की सहज हृदयता से पैदा हुआ। इस कथा-रस को समृद्ध बनाने का काम वस्तुवर्णन की कला करती है जो इस जीवनी में जगह-जगह मौजूद है। एक जगह वह इस रूप में है, "कमरे में बैठे एक-एक आगत चले गये। मुन्नू ने शायद पण्डित जी को बता दिया था कि कोई बाहर बैठा है। वे बाहर आये, मैं सम्भ्रम उठा, खड़ा हुआ। लम्बी भारी काया, खद्दर की सिली हुई बँहकटी, जिसमें जेब होती है, पहने थे। गौरवर्ण, पैरों की उँगलियों को स्पर्श करती हुई धोती दायें पैर की पिंडली को बायें पैर के पीछे ले जाकर उसे लपेटते हुए उँगलियों से बायें पैर के पंजों को खुजलाते हुए पण्डित जी मेरे सामने खड़े थे।" (व्योमकेश दरवेश, पृ. 14) वस्तुओं, स्थितियों और भावों को मूर्त, गोचर और संवेद्य बनाने वाली यह कला कथा को असरदार बनाती है।

द्विवेदी जी की जीवनी लेखन के दौरान विश्वनाथ त्रिपाठी का प्रगतिशील मानस बार-बार प्रगट होता है। वे जहाँ भी जनजीवन में अभाव, गरीबी और दुख-दर्द को देखते हैं वहाँ उनकी सहृदयता जाग उठती है और वे उन सबको जीवनी में मौका निकालकर दर्ज करते हैं। विश्वनाथ जी ने द्विवेदी जी के गाँव की यात्रा के दौरान जो अभाव देखा था, उसे द्विवेदी जी की मानसिकता और लेखन से जोड़ते हुए उन्होंने लिखा है "गंगा सरयू और सुरहा से निरन्तर संचित बलिया जनपद शस्यश्यामला है। अन्न-दुग्ध, धन-धान्य और नाना प्रकार की सब्जियों से, वनस्पतियों से हरा-भरा है। ऐसी प्राकृतिक समृद्धि के बावजूद अधिकांश जनता निरन्न-निर्वस्त्र है। इसकी उपेक्षा द्विवेदी जी के लेखन और आचार में नहीं है।" (पृ. 18)

द्विवेदी जी ने अपने जीवन में अभाव से उपजे अपमान और दुख का अनुभव किया था, इसलिए जनजीवन में मौजूद अभावग्रस्तता के प्रति वे संवेदनशील थे। विश्वनाथ त्रिपाठी ने इस सच को पहचाना है और लिखा है कि "हजारीप्रसाद द्विवेदी को निर्धनता के भौतिक कष्ट का, गरीबी की लज्जा, निर्लज्जता, अपमान, उपेक्षा का अनुभव था। उनके साहित्य में अदबदाकर वह आ ही जाता है। जैसे तुलसीदास के यहाँ भूख, अभावग्रस्तता के अनेकानेक बिम्ब, सादृश्य-विधान व्याप्त हैं बहुत कुछ उसी तरह द्विवेदी जी के साहित्य में।" (पृ. 85)

इस जीवनी का एक आकर्षक पक्ष है उसकी सहज पर सर्जनात्मक, जानदार और असरदार भाषा। वह जितनी सर्जनात्मक है उतनी ही जनतान्त्रिक भी। आलोचना में याकि साहित्य मात्र में जनतन्त्र का सिंहद्वार तो उसकी भाषा ही है। आलोचना की भाषा जनतान्त्रिक तब होती है जब वह आलोचक के मन्तव्य को छिपाने के बदले खोलने का काम करती है। रचना और आलोचना दोनों में लेखक की भाषिक संवेदनशीलता उसकी सामाजिक संवेदनशीलता को व्यक्त करती है। विश्वनाथ त्रिपाठी की जनतान्त्रिक भाषिक संवेदनशीलता यह साबित करती है कि उनकी सामाजिक संवेदनशीलता जनतान्त्रिक है।

जब सहज भाषा और शैली में कोई मार्मिक और बड़ी बात कही जाती है तब उसे सूक्ति कहा जाता है। 'व्योमकेश दरवेश' में ऐसी अनेक सुन्दर सूक्तियाँ हैं जो लेखक की गम्भीर विचारशीलता का प्रमाण देती हैं उनमें से केवल तीन को देखिए :

(क) उपेक्षणीय समझे जाने वाले विषयों और वस्तुओं का महत्त्व वही है जो रचना के ढाँचे में ब्योरों यानी डिटेल्स का होता है। वहाँ स्थितियाँ, समकालीनता की गति एवं सम्बन्धता में दृश्य होती है। (पृ. 84)

(ख) जो अनिवार्य है वह अनैतिक नहीं हो सकता। (पृ. 364)

(ग) सामग्री बटोरना परिश्रम का काम है किन्तु उसे व्यवस्थित करना तो उसे ऐतिहासिक रूप देना है। (पृ. 365)

विश्वनाथ त्रिपाठी ने हजारीप्रसाद द्विवेदी के सम्पूर्ण जीवन को, उस जीवन के उतार-चढ़ाव को, उसके संघर्षों और संकटों को बहुत ध्यान से देखा और मनोयोग से लिखा है। उन्होंने गाँव में द्विवेदी जी के बचपन, काशी में आरम्भिक शिक्षा, काशी हिन्दू विश्वविद्यालय में अध्ययन के बाद शान्तिनिकेतन में हिन्दी भाषा और साहित्य की सेवा के साथ भारतीय संस्कृति की साधना, और काशी हिन्दू विश्वविद्यालय के हिन्दी विभाग के प्रोफेसर तथा अध्यक्ष के रूप में वापसी की कथा की विभिन्न स्थितियों की बारीकियों का ब्योरेवार विवेचन किया है। शान्तिनिकेतन से काशी हिन्दू विश्वविद्यालय के हिन्दी विभाग में आने के प्रसंग पर लिखते हुए त्रिपाठी जी ने द्वि वेदी जी की इच्छा-अनिच्छा, सुविधा-दुविधा, आकर्षण-असमंजस और अनुरोध-विरोध

की सूक्ष्मताओं को पहचाना तथा व्यक्त किया है।

काशी हिन्दू विश्वविद्यालय के हिन्दी विभाग की अध्यक्षता के काल में द्विवेदी जी के यश और प्रभाव का अपार विस्तार हुआ तो उन्हें अनेक संकटों का सामना भी करना पड़ा। ये संकट प्रायः दूसरों की क्षुद्रताओं से पैदा हुए थे। द्विवेदी जी के साथ उनके कुछ सहयोगियों के व्यवहार को देखते हुए द्विवेदी जी के ही परमप्रिय महाकवि कालिदास का एक कथन याद आता है: "अलोकसामान्यमचिन्त्यहेतुकं द्विषन्ति मन्दाश्चरितं महात्मनाम।" (जो खोटे लोग होते हैं वे उन महात्माओं के अनोखे कामों को बुरा बताते ही हैं जिन्हें पहिचानने की उनमें योग्यता नहीं होती) विश्वनाथ जी ने द्विवेदी जी का जीवन चरित लिखते हुए उनकी वाग्मिता के वैभव के साथ उनके ज्ञान की व्यापकता, उनकी उदारता, सहृदयता, विनोदप्रियता, परदुखकातरता, मानवीयता और उनके स्वाभिमान तथा फक्कड़पन से सम्बन्धित अनेक प्रसंगों ओर उदाहरणों को प्रस्तुत किया है।

हजारीप्रसाद द्विवेदी की जीवनयात्रा में काशी का विशेष स्थान और महत्त्व है। वे काशी में तीन बार आये और रहे। पहली बार विद्यार्थी के रूप में, दूसरी बार काशी हिन्दू विश्वविद्यालय के हिन्दी विभाग के प्रोफेसर और अध्यक्ष के रूप में और तीसरी बार काशी हिन्दू विश्वविद्यालय के रेक्टर के रूप में। काशी से द्विवेदी जी को बहुत कुछ मिला। उन्हें ज्ञान, सम्मान, यश और ख्याति के साथ-साथ आरोप, अपमान, लांछन और विस्थापन के दंश काशी से ही मिले।

'व्योमकेश दरवेश' में द्विवेदी जी की केवल जीवन-यात्रा की ही कहानी नहीं है, उसमें उनकी विवेक-यात्रा की भी कहानी है। इस प्रक्रिया में उनके सोच विचार की गम्भीरता, नवीनता और व्यापकता का आकलन है, उनके सृजक व्यक्तित्व की उपलब्धियों के प्रमाण के रूप में, उनके उपन्यासों तथा निबन्धों की विशिष्टता की व्यवस्थित व्याख्या है और उनके आलोचनात्मक मानस की देन का मूल्याकंन भी है। इस सबके कारण यह जीवनी वास्तव में द्विवेदी जी की बौद्धिक और साहित्यिक जीवनी बन गयी है और साथ ही विश्वनाथ त्रिपाठी की आलोचनात्मक क्षमता का एक प्रमाण भी।

उपन्यासकार, निबन्धकार, आलोचक और साहित्य के इतिहास के लेखक द्विवेदी जी से पूरा हिन्दी साहित्य परिचित है। लेकिन कवि हजारीप्रसाद द्विवेदी जी को बहुत कम लोग जानते हैं। विश्वनाथ त्रिपाठी ने इस पुस्तक के एक निबन्ध 'रजनी-दिन नित्य चला ही किया' में कवि हजारीप्रसाद द्विवेदी की कविताओं का विवेचन करते हुए उनके कवि मन और कविता की विशेषताओं को उजागर किया है। विश्वनाथ जी ने द्विवेदी जी की कविता का विश्लेषण किया है, उसका एक रूप यह है, "ब्रजभाषा की कविताएँ बहुत कुछ रीतिमुक्त कवियों के ढर्रे की हैं, जिनमें स्वदेश-प्रेम और सामाजिक रूढ़ियों से सन्तप्त जनों के प्रति कवि की करुणा बही

है। प्रेमपरक कविताओं में प्रेम के उदात्त पक्ष का चित्रण और प्रेम के नाम पर ओछे आचरण करने वालों का तिरस्कार किया गया है। विषय राधा-रानी और मनमोहन है, किन्तु प्रेम का यह दृष्टिकोण वही है जो आगे चलकर 'बाणभट्ट की आत्मकथा' और अन्य उपन्यासों में मिलता है—ऐसा प्रेम जो मानव-जीवन को सार्थक कर देता है, मनुष्य को जड़ता से मुक्त करके उच्च भूमि पर स्थित कर देता है।" (पृ. 395)

आलोचक विश्वनाथ त्रिपाठी की दृष्टि में कवि हजारीप्रसाद द्विवेदी के मानसिक बनावट की मुख्य विशेषताएँ हैं—आत्म-व्यंग्य, विनोदप्रियता, फक्कड़पन, आम जनता से लगाव और उसकी दुर्दशा देखकर उपजा आक्रोश। यह ठीक है कि द्विवेदी जी की अधिकांश कविताएँ आत्मपरक हैं, लेकिन यह भी एक सच्चाई है कि जिसका आत्म जगत व्यापी होगा उसके स्वान्तः सुखाय में जगत हिताय भी निहित होगा।

द्विवेदी जी की संवेदना और सोच के केन्द्र में भारतीय समाज और भारतीय साहित्य का मध्यकाल था। उसी मध्यकाल से उनकी अधिकांश सर्जना और आलोचना जुड़ी हुई है। लेकिन वे मध्यकाल को वर्तमान की आँख से देखते थे—रचनाओं में और आलोचनाओं में भी। अशोक वाजपेयी इसी को 'परम्परा की आधुनिकता' कहते हैं। विश्वनाथ जी ने द्विवेदी जी के उपन्यासों और निबन्धों में मौजूद इस परम्परा की आधुनिकता की विस्तृत व्याख्या की है।

विश्वनाथ त्रिपाठी ने द्विवेदी जी के उपन्यासों और निबन्धों का विवेचन करते हुए उनकी रचनाशीलता की जिन बुनियादी विशेषताओं का उल्लेख किया है, वे ध्यान देने लायक हैं। उनमें से पहली विशेषता है स्थानीयता। द्विवेदी जी के उपन्यासों और निबन्धों में बदले हुए नाम और रूप के साथ उनका गाँव है, उसकी प्रकृति है, उसकी संस्कृति है और उसकी विकृतियाँ भी हैं। विश्वनाथ जी ने ठीक ही लिखा है कि "बलिया की गंगा की बाढ़ का असीम जल-सागर 'बाणभट्ट की आत्मकथा' का श्लोक (जलौघमग्ना सचराचरा धरा) वस्तु निर्देश ही नहीं है (और जो सम्भवतः उन्हीं की रचना है), वह 'बाणभट्ट की आत्मकथा' में अन्यत्र और इतर रचनाओं में भी व्याप्त है। भट्टिनी गंगा में कूद पड़ती है, उसी में महावराह की प्रतिमा विसर्जित होती है। अनामदास में रैक्व को नदी की गरजती हुई धारा बहा ले जाती है। जलौघमग्ना सचराचरा धरा का मूल बिम्ब बलिया के आरत दुबे का छपरा और ओझबलिया की प्लावित गंगा का है। बलिया के भूगोल से परिचित पाठक जानते हैं कि उपन्यासों के अनेक स्थल बलिया जनपद के हैं।" (पृ. 347-48) त्रिपाठी जी ने यह भी संकेत किया है कि उनके देवदारु नाम के प्रसिद्ध निबन्ध में आये अनेक व्यक्ति-चित्र द्विवेदी जी के गाँव के व्यक्तियों पर आधारित हैं।

द्विवेदी जी बलिया के थे। उनकी मातृभाषा भोजपुरी थी। द्विवेदी जी की रचनाशीलता में रची-बसी स्थानीयता का सबसे बड़ा प्रमाण है भोजपुरी से उनका अथाह प्रेम, जो उनके लेखन में बार-बार प्रकट होता है। विश्वनाथ जी ने द्विवेदी

जी की भाषिक संवेदनशीलता का विश्लेषण करते हुए लिखा है कि "द्विवेदी जी के वाक्यों में भोजपुरी तरावट होती है। ढाँचा तो खड़ी बोली का ही होता है 'पढ़ा हूँ।' जैसा वाक्य अपवाद है, विद्यार्थी जीवन में काशी में पढ़ते समय पत्रों में ऐसे वाक्य अपेक्षाकृत अधिक संख्या में मिलते हैं। अव्यय, संयुक्त क्रियाओं, देशी क्रियापदों, संज्ञा पदों आदि के प्रयोग से उनके वाक्यों में भोजपुरीपन आता है। यह प्रभाव प्रायः कहने की झोंक में पैदा होता है। 'झोंक' मतलब यह कि यह भोजपुरीपन कहन के प्रवाह में आता है, जिससे स्वाभाविकता एवं आत्मीयता–पाठक से निकटता पैदा होती है।" (पृ. 387)

विश्वनाथ त्रिपाठी के अनुसार द्विवेदी जी की रचनाशीलता की दूसरी विशेषता है भारतीय समाज के उपेक्षितों, दलितों, पीड़ितों और पराधीनों के प्रति गहरी सहानुभूति। यह उनके उपन्यासों में है और निबन्धों में भी। द्विवेदी जी के उपन्यासों के सबसे जीवन्त और जानदार पात्र हैं साधारण जन और रूढ़ियों तथा मर्यादाओं की शृंखला में जकड़ी स्त्रियाँ। विश्वनाथ त्रिपाठी ने यह कई बार लिखा है कि द्वि वेदी जी ने अभाव की पीड़ा और यातना का अनुभव किया है, इसलिए जब कोई किसी तरह के अभाव या परतन्त्रता का शिकार दिखाई देता है तब उसे द्विवेदी जी की सहानुभूति और आत्मयीता प्राप्त होती है। विश्वनाथ जी ने द्विवेदी जी की सामाजिक चिन्ता का स्वरूप इस रूप में स्पष्ट किया है, "द्विवेदी जी सब भूल सकते हैं, ऊँची से ऊँची उड़ान में भी निरन्न, निर्वस्त्र जनता और जन-सामान्य के विविध दुख नहीं भूल सकते। वे यथार्थ की अग्नि अर्थात विषमता नहीं भूलते। और ठीक उस समय जब लगता है कि वे ऐसी कल्पना-उड़ान ले रहे हैं कि धरती बहुत धुँधली दिखलाई पड़ रही है या अदृश्य हो रही है तब वे ठीक धरती की विषम-भूमि की कठोरता से कल्पना को टक्कर देते हैं।" (पृ. 431)

द्विवेदी जी की सामाजिक चेतना को समझने के लिए उनके उस मानसिक द्वन्द्व को समझना जरूरी है जिसके बारे में विश्वनाथ त्रिपाठी ने लिखा है, "मन में पूर्व युग के स्वर्ण-मणिमय सौंध, मरकतखचित क्रीड़ा शैल बसे हैं और आँखें देखती हैं ठठरियों के ठाठ, चिथड़ों के घृणास्पद ढूह"। द्वन्द्व का सूत्र मूलतः द्विवेदी जी कल्पित स्वर्णयुग सतयुग यानी अतीत और कलयुग यानी पराधीन, अपमानित, दरिद्र भारत के परस्पर-विरोध में पाते हैं। यह द्वन्द्व आगे चलकर अन्य क्षेत्रों में भी दिखाई पड़ता है।" (पृ. 350)

द्विवेदी जी की रचनाशीलता की तीसरी विशेषता है उनकी विशिष्ट भाषिक चेतना, जो संस्कृत, प्राकृत, अपभ्रंश, हिन्दी और भोजपुरी के संयोग से बनी थी। वे इन भाषाओं के अपने ज्ञान और अभिज्ञान का उपयोग अपनी भाषिक सृजनशीलता में नयी भंगिमा पैदा करने के लिए करते थे। विश्वनाथ जी ने यह भी संकेत दिया है कि द्विवेदी जी की भाषिक सृजनशीलता का एक रूप नये शब्द-संयोगों के निर्माण में

दिखाई देता है। ऐसे शब्द संयोग के प्रमाण हैं—स्मृति परम्परा, स्मृति का अन्तराल, करुणादीप्त मुख, निर्दय-तारल्य, कुंठ-नृत्य आदि। विश्वनाथ जी ने ठीक ही लिखा है कि "ये शब्द-रचनाएँ हिन्दी साहित्य के भाव-आधार और चिन्तन-फलक का विस्तार करती हैं। जब आप इन तत्सम शब्दों को नया सन्दर्भ देते हैं तब आप नये सन्दर्भों को यानी आधुनिक जीवन को परिभाषित करते हैं।" (पृ. 392)

आचार्य द्विवेदी से अथाह श्रद्धा के बावजूद विश्वनाथ त्रिपाठी ने इस जीवनी में द्विवेदी जी की प्रत्येक प्रवृत्ति की प्रशंसा ही नहीं की है, उनकी कुछ कमियों और कमजोरियों को पहचाना और उन्हें व्यक्त भी किया है। इस सन्दर्भ में कुछ प्रसंग ध्यान देने लायक हैं। पहला प्रसंग तो यही है कि त्रिपाठी जी ने द्विवदी जी के चिन्तन में मौजूद दुविधा को पहचाना है और लिखा है, "मेरे विचार से द्विवेदी जी का चिन्तन मूलतः दुविधाग्रस्त है। वे मनुष्य की जय यात्रा की घोषणा तो दोनों हाथ उठाकर करते हैं किन्तु मनुष्यता की विजय के प्रति आश्वस्त नहीं, आशंकित हैं। ऐतिहासिक विकास और अदृष्ट के हस्तक्षेप के द्वन्द्व उनके प्रारम्भिक दो उपन्यासों में मौजूद हैं, 'चारुचन्द्रलेख' में 'बाणभट्ट की आत्मकथा' से ज्यादा। यह द्वन्द्व क्रमशः अन्तिम दो उपन्यासों में क्षीण होता गया है। विषमता-चित्रण भी। अन्तिम उपन्यास 'अनामदास का पोथा' में द्वन्द्व सबसे कम है। द्वन्द्वात्मकता के छिटपुट प्रसंग या उक्तियाँ जरूर मिल जाती हैं।" (पृ. 439)

दूसरे प्रसंग का सम्बन्ध द्विवेदी जी के आचरण की सभ्यता से है। काशी हिन्दू विश्वविद्यालय से निष्कासन के बाद हैरान और परेशान द्विवेदी जी को चंडीगढ़ में प्रोफेसर बनवाने में डॉ. नगेन्द्र की महत्त्वपूर्ण भूमिका थी। जाहिर है इस कारण द्विवेदी जी डॉ. नगेन्द्र के कृतज्ञ हैं। उस कृतज्ञता का कैसा और कितना असर हुआ, यह विश्वनाथ जी के ही शब्दों में पढ़ने लायक है, "इसके बाद दिल्ली विश्वविद्यालय की चयन-समिति में पं. हजारीप्रसाद द्विवेदी बराबर बने रहे और वही करते रहे—आँख मूँद कर, जो डॉ. नगेन्द्र कहते रहे। डॉ. नगेन्द्र के सम्मान में एक पुस्तक निकली। पं. जी ने उन पर लेख लिखा, जिसमें उनकी दृढ़ता की तुलना कबीर से की गयी। मैंने क्षुब्ध होकर कहा—पं. जी अमुक प्रोफेसर पर लेख लिखिएगा तो उसे तुलसीदास कह दीजिएगा।" (पृ. 259) कृतज्ञता एक उच्च मानवीय गुण है। लेकिन जब उसकी अति हो, वह व्यक्ति के आचरण को प्रभावित करने लगे तब वह उस व्यक्ति को दयनीय बना देती है।

विश्वनाथ त्रिपाठी ने कुँवरपाल सिंह के हवाले से एक और प्रसंग का उल्लेख किया है। उन्होंने लिखा है, "प्रो. नूरुल हसन, शिक्षामन्त्री थे। नेहरू फेलोशिप किसे दिया जाए, इसका निर्णय कौन हिन्दी विद्वान कर सकता है, निष्पक्ष तौर पर? अलीगढ़ के वामपन्थी विद्वानों ने द्विवेदी जी का नाम सुझाया। शिक्षामन्त्री ने उन्हें निर्णायक नामजद किया। सभी कागज उनके पास भेज दिये गये। हिन्दी के एक

प्रोफेसर साहब को यह बात मालूम हो गयी। वे बनारस पहुँच गये और निर्णय उन्हीं के पक्ष में हुआ। हम लोगों ने बाद में शिकायत की—आपसे हम सही फैसले की उम्मीद करते थे। आचार्य द्विवेदी ने उत्तर दिया—"मैं जानता था कि वे प्रोफेसर इस लायक नहीं हैं, लेकिन क्या बताऊँ। उन्होंने मेरे यहाँ धरना दे दिया। मेरे घर, सुबह आ जाएँ और जमे रहें। चुपचाप। बोलें कुछ नहीं। आठ-दस दिन तक यह चलता रहा। अब मैंने लिख दिया कि ये योग्य व्यक्ति हैं।" (पृ. 317-18) इस प्रसंग के अन्त में विश्वनाथ जी ने लिखा है, "द्विवेदी जी की सहृदयता का अतिव्याप्ति दोष कभी-कभी विचलित कर देता था।" (पृ. 318)

एक अन्य प्रसंग का ब्योरा देने के बाद विश्वनाथ जी ने लिखा है, "द्विवेदी जी निमंत्रित होने पर सब जगह चले जाते थे। वे ब्रह्म कुमारियों की सभा में भी भाषण करते थे।" (पृ. 305)

इन सभी प्रसंगों में विश्वनाथ त्रिपाठी स्वयं द्विवेदी जी की भी आलोचना तो नहीं करते लेकिन वे तथ्यों को इस रूप में रख देते हैं कि वे तथ्य ही बोलने लगते हैं। इन सब प्रसंगों को पढ़ने के बाद यह कहा जा सकता है कि विश्वनाथ त्रिपाठी में सच कहने का साहस है और अपने गुरुदेव की आलोचना करने की तत्परता भी। इससे जीवनी को पूर्णता प्राप्त हुई है और विश्वसनीयता भी।

# क्या आलोचना केवल प्रतिवाद की संस्कृति है?

मधुरेश जी पिछले चालीस वर्षों से हिन्दी आलोचना के क्षेत्र में सक्रिय हैं। उन्होंने आलोचना के क्षेत्र में जो काम किया है उससे हिन्दी की कथा-आलोचना विकसित हुई है। उनके आलोचनात्मक लेखन का मुख्य क्षेत्र हिन्दी का कथा-साहित्य है। उन्होंने हिन्दी उपन्यास की आलोचना लिखी है और हिन्दी कहानी की भी। उनका अधिकांश आलोचनात्मक लेखन पुस्तक-समीक्षा के रूप में पाठकों के सामने आया है। मेरा अनुमान है कि मधुरेश जी ने जितनी पुस्तक समीक्षाएँ लिखी हैं उतनी शायद ही किसी अन्य आलोचक ने लिखी हैं। अब तक आलोचना की उनकी 30 से अधिक पुस्तकें प्रकाशित हो चुकी हैं।

इतने लम्बे समय तक आलोचना के क्षेत्र में सक्रिय आलोचक से यह उम्मीद की जा सकती है कि आलोचना के स्वभाव और स्वरूप के बारे में उनकी एक सुनिश्चित समझ होगी। मधुरेश की 2011 में प्रकाशित पुस्तक 'आलोचना : प्रतिवाद की संस्कृति' उस समझ का सबूत देती है। इस पुस्तक के नाम से ही यह जाहिर होता है कि मधुरेश की राय में आलोचना का मुख्य प्रकार्य और प्रयोजन प्रतिवाद है और वह प्रतिवाद की संस्कृति का निर्माण करती है। उन्होंने पुस्तक के पहले निबन्ध में यह लिखा है, "वह प्रतिवाद और प्रतिरोध की संस्कृति रचती है। प्रतिक्रान्तिकारी और सत्ता-केन्द्रित विचार के विरोध में वह परिवर्तनकामी और क्रान्तिकारी शक्तियों की पहचान करती है। कुल मिलाकर वह एक मूल्य-दृष्टि के लिए संघर्ष करती है।" (पृ. 12)

उनके अनुसार "आलोचक का दायित्व है कि अपने समय की रचनात्मक प्रतिभा के प्रति भरसक विनम्र बने रहकर वह समकालीन रचनाशीलता में हस्तक्षेप करे और जो सार्थक है, उसे रेखांकित करे—इसके लिए यदि जरूरी हो तो उसे वैचारिक संघर्ष और टकराव से भी नहीं बचना चाहिए। वह वैचारिक टकराव ही वस्तुतः उसका सार्थक हस्तक्षेप है।" (पृ. 14)

आइए, कुछ ठहरकर प्रतिवाद की प्रक्रिया की जाँच-परख करें। प्रतिवाद का जाना-पहचाना अर्थ है विरोध, खण्डन, असहमति। इन सबसे निर्मित होता है प्रतिरोध। पर कभी-कभी प्रतिवाद में प्रतिशोध भी छुपा रहता है। आलोचना में प्रतिवाद का

एक रूप वह भी है जिसमें एक वाद के विरोध में दूसरा वाद प्रस्तुत किया जाता है या किसी पुराने विचार के सामने नया विचार रखा जाता है। लेकिन प्रतिवाद पर अधिक निर्भर रहने वाले को यह भी ध्यान में रखना होगा कि प्रतिवाद जब अतिवाद का रूप धारण करता है तब वह उच्छेदवाद या निषेधवाद बन जाता है। मधुरेश इस प्रवृत्ति और उसके परिणम से परिचित हैं, इसलिए उन्होंने रामचन्द्र शुक्ल पर लिखी नीलकान्त की पुस्तक की समीक्षा का शीर्षक दिया है 'उच्छेदवाद की व्यर्थता का साक्ष्य'। इससे स्पष्ट है कि मधुरेश प्रतिवाद के नाम पर उच्छेदवाद का समर्थन नहीं करते।

प्रतिवाद कभी सार्थक होता है तो कभी-कभी निरर्थक भी। जब उसमें खण्डन के साथ-साथ मंडन भी होता है, नये विचारों की स्थापना होती है तब वह सार्थक होता है और सृजनात्मक भी। उससे वैचारिक बहस का जन्म होता है जो विचारों के विकास के लिए जरूरी है। सार्थक प्रतिवाद के लिए यह बोध आवश्यक है कि विवाद एक कला भी है जिसमें तर्क और तथ्य के साथ व्यंग्य और विनोद का उपयोग होता है। यह बोध न हो और केवल असहमति का आग्रह हो तो तथ्यहीन कुतर्क और विद्रूप के सहारे वितंडावाद निर्मित होता है।

आलोचना में प्रतिवाद कभी मुखर होता है तो कभी मौन। मुखर प्रतिवाद में नाम सहित विचार का पूरा प्रसंग मौजूद होता है जबकि मौन प्रतिवाद में केवल विरोधी विचार का खण्डन होता है। मुखर प्रतिवाद के अच्छे उदाहरण हैं रामचन्द्र शुक्त के निबन्ध 'काव्य में रहस्यवाद' और 'काव्य में अभिव्यंजनावाद'। मौन प्रतिवाद का सर्वोत्तम उदाहरण हजारीप्रसाद द्विवेदी की पुस्तक 'हिन्दी साहित्य की भूमिका' के आरम्भ में है। द्विवेदी जी ने लिखा है, "हिन्दी साहित्य के अध्ययन और लोक-चक्षु-गोचर करने का भार जिन विद्वानों ने अपने ऊपर लिया है, वे भी हिन्दी साहित्य का सम्बन्ध हिन्दू जाति के साथ ही अधिक बतलाते हैं और इस प्रकार अनजान आदमी को दो ढंग से सोचने का मौका देते हैं—यह कि हिन्दी साहित्य एक हतदर्प पराजित जाति की सम्पत्ति है, इसलिए उसका महत्त्व उस जाति के राजनीतिक उत्थान-पतन के साथ अंगांगि-भाव से सम्बद्ध है और यह कि ऐसा न भी हो तो भी वह एक निरन्तर पतनशील जाति की चिन्ताओं का मूर्त प्रतीक है, जो अपने आप में कोई विशेष महत्त्व नहीं रखता। मैं इन दोनों बातों का प्रतिवाद करता हूँ।" (हिन्दी साहित्य की भूमिका, पृ. 1) यद्यपि इस कथन में रामचन्द्र शुक्ल और उनके हिन्दी साहित्य का इतिहास का नाम नहीं है, लेकिन प्रतिवाद उन्हीं की मान्यताओं का है। मौन प्रतिवाद में अतिरंजना की सम्भावना भी होती है, जो यहाँ भी है; क्योंकि प्रतिवादी का विपक्ष अनुपस्थित होता है। मुखर और मौन प्रतिवाद के उदाहरण छायावाद से रामचन्द्र शुक्ल की टकराहट में दिखाई देता है। छायावाद के बारे में रामचन्द्र शुक्ल की मान्यताओं का मुखर प्रतिवाद निराला ने किया था जबकि मौन प्रतिवाद जयशंकर प्रसाद ने।

हिन्दी आलोचना में प्रतिवाद की प्रवृत्ति बहुत पुरानी है, लगभग उतनी ही पुरानी जितनी हिन्दी आलोचना की परम्परा है। भारतेन्दु युग में आधुनिक हिन्दी आलोचना की नींव रखने वाले आलोचक थे बालकृष्ण भट्ट। उन्होंने 1886 ई. में एक निबन्ध लिखा था 'सच्ची समालोचना'। उस निबन्ध में लाला श्रीनिवास दास के नाटक 'संयोगिता स्वयंवर' की समीक्षा है। उस समीक्षा का आरम्भ इस तरह होता है, "लाला जी यदि बुरा न मानिये तो एक बात आप से धीरे से पूछै वह यह कि आप ऐतिहासिक नाटक किसको कहैंगे? क्या केवल किसी पुराने समय के ऐतिहासिक पुरावृत्त की छाया लेकर नाटक लिख डालने ही से वह ऐतिहासिक हो गया? क्या किसी विख्यात राजा या रानी के आने से ही वह लेख ऐतिहासिक हो जायगा? यदि ऐसा है तो गप्प हाँकने वाले दस्तानगो और नाटक के ढंग में कुछ भी भेद न रहा। किसी समय के लोगों के हृदय की क्या दशा थी उसके आभ्यंतरित भाव किस पहलू पर ढुलके हुए थे अर्थात उस समय मात्र के भाव Spirit of the times क्या थे? इन सब बातों को ऐतिहासिक रीति पर पहले समझ लीजिए तब उसके दरसाने का भी यत्न नाटकों के द्वारा कीजिए।" (बालकृष्ण भट्ट के श्रेष्ठ निबन्ध, पृ. 14) इस समीक्षा का अन्त इन शब्दों में होता है, "लाला जी आपके नोबेल 'परीक्षा गुरु' सै तो मालूम होता है कि आपने अंगरेजी की भी कई किताबों की सैर की है तो जरा देख तो लिया होता कि ऐतिहासिक नोबेल या नाटकों का निबाह कैसे होता है अथवा इस बात को बंगला या गुजराती ही में (जिसमें आपको पूर्ण पण्डित होने का दावा है) देख लिया होता।" (बालकृष्ण भट्ट के श्रेष्ठ निबन्ध, पृ. 16)

बाद में लाला श्रीनिवास दास के इसी नाटक की लम्बी समीक्षा चौधरी बदरी नारायण प्रेमघन ने लिखी थी। उन्होंने भी अपनी समीक्षा की शुरुआत प्रतिवाद से ही इस प्रकार की है, "इस पुस्तक की समालोचना करने के पूर्व इसके समालोचकों की समालोचनाओं की समालोचना करने की आवश्यकता जान पड़ती है। क्योंकि जब हम इस नाटक की समालोचना अपने बहुतेरे सहयोगी और मित्रों को करते देखते हैं, तो अपनी ओर से जहाँ तक खुशामद और चापलूसी का कोई दरजा पाते हैं, शेष छोड़ते नहीं दिखाते। इसे यदि खुशामद न मानी जाय तो यह अनुमान हो कि न वे केवल नाटक विद्या और पुराने कवियों के काव्य ही से अनभिज्ञ हैं, किन्तु कदाचित्, भाषा वा हिन्दी को भी भली भाँति नहीं जानते; क्योंकि वे इस क्षुद्र ग्रन्थ की रचना पर मोहित हो रचयिता को भाषा के वाल्मीक, भाषा के कालिदास और भाषाचार्य्य कह डालते और श्री हरिश्चन्द्र के तुल्य भारतेन्दु पद के योग्य ठहराते हैं।" (प्रेमघन-सर्वस्व, द्वितीय भाग, पृ. 371)

प्रेमघन ने इस समीक्षा के अन्त में क्षोभ के साथ यह लिखा है, "अभी विगत मेघ में एक माननीय मित्र रचित पुस्तक की समालोचना जो शुद्ध और यथार्थ रीति से की गयी थी कोई उनका चापलूस बहुत कुछ उन्मत्त प्रलाप के उपरान्त यों धमकी देता

है कि यदि आपने यों लिखा है, तो हम भी आप की कविताओं में दोष दिखलावेंगे और कादंबिनी की निन्दा करैंगे। परन्तु यदि वह हमारे सच्चे दोषों को प्रगट करेगा हम अपने दोषों को समझ उसे दूर कर लाभवान् होंगे। और अवश्य चित से उसके धन्यवादित होंगे, और यदि वे मिथ्या निन्दा करते हैं तो उससे हमारी कुछ हानि नहीं, इसी प्रकार इस समालोचना में भी जो कुछ अयथार्थ समझें, दृढ़तर प्रबल प्रमाण पूर्वक प्रकाश करें; उत्तर दिया जायगा। परन्तु केवल अपनी भूल की हूल के दर्द की चिल्लाहट और बिलबिलाहट व्यर्थ न सुनी जायगी।" (वही, पृ. 385)

बालकृष्ण भट्ट और प्रेमघन की समीक्षाओं में जो निर्भयता, ईमानदारी और सच कहने का साहस है उसी से समीक्षा में प्रतिवाद को ताकत मिलती है। हिन्दी में वाद-विवाद और प्रतिवाद के महाभारत का सौन्दर्य जिसे देखना हो उसे 1905 से 1908 तक महावीर प्रसाद द्विवेदी और बालमुकुन्द गुप्त के बीच 'भाषा की अनस्थिरता' को लेकर हुए शब्द-युद्ध को देखना चाहिए।

प्रतिवाद प्रायः आलोचनात्मक प्रवृत्तियों, प्रक्रियाओं और प्रयोजनों का होता है। रचना की प्रवृत्तियों, दिशाओं और उपलब्धियों का प्रतिवाद बहुत कम होता है। हिन्दी में रचनाओं का प्रतिवाद करने वाले महत्त्वपूर्ण आलोचक हैं भगवतशरण उपाध्याय। जहाँ तक मुझे याद है मधुरेश ने भी किसी रचना का वैसा प्रतिवाद नहीं किया है जैसा कुछ आलोचकों की आलोचनाओं का। उन्होंने यशपाल, राहुल और रांगेय राघव की रचनाओं का प्रतिवाद करने वाले रामविलास शर्मा की आलोचनाओं का प्रतिवाद जरूर किया है।

मुझे लगता है कि अच्छी आलोचना वह होती है जिसमें प्रतिवाद के साथ या उससे स्वतन्त्र संवाद की कोशिश होती है। प्रतिवाद करते हुए भी आलोचक जिन मूल्यों, मान्यताओं और दृष्टियों की रक्षा की कोशिश करता है उनसे संवाद ही करता है। आलोचक जिसे निरर्थक समझता उसका प्रतिवाद करने के साथ ही जिसे सार्थक मानता है, उससे जब संवाद करता है, तब आलोचना भविष्योन्मुखी होती है। यही नहीं खास तौर से रचना की आलोचना में संवाद और भी जरूरी हो जाता है। रचना की आलोचना में संवाद के तीन पक्ष होते हैं। आलोचक एक साथ रचना से, रचनाकार से और पाठकों से संवाद करता है। स्वयं मधुरेश ने अच्छी और सार्थक आलोचना के लिए जिन शर्तों की ओर संकेत किया है उनसे संवाद की सम्भावना बनती है। उन्होंने लिखा है, "किसी भी लेखक की एक आत्मीय और विश्वसनीय मूर्ति गढ़ना अच्छी और सार्थक समझी जाने वाली आलोचना की बुनियादी शर्त है। ऐसा करने के लिए कुछ चीजें बहुत जरूरी हैं। कोई आलोचक जो ऐसे किसी काम में प्रवृत्त होता है उसके पास एक ऐसी विनम्रता होनी चाहिए जो किसी भी बड़े लेखक से हमें आत्मीयता के सूत्र में बाँधती है। किसी भी लेखक के प्रति श्रद्धा का मतलब हमेशा उससे सहमति ही नहीं होता। लेकिन यह विनम्रता एक ऐसी ईमानदारी जरूर

पैदा करती है जिससे लेखक के रचना-कर्म के साक्ष्य पर ही उसे खोजने और पाने का रास्ता खुलता है। इसके अभाव में आलोचना में विश्वसनीयता का यह अहसास ही गायब रहता है जो उसकी सार्थकता को ही संदिग्ध बना देता है।" (आलोचना प्रतिवाद की संस्कृति, पृ. 210)

मधुरेश जी की इस पुस्तक में जो लेख हैं उनमें भी केवल प्रतिवाद नहीं है। इसके अधिकांश लेखों में संवाद की कोशिश है। वह संवाद रामचन्द्र शुक्ल, पदुमलाल पुन्नालाल बख्शी, भारत भूषण अग्रवाल, शिवदान सिंह चौहान, विश्वम्भरनाथ उपाध्याय, रमेश कुंतल मेघ, शिवकुमार मिश्र, प्रेमशंकर और मलयज के आलोचनात्मक लेखन से है तो प्रभाकर श्रोत्रिय से हल्के विवाद का। इस पुस्तक के केवल एक निबन्ध में पूरा प्रतिवाद है। वह निबन्ध है 'कहानी का समकालीन परिदृश्य और नामवर सिंह'। इस पुस्तक में एक लेख ऐसा भी है जिसमें प्रतिवाद और संवाद की प्रक्रियाएँ साथ-साथ चलती हैं। वह लेख है 'आचार्य रामचन्द्र शुक्ल : उच्छेदवाद की व्यर्थता का साक्ष्य'। इसमें एक ओर रामचन्द्र शुक्ल से सम्बन्धित नीलकान्त की दृष्टि, समझ और सोच का प्रतिवाद है तो दूसरी ओर रामचन्द्र शुक्ल के आलोचनात्मक चिन्तन से संवाद की कोशिश।

# हिन्दी में आधुनिकता का उदय

यह एक विडम्बनापूर्ण स्थिति है कि हम उत्तर-आधुनिकता के शोर के समय में आधुनिकता पर विचार करना चाहते हैं। लेकिन यह भी एक सच्चाई है कि आज भारत में जितनी उत्तर-आधुनिकता है उससे अधिक आधुनिकता है, जितनी आधुनिकता है उससे अधिक मध्यकालीनता है और जितनी मध्यकालीनता है उससे अधिक आदिमता है। तात्पर्य यह है कि भारत में एक साथ उत्तर-आधुनिक, आधुनिक, मध्यकालीन और आदिम जीवन-स्थितियों, वास्तविकताओं, मूल्यों और मानसिकताओं का होना सच है। ऐसी स्थिति में हम उत्तरआधुनिकता, आधुनिकता, मध्यकालीनता और आदिमता में से किसी पर भी विचार कर सकते हैं और ऐसा करते हुए भी हम भारतीय होंगे और समकालीन भी।

स्वयं आधुनिकता बहुत खाली, खोखली और खयाली अवधारणा है, उसका कोई निश्चित अर्थ नहीं है, इसलिए उसके बारे में तरह-तरह की बातें सुनाई पड़ती हैं। पेरी एंडर्सन ने ठीक ही लिखा है कि आधुनिकतावाद सभी सांस्कृतिक अवधारणाओं में सर्वाधिक खोखली है। अर्थ की दृष्टि से आजकल जो स्थिति समाजवाद की है वही आधुनिकता की भी। किसी राजनीतिक सिद्धान्तकार ने कहा था कि समाजवाद एक ऐसी टोपी है जिसका अपना कोई आकार नहीं है, क्योंकि हर आकार के सिर वाले उसे पहनते हैं। समाजवाद के बारे में जितने मुँह उतनी बातें सुनाई पड़ती हैं। भारतवासियों से ज्यादा इस बात को कौन जानता है, जहाँ पिछली आधी सदी में तरह-तरह के समाजवाद—मार्क्सवादी समाजवाद से गाँधीवादी समाजवाद तक—आ और जा चुके हैं। समाजवाद की तरह आधुनिकता के भी इतने अर्थ हैं कि उसका कोई सुनिश्चित अर्थ नहीं है।

आधुनिकता के अर्थ की अनिश्चितता के दो उदाहराण देखिए और वह भी दो विशिष्ट विद्धानों की पुस्तकों में। सुनीति कुमार चटर्जी ने साहित्य अकादमी के लिए भारतीय साहित्य निर्माता श्रृंखला में कवि जयदेव पर एक पुस्तक लिखी है, जिसके पहले ही निबन्ध का शीर्षक है 'भारतीय आर्य साहित्य के पुरातनों में अन्तिम और आधुनिकों में प्रथम'। सुनीति बाबू ने संस्कृत से अलग देशी भाषा या लोकभाषा में गीत लिखने के कारण जयदेव को भारतीय साहित्य के नवयुग—वर्नाक्यूलर युग—का कवि

होने के कारण आधुनिकों में प्रथम माना है। इस तर्क से भारत के सभी सन्त-भक्त कवि आधुनिक माने जाएँगे; क्योंकि भक्ति आन्दोलन मातृभाषाओं में काव्य सृजन का आन्दोलन है, सभी सन्त-भक्त कवि निरअपवाद रूप से अपनी मातृभाषा अर्थात लोकभाषा के कवि हैं। दूसरा उदाहरण मायाधर मानसिंह की पुस्तक फकीर मोहन सेनापति में दिखाई देता है, जो भारतीय साहित्य निर्माता शृंखला के लिए लिखी गयी थी। इसमें मायाधर मानसिंह ने फकीर मोहन सेनापति की 'असाधारण आधुनिकता' पर एक निबन्ध लिखा है जिसमें कथाकार सेनापति की यथार्थवादी दृष्टि, साधारण जनता के जीवन से गहरा लगाव और उनकी अपार लोकप्रियता का विश्लेषण किया है। इन दोनों उदाहरणों से यह स्पष्ट है कि सुनीति बाबू जिस कारण से जयदेव को आधुनिक मानते हैं उससे एकदम भिन्न कारण से मायाधर मानसिंह फकीर मोहन सेनापति को आधुनिक कहते हैं।

उत्तर-आधुनिकतावादी कहते हैं कि आधुनिकता मर चुकी है। वैसे उत्तर-आधुनिकतावादी लाठी लेकर बुद्धि के पीछे पड़े हैं, क्योंकि वे जानते हैं कि आधुनिकता के केन्द्र में बुद्धिवाद है। यह आकस्मिक नहीं है कि आधुनिकता जिस ज्ञानोदय (enlightment) की उपज है उसके दार्शनिक कांट ने शुद्ध बुद्धि और व्यावहारिक बुद्धि की मीमांसा की है। भले ही उत्तर-आधुनिकता के लिए आधुनिकता मर गयी हो, परन्तु आलोचनात्मक समाजशास्त्र के प्रतिनिधि हाबर मास तो मानते हैं कि आधुनिकता की योजना अब भी अधूरी है, इसलिए जरूरत उसके अन्त और मौत की घोषणा की नहीं, उसके पूर्णता तक पहुँचाने की है।

हाल के वर्षों में उत्तर-आधुनिकता के हंगामे के बावजूद आधुनिकता पर विचार की प्रक्रिया चलती रही है। कुछ लोग आरम्भिक आधुनिकता पर बहस करते रहे हैं तो कुछ बहुवाची या अनेकतावादी आधुनिकता पर। दोनों में यह मान्यता मौजूद है कि आधुनिकता की कोई सार्वभौम कसौटी नहीं बनाई जा सकती। जो लोग पश्चिमी समाजों की आधुनिकता को ही वास्तविक आधुनिकता मानते हैं उनमें से कुछ तीसरी दुनिया के देशों के पश्चिमीकरण को ही आधुनिकता कहते हैं। कुछ विचारक यह भी कहते हैं कि हर समाज की अपनी विशिष्ट आधुनिकता होती है। जो आधुनिकता को समाज सापेक्ष और सभ्यता सापेक्ष मानते हैं वे पश्चिमी देशों से पूर्वी देशों की आधुनिकता को अलग समझते हैं। पार्थ चटर्जी ने 'हमारी आधुनिकता' नामक निबन्ध में भारत में आधुनिकता के विकास की जटिल प्रक्रिया का विश्लेषण करते हुए लिखा है कि एक पराधीन देश की पराधीन चेतना कभी-कभी वर्तमान के दबावों से बचने के लिए अतीत की ओर जाती है और अपनी परम्परा में आधुनिकता खोजती है। इसलिए शायद कुछ लोग परम्परा की आधुनिकता की बात करते हैं। अगर आधुनिकता की एक विशेषता तर्कशीलता है तो अमर्त्य सेन के हवाले से हम कह सकते हैं कि ऐसी आधुनिकता भारतीय सभ्यता और परम्पराओं में बहुत पहले

से रही है, इस देश में तुर्कों और अंग्रेजों के आने से पहले से। लेकिन यह भी सच है कि जब एक सभ्यता दूसरी सभ्यता के सम्पर्क में आती है तो उन दोनों में टकराव और साहचर्य के कारण बहुत कुछ बदलता है और कुछ नया विकसित भी होता है। भारत में आधुनिकता का विकास इस प्रक्रिया से भी हुआ है।

भारत में उपनिवेशवाद के साथ जो आधुनिकता आई उसके साथ भारत के बुद्धिजीवियों का द्वैधभाव का सम्बन्ध था। उनमें से कुछ उससे बचना चाहते थे और कुछ सीखना भी चाहते थे। इसीलिए उससे उन्होंने उभयमुखी सम्बन्ध बनाया, प्रतिरोध और आत्मसातीकरण की प्रक्रिया साथ-साथ चलती रही। वे औपनिवेशिक वर्तमान से बचने के लिए जब अतीत की ओर जाते थे तो आदिमता और परम्परा की सृजनशीलता की बात करते थे और जब भविष्य की ओर जाते थे तो कल्पना और स्वप्न का सहारा लेते थे। यही कारण है कि औपनिवेशिक काल के भारतीय साहित्य में आदिमता, परम्परा, कल्पना और स्वप्न का अपार विस्तार दिखाई देता है।

आधुनिकता पर विचार की प्रक्रिया में एक महत्त्वपूर्ण प्रश्न यह भी है कि आधुनिकता केवल अभिजन संस्कृति की विशेषता है या उसका लोक संस्कृति से भी कुछ सम्बन्ध है। इस प्रश्न पर सोचते समय यह भी ध्यान में रखना होगा कि उपनिवेशवाद से स्वतन्त्रता की आकांक्षा पहले किसमें पैदा हुई; लोकजीवन, लोकसंस्कृति और लोकसाहित्य में या अभिजन के जीवन, संस्कृति और साहित्य में, और साथ ही यह भी कि जनता ने स्वतन्त्रता के लिए जो प्रयत्न और संघर्ष आरम्भ किया उसकी स्मृतियाँ किसमें अधिक व्यक्त हुईं और सुरक्षित रहीं। इतिहास गवाह है कि स्वतन्त्रता के संघर्ष का आरम्भ भद्रलोक ने नहीं आदिवासी समाजों ने किया और 1857 के प्रथम स्वाधीनता संग्राम की स्मृतियाँ जितनी अधिक लोकसाहित्य में हैं उतनी अभिजन साहित्य में नहीं। यह बात मैं हिन्दी साहित्य और हिन्दी क्षेत्र की लोकभाषाओं के साहित्य के आधार पर कह रहा हूँ।

आधुनिकता की बुनियादी विशेषता है स्वाधीनता की चेतना। उस स्वाधीनता की चेतना से विकसित होती है आलोचनात्मक सजगता। आलोचनात्मक सजगता की देन है प्रश्नाकुलता और प्रश्नाकुलता से उपजता है नये-पुराने के द्वन्द्व के सन्दर्भ में स्वीकार और अस्वीकार का विवेक। हिन्दी में ऐसी आधुनिकता का विकास उन्नीसवीं सदी के उत्तरार्द्ध में हुआ।

हिन्दी में आधुनिकता के अग्रदूत हैं भारतेन्दु हरिश्चद्र। भारतेन्दु कवि, नाटककार, निबन्धकार और साहित्यिक पत्रकार थे। रामचन्द्र शुक्ल ने लिखा है कि भारतेन्दु ने हिन्दी साहित्य को नया मार्ग दिखाया और उसे समाज के जीवन की गति तथा दिशा के साथ जोड़ा। भारतेन्दु ने 1884 में 'कालचक्र' में लिखा था कि 1873 ई. में हिन्दी नयी चाल में ढली। इसका अर्थ यह है कि 1873 में हरिश्चन्द्र मैगजीन

नामक पत्रिका के प्रकाशन के साथ हिन्दी भाषा, हिन्दी साहित्य और हिन्दी जाति में नयापन आया, आधुनिक चेतना पैदा हुई। हरिश्चन्द्र मैगजीन द्विभाषिक पत्रिका थी, जिसमें हिन्दी और अंग्रेजी में एक साथ लेख छपते थे। पत्रिका के मुख पृष्ठ पर पत्रिका में छपने वाली सामग्री की सूचना इन शब्दों में छपती थी "साहित्यिक, वैज्ञानिक, राजनीतिक और धार्मिक विषयों पर लेख, पुरातत्व, समीक्षा, नाटक इतिहास, उपन्यास, काव्य संकलन, गप्पें, विनोद और वाग्विदग्धता से सन्बन्धित सामग्री"। इससे पत्रिका की सामग्री, उसके विषय, उसकी चिन्ताएँ, उसकी दृष्टि और उसके सरोकारों का पता लगता है। ऐसी पत्रिका हिन्दी में पहली बार निकली। पता नहीं भारत की किसी और भाषा में ऐसी पत्रिका 1873 या उससे पहले निकली थी या नहीं।

हरिश्चन्द्र मैगजीन के पहले अंक में जो सामग्री छपी है वह इस प्रकार है : राधासुधाशतकम्, भक्तिसूत्र का भाष्य, धनंजय विजय नाटक, यूरोप वालों से हिन्दुओं का प्रश्न, हिन्दी भाषा, पश्चिमोत्तर प्रान्त में मध्यवर्ग की स्थिति, धार्मिक संवाद, उराहना (व्यंग्य), खत्रियों का इतिहास, दो मित्रों के बीच बातचीत (हास्य-विनोद) और बांग्ला से कादम्बरी का अनुवाद। इस पत्रिका के माध्यम से भारतेन्दु परम्परा का ज्ञान, देश की वर्तमान दशा का बोध, प्राचीन और नवीन साहित्य का परिचय, दूसरी भारतीय भाषाओं के साहित्य का अनुवाद और विश्वसाहित्य का बोध हिन्दी भाषी जनता को दे रहे थे। इस प्रक्रिया से हिन्दी जाति में आलोचनात्मक चेतना, अखिल भारतीय दृष्टिकोण और विश्वदृष्टि का विकास हो रहा था। पत्रिका में नये-पुराने के बीच द्वन्द्व मिलता है। इसी प्रक्रिया में धीरे-धीरे स्वाधीनता की वह चेतना विकसित हुई जो केवल राजनीतिक ही नहीं, सामाजिक, सांस्कृतिक और साहित्यिक भी थी।

आधुनिकता भारत में ही नहीं सारी दुनिया में मुद्रण की संस्कृति (print culture) के साथ आई। साहित्य की संस्कृति का इतिहास देखिए तो उसकी तीन अवस्थाएँ हैं। पहली है मौखिक संस्कृति, दूसरी लेखन की संस्कृति और तीसरी मुद्रण की संस्कृति। भारत में पहली अवस्था में साहित्य श्रुति और स्मृति के सहारे जीवित था, दूसरी में पाठ और पाठक के रूप में और तीसरी में पुस्तक बाजार के माध्यम से। मुद्रण की संस्कृति का साहित्य पर गहरा और दूरगामी प्रभाव पड़ा। इससे प्रकाशन की वह व्यवस्था सामने आई जिससे पुस्तक बाजार विकसित हुआ। इस प्रक्रिया से साहित्य के अभिग्रहण का जनतन्त्रीकरण हुआ। पहले साहित्य की मौखिक संस्कृति की अवस्था में श्रुति की पहुँच का दायरा सीमित था, समाज के एक बड़े जनसमुदाय—शूद्रों और स्त्रियों—के लिए वेद का सुनना भी निषिद्ध था और दूसरी अवस्था में वेद जब पाठ बना तब उसको पढ़ने की मनाही थी। मुद्रण की संस्कृति, प्रकाशन की व्यवस्था और पुस्तक बाजार के विकास के बाद वेद सर्वसुलभ था, बशर्ते कि ग्राहक के पास पुस्तक खरीदने के लिए धन हो। पुस्तक बाजार पुस्तक बेचते समय लिंग और जाति का भेद नहीं करता।

मुद्रण की संस्कृति का दूसरा बड़ा प्रभाव यह हुआ कि अखबार और पत्र-पत्रिकाओं का प्रकाशन होने लगा, जिससे साहित्य के कई नये रूपों का आविर्भाव सम्भव हुआ। पत्र-पत्रिकाओं के कारण आधुनिक गद्य अस्तित्व में आया तथा निबन्ध, कहानी, उपन्यास, आलोचना आदि का विकास सम्भव हुआ। इस प्रक्रिया में साहित्य में प्रयोगों की अपार सम्भावनाएँ पैदा हुईं जो आधुनिकता की एक विशेषता है। कविता में मुक्तछन्द पत्र-पत्रिकाओं और पुस्तकों के प्रकाशन के कारण ही आया।

मुद्रण की संस्कृति और प्रकाशन की व्यवस्था के कारण ही हिन्दी में और अन्य भारतीय भाषाओं में भी एक नया साहित्य-संसार बना, जिसके नागरिक थे लेखक और पाठक। यह शहरों, कस्बों और गाँवों तक फैला। आप चाहें तो इसे साहित्य की लोकसत्ता या हाबर मास के शब्दों में सार्वजनिक क्षेत्र कह सकते हैं। यह एक ऐसा नागरिक समाज था जिसमें बौद्धिक सजगता, आलोचनात्मक जिज्ञासा और लोकतांत्रिक चेतना थी। इस जनसमुदाय ने उपनिवेशवाद से स्वतन्त्रता की भावना जगाने में बड़ी भूमिका अदा की। इसका परिणाम यह भी हुआ कि साहित्य चेतना व्यापक हुई और उसके विस्तार में सामाजिक चेतना तथा राजनीतिक चेतना का भी समावेश हुआ।

भारत में जो आधुनिकता विकसित हुई उसका यूरोप की आधुनिकता से एक बुनियादी फर्क है। यूरोप में आधुनिकता मूलतः और मुख्यतः सामन्तवाद विरोधी थी, उसमें मध्यकालीनता से मुक्ति की चिन्ता थी, सामन्ती मूल्यों, रूढ़ियों, विश्वदृष्टियों से संघर्ष की बेचैनी थी और वैयक्तिकता, स्वतन्त्रता तथा विवेकवाद के विकास की प्रवृति थी। भारत में आधुनिकता का विकास उपनिवेशवाद की उपस्थिति में हो रहा था, इसलिए यहाँ उपनिवेशवाद से मुक्ति की चिन्ता मुख्य थी और सामन्ती संरचनाओं, मूल्यों और मान्यताओं से स्वतन्त्रता की चिन्ता सहायक।

भारतेन्दु हरिश्चन्द्र ने 1868 ई. में 'कविवचन सुधा' नामक मासिक पत्र निकाला। बाद में उसे पाक्षिक बनाया और अन्त में साप्ताहिक। साप्ताहिक कविवचन सुधा का सिद्धान्त वाक्य यह था :

*"खल गनन सों सज्जन दुखी मत होहिं हरि पद रति रहै।*
*अपधर्म्म छूटे स्वत्व निज भारत लहै कर दुख बहै।।*
*बुध तजहिं मत्सर नारि नर सम होहिं जग आनंद लहै।*
*तजि ग्राम कविता सुकविजन की अमृत बनी सब कहै।।"*

भारतेन्दु की इस कविता में मुख्य चिन्ता यह है कि भारत स्वत्व (self hood) अर्थात स्वतन्त्रता प्राप्त करे और औपनिवेशिक करों का बोझ समाप्त हो। इसके साथ ही दूसरी चिन्ता है 'नारि नर सम होहिं' अर्थात स्त्री-पुरुष में समानता हो। पहली चिन्ता राजनीतिक है, उपनिवेशवाद विरोधी है; दूसरी चिन्ता सामाजिक है, सामन्तवाद विरोधी है। इसी सोच का विकास बाद में प्रेमचन्द के कथा-साहित्य में

दिखाई देता है।

हिन्दी में आधुनिकता गहरी राजनीतिक चेतना से उत्पन्न स्वतन्त्रता की भावना के साथ आई। रामचन्द्र शुक्ल भारतेन्दु हरिश्चन्द्र के परम प्रशंसक थे, फिर भी उन्होंने लिखा कि "भारतेन्दु की कविता में आधुनिकता कम ही मिलती है"। आखिर वह कौनसी आधुनिकता है जो भारतेन्दु के गद्य में तो बहुत मिलती है परन्तु उनकी कविता में कम। भारतेन्दु के समय का भारतीय समाज उपनिवेशवाद का शिकार था, इसलिए भारत की गुलामी का बोध और उपनिवेशवाद से उसकी मुक्ति की चिन्ता आधुनिकता की पहली शर्त थी, जिसे कविता में भारतेन्दु पूरा नहीं करते थे। लेकिन भारतेन्दु युग में ही एक ऐसी कविता लिखी गयी थी जो इस शर्त को पूरी तरह पूरा करती है। वह कविता है 'स्वप्न', जिसके कवि हैं महेशनारायण। यह कविता 13 अक्टूबर, 1881 को पटना से प्रकाशित होने वाली पत्रिका 'बिहार बंधु' में छपी थी। 'स्वप्न' 33 खंडों में फैली हुई खड़ी बोली में लिखी लम्बी स्वछन्दतावादी प्रेम कविता है।

उन्नीसवीं सदी के भारत में नवजागरण की जो प्रक्रिया प्रारम्भ हुई थी उसको समझने के लिए अगर हम भारतीय साहित्य पर ध्यान दें तो उसमें स्वप्न पर लिखी रचनाओं की बहुलता दिखाई देती है। इस प्रवृत्ति की पहचान को अगर हम केवल हिन्दी तक सीमित रखें तो यह स्पष्ट होगा कि उन्नीसवीं सदी के उत्तरार्द्ध से बीसवीं सदी के चौथे दशक तक, भारतेन्दु युग से छायावाद तक के साहित्य में स्वप्न पर लिखी अनेक रचनाएँ मिलेंगी। उन रचनाओं में प्रमुख हैं, शिवप्रसाद सितारे हिन्द की कहानी 'राजा भोज का सपना', बाबू तोताराम का निबन्ध 'एक अद्‌भुत अपूर्व स्वप्न', बालकृष्ण भट्‌ट का 'विचित्र स्वप्न', राधाचरण गोस्वामी का 'यमलोक की यात्रा' और बालमुकुन्द गुप्त का दिवास्वप्न के रूप में लिखित 'शिवशम्भू का चिट्‌ठा'। इस क्रम में हम रामनरेश त्रिपाठी की कविता 'स्वप्न' को याद कर सकते हैं और छायावादी कविता में स्वप्न की उपस्थिति को भी। एक विचारणीय प्रश्न यह हो सकता है कि नवजागरणकालीन रचनाशीलता में स्वप्न की इतनी अधिक उपस्थिति का कारण क्या है?

उन्नीसवीं सदी के साहित्य में स्वप्न के रचनात्मक उपयोग का उद्देश्य है नये युग की सम्भावनाओं की खोज करना और आत्मसजग होकर राजनीतिक रूप से जाग्रत होना। ऐसी रचनाओं में यथार्थ और स्वप्न के बीच द्वन्द्वात्मक सम्बन्ध है, पराधीनता के यथार्थ और स्वाधीनता के स्वप्न का द्वन्द्वात्मक सम्बन्ध। यथार्थ और स्वप्न की यही द्वन्द्वात्मकता महेश नारायण की कविता में है, इसलिए वह गहरे अर्थ में हिन्दी की पहली आधुनिक कविता है। वाल्टर बेंजामिन ने ठीक ही लिखा है कि प्रत्येक युग आने वाले युग का केवल स्वप्न ही नहीं देखता, बल्कि स्वप्न देखने की प्रक्रिया में ही जागरण की दिशा में आगे भी बढ़ता है।

'स्वप्न' कविता की रचना फैंटेसी के माध्यम से हुई है। फैंटेसी की संरचना में लम्बी कविता लिखने का जो प्रयत्न बाद के दिनों में मुक्तिबोध ने किया था उसका पूर्वाभास इस कविता में दिखाई देता है। इस कविता में भारत को चन्द्रलोक और चन्द्रलोक को भारत बना दिया गया है। यह एक स्तर पर यूटोपिया की रचना भी है। इस कविता में स्वाधीनता की आकांक्षा बार-बार सामने आती है और स्पष्ट रूप में। इसमें स्वाधीनता की प्रबल आकांक्षा के साथ-साथ पराधीनता की तीखी आलोचना भी है। यह कविता 1857 के महाविद्रोह के 23 वर्षों बाद और कांग्रेस की स्थापना से चार वर्ष पहले रची गयी थी। इस कविता को पढ़ते हुए प्रेमचन्द का यह कथन याद आता है कि साहित्य देशभक्ति और राजनीति के पीछे चलने वाली सच्चाई नहीं, बल्कि आगे मशाल दिखाती हुई चलने वाली सच्चाई है।

# खण्ड : दो

# माधवराव सप्रे का महत्त्व

यह मानी हुई बात है कि दुनिया भर में उपनिवेशवाद के विरुद्ध संघर्ष संस्कृति के मोर्चे पर भी होता रहा है। साहित्य और दूसरी कलाओं में एक ऐसी देशी विश्व दृष्टि के विकास की कोशिश होती है जो उपनिवेशवाद की वर्चस्ववादी विश्व दृष्टि का मुकाबला कर सके। इसी प्रक्रिया में नवजागरण की शुरुआत होती है। हिन्दी नवजागरण के निर्माता हिन्दी के साहित्यकार थे। वे बंगाल और महाराष्ट्र के नवजागरण के नायकों की तरह मुख्य रूप से समाज सुधारक नहीं थे। बंगाल और महाराष्ट्र के नवजागरण को गति और दिशा देने वाले अनेक बुद्धिजीवी साहित्यकार भी थे। उनकी भूमिका नवजागरण की प्रक्रिया को व्यापक बनाने की थी, जबकि हिन्दी के साहित्यकार हिन्दी नवजागरण के जनक थे। उनकी नवजागरण की चेतना उनकी साहित्यिक कृतियों में व्यक्त हुई थी, इसलिए वह वैसी सुनिश्चित, स्पष्ट और तेजस्वी नहीं थी जैसी बांग्ला और मराठी नवजागरण की चेतना थी।

हिन्दी में नवजागरण की चेतना का जो विकास हुआ उसका एक स्रोत बंगाल का नवजागरण था तो दूसरा महाराष्ट्र का। इन दोनों क्षेत्रों में नवजागरण की चेतना का जन्म पहले हुआ था। हिन्दी नवजागरण के एक निर्माता भारतेन्दु हरिश्चन्द्र का बंगाल के नवजागरण से गहरा सम्बन्ध था, तो दूसरे निर्माता महावीर प्रसाद द्विवेदी का महाराष्ट्र के नवजागरण से। इन दोनों के सम्बन्धों के पर्याप्त प्रमाण उनके लेखन में मौजूद हैं।

हिन्दी नवजागरण के निर्माता केवल साहित्यकार न थे। वे सभी साहित्यकार के साथ-साथ जागरूक पत्रकार भी थे, इसलिए वे अपने समय और समाज के सामने खड़ी चुनौतियों और समस्याओं के बारे में गम्भीरता से सोचने और लिखने वाले आधुनिक बुद्धिजीवी थे। उन्होंने अपने समाज के राजनीतिक, आर्थिक, सामाजिक और सांस्कृतिक मुद्दों पर लिखा है। ऐसे बुद्धिजीवी केवल हिन्दी नवजागराण में ही नहीं, देश के अन्य भागों के नवजागरण में दिखाई देते हैं। भारतीय नवजागरण की प्रक्रिया से एक समग्रतापरक सोच का विकास हुआ था जिसकी अभिव्यक्ति नवजागरण के प्रतिनिधि बुद्धिजीवियों के चिन्तन और लेखन में मिलती है।

भारतीय नवजागरण के प्रभाव से विभिन्न क्षेत्रों और भाषाओं के बुद्धिजीवियों

की चेतना में व्यापकता आई। उनकी समझ के दायरे में स्थानीयता के साथ-साथ भारतीयता के बोध का समावेश हुआ। वे अपने समाज की दुर्दशा के बारे में सजग हुए, पर साथ ही सम्पूर्ण भारतीय समाज की दुर्गति के बारे में सोचते हुए। वे अपने समाज में मौजूद तरह-तरह की पराधीनताओं से मुक्ति के साथ ही पूरे देश की मुक्ति के बारे में भी चिन्तित हुए। बंगाल और महाराष्ट्र के नवजागरणों में पहले स्थानीय चिन्ताएँ प्रबल थीं, बंगाल में 'बंग चेतना' प्रमुख थी और महाराष्ट्र में 'महाराष्ट्र धर्म' पर जोर था, लेकिन बाद में भारतीयता की भावना का विकास हुआ। हिन्दी में आरम्भ से ही भारत की दुर्दशा का बोध प्रमुख रूप से लेखकों के चिन्तन और लेखन की दिशा तय कर रहा था।

भारतीय नवजागरण के समय कुछ ऐसे बुद्धिजीवी भी सामने आये जो अपनी भाषा और अपने क्षेत्र के बदले उस भाषा और क्षेत्र के जागरण के लिए प्रयत्नशील रहे जिसे उन्होंने अपना बनाया और माना। ऐसे दो बुद्धिजीवी विशेष रूप से उल्लेखनीय हैं। एक हैं सखाराम गणेश देउस्कर और दूसरे माधवराव सप्रे। दोनों मूल रूप से मराठी हैं। देउस्कर ने 1904 में 'देशेर कथा' नाम की पुस्तक लिख कर बंगाल नवजागरण को विशेष शक्ति दी। यह पुस्तक हिन्दी में 'देश की बात' नाम से छपी हुई है। माधवराव सप्रे ने हिन्दी में पत्रकारिता और लेखन का काम करते हुए हिन्दी नवजागरण को विशेष गति तथा शक्ति दी।

माधवराव सप्रे के जीवन संघर्ष, उनकी साहित्य साधना, हिन्दी पत्रकारिता के विकास में उनके योगदान, उनकी राष्ट्रवादी चेतना, समाजसेवा और राजनीतिक सक्रियता को याद करते हुए माखनलाल चतुर्वेदी ने 11 सितम्बर, 1926 के 'कर्मवीर' में लिखा था—"पिछले पच्चीस वर्षों तक पं. माधवराव सप्रे जी हिन्दी के एक आधार स्तम्भ, साहित्य, समाज और राजनीति की संस्थाओं के सहायक उत्पादक तथा उनमें राष्ट्रीय तेज भरने वाले, प्रदेश के गाँवों में घूम-घूम कर, अपनी कलम को राष्ट्र की जरूरत और विदेशी सत्ता से जकड़े हुए गरीबों का करुण क्रंदन बना डालने वाले, धर्म में धँस कर, उसे राष्ट्रीय सेवा के लिए विवश करने वाले तथा अपने अस्तित्व को सर्वथा मिटा कर, सर्वथा नगण्य बना कर अपने आसपास के व्यक्तियों और संस्थाओं के महत्त्व को बढ़ाने और चिरंजीवी बनाने वाले थे।"

ऐसे लेखक और समाजसेवक को आज का हिन्दी का साहित्य संसार लगभग भूल गया है। अब न उनकी किताबें मिलती हैं, और न उनकी चर्चा होती है। केवल देवी प्रसाद वर्मा ने उनके कुछ निबन्ध संग्रहों के सम्पादन और प्रकाशन का काम किया है और एक कहानी संग्रह भी छपवाया है। भोपाल का 'माधवराव सप्रे संग्रहालय' उनकी स्मृति को जीवित रखने के लिए प्रयत्नशील है।

माधवराव सप्रे भारतेन्दु युग के लेखकों की तरह पत्रकार साहित्यकार थे। पत्रकार होने के नाते उनमें अपने समाज और राष्ट्र की ज्वलन्त समस्याओं के बारे

में असाधारण जागरूकता थी और अपनी समझ का सच कहने का अपूर्व साहस भी था। उस साहस के कारण ही 'हिन्दी केसरी' साप्ताहिक के सम्पादन काल में उनको अंग्रेजी राज की दमन नीति का सामना करना पड़ा। 22 अगस्त, 1908 को सप्रे जी गिरफ्तार किये गये। इसके बाद उनकी एक पुस्तिका 'स्वदेशी आन्दोलन और बायकाट' पर प्रतिबन्ध लगा दिया गया। वह पुस्तिका 1906 में छपी थी। सरकार की दमन नीति को ध्यान में रख कर ही माधवराव सप्रे अनेक नामों से विभिन्न पत्र-पत्रिकाओं में लेख लिखा करते थे। वे जिन नामों से लिखते थे, वे हैं—माधवराव सप्रे, माधवदास रामदासी, त्रिमूर्ति शर्मा, त्रिविक्रम शर्मा आदि।

सप्रे जी का लेखन काल बहुत लम्बा नहीं है, वह 1900 से 1920 तक फैला हुआ है। उनके निबन्ध इस काल की प्रसिद्ध पत्र-पत्रिकाओं में प्रकाशित हुए थे। विशेष रूप से 'सरस्वती', 'मर्यादा', 'प्रभा', 'विद्यार्थी', 'अभ्युदय', 'ज्ञानशक्ति', 'ललिता', 'श्रीशारदा', 'विज्ञान', 'हितकारिणी', 'हिन्दी चित्रमय जगत' आदि अनेक पत्रिकाओं में उनके लेख छपते थे। इनके अलावा 'छत्तीसगढ़ मित्र', 'हिन्दी ग्रन्थमाला', 'हिन्दी केसरी' तथा 'कर्मवीर' के भी वे नियमित लेखक थे। उनका बहुत सारा लेखन अब भी पत्रिकाओं में ही पड़ा है, जिसकी खोज और संग्रह का काम बाकी है। उनके निबन्धों को पढ़ने पर मालूम होता है कि उनके ज्ञान का दायरा कितना व्यापक था। उन्होंने राजनीति, इतिहास, अर्थशास्त्र, समाजशास्त्र, मनोविज्ञान और विज्ञान से सम्बन्धित विषयों पर जो निबन्ध लिखे हैं वे उस समय के हिन्दी गद्य की स्थिति को देखते हुए आश्चर्यजनक लगते हैं। माधवराव सप्रे हिन्दी के उन थोड़े से लेखकों में हैं, जिन्होंने हिन्दी को समाजविज्ञान के विषयों और मुद्दों पर चिन्तन और लेखन की भाषा बनाने का सफल प्रयत्न किया।

सप्रे जी मूलतः मराठी भाषी थे। उनके पूर्वज महाराष्ट्र के कोंकण क्षेत्र से आकर मध्यप्रदेश में बस गये थे। मध्यप्रदेश के दमोह जिले के पथरिया गाँव में 1871 के 19 जून को माधवराव सप्रे का जन्म हुआ था। हिन्दी प्रदेश में पैदा होने के कारण उन्होंने हिन्दी को अपनाया और जीवन भर उसकी सेवा की। उनका परिवार आर्थिक अभावों का शिकार था, इसलिए उनका छात्र जीवन छात्रवृत्ति के सहारे चला। वे छात्र जीवन समाप्त होने के बाद स्वतन्त्रतापूर्वक साहित्य, समाज और राष्ट्र की सेवा करना चाहते थे। इसलिए सरकारी नौकरी न करने की प्रतिज्ञा की और जीवन भर उसका निर्वाह भी किया। उन्होंने दो बार मौका मिलने पर भी सरकारी नौकरी ठुकरा दी। उनका जीवन बहुत लम्बा नहीं था। कुल पचपन वर्ष की आयु में 23 अप्रैल, 1926 को उनका देहान्त हुआ। उनका पूरा जीवन संघर्ष और साधना का अटूट सिलसिला है। आर्थिक तंगी में जीते हुए भी उन्होंने अनेक मोर्चों पर संघर्ष किया। वे पत्रिकाओं के प्रकाशन, स्वाधीनता की चेतना के प्रसार, समाज में नये विचारों के संचार और समाजसेवी संस्थाओं के निर्माण के लिए निरन्तर प्रयत्नशील रहे।

साहित्य और राजनीति में अपने जीवन का लक्ष्य निश्चित करते समय सप्रे जी के प्रेरणास्रोत थे मराठी के प्रसिद्ध लेखक और विचारक विष्णु शास्त्री चिपलूणकर और लोकमान्य तिलक। विष्णु शास्त्री चिपलूणकर से उन्हें जानदार भाषा में निर्भीक होकर अपने विचार व्यक्त करने की प्रेरणा मिली और तिलक से उन्होंने उग्र राष्ट्रवादी राजनीतिक दृष्टिकोण प्राप्त किया। सप्रे जी की पत्रकारिता, उनकी राजनीतिक दृष्टि और राजनीति में सक्रियता पर तिलक का गहरा प्रभाव था। 1906 के दिसम्बर में बनारस में कांग्रेस का जो अधिवेशन हुआ था उसमें सप्रे जी नागपुर से प्रतिनिधि बन कर शामिल हुए थे और वहाँ तिलक से मिले भी थे। 1905 में सप्रे जी की 'स्वदेशी आन्दोलन और बायकाट' नाम की जो पुस्तिका छपी थी वह तिलक की मराठी पत्रिका 'केसरी' में छपे लेखों पर आधारित थी। यही नहीं, हिन्दी क्षेत्र में तिलक के विचारों के प्रचार-प्रसार के लिए सप्रे जी ने 1907 में 'हिन्दी केसरी' नाम की पत्रिका का प्रकाशन प्रारम्भ किया जिसका घोषित उद्देश्य था—'राजनैतिक दासत्व से मुक्त होकर स्वराज्य प्राप्त करना'। हिन्दी क्षेत्र में 1907 तक स्वाधीनता आन्दोलन के लक्ष्य के रूप में स्वराज प्राप्ति की खुलेआम घोषणा करने वाले लोग बहुत कम थे। ऐसे दुर्लभ लोगों में से एक थे माधवराव सप्रे।

माधवराव सप्रे मानते थे कि स्वाधीनता आन्दोलन, मध्यप्रदेश के समाज और हिन्दी भाषा तथा साहित्य की सेवा पत्रकारिता के माध्यम से ही की जा सकती है, इसलिए उन्होंने 1900 ई. में 'छत्तीसगढ़ मित्र' नाम की पत्रिका का प्रकाशन शुरू किया। पत्रिका का पहला अंक जनवरी, 1900 में निकला। छत्तीसगढ़ मित्र विचारप्रधान पत्रिका थी। यद्यपि उसमें समाचार, कविताएँ, कहानियाँ, व्यंग्य लेख और वैचारिक निबन्ध छपते थे, लेकिन वह अपने समालोचनात्मक लेखों के लिए विशेष रूप से विख्यात हुई। इसीलिए कामता प्रसाद गुरु ने कहा था कि "हिन्दी में समालोचना का प्रारम्भ और प्रचार 'छत्तीसगढ़ मित्र' ने ही किया।" हिन्दी समालोचना के विकास में छत्तीसगढ़ मित्र और सप्रे जी के योगदान की चर्चा हम बाद में करेंगे। उस समय की हिन्दी पत्रकारिता की दुनिया में 'छत्तीसगढ़ मित्र' का व्यापक रूप से स्वागत हुआ, हिन्दी के अनेक लेखक उससे जुड़े, लेकिन पत्रिका की आर्थिक स्थिति अच्छी नहीं थी, इसलिए दिसम्बर, 1902 में उसका अन्तिम अंक निकला और पत्रिका बन्द हो गयी।

सप्रे जी कठिनाइयों से डरने और हार मानने वाले व्यक्ति नहीं थे। 'छत्तीसगढ़ मित्र' के बन्द होने के बाद वे अपने राजनीतिक और सामाजिक उद्देश्यों को मूर्त रूप देने की तैयारी करने लगे। उस समय मराठी में निबन्धमाला और ग्रन्थमाला नाम की पुस्तकें निकल रही थीं और सामाजिक जागृति फैलाने में महत्त्वपूर्ण भमिका निभा रही थीं। सप्रे जी ने 1905 में नागपुर में हिन्दी ग्रन्थ प्रकाशन मंडली की स्थापना की, जिसकी देखरेख में हिन्दी ग्रन्थमाला का प्रकाशन प्रारम्भ हुआ। हिन्दी ग्रन्थमाला

का पहला अंक मई, 1906 में निकला, जिसके विज्ञापन के अनुसार भारतवर्ष का इतिहास, अन्य देशों के इतिहास, देशी तथा विदेशी प्रसिद्ध स्त्री पुरुषों के जीवन चरित्र, ऐतिहासिक नाटक, उपन्यास और आख्यायिका, भारतवर्ष की वर्तमान राजनीति, विज्ञान और समालोचना आदि से सम्बन्धित पुस्तकों का प्रकाशन होना था। इसी ग्रन्थमाला के अन्तर्गत 1906 में सप्रे जी की पुस्तिका 'स्वदेशी आन्दोलन और बायकाट' का प्रकाशन हुआ जिसमें स्वदेशी आन्दोलन का महत्त्व और बायकाट का अर्थ स्पष्ट करते हुए अंग्रेजी राज द्वारा भारत के शोषण और लूट का विस्तार से विवेचन है। इस पुस्तिका में सप्रे जी की यह स्पष्ट राय है कि 'जब तक इस देश में स्वराज्य स्थापित न हो जाएगा तब तक अन्य विषयों में सुधार करने का यत्न सफल न होगा।' वे यह भी मानते थे कि एक दिन स्वराज्य जरूर स्थापित होगा, क्योंकि दुनिया के इतिहास में ऐसा एक भी उदाहरण नहीं है जो इस बात को सिद्ध करता हो कि किसी एक राष्ट्र ने (किसी एक जाति ने) अन्य राष्ट्र को (अन्य जाति को) दासत्व की शृंखला में ऐसा जकड़ कर बाँधा कि वह बन्धन कभी ढीला हुआ ही नहीं। ऐसी किताब को सरकार जनता के बीच कैसे रहने देती। इसीलिए उसने सम्भवतः 1909 में उस पर पाबन्दी लगा दी।

'स्वदेशी आन्दोलन और बायकाट' को पढ़ने पर यह स्पष्ट होता है कि 1906 तक सप्रे जी की राजनीतिक चेतना पर तिलक की विचारधारा का गहरा असर हो चुका था। वे तिलक के उपनिवेशवाद विरोधी और राष्ट्रीयतावादी विचारों का हिन्दी क्षेत्र में प्रचार करना चाहते थे। इसी उद्देश्य को ध्यान में रख कर उन्होंने 'हिन्दी केसरी' नामक साप्ताहिक निकालने की योजना बनायी। वे चाहते थे कि महाराष्ट्र में जो काम 'मराठी केसरी' के माध्यम से हो रहा था, हिन्दी क्षेत्र में 'हिन्दी केसरी' करे। 13 अप्रैल, 1907 को 'हिन्दी केसरी' का पहला अंक निकला। 'हिन्दी केसरी' में स्वदेशी के प्रचार, विदेशी के बहिष्कार, स्वराज्य की जरूरत पर जोर और आत्मगौरव के बोध से सम्बन्धित समाचार और विचार छपने लगे। उसमें निर्भीकता से विभिन्न आन्दोलनों, आन्दोलनकारियों और क्रान्तिकारियों का समर्थन होता था। उस पत्रिका में मौलिक लेखों के साथ-साथ मराठी केसरी में छपे लेखों के अनुवाद भी प्रकाशित होते थे। 'हिन्दी केसरी' की लोकप्रियता जैसे-जैसे बढ़ रही थी वैसे-वैसे सरकार का रोष भी बढ़ रहा था। आखिरकार 22 अगस्त, 1908 को देशसेवक प्रेस और 'हिन्दी केसरी' के सम्पादकों के घरों की तलाशी ली गयी और पत्रिका के दोनों सम्पादक कोल्हटकर और सप्रे गिरफ्तार कर लिए गये। हिन्दी पत्रकारिता के इतिहास में राजद्रोह का यह पहला मुकदमा था। सप्रे जी का स्वास्थ्य पहले ही से खराब था। लगभग तीन महीने के जेल जीवन के दौरान उनका स्वास्थ्य और बिगड़ा। इसी बीच उनके मित्र माफी माँग कर जेल से छूटने की उनको सलाह देते रहे, लेकिन सप्रे जी माफी माँगने को तैयार न थे। बाद में, जब सप्रे के बड़े भाई बाबूराव ने यह धमकी दी,

कि अगर मेरा भाई माफी माँग कर हवालात से बाहर नहीं आता तो 'मैं आत्महत्या कर लूँगा', तब सप्रे जी बेचैन और विचलित हो गये। उन्होंने क्षमापत्र पर हस्ताक्षर कर दिये। यह घटना उनके लिए राजनीतिक आत्महत्या के समान थी। उनकी रिहाई के बाद 14 नवम्बर, 1908 को 'हिन्दी केसरी' का जो अंक निकला उसमें लिखा था कि 'माफी माँग कर सप्रे जी ने अपने राजनीतिक सार्वजनिक जीवन का सत्यानाश कर लिया।' माफी माँग कर जेल से छूटने के बाद सप्रे जी लम्बे समय तक लज्जा, ग्लानि, सन्ताप, पश्चात्ताप और आत्मधिक्कार की मनोदशा में रहे। इसी मनोदशा में वे एक वर्ष तक अज्ञातवास में थे और भीख माँग कर जीवन निर्वाह करते थे। अज्ञ. ातवास के दौरान उन्होंने सार्वजनिक जीवन से संन्यास ले लिया और वे हनुमानगढ़ के रामदासी मठ में रहने लगे। इसी समय उन्होंने समर्थ रामदास की प्रसिद्ध पुस्तक 'दासबोध' का पहले अध्ययन किया और बाद में अनुवाद भी।

अज्ञातवास से बाहर निकलने के बाद सप्रे जी पहले जैसी राजनीतिक सक्रियता की ओर तो नहीं लौटे, लेकिन उन्होंने नवजागरण की प्रक्रिया को व्यापक बनाने के लिए दूसरे ढंग से काम करना शुरू किया। नवजागरण एक स्तर पर नये ज्ञान के उदय की प्रक्रिया भी है। उसका एक रूप ज्ञान की पुरानी परम्परा की नयी व्याख्या की मदद से उसके नये बोध में प्रकट होता है। सप्रे जी ने यह काम अनुवाद के माध्यम से किया। उन्होंने सबसे पहले दासबोध का अनुवाद किया। इस पुस्तक के हिन्दी अनुवाद का काम 1910 में पूरा हुआ और 1912 में हिन्दी दासबोध का प्रकाशन हुआ। मराठी के दासबोध का बहुत महत्त्व है। श्री विश्वनाथ काशीनाथ राजवाड़े ने रामदास पर लिखे एक लम्बे निबन्ध में दासबोध का विस्तृत विवेचन किया। सप्रे जी ने दासबोध पर जो निबन्ध लिखा उस पर राजवाड़े के निबन्ध का गहरा असर है। माधवराव सप्रे ने दूसरा महत्त्वपूर्ण अनुवाद किया था तिलक के 'गीता रहस्य' का, जो 1915 में पूरा हुआ और 1916 में छपा। तिलक के गीता रहस्य का भारत की अनेक भाषाओं में अनुवाद हुआ है, लेकिन हिन्दी में उसका अनुवाद सबसे पहले हुआ था। हिन्दी में सप्रे जी के अनुवाद के अब तक पच्चीस से अधिक संस्करण निकल चुके हैं। हिन्दी की ज्ञान परम्परा के विकास पर गीता रहस्य के प्रभाव का व्यापक असर पड़ा।

सप्रे जी का तीसरा महत्त्वपूर्ण अनुवाद है, 'महाभारत मीमांसा'। यह चिन्तामणी विनायक वैद्य द्वारा लिखित 'महाभारत के उपसंहार' नामक मराठी ग्रन्थ का अनुवाद है। 'महाभारत मीमांसा' का प्रकाशन 1920 में हुआ। अपने अन्य अनुवादों की तरह इस अनुवाद के साथ भी सप्रे जी ने महाभारत के रचयिता, महाभारत के काल, उसके रचना विधान और महत्त्व का विस्तार से विवेचन किया, जिसको पढ़ने पर मालूम होता है कि सप्रे जी का संस्कृत का ज्ञान कितना गहरा था।

## II

नवजागरण की केन्द्रीय विशेषता है स्वाधीनता की चेतना। भारतीय नवजागरण में यह चेतना अनेक रूपों में व्यक्त हुई है। उसका सबसे व्यापक रूप उपनिवेशवाद विरोधी भावना के जागरण में दिखाई देता है। उसी का दूसरा रूप आत्मालोचन की प्रवृत्ति के विकास में भी मिलता है। यह आत्मालोचन की प्रवृत्ति भारतीय समाज, संस्कृति और साहित्य के अतीत के पुनर्मूल्यांकन की जरूरत और अतीत के बोध तथा बोझ में अन्तर की समझ और उस बोझ से मुक्ति की आकांक्षा में प्रकट होती है। आत्मालोचन की प्रवृत्ति का लक्ष्य भी उपनिवेशवाद विरोधी चेतना को अधिक तेजस्वी और सत्य सम्पन्न बनाना ही है। माधवराव सप्रे के चिन्तन और लेखन में ये विशेषताएँ मौजूद हैं।

हम पहले कह चुके हैं कि नवजागरण ज्ञान की एक समग्रतापरक प्रक्रिया है जिसमें ज्ञान के विभिन्न रूपों के विकास का समावेश होता है। उसमें विज्ञानों और समाजविज्ञानों के साथ-साथ कला और साहित्य के नये रूपों, मूल्यों, प्रवृत्तियों और चिन्ताओं का उदय सम्भव होता है। इसी से नवजागरण की ज्ञानात्मक पहचान बनती है। बंगाल के नवजागरण का दायरा हिन्दी नवजागरण से अधिक व्यापक है, क्योंकि उसमें प्राकृतिक विज्ञानों और समाजविज्ञानों के साथ-साथ कला और साहित्य में नये-नये आविष्कार हुए, नवीन खोजों, दृष्टिकोणों, मूल्यों और सर्जनात्मक प्रवृत्तियों का विकास हुआ जबकि हिन्दी नवजागरण साहित्य और समाज विज्ञानों तक सीमित है। माधवराव सप्रे का चिन्तन और लेखन एक ओर राजनीति, समाज, अर्थशास्त्र और इतिहास से जुड़ा हुआ है तो दूसरी ओर साहित्य की समालोचना और कहानी लेखन से। सप्रे जी के जीवन में उनके सोच-विचार को मूर्त और समग्र रूप में प्रस्तुत करने वाली कोई किताब नहीं छपी; या तो मराठी से अनुवाद की किताबें छपीं या 'स्वदेशी आन्दोलन और बायकाट' नामक पुस्तिका। समाज, राजनीति, इतिहास और अर्थशास्त्र सम्बन्धी उनके निबन्ध उस काल की विभिन्न पत्रिकाओं में छपे थे जिनके आधार पर उनके विचारों का विवेचन किया जा सकता है।

बीसवीं सदी के पहले दशक में देश में जो राजनीतिक आन्दोलन और विचार सक्रिय थे, उनसे सप्रे जी का गहरा जुड़ाव था। वे विचारों से तिलकपंथी थे और स्वदेशी आन्दोलन के प्रबल समर्थक भी। उसी मानसिकता की देन है 'स्वदेशी आन्दोलन और बायकाट' नाम की पुस्तिका। 1905 में बंगाल का जो विभाजन हुआ उसका बंगाल में और पूरे देश में जोरदार विरोध हुआ। उस विरोध का मूर्त रूप था—स्वदेशी आन्दोलन। सप्रे जी की राय में 'बंगाल प्रान्त के दो टुकड़े इसलिए किये गये कि उस प्रान्त के निवासियों की बढ़ती हुई एकता का नाश हो। उनकी जातीय अभिलाषाओं पर प्रतिबन्ध हो, जातीय कार्यों के लिए मिलजुल कर कार्य करने की शक्ति क्षीण हो जाए, शिक्षित लोगों का प्रभाव उनके देशभाइयों पर कम हो जाए और कलकत्ते

का राजकीय महत्त्व घट जाए।' 1906 में सप्रे जी ने यह पुस्तक स्वदेशी आन्दोलन को मजबूत बनाने के लिए लिखी थी, इसीलिए उन्होंने कहा था—"यह समय ऐसा है कि अब हम लोगों को अपने दृढ़ निश्चय और ऐक्य भाव से अपना कार्य सिद्ध करना चाहिए, नहीं तो हमें अपने आन्दोलन की पूर्व पद्धति पर मृग जल के समान विश्वास रख कर, केवल अपनी वाक्पटुता का प्रदर्शन करते हुए निरन्तर दासत्व में रहना पड़ेगा।"

स्वदेशी आन्दोलन का पूरक था बायकाट अर्थात विदेशी वस्तुओं का बहिष्कार। इंग्लैण्ड की बनी हुई वस्तुओं के बहिष्कार के अभाव में स्वदेशी आन्दोलन अधूरा था। इसलिए सप्रे जी ने बहिष्कार की आवश्यकता और उपयोगिता का विस्तार से विवेचन किया था। उनके बहिष्कार के समर्थन को भावुकता का परिणाम न माना जाए, बल्कि उसे ऐतिहासिक अनिवार्यता समझा जाए, इसलिए उन्होंने आयरलैण्ड, अमेरिका, इटली, चीन और इंग्लैण्ड में बहिष्कार के इतिहास का विवेचन करते हुए यह विश्वास व्यक्त किया था—"प्रजा कितनी भी दुर्बल हो। वह निःशस्त्र क्यों न हो यदि वह दृढ़निश्चय और ऐक्य भाव से कुछ करना चाहे तो सब कुछ साध्य हो सकता है। वह अन्यायी शासन कर्त्ताओं और अविचारी सत्ताधारियों को राह पर ला सकती है।" सप्रे जी का यह कथन तब जितना प्रेरणादायक था उतना ही आज भी सार्थक और जनता के काम का है।

स्वदेशी आन्दोलन और बायकाट में एक निबन्ध का शीर्षक है—'अंग्रेजों ने हमारा व्यापार कैसे बरबाद किया'। इस किताब को पढ़ते हुए बार-बार दादा भाई नौरोजी की पुस्तक 'पॉवर्टी एंड अनब्रिटिश रूल इन इंडिया' की याद आती है और सखाराम गणेश देउस्कर की किताब 'देशेर कथा' की भी। सप्रे जी ने अपने निबन्ध में विस्तार से यह साबित किया है कि 18वीं और 19वीं सदी में अंग्रेजों ने किस तरह चालाकी, धूर्तता, जोर जबर्दस्ती और जुल्मो सितम के सहारे भारत के कुटीर उद्योग, कारीगरी और व्यापार को बर्बाद किया तथा उसे इंग्लैण्ड को हर किस्म का कच्चा माल देने वाला कृषि क्षेत्र बना दिया। आजकल इस देश में 1857 के महाविद्रोह के कारणों और परिणामों पर बहस हो रही है। उस बहस में अंग्रेजी राज की लूट और झूठ पर भी ध्यान दिया जाए तो महाविद्रोह का एक कारण समझ में आएगा। अंग्रेजों की लूट पर टिकी व्यापार नीति को ध्यान में रख कर ही स्वदेशी आन्दोलन और बायकाट को सप्रे जी ने एक प्रकार का व्यापार युद्ध कहा है। उन्होंने लिखा है—"इस युद्ध में अस्त्र शस्त्रों की जरूरत नहीं, जरूरत है सिर्फ हमारे दृढ़ निश्चय, ऐक्य भाव और निःसीम देशभक्ति की। इस युद्ध में हमको जितनी सफलता प्राप्त होगी, उतना ही हमारे देश का कल्याण होगा।"

सितम्बर, 1915 की 'मर्यादा' पत्रिका में माधवराव सप्रे का एक निबन्ध छपा था—'राष्ट्रीय जागृति की मीमांसा'। यद्यपि यह निबन्ध 'इंडियन रिव्यू' में 1912

के दिसम्बर के अंक में प्रकाशित एक लेख पर आधारित था, लेकिन इसमें राष्ट्रीय जागृति के बारे में सप्रे जी की अपनी समझ भी व्यक्त हुई है। सप्रे जी राष्ट्रीय जागृति के लिए पहले पुनरुद्धार शब्द ठीक समझते हैं, पर बाद में पुनरुज्जीवन कहते हैं। मध्यकाल के हिन्दू समाज की मानसिकता का विश्लेषण करते हुए वे लिखते हैं कि—"अपनी बुद्धि, शक्ति और युक्ति में अविश्वास के कारण उन्हें अपनी राष्ट्रीय उन्नति का कोई उपाय सूझ नहीं पड़ा तब वे अपनी प्राचीन संस्थाओं और प्रथाओं के पहले से अधिक संरक्षक (कंजरवेटिव) बन गये।" परिणामस्वरूप जाति प्रथा मजबूत हुई, रूढ़िवाद बढ़ा और विचारशीलता अवरुद्ध हो गयी। सप्रे जी के अनुसार बाद में पश्चिमी शिक्षा और सभ्यता के साथ बुद्धि की स्वतन्त्रता आयी तो भारतीय समाज में नयी हलचल पैदा हुई। उन्होंने लिखा है कि "हमारे प्राचीन विचारों को ऐसे नूतन विचारों से सामना करना पड़ा जो हरदम क्यों और कैसे पूछा करते हैं, जो केवल शब्दों के आडम्बर पर विश्वास करके चुप नहीं रह सकते और जो परीक्षा तथा निरीक्षण के सब सामान देकर लोगों को अपने सिद्धान्तों की सत्यता सिद्ध करने के लिए पुकारा करते हैं।" इसी बौद्धिक वातावरण में नयी राष्ट्रीय जागृति पैदा हुई। सप्रे जी के अनुसार इस नयी राष्ट्रीय जागृति का प्रमुख लक्षण है स्वदेशीपन की भावना का विकास जिसके अन्तर्गत तीन बातें मुख्य हैं, स्वदेश भक्ति, स्वदेश की दुर्दशा पर खेद और स्वदेशोद्धार का निश्चय। सप्रे जी ने यह भी लिखा है कि "इस राष्ट्रीय जागृति से हमारे देश में राजनैतिक, औद्योगिक, सामाजिक और शिक्षा सम्बन्धी अनेक आकांक्षाएँ उत्पन्न हुई हैं।"

भारतीय नवजागरण के कुछ ऐसे विचारक थे जो बाहरी पराधीनता के साथ ही भारतीय समाज में मौजूद अनेक प्रकार की पराधीनताओं के बारे में भी सजग थे। वे अंग्रेजी राज की पराधीनता के साथ-साथ भारतीय समाज में दलितों और स्त्रियों की पराधीनता की भी आलोचना कर रहे थे। वे यह समझ रहे थे कि दलितों की पराधीनता और स्त्रियों की पराधीनता के कारण ही भारत में राष्ट्रीयता की भावना का विकास नहीं हो पा रहा है। सप्रे जी उन्हीं लोगों में से एक थे। वे मानते थे कि जातिवाद के कारण भारतीय समाज की प्रगति रुक गयी और उसकी दुर्गति हुई। उन्होंने 'राष्ट्रीय जागृति की मीमांसा' में लिखा है कि "जाति भेद के दृढ़ बन्धनों के कारण लोगों की व्यक्ति विषयक स्वाधीनता नष्ट हो गयी, संसार भर में होने वाला व्यापार रुक गया। ज्ञान का भण्डार बन्द कर दिया गया और यह देश अपनी राष्ट्रीय मृत्यु के मार्ग में लग गया।"

सप्रे जी की राय है कि भारत के पूर्ण जागरण और सर्वांगीण विकास के लिए जाति व्यवस्था की पराधीनता से दलितों की मुक्ति आवश्यक है। उन्होंने लिखा है कि "इसमें सन्देह नहीं कि यह विषय हमारे राष्ट्रीय विकास के लिए अत्यन्त महत्त्व का है। हीन जाति के 'अछूत' लोगों की संख्या भारत की लोकसंख्या की एक बट्टे छः (अर्थात पाँच करोड़ से अधिक) है। सोचिए तो सही इतनी बड़ी लोक संख्या के

प्रति 'दूर-दूर, छीःछीः, अलग रहो, अलग रहो' जैसे हीनता दर्शक उद्‌गार प्रगट करके हम लोगों ने राष्ट्र के श्रम विभाग की दृष्टि से अपने देश की कितनी हानि कर डाली है। यदि हिन्दुस्तान की सर्वांगीण उन्नति होनी है तो यह सामाजिक अन्याय और दुराचार शीघ्र बन्द किया जाना चाहिए।"

सप्रे जी जिस तरह भारतीय समाज में दलितों की पराधीनता के बारे में चिन्तित थे उसी तरह स्त्रियों की पराधीनता के बारे में भी सोचते थे। उन्होंने फरवरी 1901 के 'छत्तीसगढ़ मित्र' में 'बालाबोधिनी' नाम की एक किताब की समीक्षा लिखी। यह किताब स्त्री शिक्षा के बारे में थी। सप्रे जी ने किताब की समीक्षा करते हुए भारतीय स्त्री की पराधीनता और स्वाधीनता सम्बन्धी अपने विचार व्यक्त किये हैं। 'बालाबोधिनी' में एक जगह लिखा है कि "स्वामी को गुरु जानना, स्वामी की भक्ति करना, स्वामी की सेवा शुश्रूषा करना, स्वामी को सर्वदा सन्तुष्ट करना स्त्रियों के ये चार काम हैं।" इस पर टिप्पणी करते हुए सप्रे जी व्यंग्य के साथ कहते हैं–"वाह! स्त्रियों के कर्त्तव्य तो आपने खूब कहे, क्या यही स्त्रियों की योग्यता है? क्या यही उनके जन्म का उद्देश्य है? क्या यही उनके जन्म की सार्थकता है? हा! ऐसे ही पक्षपातों से स्त्रियों का सारा जन्म नष्ट हो गया।" इसी समीक्षा में सप्रे जी ने आगे लिखा है कि जो स्त्री सर्वथैव पुरुष के वश में न रहे उसे ग्रन्थकार (बालाबोधिनी के लेखक) ने बड़ी दुर्गुणी माना है। इसके बाद सप्रे जी लिखते हैं–"हम यह पूछते हैं कि पुरुष भी अपनी स्त्री के वश में क्यों न रहे। पहले तो यही बुरा है कि कोई व्यक्ति जबरदस्ती किसी दूसरे के वश में किया जाए। व्यक्ति स्वातन्त्र्य का नाश होते ही स्वाभाविक प्रेम का लोप हो जाता है।" सप्रे जी के इस कथन पर ध्यान दीजिए तो यह स्पष्ट होगा कि एक तो सप्रे जी हर तरह की पराधीनता के विरुद्ध हैं और दूसरे व्यक्ति स्वातन्त्र्य के प्रबल समर्थक भी। स्त्रियों की स्वतन्त्रता के बारे में सप्रे जी के विचार न केवल अपने युग से बहुत आगे हैं, बल्कि आज के समय में भी पूरी तरह सार्थक हैं।

सप्रे जी की मुख्य चिन्ता भारतीय समाज की उन्नति है। वे मानते हैं कि उसके लिए स्त्री पुरुषों के बीच समानता का होना आवश्यक है। उन्होंने स्पष्ट लिखा है कि "जब तक समाज में स्त्री और पुरुष दोनों के अधिकार समान भाव के न होंगे तब तक समाज की उन्नति न होगी और स्त्री पुरुषों में स्वाभाविक प्रेम का बन्धन न रहेगा।" आज भी हिन्दी में 'बालाबोधिनी' जैसी पुस्तकें छपती हैं जो तरह-तरह से स्त्रियों की पराधीनता की वकालत करती हैं और गौरवान्वित भी। गीता प्रेस, गोरखपुर से ऐसी अनेक किताबें छपी हैं। उनका कम पढ़ी-लिखी स्त्रियों के बीच प्रचार होता है और प्रभाव भी पड़ता है। लेकिन उनकी सप्रे जी जैसी समीक्षाएँ नहीं लिखी जातीं।

सप्रे जी ने 1915 में एक लेख लिखा था 'स्त्रियाँ और राष्ट्र', जो 'मर्यादा' पत्रिका में छपा था। इस लेख के आरम्भ में ही सप्रे जी कहते हैं कि "राष्ट्र की

उन्नति और अवनति स्त्रियों की उन्नति और अवनति पर अवलम्बित है।" वे यह भी कहते हैं कि "हम लोगों में राष्ट्रीयता के भाव की जागृति के साथ-साथ स्त्रियों के विषय में भी विचार करने की इच्छा उत्पन्न हुई है।" उन्होंने भारतीय समाज में स्त्री की पराधीनता के इतिहास की छानबीन करते हुए यह लिखा है कि भारतीय स्त्रियाँ धीरे-धीरे पराधीन हुई हैं। वे यह भी मानते हैं कि भारत में और दूसरे देशों में भी स्त्री को पराधीन बनाने में धर्म की बहुत बड़ी भूमिका रही है। उन्होंने लिखा है कि "प्रायः सब धर्मों की प्रवृत्ति सामाजिक विषयों पर नियम बनाने की ओर देख पड़ती है। इससे विवाह को धार्मिक विधि का स्वरूप प्राप्त हो गया और प्रत्येक स्त्री के लिए विवाह एक आवश्यक संस्कार बन गया। इसका यह परिणम हुआ कि स्त्रियों की बहुत सी स्वाधीनता मर्यादित हो गयी।" स्त्रियों की पराधीनता के प्रसंग में धर्म के अनिष्टकारी बन्धन की बात करते हुए सप्रे जी ने लिखा है कि "जिन राष्ट्रों में स्त्रियों की स्वाधीनता तथा उनके हक पर पूरा ध्यान दिया जाता है वे उन्नति के मार्ग में एक-एक कदम आगे बढ़ते चले जाते हैं। और जो राष्ट्र इन बातों पर ध्यान नहीं देते वे निस्तेज और बलहीन होकर पराधीनता की कड़ी जंजीर में बँध जाते हैं।"

माधवराव सप्रे की राजनीतिक सजगता का ही विस्तार इतिहास में उनकी दिलचस्पी में दिखाई देता है। अन्तोनियो ग्राम्शी ने लिखा है कि *"इतिहास हमेशा समकालीन होता है अर्थात राजनीतिक होता है।"* भारतीय नवजागरण की एक विशेषता नयी इतिहास दृष्टि का विकास भी है। उपनिवेशवाद किसी देश के भूगोल पर ही कब्जा नहीं करता, वह उस देश के इतिहास और इतिहास दृष्टि का भी औपनिवेशीकरण करता है और इसी प्रक्रिया में अधीनों की चेतना को तोड़मरोड़ कर अपने अनुकूल बनाता है। हेगेल ने 'इतिहास दर्शन' नामक पुस्तक में लिखा था कि "हिन्दुओं का कोई इतिहास नहीं, उनका ऐसा विकास नहीं हुआ है जो वास्तविक राजनीतिक स्थिति तक पहुँचता। उन्होंने विदेशियों पर विजय प्राप्त नहीं की है, बल्कि हर बार पराजित हुए है।" यही इतिहास दृष्टि भारत के बारे में यूरोपीय इतितहास लेखन को प्रभावित करती रही है। जाहिर है कि इस इतिहास दृष्टि से भारतीयों के मन में हीनता की भावना पैदा होती रही है जिससे मुक्ति स्वाधीनता की चेतना के विकास के लिए जरूरी थी।

भारत में उपनिवेशवाद विरोधी चेतना के जागरण के साथ ही नयी इतिहास दृष्टि की जरूरत महसूस होने लगी। 19वीं सदी के उत्तरार्द्ध से ही भारतीय समाज, संस्कृति और साहित्य के नये इतिहास लेखन के प्रयत्न शुरू हुए जिसे राष्ट्रवादी इतिहास लेखन कहा जाता है। ऐसे इतिहास लेखन का विकास भारत के विभिन्न क्षेत्रों की भाषाओं में हुआ। माधवराव सप्रे ने कोई इतिहास नहीं लिखा है, लेकिन उन्होंने इतिहास से सम्बन्धित विभिन्न विषयों पर अनेक निबन्ध लिखे हैं। वे मानते

हैं कि "मनुष्य जाति की प्रगति के लिए इतिहास के समान और कोई शिक्षक नहीं है।" सप्रे जी इतिहास के किसी विषय पर लिखते समय अपने समय के भारतीय समाज के राजनीतिक सन्दर्भ को ध्यान में रखते हैं। उन्होंने 1907 में एक निबन्ध लिखा था—'इटालियन देशभक्त मेजिनी'। जब सप्रे जी ने यह निबन्ध लिखा था तब स्वदेशी आन्दोलन चल रहा था जिसमें बड़ी संख्या में युवा पीढ़ी के लोग शामिल हो रहे थे। उस समय यह बहस का विषय था कि नयी पीढ़ी के लोगों को राजनीति में भाग लेना चाहिए कि नहीं। स्वयं सप्रे जी ने अपनी पुस्तक 'स्वदेशी आन्दोलन और बायकाट' में इस बात का जोरदार ढंग से समर्थन किया था कि छात्रों को राजनीति में भाग लेना चाहिए। सप्रे जी ने मेजिनी पर लिखे निबन्ध में यह स्पष्ट किया है कि इटली के राष्ट्रीय जागरण में गेरीबाल्डी को सक्रिय बनाने में मेजिनी की बहुत बड़ी भूमिका थी। उन्होंने यह भी लिखा है कि हिन्दुस्तान की राजनीतिक स्थिति के लिए परदेशी इतिहास में से इटली के इतिहास से जैसा योग्य उदाहरण मिल सकता है वैसा किसी और देश के इतिहास से नहीं मिल सकता है। भारतीय स्वाधीनता आन्दोलन के दौरान मेजिनी और गेरीबाल्डी के संघर्षशील व्यक्तित्वों की लोकप्रियता देशव्यापी थी। उनके प्रेरणादायक जीवन चरित्र अनेक भारतीय भाषाओं में लिखे गये थे।

1913 में सप्रे जी ने 'यूरोप के इतिहास से सीखने योग्य बातें' शीर्षक से एक निबन्धमाला लिखी थी जिसमें छह निबन्ध शामिल थे, ये सभी निबन्ध सरस्वती पत्रिका मे छपे थे। इन निबन्धों में ग्रीस एवं रोम के साथ-साथ इंग्लैण्ड की राज्यक्रान्ति, फ्रांस की राज्यक्रान्ति, यूरोप में पुनर्जागरण और यूरोप में धर्म के इतिहास का विवेचन था। ग्रीस से सम्बन्धित निबन्ध के अन्त में उन्होंने लिखा था कि "यदि भिन्न-भिन्न प्रान्तों में रहने वाले भिन्न भाषा, भिन्न धर्म, रीति और रिवाज का अनुसरण करने वाले हमारे हिन्दुस्तानी भाई ग्रीस के इतिहास से जाग्रत होकर आन्तरिक विघ्नों को हटाने का प्रयत्न करें, पारस्परिक भेदभाव का त्याग करके स्वदेशाभिमानपूर्वक एकता की वृद्धि करने का प्रयत्न करें तो हमारी बहुत कुछ उन्नति हो सकती है।" इस तरह की बातें प्रत्येक निबन्ध में हैं। वे रोम के इतिहास से स्वार्थ त्याग सीखने को कहते हैं। तो इंग्लैण्ड की राज्यक्रान्ति से दृढ़निश्चय और कर्त्तव्यनिष्ठा। उन्होंने फ्रांस की राज्यक्रान्ति से विचारों की शक्ति में विश्वास करने की बात की है। इस तरह वे दूसरे देशों के इतिहासों से सीखते हुए भारतीय स्वाधीनता आन्दोलन को आगे बढ़ाने की प्रेरणा देते हैं।

यूरोप के साम्राज्यवाद ने दुनिया को सभ्य बनाने के नाम पर अपना विस्तार किया था, जिसके परिणामस्वरूप उपनिवेशवाद के साथ पश्चिम की सभ्यता भी दुनिया में फैली। साम्राज्यवाद की विचारधारा का पिछले कुछ दशकों में जो अध्ययन हुआ है उसमें यह बताया गया है कि शिक्षा व्यवस्था में प्रगतिशील बुद्धि का उपयोग

साम्राज्य को मजबूत बनाने के लिए किया गया था और बुद्धिवाद का उपयोग प्रभुत्व की स्थापना के लिए। पश्चिम के बुद्धिवाद ने प्रकृति, संस्कृति और समाज आदि के बारे में भारतीय धारणाओं को खारिज ही नहीं किया, बल्कि अपनी धारणाएँ भारतीय मानस पर आरोपित भी कीं। भारत में 1857 के विद्रोह के अनुभवों के कारण अंग्रेजी राज ने यह मान लिया कि भारतीय बर्बर हैं। इसलिए उनका सुधार नहीं, दमन जरूरी है। जब उपनिवेशवाद के शिकार देशों में राष्ट्रीय जागृति आई, स्वाधीनता की आकांक्षा पैदा हुई तब पश्चिमी सभ्यता की औपनिवेशिकता से मुक्ति की चिन्ता भी होने लगी। यही कारण है कि स्वाधीनता के लिए संघर्ष की प्रक्रिया में औपनिवेशिक सभ्यता से स्वदेशी सभ्यता के द्वन्द्व की प्रवृत्तियाँ भी मिलती हैं। भारतीय नवजागरण में भी सभ्यताओं की यह टकराहट दिखाई देती है। माधवराव सप्रे इस टकराहट के बारे में सचेत हैं। उनका एक लम्बा निबन्ध है—'हमारे सामाजिक ह्रास के कुछ कारणों का विचार'। इस निबन्ध में जगह-जगह पश्चिम की सभ्यता से भारत की सभ्यता के सम्बन्ध और संघर्ष की चेतना व्यक्त हुई है।

भारत में अंग्रेजी राज की स्थापना के साथ ही भारतीय बौद्धिकों में पश्चिमी सभ्यता की नकल की जो प्रवृत्ति बढ़ी उसकी चिन्ता और आलोचना भारतीय नवजागरण के निर्माताओं ने की है। सप्रे जी भी अनुकरण की प्रवृत्ति के बारे में चिन्तित हैं। वे कहते हैं कि "पश्चिम की विद्या और सभ्यता की कुंजी मिल जाने पर भी, सोचिए तो सही, हम पश्चिमी देशों के तत्ववेत्ताओं के सिद्धान्तों का आकलन करने में कितने सफल हुए हैं। हम विदेशियों की सभ्यता का बाहरी अनुकरण करने से ही सन्तुष्ट हैं।" ऐसी चिन्ता बंगाल में थी और महाराष्ट्र में भी। माधवराव सप्रे पश्चिमी सभ्यता के उतने विरोधी नहीं हैं जितने अन्धानुकरण के।

सप्रे जी को भारतीय सभ्यता की संकीर्णताओं की भी जानकारी है। वे उन संकीर्णताओं से भारतीय समाज को मुक्त देखना चाहते हैं। इसलिए कहते हैं कि "हमारा यही कर्त्तव्य होना चाहिए कि इस देश के धर्म भेद, जाति भेद, उच्चता नीचता आदि कृत्रिम भेदों को शीघ्र ही नष्ट कर डालें... हमारे सुधार का हेतु यही है कि मनुष्य स्वयं अपनी स्वाभाविक योग्यता, अपने महत्त्व और अपने अधिकारों को जान ले और तदनुसार बर्ताव करने लगे। इस हेतु की सफलता तभी हो सकेगी जब हमारे समाज में प्राचीन तथा अनुचित भेदभाव, दुराग्रहों और भोलेपन का लोप हो जाएगा।" सप्रे जी भारतीय समाज को एक आधुनिक समाज और भारतीय मनुष्य को एक आधुनिक मनुष्य के रूप में देखना चाहते हैं। वे एक ऐसा समाज और ऐसा मनुष्य चाहते हैं जो भारतीय समाज की पुरानी संकीर्णताओं से मुक्त हो और पश्चिम के अन्धानुकरण से भी, जो आधुनिक हो, पर भारतीय भी हो।

माधवराव सप्रे हिन्दी में अर्थशास्त्र सम्बन्धी चिन्तन की भाषा और परम्परा बनाने वाले व्यक्ति थे। बीसवीं सदी के पहले दशक में जब काशी नागरी प्रचारिणी

सभा ने हिन्दी में विज्ञानकोश बनाने का निश्चय किया तब राजनीतिक अर्थशास्त्र की शब्दावली के निर्माण के सम्पादक सप्रे जी बनाये गये। सप्रे जी के जीवनी लेखक गोविन्दराव हार्डीकर के अनुसार सप्रे जी ने 1904 में अर्थशास्त्र की जो शब्दावली तैयार की उसमें अंग्रेजी के 1320 शब्दों के लिए हिन्दी के 2115 शब्द निर्मित हुए। वह विज्ञान कोश 1906 में छपा। सप्रे जी के प्रयत्न से हिन्दी में अर्थशास्त्र सम्बन्धी लेखन का विकास हुआ। उन्होंने 1904 में इंग्लैण्ड की व्यापार नीति पर एक लम्बा निबन्ध लिखा था। 'हड़ताल' पर उनका एक लेख 1907 की 'सरस्वती' में छपा था, जिसमें हड़ताल का समर्थन किया गया है। उन्होंने लिखा है कि *"प्रायः लोग हड़ताल की निन्दा करते हैं और मजदूरों पर दोष लगाते हैं। परन्तु स्मरण रहे कि यद्यपि हड़ताल से कारखाने वाले और मजदूरों का नुकसान होता है तथापि इसमें सन्देह नहीं कि इसमें मजदूरों को अपने स्वत्व की रक्षा करने का पूरा अधिकार है।"* सप्रे जी ने अर्थशास्त्र की एक किताब भी लिखी थी, जिससे वे सन्तुष्ट नहीं थे, इसलिए उसे प्रकाशित नहीं करवाया। महावीर प्रसाद द्विवेदी जब 'सम्पत्तिशास्त्र' नामक किताब लिख रहे थे तब सप्रे जी ने अपनी अप्रकाशित पुस्तक की पाण्डुलिपि उन्हें दे दी, जिससे द्विवेदी जी ने बहुत लाभ उठाया। द्विवेदी जी ने सप्रे जी की पुस्तक से 'सम्पत्तिशास्त्र' के लिए कहाँ क्या लिया है, यह स्वयं लिखा है। हिन्दी में अर्थशास्त्रीय चिन्तन की जो स्वदेशी परम्परा माधवराव सप्रे से शुरू होती है वह सम्पत्तिशास्त्र में अधिक व्यवस्थित बनती है और राधामोहन गोकुल जी की किताब 'देश का धन' (1910) और पारसनाथ द्विवेदी की 'देश की दशा' (1915) में आगे बढ़ती है।

## III

अपने समय में माधवराव सप्रे हिन्दी में पत्रकार के अलावा साहित्यकार के रूप में प्रसिद्ध थे, लेकिन हिन्दी साहित्य के इतिहास ग्रन्थों में उनके नाम का उल्लेख तक नहीं मिलता है। वे निबन्धकार के साथ ही कहानीकार थे और समालोचक भी। हिन्दी कहानी के विकास में उनके योगदान को हिन्दी जगत के सामने लाने का प्रयत्न देवी प्रसाद वर्मा ने किया। उन्होंने 'माधवराव सप्रे की कहानियाँ' का सम्पादन किया है और उसकी भूमिका लिख कर कहानीकार सप्रे जी की देन का मूल्यांकन भी किया है। कमलेश्वर द्वारा सम्पादित 'सारिका' में 'हिन्दी की प्रथम मौलिक कहानी' पर लम्बी बहस चली थी जिसमें माधवराव सप्रे की कहानी 'एक टोकरी भर मिट्टी' को हिन्दी की प्रथम मौलिक कहानी कुछ आलोचकों ने माना था। इस बहस का एक नतीजा यह निकला कि कहानीकार के रूप में सप्रे जी की पर्याप्त चर्चा हुई।

'छत्तीसगढ़ मित्र' में 1900 से 1901 के बीच सप्रे जी की छह कहानियाँ प्रकाशित हुई थीं। इसमें से दो 'सुभाषित रत्न' शीर्षक से छपी थीं। सुभाषित रत्न की कथाएँ जातक और हितोपदेश की कथाओं की परम्परा की याद दिलाती हैं। इनका उद्देश्य

नैतिक शिक्षा देना है जो महावीर प्रसाद द्विवेदी के युग की मुख्य प्रवृत्ति थी, लेकिन इनमें कुछ सुभाषित ऐसे भी हैं जिनके अभिप्राय की गूँज आज भी सार्थक है। उदाहरण के लिए सुभाषित रत्न-1 को देखिए—

*कुठारमालिका दृष्ट्वा कम्पिताः सकला द्रुमाः।*
*वृद्धस्तरुवाचेदं स्वजातिर्नैव दृश्यते।*

किसी समय एक माली बहुत सी कुल्हाड़ियाँ रस्सी में बाँध अपने बगीचे में गया। उसको देखते ही सब वृक्ष मारे डर के थर-थर काँपने लगे। तब उनमें से एक पुराने झाड़ ने कहा—"भाइयो! अभी से क्यों डरते हो! जब तक हम लोगों में से कोई भी बेंट, अर्थात कुल्हाड़ी का डंडा इन कुल्हाड़ियों में शामिल न होगा, तब तक उनसे हमारा नाश नहीं हो सकता।" सच है, स्वजातीय अथवा आत्मीयजन के विश्वासघात से ही नाश होता है, अन्यथा नहीं।

इस सुभाषित के अभिप्राय को ही काशीनाथ सिंह ने अपनी कहानी 'जंगल जातकम' में अत्यन्त प्रभावशाली और कलात्मक रूप से पुनर्निर्मित किया है। सन्दर्भ के बदलने से कथा का अर्थ बदल गया है। सप्रे जी ने जब लिखा था तब देश में अंग्रेजी राज था। यह जानी पहचानी बात है कि अंग्रेजों ने भारतीयों की सहायता से ही भारत पर कब्जा किया था। यही नहीं, 1857 के युद्ध में भी देशभक्तों की हार की एक वजह देशद्रोहियों की गद्दारी थी। सुभाषित की कथा में जो भूमिका बेंट की है वही भूमिका अंग्रेजों की सहायता करने वाले भारतीयों की थी। काशीनाथ सिंह के 'जंगल जातकम' में आपातकाल के उन बेंटों की ओर संकेत है जो दमनकारी सत्ता के सहयोगी थे। उनके अनुसार "बेंट वे बनते हैं जो जल्दी घुटने टेक देते हैं, चारों तरफ सिर हिलाते हैं और जिनमें स्थिरता तथा धैर्य नहीं है।" आज के भूमण्डलीकरण के दौर में ऐसे बेंटों की भरमार दिखाई देती है। सुभाषित-2 की कथा आज की लघुकथा का पूर्व रूप है, जिसमें किसी न किसी असामाजिक मनोवृत्ति की मीमांसा होती है।

हिन्दी में जब कहानी लिखने की शुरुआत हो रही थी तब लेखकों के सामने कथा के पाँच स्रोत मौजूद थे : संस्कृत का कथा-साहित्य, उर्दू में प्रचलित दास्तान और किस्से, लोककथा, बांग्ला की कहानियाँ और अंग्रेजी कथा-साहित्य। सप्रे जी की कुल चार कहानियाँ हैं—एक पथिक का स्वप्न, सम्मान किसे कहते हैं?, आजम और एक टोकरी भर मिट्टी। इन कहानियों में से 'एक पथिक का स्वप्न' का शिल्प दास्तानों की परम्परा से जुड़ा है, लेकिन उसमें वस्तु वर्णन की जो पद्धति है उस पर संस्कृत के कथा-साहित्य की छाप है। 'आजम' एक उपदेशपरक कहानी है जो गोल्डस्मिथ के एक निबन्ध पर आधारित है। 'सम्मान किसे कहते हैं' एक समकालीन संवेदना की कहानी है जिसमें एक स्तर पर स्वतन्त्रता और परतन्त्रता के भावों के बीच द्वन्द्व है तो दूसरे स्तर पर स्वदेश प्रेम और देशद्रोह के बीच। कहानी

के अन्त में स्वतन्त्रता और देशप्रेम की विजय होती है। 1900 में छपी इस कहानी का विकसित रूप प्रेमचन्द की 'सोजे वतन' की कहानियों में मिलता है। सप्रे जी की अन्तिम कहानी है 'एक टोकरी भर मिट्टी'। इस कहानी में संरचना की संक्षिप्तता के साथ प्रभाव की तीव्रता है। कहानी में सामाजिक अन्याय और अत्याचार का बोध है, पर साथ ही मनुष्य की अच्छाई में विश्वास भी है जिसके फलस्वरूप ऐसा हृदय परिवर्तन होता है जो प्रेमचन्द की प्रारम्भिक कहानियों की जानी पहचानी विशेषता है। 'एक टोकरी भर मिट्टी' के साथ अगर प्रेमचन्द की कहानी 'विध्वंस' को पढ़ा जाए तो यह स्पष्ट होगा कि प्रेमचन्द हिन्दी कहानी की संवेदना और शिल्प को कहाँ से उठा कर कहाँ पहुँचाते हैं।

हिन्दी कहानी के विकास में माधवराव सप्रे का जितना योगदान है उससे अधिक महत्त्वपूर्ण है हिन्दी समालोचना के आरम्भिक रूप के निर्माण में उनकी भूमिका। वे साहित्य के उत्थान के लिए समालोचना की उन्नति को बहुत आवश्यक मानते थे, इसलिए वे हिन्दी समालोचना के विकास के बारे में चिन्तित थे और प्रयत्नशील भी। वे चाहते थे कि हिन्दी समालोचना के विकास के लिए नागरी प्रचारिणी सभा की ओर से एक समालोचक समिति की स्थापना हो और नागरी समालोचक नाम की पत्रिका भी निकले। उनकी ये दोनों इच्छाएँ तो पूरी नहीं हुईं, लेकिन उन्होंने अपनी पत्रिका 'छत्तीसगढ़ मित्र' के माध्यम से समालोचना को ठोस रूप देने के लिए पर्याप्त प्रयत्न किया। 1900 से 1902 के बीच केवल दो वर्षों में 'छत्तीसगढ़ मित्र' में सप्रे जी की लिखी हुई लगभग 20 छोटी बड़ी समीक्षाएँ प्रकाशित हुईं। ये समीक्षाएँ केवल कविता और उपन्यास की नहीं हैं। इनमें ज्योतिष, व्याकरण और स्त्री शिक्षा से सम्बन्धित पुस्तकों की भी समीक्षाएँ हैं। 'भाषाचन्द्रिका' नाम की एक पत्रिका की भी समीक्षा सप्रे जी ने लिखी है। 'मर्यादा' के मार्च, 1916 के अंक में उन्होंने 'आक्सफोर्ड सर्वे ऑफ दी ब्रिटिश इम्पायर' नाम की इतिहास की किताब की व्यंग्य विनोद से भरपूर जानदार भाषा में अत्यन्त प्रभावशाली समीक्षा लिखी है। सप्रे जी की समीक्षाओं के विषयों की विविधता को देख कर लगता है कि उनकी दृष्टि में समालोचना केवल साहित्य तक सीमित न थी। वे समालोचना को वाङमय विमर्श मानते थे। इन समीक्षाओं से यह भी स्पष्ट है कि सप्रे जी हिन्दी, मराठी, संस्कृत और अंग्रेजी खूब अच्छी तरह जानते थे, इसलिए उन्होंने अनुवाद की पुस्तकों की बहुत अच्छी समीक्षाएँ लिखी हैं।

'भारत गौरव' नाम की पुस्तक की समीक्षा करते हुए सप्रे जी ने समालोचना के सम्बन्ध में अपनी दृष्टि और समझ को इन शब्दों में व्यक्त किया है—"समालोचक शब्द का अर्थ यद्यपि बहुत अच्छा है; परन्तु साधारणतः कई लोग उससे बुरा अर्थ ही लेते हैं। कहते हैं कि किसी के छिद्र ढूँढ़ना और समालोचना करना एक बराबर है। चाहे जैसा हो, कोई भला कहे या बुरा, जो काम हाथ में लिया उसको अपनी बुद्धि

के अनुसार ठीकठाक कर देना ही समालोचक का काम है । इस पर से कोई ऐसा न समझे कि समालोचक की कृति में कभी त्रुटि ही नहीं रहती। नहीं, समालोचक भी एक मनुष्य है और मनुष्य से प्रमाद हो जाना स्वाभाविक है।... समालोचक का काम 'भारत मित्र' ने इस प्रकार लिखा है—जैसे जौहरी पार्थिव रत्नों की परख कर उनका मूल्य निर्धारित करता है उसी प्रकार साहित्य निष्णात विद्वान साहित्य के रत्नों की परीक्षा कर उनके गुण-दोष दिखलाते और मूल्य बतलाते हैं। इस व्यापार को समालोचना कहते हैं।"

सप्रे जी ने सबसे अधिक कविता की किताबों की समीक्षा की है और कविता में भी सबसे अधिक श्रीधर पाठक की कविता की किताबों की। उस समय श्रीधर पाठक हिन्दी के सर्वाधिक प्रयोगशील और लोकप्रिय कवि थे। वे ब्रजभाषा और खड़ी बोली हिन्दी दोनों में कविता लिखते थे। 'घन विजय' ब्रजभाषा की कविता पुस्तक है, जिसकी समीक्षा करते हुए सप्रे जी ने श्रीधर पाठक की प्रयोगशीलता की प्रशंसा के साथ ही उनकी सामाजिक संवेदशीलता पर ध्यान देते हुए लिखा है कि—"पाठक जी जैसे काव्य रचना की नूतन प्रणाली में अग्रसर हैं वैसे ही सामाजिक अन्याय के (प्रकट नहीं तो गुप्त) संशोधक भी होंगे।" इस समीक्षा में सप्रे जी के अंग्रेजी साहित्य के ज्ञान का भी परिचय मिलता है। उन्होंने वर्ड्सवर्थ और शैली के जगत बोध सम्बन्धी दृष्टिकोणों की तुलना श्रीधर पाठक की विश्वदृष्टि से की है और लिखा है कि कवि के लिए मन के सन्तुलन, विचार शक्ति की स्थिरता और जीवन के प्रति आशावाद आवश्यक है। 'घन विजय' के साथ ही खड़ी बोली की कविता पुस्तक 'गुनवंत हेमंत' की भी समीक्षा की है, जिसमें श्रीधर पाठक के प्रकृति वर्णन की चित्रमयता की तारीफ है।

सप्रे जी ने श्रीधर पाठक के 'जगत सचाई सार' की विस्तृत समीक्षा लिखी है। इस समीक्षा के आरम्भ में ही उन्होंने जगत को मिथ्या मानने वाले दृष्टिकोण का खण्डन किया है और लिखा है कि "प्रत्येक विचारवान मनुष्य को चाहिए कि इस संसार को असार कह कर निरा आलसी न बने, वरन् उसमें से सारवस्तु का ग्रहण करने पर परमात्मा का उद्दिष्ट हेतु सफल करे। यही भाव दर्शाने के लिए श्रीधर पाठक ने 'जगत सचाई सार' नामक छोटी सी पुस्तक में इक्यावन पद्यों की रचना की है।" श्रीधर पाठक के प्रति आदर और आत्मीयता के बावजूद सप्रे जी ने उनकी काव्य भाषा के अनेक दोषों की ओर संकेत किया है। सप्रे जी कविता में शब्दों के आडम्बर और कल्पना के उलझाव को पसन्द नहीं करते थे, इसलिए लिखा है कि "इस देश के कई कवि निरर्थक शब्दों के आडम्बर और अतिशयोक्ति के काल्पनिक उलझाव में ही अपनी सब बुद्धि खर्च कर देते हैं।" सप्रे जी कविता में वस्तुगत की सहज और मार्मिक अभिव्यक्ति चाहते थे। उन्होंने 'जगत सचाई सार' की जो समीक्षा लिखी है उसे ध्यान पढ़ने पर स्पष्ट हो जाएगा कि वे आलोचना की जो राह बना

रहे थे उसी पर बाद में महावीर प्रसाद द्विवेदी और रामचन्द्र शुक्ल चलते दिखाई देते हैं।

श्रीधर पाठक ने अंग्रेजी के कवि गोल्डस्मिथ की दो कविता पुस्तकों का कविता में ही अनुवाद किया था—'डेजर्टेड विलेज' का 'उजाड़ ग्राम' और 'द हर्मिट' का 'एकान्तवासी योगी' नाम से। इन दोनों अनुवादों की सप्रे जी ने लम्बी सीमाक्षाएँ लिखी हैं। इन समीक्षाओं में दो बातों पर ध्यान दिया गया है—"पहली यह कि भाषान्तर मूल ग्रन्थ के अनुरूप बना है कि नहीं, मूल ग्रन्थ के सम्पूर्ण भाव अनुवाद भाव में आये हैं वा नहीं। दूसरी बात यह कि स्वतन्त्र रीति से यह ग्रन्थ कैसा बना है।" कहने की आवश्यकता नहीं है कि आज भी अगर किसी रचना के अनुवाद की समीक्षा करनी हो तो दोनों बातों पर ध्यान देना बहुत जरूरी होगा। 'एकान्तवासी योगी' के बारे में सप्रे जी की राय है कि "भाषान्तरकर्ता ने अपनी स्वतन्त्र कविता शक्ति पूर्ण से स्थापित कर दी है। इसमें जो उत्तमोत्तम पद्य हैं उनमें से अधिकांश पण्डित जी के स्वरचित हैं।" सप्रे जी ने 'उजाड़ ग्राम' के बारे में लिखा है कि श्रीधर पाठक का "यह ग्रन्थ हिन्दी में उनकी अप्रतिम कुशलता, विस्तीर्ण प्रतिभा, आश्चर्यकारक कविता शक्ति और अद्भुत अनुवाद सामर्थ्य का चिर स्मारक बना रहेगा।"

बेहतर समालोचना तभी सम्भव होती है जब आलोचक अपने सोच का सच कहने का साहस रखता है। ऐसा साहस सप्रे जी की समालोचना में है। उन्होंने मिश्र बन्धुओं के काव्य 'लव कुश चरित्र' की समीक्षा लिखी है। वह समीक्षा 'छत्तीसगढ़ मित्र' के पाँच अंकों में छपी थी और पैंतीस पृष्ठों की थी। कवि श्यामबिहारी मिश्र बनारस के डिप्टी कलेक्टर थे और सम्मानित साहित्यकार भी। उस किताब की 'समाचार पत्रों और सुप्रसिद्ध विद्वानों ने मुक्त कंठ से प्रशंसा' भी की थी। यह सब सप्रे जी को पसन्द नहीं था। इसलिए उन्होंने लिखा कि "केवल प्रशंसा कर देना ही यदि समालोचना है तो अधिक लिखने की आवश्यकता नहीं है।"

समीक्षा में सप्रे जी ने 'लव कुश चरित्र' के बारे में पहली आपत्ति यह की है कि यह रचना आधुनिक रुचि और मानसिकता के अनुकूल नहीं है। उन्होंने लिखा है कि "यह तो 19वीं और 20वीं सदी का समय है। नूतन शिक्षा और नूतन विचार से लोगों की रुचि 16वीं सदी की अपेक्षा बहुत भिन्न हो गयी है। 16वीं सदी में कवि जिस प्रकार के विषयों से अपने पाठकों का मनोरंजन कर सकता था उसी प्रकार के विषयों से वर्तमान समय में भी यदि आदर पाने का साहस करे तो यह केवल साहस ही कहलाएगा।" अपनी बात को और अधिक स्पष्ट करते हुए सप्रे जी ने यह भी लिखा है कि "हमारा मुख्य अभिप्राय यही है कि किसी भी विषय पर कविता बनाने के पहले देश, समय, स्थिति और पात्र का कुछ विचार अवश्य कर लेना चाहिए। जो इन बातों का पूर्ण रीति से विचार कर लेता है उसी की कविता सदैव लोकप्रिय होती है और वही राष्ट्रीय कवि कहलाने का दावा रख सकता है।"

'लव कुश चरित्र' को काव्य विवेक की कसौटी पर परखते हुए सप्रे जी ने लिखा

है कि "क्या लव कुश चरित्र के मर्मज्ञ पाठकों के मन में यह बात खटकती न होगी कि जिस परिमाण से विषय के नियत करने तथा ग्रन्थ बनाने में शीघ्रता की गयी है, उसी परिमाण से इस पुस्तक में कथा की विचित्रता, भाव की नूतनता, वर्णन की अनुपमता, स्वभाव का निरूपण और रस की हृदयंगमता आदि उत्तम काव्य गुणों का बहुत कुछ लोप हो गया है।"

सप्रे जी ने वाल्मीकि रामायण, जैमिनी पुराण, रामाश्वमेध आदि का उदाहरण सामने रखते हुए लिखा है कि 'लव कुश चरित्र' में एक तो मार्मिक प्रसंगों की पहचान नहीं है और दूसरे निराधार बातों का वर्णन है। उन्होंने इस काव्य में छन्दों की अधिकता को केशवदास का अनुकरण कहा है और उसे रसबोध में बाधक माना है। समीक्षा के अन्त में व्याकरण और भाषा सम्बन्धी कुछ दोषों की ओर भी संकेत है। कुल मिला कर सप्रे जी की यह समीक्षा उनके निर्भ्रांत काव्य विवेक और निर्भीक होकर सच कहने के साहस का प्रमाण है। आजकल हिन्दी में अनेक आई.ए.एस. और आई.पी.एस. अधिकारी साहित्यकार हैं जिनको महान घोषित करने की नामी आलोचकों के बीच होड़ मची हुई है। इस स्थिति में सप्रे जी की आलोचना सम्बन्धी सत्यनिष्ठा, स्वतन्त्रता और निष्पक्षता आश्चर्यजनक है और स्पृहणीय भी।

सप्रे जी के सजग इतिहास विवेक का प्रमाण है 'भारत गौरवादर्श' की उनकी समीक्षा। 'भारत गौरवादर्श' उर्दू की एक किताब के एक भाग का अनुवाद है। अनुवादक का दावा है कि इसमें 'ऐतिहासिक प्रमाणों से भारतवर्ष का गौरव निरूपण' है, लेकिन किताब में भारत की कपोल कल्पित महानता का निराधार गुणगान है। इस किताब में एक जगह लिखा है कि व्यास जी ने संजय को एक दूरबीन दी थी कि यहाँ से कुरुक्षेत्र का वृत्तान्त महाराज धृतराष्ट्र को बतलाते रहना। इस बात को प्रामाणिक बनाने के लिए महाभारत के एक श्लोक का हवाला तो दिया गया है लेकिन श्लोक को उद्धृत नहीं किया गया है। सप्रे जी ने उस श्लोक को उद्धृत करते हुए इस झूठ का खण्डन किया है कि भारत में महाभारत काल में दूरबीन थी। इसके बाद सप्रे जी प्रश्न करते हैं कि "क्या इसी प्रकार के पॉलिश चढ़ाये हुए चित्र से भारत का सत्य स्वरूप प्रकाशित हो जाएगा?" उन्होंने यह भी लिखा है कि "यह बात तो इतिहास के अनुभव के बिलकुल विरुद्ध जान पड़ती है कि भारतवर्ष राजनीति, शिक्षा, सुशासन, गणित, ज्योतिष, भूगोल, शिल्प, रसायन आदि में सम्पूर्ण संसार का शिक्षणालय था, जिसने सब प्रकार के विषयों में पूर्ण उन्नति कर ली थी और उसके लिए कोई भी विषय सीखने को न बचा था और न किसी विषय में कुछ उन्नति करने को रह गयी थी। यह निरूपण कवि के योग्य है; परन्तु जो इतिहास के प्रमाणों पर चलना चाहते हैं वे इस प्रकार का निरूपण कदापि पसन्द न करेंगे।" सप्रे जी की स्पष्ट राय है कि "भारत गौरवादर्श जैसी पुस्तकें हमारे मन में हमारे पूर्वजों के सम्बन्ध में वृथाभिमान उत्पन्न कराती हैं।" आज भी इस देश में ऐसे लोग

हैं जो भारत को जगत् गुरु सिद्ध करने में लगे रहते हैं। उनके प्रयत्नों की वैसी ही आलोचना करना आवश्यक है जैसी सप्रे जी ने 'भारत गौरवादर्श' की की थी।

सप्रे जी ने सितम्बर, 1902 में संस्कृत के प्रसिद्ध गद्यकार और आचार्य दण्डी पर एक लम्बा निबन्ध लिखा था। इसमें दण्डी के समय के बारे में प्रचलित और सम्भावित विभिन्न मतों की छानबीन की गयी है और 'दशकुमार चरित' का विस्तृत विश्लेषण भी किया गया है। यह निबन्ध सप्रे जी के संस्कृत साहित्य के व्यापक ज्ञान की गवाही देता है। इसमें कालिदास, भवभूति, सुबन्धु और बाणभट्ट के काव्यों से दण्डी के काव्य की जो तुलना की गयी है उसमें तुलनात्मक आलोचना का आरम्भिक रूप भी दिखलाई पड़ता है। पिछले कुछ दशकों से हिन्दू भारत की खोज की जो प्रवृत्ति शुरू हुई है उसके अन्तर्गत हिन्दी साहित्य की विभिन्न नयी पुरानी विधाओं के भारतीय मूल की खोज हो रही है। उपन्यास की भारतीयता की खोज करते हुए कुछ आलोचक 'दशकुमार चरित', 'वासवदत्ता' और 'कादम्बरी' को उपन्यास सिद्ध करने में लगे हुए हैं। माधवराव सप्रे ने दण्डी पर लिखे निबन्ध में 'दशकुमार चरित' को उपन्यास मानने की मान्यता का खण्डन करते हुए लिखा है कि "इस ग्रन्थ में न तो कोई सम्पूर्ण एक कथा ही है और न कवि ने उसका संविधानिक कथा सूत्र रचने की चतुराई दिखाने के लिए वैसा कुछ प्रयत्न ही किया है; न तो काव्य सम्प्रदायानुरूप भिन्न-भिन्न रसों द्वारा शृंगारादि को यथाक्रम पुष्ट ही किया है और न बीच में देश कालादिकों के वर्णन ही लिखे हैं—सारांश इस ग्रन्थ में उपन्यास के कोई भी लक्षण नहीं पाये जाते।"

जब माधवराव सप्रे ने हिन्दी में समालोचना का स्वरूप निर्मित करने का प्रयत्न प्रारम्भ किया था, तब हिन्दी आलोचना आरम्भिक अवस्था में थी। भारतेन्दु युग में बालकृष्ण भट्ट और चौधरी बदरीनारायण प्रेमघन ने उसका सूत्रपात किया था, लेकिन सप्रे जी के प्रयत्नों से वह विकसित हुई और उसमें व्यापकता आई। यह देखकर आश्चर्य होता है कि हिन्दी साहित्य के किसी इतिहास में या हिन्दी आलोचना के किसी इतिहास में सप्रे जी के समालोचना कर्म का कहीं कोई मूल्यांकन नहीं है, बल्कि समालोचक के रूप में उनके नाम तक का उल्लेख नहीं है। यह विस्मरण अनायास है या सायास? यह कहीं उस प्रवृत्ति का परिणाम तो नहीं है जिसे जी.एन. देवी सांस्कृतिक स्मृति लोप कहते हैं! जो भी हो, हिन्दी साहित्य का इतिहास लेखन और हिन्दी आलोचना का इतिहास माधवराव सप्रे के प्रसंग में स्मृतिहीनता के शिकार हैं।

# आचार्य रामचन्द्र शुक्ल और विकासवाद

मानव-समाज लम्बे समय तक ईश्वर की तानाशाही और धर्म के आतंक की छाया में जीता-मरता रहा है और उससे मुक्त होने के लिए छटपटाता भी रहा है। आधुनिक चेतना के विकास के साथ ईश्वर की तानाशाही और धर्म के आतंक की आलोचना आरम्भ हुई थी जो 19वीं सदी में निर्णायक स्थिति में पहुँची। प्रसिद्ध जीव वैज्ञानिक चार्ल्स डार्विन ने विकासवाद की व्याख्या करते हुए प्रकृति के परिवर्तनों की प्रक्रिया में ईश्वर की उपस्थिति और आवश्यकता का पूरी तरह खण्डन किया। उसी समय कार्ल मार्क्स ने सामाजिक परिवर्तन और विकास की भौतिकवादी व्याख्या करते हुए समाज के बनने-बिगड़ने में ईश्वर के हस्तक्षेप को अनावश्यक बना दिया। बाद में फ्रायड ने मानव-मानस का विश्लेषण करते हुए उसके संचालन में किसी ईश्वर की भूमिका की कोई सम्भावाना नहीं रहने दी। इस तरह विज्ञान की मदद से मानव-समाज ईश्वर की तानाशाही और धर्म के आतंक से मुक्त हुआ। लेकिन मानव-समाज का इतिहास हमेशा मनुष्य की आकांक्षा और मनचाही दिशा में ही गतिशील नहीं होता, कभी-कभी उस अनचाही स्थितियाँ भी उत्पन्न होती हैं और उलटी परिस्थितियाँ भी पैदा होती हैं जिनका सामना मानव-समाज को करना पड़ता है। 20वीं सदी के अन्त में एक बार फिर मानव-समाज धर्म के आतंक का सामना कर रहा है।

आजकल यूरोप की एकता के लिए यूरोपीय संघ का संविधान बन रहा है। उसमें ईश्वर और ईसाई विरासत को शामिल करने की माँग हो रही है। पश्चिम के अनेक देशों के दार्शनिक विकासवाद के विरुद्ध सृष्टिवाद की पुनर्स्थापना की कोशिश कर रहे हैं। अमेरिका की राजनीति में धर्म का प्रभाव अनेक रूपों में दिखाई देता है। भारत में राजनीति पर धर्म के आतंकवादी प्रभाव से हम सब परिचित हैं। अधिकांश मुस्लिम देशों में कट्टरतावाद और उदारतावाद के बीच संघर्ष दिखाई दे रहा है। पश्चिम के जो बुद्धिजीवी उत्तर-आधुनिकतावाद के नाम पर बुद्धि के विरुद्ध युद्ध चला रहे हैं वे विवेक के बदले आस्था को अधिक महत्त्वपूर्ण बना रहे हैं। सारी दुनिया में धार्मिक कट्टरतावाद और धार्मिक उन्माद का प्रसार हो रहा है। यूरोप में आधुनिकता के विकास के दौरान ज्ञानोदय और पुनर्जागरण की प्रक्रिया में धर्म के विभिन्न रूपों, पक्षों और प्रभावों की जो मूलगामी अलोचना विकसित हुई थी

उसका अब निषेध हो रहा है। सोवियत संघ और समाजवादी व्यवस्थाओं के विनाश का एक परिणाम धार्मिक कट्टरतावाद का विस्तार भी है। जो उस विनाश के लिए जिम्मेवार हैं वे अब उसका फल भोग रहे हैं।

ऐसी स्थिति में रामचन्द्र शुक्ल ने जर्मन वैज्ञानिक और दार्शनिक अन्र्स्ट हैकल की अत्यन्त लोकप्रिय पुस्तक 'रिडिल ऑफ यूनीवर्स' का 'विश्व प्रपंच' नाम से जो अनुवाद किया था उसे याद करना और पढ़ना विशेष रूप से आवश्यक लगता है, क्योंकि हैकल ने डार्विन के विकासवाद की मदद से धार्मिक पाखण्ड, रूढ़िवाद और आतंकवाद का जोरदार खण्डन किया था। आचार्य शुक्ल ने हैकल की पुस्तक का केवल अनुवाद ही नहीं किया, उस पुस्तक में व्यक्त विचारों की भारतीय विचारों से तुलना करते हुए उसे पाठकों के लिए सुगम बनाने के उद्देश्य से 126 पृष्ठों की लम्बी भूमिका लिखी है। शुक्ल जी का 'विश्व प्रपंच' दो खंडों में 1920 में प्रकाशित हुआ था। बाद में बहुत दिनों तक वह पुस्तक विस्मृति के अन्धकार में खोई रही। उसको याद करने और उसके महत्त्व को पाठकों के सामने लाने का काम रामविलास शर्मा ने 1959 में किया। डॉ. रामविलास शर्मा ने जैसे महावीर प्रसाद द्विवेदी के 'सम्पत्तिशास्त्र' को नया जीवन दिया उसी तरह रामचन्द्र शुक्ल के 'विश्व प्रपंच' को भी।

आज विश्व प्रपंच को याद करते समय यह सवाल भी सामने आता है कि रामचन्द्र शुक्ल ने हैकल की पुस्तक का अनुवाद क्यों किया? जॉन मुहम्मद ने ठीक ही कहा है कि 'साम्राज्यवाद के भौतिक और वैचारिक व्यवहारों के बीच गहरा प्रतीकात्मक सम्बन्ध होता है।' भारत में अंग्रेजी राज की स्थापना और प्रसार के साथ ही उपनिवेशवाद ने भारतीयों की 'चित विजय' या दिमागी गुलामी का जो अभियान आरम्भ किया था उसका पहला कदम था भारतीय साहित्य का अनुवाद करना। अंग्रेज बुद्धिजीवियों ने कानून, दर्शन, इतिहास और साहित्य के अनुवाद और व्याख्या का बड़े स्तर पर प्रयोग किया था। वे अनुवाद के माध्यम से भारत के आत्मबोध और जगतबोध को, उनकी अभिव्यक्ति के विभिन्न रूपों और रचनाओं को अपनी दृष्टि, भावना तथा समझ के अनुकूल बना रहे थे। इस तरह एक औपनिवेशिक विमर्श का निर्माण हो रहा था जो उपनिवेशवाद द्वारा भारत के आत्मसातीकरण का प्रमुख साधन था। उपनिवेशवादियों ने अनुवाद के माध्यम से भारतीय समाज के चिन्तन और लेखन की जो पुनःप्रस्तुति की उसमें उनकी अपनी विचारधारा और राजनीति भी निहित थी। विलियम जोन्स भारतीय साहित्य के पहले और सबसे प्रमुख अनुवादक थे। उनके अनुवाद सम्बन्धी आग्रहों के बारे में तेजस्विनी निरंजना ने लिखा है कि विलियम जोन्स के अनुसार भारतीय अपने कानून और संस्कृति की विश्वसनीय व्याख्या नहीं कर सकते। वे स्वयं को भारतीय कानूनों का निर्माता सिद्ध करना चाहते थे। साथ ही वे भारतीय संस्कृति के प्रवक्ता भी बनना चाहते थे। विलियम

जोन्स ने अंग्रेज प्रशासकों को भारतीय समाज और साहित्य का ज्ञान कराने के लिए ही अनुवाद किया था। उन्होंने अपने फारसी व्याकरण की भूमिका में लिखा था कि 'इससे हमारे ज्ञान का जितना विस्तार होगा उतना ही साम्राज्य का भी।' तात्पर्य यह कि विलियम जोन्स और अन्य भारतविदों ने भारत पर शासन के लिए भारतीय साहित्य का अनुवाद किया था। किसी ने ठीक ही लिखा है कि विलियम जोन्स ने सांस्कृतिक साधनों से औपनिवेशिक शासन के विस्तार का काम किया।

वैसे तो प्रत्येक अनुवाद मूलतः अन्य का आत्मसातीकरण है, लेकिन औपनिवेशिक अनुवाद भारतीय समाज, कानून, इतिहास, संस्कृति, साहित्य, परम्परा और चेतना के आत्मसातीकरण के अभियान का साधन था। भारत में जब नवजागरण की शुरुआत हुई, तब भारत का शिक्षित समुदाय इस स्थिति के बारे में धीरे-धीरे सचेत हो रहा था। भारतीय नवजागरण के निर्माताओं में से अनेक ने ब्रिटिश उपनिवेशवाद के अनुवाद सम्बन्धी अभियान के अभिप्राय को समझते हुए उसके उत्तर की खोज की दिशा में प्रयत्न करना शुरू किया और भारतीय समाज को जगाने के लिए स्वयं अनुवाद का काम आरम्भ किया। भारतीय नवजागरण की चेतना के प्रसार में, भारत की विभिन्न जातीयताओं के बीच आत्मीय सम्बन्ध के विकास में और एक व्यापक अखिल भारतीय राजनीतिक, सामाजिक और सांस्कृतिक चेतना के निर्माण में अनुवाद की महत्त्वपूर्ण भूमिका रही है, जिस पर पर्याप्त ध्यान नहीं दिया गया है। भारतीय नवजागरण के अधिकांश निर्माता और हिन्दी नवजागरण के निर्माता भी महत्त्वपूर्ण अनुवादक रहे हैं। हिन्दी नवजागरण के अग्रदूत भारतेन्दु ने अनेक भाषाओं के साहित्य का हिन्दी में अनुवाद किया था। उन्होंने अंग्रेजी के साथ-साथ संस्कृत, बांग्ला, उर्दू आदि से महत्त्वपूर्ण रचनाओं का अनुवाद किया है। हिन्दी में अनुवाद की यह परम्परा महावीर प्रसाद द्विवेदी से होते हुए रामचन्द्र शुक्ल तक पहुँचती है।

रामचन्द्र शुक्ल अपने युग के बड़े अनुवादक हैं। उन्होंने 1901 में जोसेफ़ एडिसन के 'प्लेज़र्स ऑफ इमैजिनेशन' का 'कल्पना का आनन्द' नाम से अनुवाद किया तो 1904 में न्यूमैन के निबन्ध 'साहित्य' का। उन्होंने 1906 में 'मैगास्थिनीज का भारतवर्षीय वर्णन', 1910 में 'प्राचीन भारत का एक शक राजा', 1913 में 'राज्य शिक्षा प्रबन्ध', 1914 में 'आदर्श जीवन', 1920 में 'विश्व प्रपंच' 1922 में 'बुद्धचरित' और 1922 में ही राखाल दास बंद्योपाध्याय के उपन्यास 'शशांक' का अनुवाद किया था। आचार्य शुक्ल के इन अनुवादों को देखकर उनके ज्ञान की व्यापकता का अन्दाज लगता है और साथ ही इस बात का भी कि वे भारतीय समाज में कैसे विचारों का प्रचार-प्रसार करना चाहते थे। आचार्य शुक्ल का यह प्रयत्न उपनिवेशवादी अनुवादों के प्रतिरोध के रूप में सामने आता है।

आचार्य रामचन्द्र शुक्ल उस समय हिन्दी में होने वाले अनुवादों की दशा और दुर्दशा से परिचित थे और चिन्तित भी। उन्होंने 6 जुलाई, सन् 1905 ई. के 'इंडियन

पीपुल' में एक लेख लिखा था 'द स्टेट ऑफ ए वर्नाक्यूलर'। इस लेख में आचार्य शुक्ल ने अनुवाद सम्बन्धी समस्याओं की चर्चा की है और हिन्दी में अनुवाद की स्थिति का विश्लेषण भी। उन्होंने लिखा है कि "हिन्दी में धोखेबाज अनुवादकों का एक ऐसा वर्ग है जो बड़े पैमाने पर धोखाधड़ी का काम करता है। ये लोग बंगला, उर्दू और मराठी आदि से उपन्यासों का अनुवाद करते हैं और उन अनुवादों को अपनी मौलिक रचना के रूप में प्रस्तुत करते हैं। वे अनुवाद करते समय उन अंशों को छोड़ देते हैं जो उनकी समझ में नहीं आते और कुछ शब्दों को बदल भी देते हैं। इस प्रवृत्ति की आलोचना करने वाले कुछ लेख भी हाल में छपे हैं।" आचार्य शुक्ल ने हिन्दी को अनुवाद की इस दुर्दशा से मुक्त करने के लिए स्वयं बड़े पैमाने पर अनुवाद का काम किया था। रामचन्द्र शुक्त के काव्य-दर्शन, आलोचना-दृष्टि और समाज-दर्शन के निर्माण में उनके अनुवादों की महत्त्वपूर्ण भूमिका रही है। उनके काव्य-दर्शन पर 'कल्पना का आनन्द' का गहरा प्रभाव है तो उनकी आलोचना-दृष्टि पर 'साहित्य' नामक निबन्ध का। समाज, संस्कृति और धर्म के बारे में आचार्य शुक्ल के दृष्टिकोण को बनाने में 'विश्व प्रपंच' के योगदान का मूल्यांकन होना अभी बाकी है।

अन्र्स्ट हैकल (1834-1919) जर्मनी के प्रसिद्ध प्रकृतिवादी थे। वे जेन विश्वविद्यालय में प्राणी विज्ञान के प्रोफेसर थे और अपने समय के विख्यात प्राकृतिक ऐतिहासिक भौतिकवादी भी। उन्होंने डार्विन के विचारों का समर्थन करने और उन्हें लोकप्रिय बनाने के लिए अनेक पुस्तकें लिखीं, जिनमें सर्वाधिक चर्चित 'रिडिल ऑफ यूनीवर्स' थी। इस पुस्तक में हैकल ने सृष्टि के निर्माण सम्बन्धी पौराणिक कथाओं, आत्मा की अमरता और ईश्वर की सर्वव्यापकता का वैज्ञानिक तथ्यों तथा तर्कों के आधार पर खण्डन किया। उन्होंने आत्मा की अमरता सम्बन्धी सिद्धान्त की समीक्षा करते हुए लिखा है कि इसी सिद्धन्त पर "अनेक प्रकार के अन्धविश्वासों का गढ़ खड़ा किया गया है। यह एक ऐसा विषय है जिस पर दार्शनिक विचार करते समय प्रायः लोग अपने व्यक्तित्व के राग में फँस जाते हैं। वे चाहते हैं कि किसी न किसी प्रकार उन्हें यह विश्वास दिलाया जाय कि उनकी सत्ता जीवन के उपरान्त भी बनी रहेगी। यह वासना ऐसी प्रबल है कि इसके सामने कोई तर्क या युक्ति नहीं चल सकती। अतः आत्मा के सम्बन्ध में इस प्रबल वितंडावाद की सूक्ष्म परीक्षा करके आधुनिक शरीर विज्ञान के प्रत्यक्ष प्रमाणों द्वारा इसकी असारता दिखा देना हमारा काम है।"

आत्मा की अमरता के खण्डन के बाद हैकल ने ईश्वर के अस्तित्व और उसकी सर्वव्यापकता की छानबीन की है। हैकल मानते हैं कि दुनिया भर में ईश्वर के बारे में अनेक प्रकार की भावनाएँ प्रचलित हैं। इन भावनाओं में समय-समय पर परिवर्तन भी होते रहे हैं। कई प्रकार के ईश्वरों की कल्पनाएँ की गयी हैं और उनका खण्डन-मण्डन

भी हुआ है। प्रत्येक काल की ईश्वर की कल्पना में उस काल की भौतिक-सामाजिक अवस्थाओं और मनुष्य की बदलती मानसिकताओं का प्रतिबिम्बन भी है। ईश्वर को "जगत से भिन्न, बाह्य और स्वतन्त्र तथा उसका कर्त्ता और नियन्ता कहा जाता है। उसकी भावना पुरुष विशेष या देव विशेष के रूप में ही हुई है। वह मनुष्यों ही के समान सोचता-विचारता, अनुभव करता तथा प्रसन्न और अप्रसन्न होता है।" हैकल यह भी कहते हैं कि ईश्वर के नाम पर जो लोग घण्टों पूजा-पाठ और टंट-घंट करते हैं वे चाहे कपट और व्यभिचार में ही डूबे हुए क्यों न हों, दूसरे लोग उन्हें परम साधु और क्रियानिष्ठ कहते हैं। "यह दुर अवस्था तभी दूर होगी जब ज्ञान का प्रसार होगा और लोगों को तत्त्व-दृष्टि प्राप्त होगी।"

हैकल ने वैज्ञानिक चिन्तन और आलोचना-बुद्धि के दमन के लिए ईसाई धर्म द्वारा किये गये कार्यों का विस्तार से वर्णन किया है। उन्होंने लिखा है कि "विगत शताब्दी से विज्ञान और ईसाई मत के बीच विरोध बढ़ता चला जाता है। ज्यों-ज्यों विज्ञान की उन्नति होती जाती है त्यों-त्यों उन मतों की असारता प्रमाणित होती जाती है जो दिव्य-दृष्टि या दैवी आभास के बल पर बुद्धि का दमन करके उसे बन्धन में रखते हैं। ऐसे ही मतों में से एक ईसाई मत भी है।" "ईसा के पूर्व यूनान और रोम आदि की प्राचीन सभ्यता के प्रभाव से जो जातियाँ ज्ञान के उन्नत सोपान पर आरूढ़ हो चुकी थीं वे ईसाई मत के कुप्रभाव के कारण एकदम पतित होकर बर्बरावस्था को प्राप्त हो गयीं। विश्वास को बुद्धि पर प्रधानता दी गयी। बुद्धि के द्वारा तत्त्व-चिन्तन और वैज्ञानिक अनुसन्धान का कुछ महत्त्व ही न रह गया क्योंकि सब लोग ईसाई धर्माचार्यों के उपदेशानुसार कल्पित परलोक की तैयारी ही में हैरान रहने लगे।" हैकल के इन विचारों को देखकर यह समझना मुश्किल नहीं है कि उनकी पुस्तक के प्रकाशन के बाद ईसाई धर्म के ठेकेदारों के बीच पुस्तक के विरुद्ध तीव्र प्रतिक्रियाएँ क्यों हुईं? आचार्य शुक्ल के शब्दों में "इस पुस्तक ने सबसे अधिक खलबली पादरियों के बीच डाली जिनकी गालियों से भरी हुई सैकड़ों पुस्तकें इसके प्रतिवाद में निकलीं।"

आचार्य शुक्ल द्वारा हैकल की पुस्तक के अनुवाद का निर्णय एक साहसी निर्णय था, अनेक प्रकार के खतरों से भरा हुआ; क्योंकि भारत में धर्म का मकड़जाल कम मजबूत और फैला हुआ न था। हैकल की पुस्तक के जिस अंग्रेजी अनुवाद का आचार्य शुक्ल ने हिन्दी अनुवाद किया वह जोजफ मेककैब का किया हुआ है। मेककैब का परिचय देते हुए आचार्य शुक्ल ने लिखा है कि उन्होंने हैकल का एक जीवनचरित लिखा है और हैकल पर किए हुए आक्षेपों के उत्तर में एक पुस्तक भी लिखी है। मेककैब ने अपने अनुवाद के पाँचवें संस्करण की भूमिका में हैकल के विरोधी विचारों का व्यवस्थित और विस्तृत उत्तर दिया है। आचार्य शुक्ल केवल अनुवाद की चिन्ता नहीं कर रहे थे, वे पश्चिम में विकासवाद पर होने वाली बहसों

पर भी ध्यान दे रहे थे। उन्होंने हैकत के समर्थन में मेककैब के प्रयत्नों की ओर संकेत करते हुए लिखा है कि "अभी हाल में एक सभा के बीच इनसे (मेककैब से) इंगलैण्ड के प्रसिद्ध कहानी लेखक ए. कानन डायल का परलोक आदि विषय पर शास्त्रार्थ हुआ है जो पुस्तकाकार छपा है।" आचार्य शुक्ल ने कानन डायल की असलियत बताते हुए लिखा है कि "वे पूरे आध्यात्मवादी हैं।"

आचार्य शुक्ल ने उस विचार-प्रक्रिया पर ध्यान दिया है जो विकासवाद और हैकल की मान्यताओं के विरोध में यूरोप में सक्रिय थीं। उन्होंने लिखा है कि "जब हैकल आदि कुछ वैज्ञानिक अपने क्षेत्रों से निकलकर ईश्वर, परलोक आदि के खण्डन द्वारा ईसाई धर्म पर टूटे तब बहुतों ने अपने मजहब की पौराणिक और स्थूल बातों को किनारे कर हेगल आदि के पूर्ण चिद्वाद (फिलॉसफी ऑफ एब्सोल्यूट) या ब्रह्मवाद की ही शरण ली जिसकी आधिभौतिकों ने हँसी उड़ाई, क्योंकि भाववाद में उनके स्थूल ईश्वर, फरिश्तों, दोज़ख़ की आग, पिता-पुत्र आदि के लिए कहीं ठिकाना नहीं था। कैथोलिक सम्प्रदाय के ईसाइयों ने शुद्ध बाह्यार्थवाद का अवलम्बन किया। अधिकांश वैज्ञानिक अपने विषय के बाहर न जाकर संशयवादी रहे, और अब भी हैं।" विकासवाद और हैकल के विरोधियों में एक थे सर आलिवर लाज जिन्होंने, शुक्ल जी के शब्दों में धर्माचार्यों का पूरा साथ दिया। आचार्य शुक्ल ने आलिवर लाज के 1913 के एक व्यख्यान का विस्तार से उल्लेख करते हुए उनकी वैचारिक असंगतियों की ओर संकेत किया है। उन्होंने लिखा है कि "लाज उन थोड़े से वैज्ञानिकों में से हैं जो संशयवाद से निकलकर ईश्वर, परलोक आदि के मंडन में तत्पर रहते हैं। योरप और अमेरिका में कुछ दिनों से परोक्ष शक्ति के साधक भी खड़े हुए हैं जो अनेक प्रकार की सिद्धियाँ दिखाकर आत्म सत्ता का अस्तित्व प्रतिपादित करने का उद्योग करते हैं।" आलिवर लाज ने 'रिडिल ऑफ यूनीवर्स' में व्यक्त विचारों के खण्डन के लिए ही 'लाइफ एण्ड मैटर' नामक पुस्तक लिखी थी जो 1907 में छपी थी। आलिवर लाज ने हैकल के साथ-साथ मेककैब के विचारों का भी अपनी दृष्टि से जोरदार विरोध किया है और प्रकृति सम्बन्धी अद्वैतवाद का भी।

यूरोप में डार्विन के विकासवाद के विरोधी बहुत थे, लेकिन कुछ समर्थक भी थे। उन समर्थकों में कार्ल मार्क्स और फ्रेडरिक एंगेल्स थे। मार्क्स को डार्विन के विकासवाद से ताकत मिली और आत्मविश्वास भी प्राप्त हुआ क्योंकि कार्ल मार्क्स समाज के सन्दर्भ में जिस दृष्टि का निर्माण और विकास कर रहे थे उससे मिलती-जुलती दृष्टि का विकास डार्विन ने प्रकृति के सन्दर्भ में किया था। डार्विन का भौतिकवाद भी मार्क्स को प्रिय था। डार्विन भी मार्क्स के विचारों के प्रशंसक थे। 1873 में जब डार्विन को मार्क्स की पुस्तक 'पूँजी' की प्रति प्राप्त हुई तब उन्होंने मार्क्स को एक पत्र लिखा था जिसमें उन्होंने पुस्तक में व्यक्त विचारों की सराहना करते हुए यह भी लिखा था कि "यद्यपि हमारे विचारों के विषय एकदम अलग हैं फिर भी मेरा

विश्वास है कि हम दोनों ईमानदारी से ज्ञान के प्रसार में लगे हैं और बाद के समय में इससे मानव-समाज के सुख में वृद्धि होगी।" मार्क्स की मृत्यु के बाद एंगेल्स ने कहा था कि "जैसे डार्विन ने मानव-स्वभाव के विकास के नियम की खोज की थी वैसे ही मार्क्स ने मानव-इतिहास के विकास के नियम की खोज की है।"

आचार्य रामचन्द्र शुक्ल ने केवल हैकल की पुस्तक का अनुवाद ही नहीं किया था, उन्होंने विकासवाद का समर्थन भी किया है। यद्यपि उन्होंने विकासवाद का विवेचन किया है, लेकिन वे दार्शनिक दृष्टि और वैज्ञानिक चिन्तन के अन्तर से अपरिचित नहीं हैं। उन्होंने लिखा है कि "दार्शनिक अनुमान के रूप में तो विकास सिद्धान्त बहुत प्राचीन काल से पूर्व और पश्चिम दोनों ओर चला आ रहा है। एक अव्यक्त मूल प्रकृति से किस प्रकार क्रमशः जगत का विकास हुआ है, सांख्य में इसका प्रतिपादन किया गया है। यूनानी तत्ववेत्ता भी जगत का विकास इसी प्रकार मानते थे। पर वैज्ञानिक निश्चय और दार्शनिक अनुमान में बड़ा भेद होता है। दार्शनिक संकेत मात्र देते हैं और वैज्ञानिक ब्योरों की छानबीन करते हैं। जिस समय डार्विन ने प्राणियों की उत्पत्ति के सम्बन्ध में विकास सिद्धान्त को बहुत से प्रत्यक्ष प्रमाणों से पुष्ट करके प्रकाशित किया उस समय बहुत से लोग, विशेषतः पादरी लोग उसके विरोध में खड़े हुए। पर साथ ही बहुत से वैज्ञानिक नये-नये प्रमाणों द्वारा उसे पुष्ट करने में तप्तर हुए।"

आचार्य शुक्ल ने विकासवाद के महत्त्व की ओर संकेत करते हुए उसकी व्यापकता पर ध्यान दिया है। उन्होंने लिखा है कि "विकास नियम की चरितार्थता पहले सजीव सृष्टि (जन्तु और वनस्पति) में ही दिखाई गयी। फिर वैज्ञानिकों ने उसे लेकर सम्पूर्ण जगत्-विधान पर घटाया और नानारूपों के पदार्थों को एक ही मूल रूप के द्रव्य से उत्तरोत्तर उत्पन्न सिद्ध किया। इस प्रकार विकास एक विश्वव्यापक नियम माना जाता है।" आचार्य शुक्ल ने यह भी स्पष्ट किया है कि विकासवाद का पौराणिक सृष्टिवाद से कैसा विरोध है। उन्होंने लिखा है कि "नाना मतों और सम्प्रदायों की पौराणिक सृष्टि कथाओं का इस सिद्धान्त से सर्वथा विरोध है। वे इस विकासवाद के अनुसर असंगत ठहरती हैं; क्योंकि वे सम्पूर्ण चराचर सृष्टि को एक ही समय में ईश्वर द्वारा उसी प्रकार रचित बतलाती हैं जिस प्रकार कोई कारीगर नाना प्रकार की वस्तुएँ बना कर सजाता है।"

आचार्य शुक्ल ने आधुनिक चिन्तन पर विकासवाद के व्यापक प्रभाव की चर्चा की है। उन्होंने लिखा है कि "जगत की उत्पत्ति, जीवों की उत्पत्ति, मनोविज्ञान, कर्त्तव्य शास्त्र, इतिहास, धर्माधर्म, समाजशास्त्र सबकी व्याख्या विकास-पद्धति का अवलम्ब करके की गयी है। आजकल ऐसा ही कोई होगा जो इतिहास लिखने में इस बात का ध्यान न रखता हो कि किसी जाति के बीच ज्ञान, विज्ञान, आचार, सभ्यता आदि का विकास क्रमशः हुआ है। इन सबको पूर्ण रूप में लेकर किसी जाति

के जीवन का आरम्भ नहीं हुआ।" जो लोग आजकल ज्ञान-विज्ञान की हर बात की खोज ऋग्वेद में करते हैं वे आचार्य शुक्ल के इस कथन को पढ़कर कैसा अनुभव करेंगे, इसका अनुमान किया जा सकता है। आचार्य शुक्ल के अनुसार ऐसे प्रयत्न हास्यास्पद होंगे।

भारत में आजकल ऐसे लोगों की बाढ़ आई हुई है जो हिन्दू धर्म को सनातन मानने का आग्रह करते हैं। आचार्य शुक्ल ने लिखा है कि "विकासवाद की व्याख्या के अनुसार धर्म कोई अलौकिक, नित्य और स्वतन्त्र पदार्थ नहीं है। समाज के आश्रय से ही उसका क्रमशः विकास हुआ है। धर्म का कोई ऐसा सामान्य लक्षण नहीं बताया जा सकता जो सर्वत्र और सब काल में मनुष्य जाति की जब से उत्पत्ति हुई तब से अब तक—बराबर मान्य रहा हो। समाज की ज्यों-ज्यों वृद्धि होती गयी त्यों-त्यों धर्म की भावना में भी देश कालानुसार फेर-फार होता गया।" ऐसी स्थिति में वैदिक युग की धर्म भावना को आज के समय में संगत मानना और दूसरों पर लादना स्वयं असंगत होना है और धर्म को आतंक का साधन बनाना है। जो लोग यह समझते हैं कि भारतीय सभ्यता अपने पूर्ण रूप में वेदों में उपलब्ध है वे आधुनिक चिन्तन से अपना अपरिचय जाहिर करते हैं और अपने साथ समाज को भी पीछे ले जाना चाहते हैं। आचार्य शुक्ल की राय में आधुनिक मत यही है कि मनुष्य जाति असभ्य दशा से उन्नति करते-करते सभ्य दशा को प्राप्त हुई है। आचार्य शुक्ल की बात मानें तो मानव समाज के इतिहास का स्वर्णयुग अतीत में नहीं भविष्य में ही सम्भव है। उनके अनुसार यह धारणा भ्रान्त है कि मानव-समाज क्रमशः पतित होता हुआ आज की अवस्था में पहुँचा है।

'विश्वप्रपंच' 1920 में प्रकाशित हुआ था लेकिन विकासवाद का प्रभाव शुक्लजी के परवर्ती चिन्तन और लेखन में जगह-जगह दिखाई देता है। उनके अत्यन्त महत्त्वपूर्ण निबन्धों में एक है 'भक्ति का विकास' जो 'सूरदास' नामक किताब में शामिल है। इस निबन्ध में अनेक बातें ऐसी हैं जो विश्व प्रपंच की भूमिका में मौजूद हैं। उनके हिन्दी साहित्य के इतिहास और आलोचनात्मक निबन्धों में आध्यात्मवाद का जो बार-बार विरोध है उसकी भी आधारभूमि विश्वप्रपंच की भूमिका ही है। शुक्लजी ने रहस्यवाद का खण्डन करते हुए भी विकासवादी दृष्टि को ध्यान में रखा है। विकासवाद ने आचार्य शुक्ल को वह दृष्टि दी जिसकी मदद से वे हर प्रकार के शाश्वततावाद और सनातनवाद का विरोध कर सके और मानव जीवन, समाज, साहित्य, संस्कृति तथा धर्म में परिवर्तन और विकास की प्रक्रिया के महत्त्व को पहचान सके।

सन् 2002 में आचार्य शुक्ल के निबन्धों का एक और संग्रह 'चिन्तामणि—4' प्रकाशित हुआ है। इसके दो निबन्ध ऐसे हैं जिनमें विकासवाद का प्रभाव स्पष्ट दिखाई देता है। ये निबन्ध हैं—'जाति-व्यवस्था' तथा 'धर्म और विकासवाद'। ये दोनों निबन्ध मूल रूप से अंग्रेजी में लिखे गये थे। चिन्तामणि—4 में इनके हिन्दी अनुवाद

प्रकाशित हैं। 'जाति-व्यवस्था' शीर्षक निबन्ध अधूरा है। इसका अनुमानित लेखन काल 1924 है। जो लोग रामचन्द्र शुक्ल को रोज-रोज ब्राह्मणवादी घोषित करते रहते हैं वे अगर अपने पूर्वग्रहों से मुक्त होकर इस निबन्ध को पढ़ें तो शुक्ल जी के बारे में उनकी राय बदल सकती है, लेकिन आज के समय में यह मुश्किल ही लगता है। इस निबन्ध में शुक्ल जी ने सबसे पहले जाति सम्बन्धी शुद्ध रक्त की धारणा का खण्डन किया है। उन्होंने लिखा है कि "भारतीय रक्त शक, ग्रीक, यूची, हूण, मंगोल, आर्य और द्रविड़ रक्तों का मिश्रण है।" आचार्य शुक्ल ने जाति-व्यवस्था की कठोरता और ब्राह्मणवाद की अमानवीयता की कड़ी आलोचना करते हुए कहा है कि "इसने (जाति-व्यवस्था ने) स्तरबद्ध वर्गों और सोपानिक श्रेणियों में मनुष्य का कठोर अनम्य विभाजन कर दिया है, तानाशाह फिर भी दैवीय कहे जाने वाले ब्राह्मण अन्य सभी को हेय दृष्टि से देखते हैं।" जाति-व्यवस्था की एक प्रवृत्ति यह है कि प्रत्येक जाति अपने से छोटी जाति की खोज करती है और उससे घृणा भी करती है। इस प्रवृत्ति की ओर संकेत करते हुए आचार्य शुक्ल ने लिखा है कि "प्रत्येक जाति अपने से नीची जाति से घृणा करती है और तब हम लेवल रहित, जाति-बहिष्कृत तथा दुर्भाग्यग्रस्त अछूतों के विशाल जन समूह तक नीचे पहुँच जाते हैं।" आचार्य शुक्ल के अनुसार जाति-व्यवस्था हार्दिक सहयोग तथा कर्म की स्वतन्त्रता को अवरुद्ध करती है। वह मनुष्य की चेतना को सीमित और संकुचित भी बनाती है। जाति-व्यवस्था व्यक्ति की स्वतन्त्रता को सीमित करती हुई मनुष्य की कर्मशीलता को भी नष्ट करती है। हिन्दी में ऐसे लोगों का अभाव नहीं है जो जाति-व्यवस्था के अपराध-बोध से हिन्दू समाज को मुक्त करने के लिए उसे सारी दुनिया में देखने की कोशिश करते हैं। आचार्य शुक्ल ने इस भ्रम का खण्डन किया है और लिखा है कि "जाति पूर्वी सभ्यता की सन्तान है। मानवता का यह अनमनीय विभाजन उन स्वार्थी पण्डितों द्वारा मिथ्या धर्म से जोड़ा गया है जो गरीब, पद दलित वर्गों की कीमत पर धनी बन रहे हैं और आनन्द कर रहे हैं।"

हिन्दी में और हिन्दुस्तान में भी कुछ ऐसे भारत प्रेमी हैं जो यह मानने को तैयार ही नहीं होते कि जाति-व्यवस्था भारतीय के समाज विकास में बाधक रही है। डॉ. रामविलास शर्मा ने इतिहास-दर्शन की भूमिका में लिखा है कि "भारत में वर्ण-व्यवस्था थी, इसलिए यहाँ का समाज प्रतिक्रियावादी था—यह बहुत बड़ी भ्रान्ति है।" इसके ठीक विपरीत आचार्य शुक्ल ने लिखा है कि "भारतीय समाज की प्रगति में रामायण काल से ही भावशून्य वर्ण और जाति सबसे बड़ी बाधा रही है। जब तक यह अस्वाभाविक प्रणाली प्रचलित रहेगी, समाज का विनाश है और उसके साथ हमारा भी विनाश है। जाति ने मंगल या सौन्दर्य या शिक्षा या अनुसन्धान की जड़ों पर प्राणान्तक प्रहार किया है। एक ओर सत्ता-शक्ति और अधिकार है तो दूसरी ओर प्रतिरोध के अवसर के बगैर केवल भूख और निर्वासन। जबकि दूसरे देशों में

प्रत्येक और सभी व्यक्ति समान अवसर प्राप्त करते हैं।" अगर आचार्य शुक्ल का यह निबन्ध पूरा होता तो उनकी सामाजिक विचारधारा को सम्पूर्णता में समझना सम्भव होता। लेकिन इंस अधूरे निबन्ध से भी उनकी सामाजिक दृष्टि और चिन्ता को समझने के लिए महत्त्वपूर्ण संकेत मिल सकते हैं।

'धर्म और विकासवाद' आचार्य शुक्ल का वैसा ही महत्त्वपूर्ण निबन्ध है जैसा 'भक्ति का विकास'। यह निबन्ध 1936-37 में लिखा गया था। अनुवादिका के अनुसार आचार्य शुक्ल 'सूरदास' नामक पुस्तक पूरी कर लेने के बाद कबीरदास पर एक पुस्तक लिखना चाहते थे और इस लेख को उसका पहला अध्याय बनाना चाहते थे। यह लेख अनेक दृष्टियों से महत्त्वपूर्ण है, विशेष रूप से आचार्य शुक्ल की विकसित होती हुई विचारधारा को समझने के लिए। यह लेख विश्वप्रपंच की भूमिका से अनेक रूपों में जुड़ा हुआ है। इस निबन्ध में आचार्य शुक्ल ने दर्शन और दर्शन के स्वरूप पर विस्तार से विचार किया है। आचार्य शुक्ल की दार्शनिक दृष्टि इस रूप में हमारे सामने आती है, "जो यथार्थ है, वह तर्क मूलक है और जो तर्क मूलक है उन सबको अपना विषय बनाने का दावा दर्शनशास्त्र करता है। प्रकृति और मानव-जीवन के केवल सामान्यीकरण का पता लगाना ही इसका काम नहीं है बल्कि प्रकृति में, मानव-मन में, समस्त सामाजिक संस्थाओं और राष्ट्रों के इतिहास में तथा विश्व के प्रगतिशील उत्थान में, जैविक गतिविधियों की और तर्क की प्रक्रिया की उपस्थिति की खोज करना भी दर्शन का कार्य है।"

आचार्य शुक्ल यह मानते हैं कि प्रत्येक मनुष्य के लिए धर्म की आवश्यकता सिद्ध करने के लिए हमसे यह दिखलाने की अपेक्षा की जाती है कि ऐसे किसी मनुष्य का अस्तित्व कभी नहीं रहा जिसने वह आवश्यकता महसूस न की हो। विकासवाद को ध्यान में रखकर आचार्य शुक्ल ने लिखा है कि विचारवान और आत्मचेतस प्राणी के रूप में मनुष्य की प्रकृति के सार में ही धर्म रूप लेता है। आचार्य शुक्ल ने विश्वप्रपंच की भूमिका में धर्म की जो विकासवादी व्याख्या की है वही यहाँ भी कुछ अधिक विस्तार से मिलती है।

इस निबन्ध का सबसे महत्त्वपूर्ण हिस्सा वह है जहाँ आचार्य शुक्ल ने विज्ञान और धर्म के द्वन्द्व को सांस्कृतिक द्वन्द्व के रूप में देखा है। उन्होंने लिखा है कि "सांस्कृतिक रूप से हम महत्त्वपूर्ण समय में रह रहे हैं। विज्ञान और धर्म के बीच एक लम्बे और विध्वंसक युद्ध के अन्तिम दृश्यों के हम दर्शक हैं; क्योंकि सांस्कृतिक द्वन्द्व निर्माणात्मक होने के साथ-साथ ध्वंसात्मक भी होते हैं।" आचार्य शुक्ल ने सोवियत संघ में विज्ञान और धर्म के द्वन्द्व को ध्यान में रखकर ही सांस्कृतिक द्वन्द्व की बात की है। उन्होंने लिखा है कि "संघात्मक समाजवादी सोवियत गणराज्य के वैज्ञानिक पहले से ही शरीर पर मुकुट रख रहे हैं जैसे कि अपराजेय विरोध का जीवन एकदम विलुप्त हो गया हो। उनके साथ अधिकाधिक संख्या में शिक्षित जनता सम्मिलित

हो रही है जो अब धर्म के विषय में कभी कुछ बात करती भी है तो 'जनता की अफीम' अथवा 'भीमकाय सामाजिक छल' के रूप में उसका सन्दर्भ देती है।" आचार्य शुक्ल ने इस स्थिति का लगभग स्वागत करते हुए लिखा है कि "सत्य के साथ धर्म की कुश्ती का अन्त हुआ और विज्ञान ने जो कुछ नष्ट किया उसके स्थान पर जीवन का नया दर्शन संघटित करते हुए वह एक प्रभावशाली निर्माणात्मक शक्ति बन गया है।"

धर्म से विज्ञान के संघर्ष के सन्दर्भ में मनोविज्ञान के विकास को आचार्य शुक्ल ने अत्यन्त महत्त्वपूर्ण माना है। उन्होंने लिखा है कि "पूर्ववर्ती विज्ञानों द्वारा धार्मिक विश्वासों को भ्रामक सिद्ध कर दिये जाने के बाद यह नया विज्ञान उस विशेष स्नायु-तंत्र की रचना की कार्य-प्रक्रिया को अन्तिम रूप से प्रदर्शित कर सकता है जिसके कारण मनुष्य की किसी विशिष्ट दुर्बलता से ऐसे विचित्र भ्रम उत्पन्न हो सके हैं। मनोविज्ञान धर्म के दर्शन की एक समय की शक्तिशाली पद्धति के खँडहर में छिपी धार्मिक शक्तियों के अवशेषों के साथ वह सलूक कर सकता है जो 'झाड़-पोंछ कर साफ करने वाला कर्म' कहलाता है।"

'धर्म और विकासवाद' नामक निबन्ध में आचार्य शुक्ल ने सामाजिक दुर्व्यवस्था में धर्म की स्थिति और जरूरत पर विचार किया है। वे मानते हैं कि एक विकसित लेकिन आत्मारहित समाज में एक ओर गरीबी और यातना से पीड़ित लोग रहते हैं तो दूसरी ओर 'सुख के लिए नितान्त उन्मत्त आखेट' करने वाले लोग। आज का पूँजीवादी समाज ऐसा ही समाज है। ऐसे समाज में, आचार्य शुक्ल के शब्दों में "धर्म का मूल्य इतिहास के एक अवांछनीय पाठ के रूप में समग्रतः पूरे समाज में ठहरा हुआ प्रतीत होता है।" ऐसे में धर्म "सत्ता और समाज द्वारा, जीवन और प्रेम द्वारा, निर्वासित तथा तिरस्कृत लोगों से, बीमार, संत्रस्त और गरीब जन समुदाय से धर्म अपने लिए समर्थन माँगता है।" आचार्य शुक्ल के इस कथन से यह स्पष्ट है कि धर्म के विरुद्ध विज्ञान के माध्यम से या किसी क्रान्तिकारी विचार के माध्यम से ही बौद्धिक संघर्ष पर्याप्त नहीं है। धर्म के अन्त के लिए ऐसी समाज-व्यवस्था का निर्माण जरूरी है जिसमें कोई व्यक्ति या समुदाय सामाजिक, आर्थिक और सांस्कृतिक कारणों से धर्म की ओर जाने के लिए मजबूर न हो।

आचार्य शुक्ल के चिन्तन की एक विशेषता यह भी है कि वे कभी-कभी अपने ज्ञान और अनुभाव के आधार पर ऐसी बातें कहते हैं जो अपनी विशिष्ट अर्थवत्ता के कारण चकित करती हैं। विश्वप्रपंच की भूमिका में उन्होंने पाश्चात्य दार्शनिकों के विचारों की समीक्षा करते हुए नीत्शे की विचार-पद्धति की चर्चा की है और उसके राजनीतिक परिणामों की भी। उन्होंने लिखा है कि "शोपेनहावर ने सबसे जड़ और दुःखमयी प्रवृत्ति को ही जगत के मूल में रखा है। उसका यह दुःखवाद जर्मनी में नीत्शे ने ग्रहण किया और अपनी चमत्कार पूर्ण अनोखी युक्तियों द्वारा अपने देश में एक इन्द्रजाल-सा फैला दिया। वह शोपेनहावर के दर्शन से जड़ प्रवृत्ति या संकल्प-शक्ति

को लेकर विकासवाद की ओर गया और कहने लगा कि जीवन की यही कामना विकास के नियम में भी देखी जाती है कि 'जो जीव समर्थ होते हैं वे ही रह जाते हैं और बाकी सब नष्ट हो जाते हैं।' "प्रकृति द्वारा जीवित रहने का अधिकार बलवानों को ही प्राप्त है। वे दुर्बलों को संसार से हटाकर अपने लिए—अपने ज्ञान, बल, वैभव आदि के पूर्ण विस्तार के लिए जगह करें और इस प्रकार ग्रहण-प्रद्धति द्वारा एक मनुष्योपरि योनि का विकास करें। इस मनुष्योपरि योनि के विकास के उन्माद में जर्मनी ने हाल में जो करतब किये उन्हें संसार देख चुका है।" आचार्य शुक्ल नीत्शे को एक ओर चमत्कारवादी दार्शनिक के रूप में देखते हैं तो दूसरी ओर जर्मन नाजीवाद के प्रेरणास्रोत और पोषक के रूप में भी। नीत्शे की ऐसी आलोचना बहुत बाद में जार्ज लुकाच ने अपनी पुस्तक 'बुद्धि का विनाश' में और अन्यत्र भी की थी। वही नीत्शे आजकल उत्तर-आधुनिकतावाद और विखण्डनवाद के परम गुरु माने जाते हैं।

जिस समाज में 20वीं सदी के अन्त में भी गणेश की मूर्तियों को दूध पिलाने का बड़े पैमाने पर आयोजन होता हो उसमें विश्वप्रपंच जैसी अनात्मवादी, ईश्वर विरोधी और धार्मिक कर्मकाण्ड के पाखण्ड का खण्डन करने वाली पुस्तक को सर्वजन सुलभ बनाने की कोशिश करना कितना मूलगामी है—यह समझना मुश्किल नहीं है। हिन्दी में नये विचारों के प्रति जो रवैया रहा है उसे देखते हुए यह कोई आश्चर्य की बात नहीं है कि जिस पुस्तक के छपने पर यूरोप में विचारों की दुनिया में लगभग भूकम्प आ गया था उसके समर्थन में लिखी लम्बी भूमिका पर हिन्दी में कोई हलचल नहीं हुई। पुस्तक की समीक्षा भी शायद ही छपी हो।

विश्वप्रपंच से यह सिद्ध होता है कि हिन्दी नवजागरण के विचारक और लेखक केवल वेदों और उपनिषदों का न सारांश लिखते रहे हैं और न समर्थन ही करते रहे हैं। उन्होंने ऐसे विचारों को भी हिन्दी में लाने और फैलाने की कोशिश की थी जो आध्यात्मवाद और धार्मिक मकड़जाल को छिन्न-भिन्न करते थे। लेकिन उनके इन कामों पर ध्यान देने वाले लोग आजकल बहुत कम हैं। यहाँ तो ऐसे लोग हैं जो यह कहते रहते हैं कि एक तो हिन्दी नवजागरण जैसा कुछ कभी था ही नहीं, और अगर वह कुछ था भी तो हिन्दू नवजागरण था। शिक्षित समाज में अपने ज्ञान पर भी गर्व करना अच्छा नहीं समझा जाता, लेकिन आजकल हिन्दी में ऐसे बुद्धिजीवी हैं जो अपने अज्ञान पर गर्व करते दिखाई देते हैं।

# शिवदान सिंह चौहान : हिन्दी की मार्क्सवादी आलोचना के भगीरथ

शिवदान सिंह चौहान हिन्दी की मार्क्सवादी आलोचना के भगीरथ हैं। आलोचक के रूप में उन्हें याद करने से अधिक भूलने-भुलाने की ही कोशिशें हुई हैं और कुछ मार्क्सवादी आलोचकों ने उन्हें आलोचना के इतिहास से बहिष्कृत करने का भी प्रयत्न किया है। आज के समय में जबकि गंगा सफाई अभियान के अधिकारी स्वयं को भगीरथ से भी अधिक महत्त्वपूर्ण समझते हों तब हिन्दी की मार्क्सवादी आलोचना के इतिहास लेखन में शिवदान सिंह चौहान का विस्मरण कोई आश्चर्य की बात नहीं है।

शिवदान सिंह चौहान का मार्च, 1937 के 'विशाल भारत' में एक निबन्ध प्रकाशित हुआ था—'भारत में प्रगतिशील साहित्य की आवश्यकता'। चौहान ने यह निबन्ध तब लिखा था जब वे कुल 19 वर्ष के ही थे और बी.ए. के छात्र भी। उनके इस निबन्ध के कुछ वाक्यों और कथनों की ऐतिहासिक पृष्ठभूमि को ध्यान में रखकर उस पर समग्रता में विचार नहीं हुआ है। 1986 में शिवदान सिंह चौहान ने अपनी एक बातचीत में उस निबन्ध के ऐतिहासिक सन्दर्भ को स्पष्ट करते हुए कहा है कि "वह सारा दौर एक तरह के 'प्रोलित कुल्तवादी' रवैये का शिकार था। स्वयं प्रलेस के लखनऊ और कलकत्ता घोषणा पत्रों में जो रवैया अपनाया गया है उसी की छाप सन् 36 में लिखे गये उस लेख पर पड़ी है।" शिवदान सिंह चौहान के इस लेख की कुछ पंक्तियों की इतनी निन्दा की गयी है कि उन्होंने इसे अपने किसी भी निबन्ध संग्रह में शामिल नहीं किया है। आज यह निबन्ध दुर्लभ है और आजकल हिन्दी आलोचना की जो स्थिति है, उसमें यह उम्मीद करना कि कोई 'विशाल भारत' में से इसे खोज कर पढ़ेगा, व्यर्थ है।

यह हिन्दी में लिखा गया ऐसा पहला निबन्ध है, जिसमें साहित्य की मार्क्सवादी दृष्टि को समझने-समझाने की गम्भीर कोशिश की गयी है। इसमें हिन्दी साहित्य से सम्बन्धित अनेक महत्त्वपूर्ण प्रश्न उठाये गये हैं और भारतीय समाज से भारतीय साहित्य के बनते और बदलते सम्बन्धों को समझने-समझाने की गम्भीर कोशिश

की गयी है। शिवदान सिंह चौहान ने लिखा है कि “भारत में सामन्ती समाज के हिमायतियों ने, आश्रम चतुष्टय कायम करते हुए अपने को भारतीय कहते और समस्त ईश्वरीय ब्रह्मज्ञान का जो अपने को उत्तराधिकारी समझते थे, भारत की दलित श्रेणी के हृदय में निराशावादी दृष्टिकोण उत्पन्न करने का भरसक प्रयत्न किया।” आजकल हिन्दी में ऐसे विचारक और आलोचक हैं जो ऐसी ही बातें कहकर स्वयं को क्रान्तिकारी समझते हैं, लेकिन वे शिवदान सिंह चौहान का नाम लेना गैर-जरूरी मानते हैं। शिवदान सिंह चौहान ने अपने इस निबन्ध में भातीय समाज के इतिहास से भारतीय साहित्य के इतिहास के जटिल सम्बन्धों की गहरी छानबीन की है और कुछ ऐसी मान्यताएँ भी सामने रखने की कोशिश की है जो आज भी महत्त्वपूर्ण हैं। उन्होंने हिन्दी साहित्य में व्याप्त समन्वयवाद, रहस्यवाद और रीतिवाद की तीखी आलोचना की है जिसमें कहीं आचार्य शुक्ल के विचारों की प्रतिध्वनि है तो कहीं उनसे मुक्त होकर आगे बढ़ने की चिन्ता भी। शिवदान सिंह चौहान ऐसे पहले आलोचक हैं जिन्होंने हिन्दी साहित्य की आलोचना के प्रसंग में ‘दलित’ शब्द का प्रयोग किया है और भारतीय समाज में दलितों की स्थिति की विवेचना भी की है।

शिवदान सिंह चौहान ने हिन्दी आलोचना में मौजूद अतीतवाद और परम्परावाद की तीखी आलोचना इस निबन्ध में की है। उन्होंने लिखा है कि आजकल “शोषित जनता अपने ऐतिहासिक लक्ष्य को स्पष्टतर देखती जा रही है। उसकी धमनियों में खून बहने लगा है; लेकिन यहाँ के साहित्यिकों को आँख मींचकर बैठने में ही मजा आता है। नालन्दा के विश्वविद्यालय, अजन्ता की चित्रकारी, ताजमहल, राजपूत रमणियों के जौहर, हिन्दू स्त्रियों की दर्दनाक सती-प्रथा, चरक के वैद्यक और चाणक्य की राजनीति, गौतम और याज्ञवल्क्य के दर्शन, शंकराचार्य के वेदान्त और अशोक की राजव्यवस्था तथा अकबर की निष्पक्ष न्याय प्रियता का स्मरण कर वे निःश्वास खींचा करते हैं।” शिवदान सिंह चौहान की यह आलोचना 37 में जितनी महत्त्वपूर्ण थी, उतनी ही सार्थक वह 2004 में भी है।

‘भारत में प्रगतिशील साहित्य की आवश्यकता’ नामक निबन्ध लिखते समय प्रमुख समस्या हिन्दी साहित्य में प्रगतिशीलता के स्वरूप की व्याख्या करते हुए भावी दिशा की ओर संकेत करने की थी, इसीलिए उन्होंने लिखा है कि “प्रगतिशील साहित्यकार के सम्मुख पहला कार्य यह है कि वह श्रेणी-संघर्ष को साहित्य में जाग्रत करे और प्रतिक्रियावादी तथा आदर्शवादी लेखकों और साहित्यकारों के साहित्य के छिछलेपन और आन्तरिक कलुष का पर्दाफाश कर दें।” उन्होंने आगे यह भी लिखा है कि “साम्राज्यवाद के इस काल में अगर कोई भी प्रगतिशील साहित्य खड़ा होना चाहता है तो उसे मूलतः साम्राज्यवाद विरोधी होना ही पड़ेगा; लेकिन साथ ही उसे साम्राज्यशाही के सहायक भारत के महन्तवाद, सामन्तवाद तथा चमगादड़ रूपी पूँजीवाद का भी दुश्मन होना ही पड़ेगा। श्रेणी-संघर्ष को गरीब और अमीर,

पूँजीवादी और मजदूर, किसान और जमींदार, स्त्री और पुरुष, अछूत और सवर्ण, धर्म और नास्तिकवाद, आदर्शवाद और यथार्थवाद तथा नवीन और पुरातन में भेद करना पड़ेगा। साथ ही साथ समस्त प्रगतिशील वर्गों और शक्तियों के संयुक्त मोर्चे के सूत्रों को मजबूत करना पड़ेगा।" 1937 में शिवदान सिंह चौहान ने प्रगतिशील साहित्य के निर्माण और विकास के लिए जिन बातों को आवश्यक माना था, वे आज भी महत्त्वपूर्ण हैं। इसलिए 'भारत में प्रगतिशील साहित्य की आवश्यकता' नामक निबन्ध को पढ़ना आज भी जरूरी और उपयोगी है।

शिवदान सिंह चौहान के इस निबन्ध में विभिन्न लेखकों और साहित्यिक प्रवृत्तियों के मूल्यांकन का जो प्रयास है उसी की सबसे अधिक आलोचना हुई है। बाद के दिनों में श्री चौहान ने स्वयं यह स्वीकार किया है कि उनके मूल्यांकन में कहीं-कहीं अतिवाद है और कट्टरतावाद भी। उन्होंने इन दोनों प्रवृत्तियों से मुक्त होकर बाद के समय में छायावाद का मूल्यांकन किया था। उन्होंने 1939 में 'छायावादी कवियों की असन्तोष भावना' शीर्षक से एक निबन्ध लिखा था, जिसमें उन्हीं के शब्दों में "छायावाद के प्रति सुसंगत तथा वस्तुनिष्ठ दृष्टिकोण अपनाया गया है।" शिवदान सिंह चौहान को इस बात का दुख हमेशा परेशान करता रहा है कि जो लोग 'भारत में प्रगतिशील साहित्य की आवश्यकता' में छायावाद के मूल्यांकन को लेकर उनकी निन्दा करते हैं वे जानबूझकर 'छायावादी कवियों की असन्तोष भावना' नामक लेख को भूल जाते हैं। शिवदान सिंह चौहान ने प्रेमचन्द, जैनेन्द्र कुमार, उग्र, आदि का 37 वाले लेख में जो मूल्यांकन किया है उसे बाद में सुधारा और बदला भी है।

शिवदान सिंह चौहान का दूसरा अत्यन्त विवादास्पद निबन्ध है 'साहित्य की परख' जो 1946 में लिखा गया था। यह निबन्ध एक प्रकार से हिन्दी की प्रगतिशील आलोचना की सीमाओं की पहचान और सम्भावनाओं की तलाश से जुड़ा हुआ है। इसके लिए उन्होंने अपने समय की प्रचलित आलोचना पद्धतियों की समीक्षा की है और आलोचना की नयी दृष्टि तथा पद्धति के लिए आवश्यक मूल्य-दृष्टि तथा विश्लेषण-पद्धति की ओर संकेत भी किया है। उन्होंने एक ओर मनोवैज्ञानिक आलोचना को विकृत अथवा कुत्सित मनोवैज्ञानिकता कहकर खारिज किया है तो दूसरी ओर रामविलास शर्मा की आलोचना को ध्यान में रखकर प्रगतिवादी आलोचना के नाम पर प्रचलित 'विकृत और कुत्सित समाजशास्त्रीयता' की कड़ी आलोचना की है। इसी से हिन्दी की मार्क्सवादी आलोचना में शिवदान सिंह चौहान बनाम रामविलास शर्मा का वैचारिक द्वन्द्व-युद्ध शुरू हुआ था, जिसके परिणामस्वरूप अन्त में हिन्दी की मार्क्सवादी आलोचना का वही हाल हुआ जो महाभारत के अन्त में दिखाई देता है। असल में, हिन्दी आलोचना के अधिकांश विवाद विशेषणों के अस्त्रों के शिकार हुए हैं। कुत्सित, आधुनिक और वैज्ञानिक आदि ऐसे ही अस्त्र हैं जिनका उपयोग करते हुए प्रतिद्वन्द्वी को समाप्त करने की कोशिश की जाती है। मिशेल फूको ने ठीक ही

लिखा है कि "विवादी स्वयं को विशेषाधिकार की स्थिति में मानकर बहस करता है और वह अपने बारे में प्रश्नों को स्वीकार नहीं करता। वह सिद्धान्ततः विरोधी से युद्ध को अपना अधिकार मानता है और यह भी समझता है कि दूसरा पक्ष दुश्मन है, सच की खोज का सहभागी नहीं; इसलिए उसका अस्तित्व एक ऐसा खतरा है जिसको खत्म करना जरूरी है।"

शिवदान सिंह चौहान ने ठीक ही लिखा है कि हर प्रकार की आलोचनात्मक क्रिया मूलतः दार्शनिक होती है। इसीलिए आलोचना में विचारधारात्मक संघर्ष की केन्द्रीय भूमिका होती है। हिन्दी की मार्क्सवादी आलोचना में यद्यपि साहित्य और विचारधारा पर अनेक लेख लिखे गये हैं और कुछ पुस्तकें भी प्रकाशित हुई हैं, लेकिन विचारधारा की समस्या का गम्भीर विश्लेषण बहुत कम हुआ है। सैक्वान बर्कोविच ने विचारधारा के स्वरूप की चर्चा करते हुए लिखा है कि "विचारधारा सहमति का आधार और ताना-बाना है। वह परस्पर सम्बद्ध विचारों, प्रतीकों की एक सी व्यवस्था है, जिसके माध्यम से कोई भी संस्कृति अपना औचित्य सिद्ध करती है और अपना प्रसार भी करती है। इसीलिए वह वर्चस्व का साधन भी बनती है। यद्यपि विचारधारा ऐतिहासिक परिस्थितियों से पैदा होती है, लेकिन वह उन परिस्थितियों को अवधारणात्मक और प्रतीकात्मक रूपों में इस तरह पुनः व्यक्त करती है मानो वे प्राकृतिक, सार्वभौम और स्वयं सिद्ध सत्य हों।" मार्क्स ने जब सौन्दर्य बोधीय सर्जनाओं को विचारधारात्मक रूपों के अन्तर्गत रखा था तब वे विचारधारा के स्वरूप की इस जटिल समग्रता की ओर संकेत कर रहे थे और इतिहास की प्रक्रिया से विचारधारा के अन्तरंग सम्बन्ध की ओर भी। हिन्दी की मार्क्सवादी आलोचना में विचारधारा को प्रायः सीधे-सपाट रूप में विचारों की धारा मानकर ही साहित्यिक रचनाओं की अच्छी-बुरी आलोचना होती रही है। शिवदान सिंह चौहान के लेखन में विचारधारा के महत्त्व का स्वीकार है, इतिहास और संस्कृति से उसके बहुमुखी सम्बन्धों की पहचान भी और साथ ही हिन्दी साहित्य के विचारधारात्मक संघर्ष का विश्लेषण भी दिखाई देता है। उन्होंने ठीक ही लिखा है कि "मनुष्य की रुचियाँ और सहानुभूतियाँ सजीव और विकासमान वस्तु हैं—समृद्ध, समन्वित संस्कृति के वातावरण में उनका स्वतः मार्जन और संस्कार होता जाता है और वे व्यापक मानवीय मूल्यों को ग्रहण करके उदार, शालीन और सात्विक बनती जाती हैं। लेकिन संकीर्ण और अनुदार सिद्धान्त या विचारधाराएँ उन्हें निष्प्राण और जड़ बना देती हैं।" इसी सजगता के साथ शिवदान सिंह चौहान ने अपने आलोचनात्मक चिन्तन और लेखन में विचारधारात्मक संघर्ष का प्रयास किया।

आलोचना में विचारधारात्मक संघर्ष का ही एक महत्त्वपूर्ण मुद्दा है—पूर्वग्रहों से मुक्त होने और करने के लिए संघर्ष। मार्क्स ने लिखा है कि "सच्ची आलोचना की पहली शर्त है पूर्वग्रह से मुक्ति।" आलोचना में पूर्वग्रह के प्रभुत्व का प्रभाव यह होता

है कि निष्कर्ष पहले से तय होते हैं, केवल तथ्यों और तर्कों के मनमाने उपयोग के सहारे अपनी बात को साबित करना ही आलोचना का लक्ष्य होता है। आलोचना में पूर्वग्रह द्वन्द्वात्मकता का दुश्मन ही नहीं, कट्टरतावाद और अवसरवाद का पोषक भी होता है। कुछ लोग पूर्वग्रह को ही दृष्टि समझते हैं, जबकि वह वास्तव में दृष्टि पर पड़ा हुआ परदा होता है। शिवदान सिंह चौहान ने अपने आलोचनात्मक लेखन में लगातार आलोचना को पूर्वग्रह से मुक्त करने के लिए वैचारिक संघर्ष किया है। उन्होंने 'साहित्य की परख' नामक निबन्ध में लिखा था कि "पूर्वग्रह साहित्य या कला के मूल्य का आधार नहीं बन सकता। साहित्य या कला मनुष्य की संस्कृति का सर्वोत्कृष्ट सार भाग है। केवल इतना ही नहीं, युग-युगान्तर से व्यष्टि और समष्टि में जो मौलिक प्रगतिमूलक क्रिया-प्रतिक्रियात्मक संघर्ष अनवरत चलता आया है और चलता जाएगा और जिसके परिणामस्वरूप ही मनुष्य का सामाजिक जीवन वर्द्धमान है, और मनुष्य का पूर्ण आत्म विकास सम्भाव्य बना है—इस महान संघर्ष का मनुष्य ने किस प्रकार सामना किया है, कैसे निरन्तर घटित होने वाले असामंजस्य और वर्ग वैषम्य का विरोध करके उसने नित-नूतन जीवनप्रद सन्तुलन प्राप्त किया है और करता जा रहा है, वह सब साहित्य में अपनी विशिष्ट मूर्तिमत्ता के साथ प्रतिबिम्बित है।" श्री चौहान चाहते हैं कि आलोचना में इस प्रक्रिया की समग्रता में पहचान हो, केवल अपने पूर्वग्रहों को सिद्ध करने के लिए रचनाओं का उपयोग न हो।

शिवदान सिंह चौहान ने पूर्वग्रहों के निर्माण की प्रक्रिया पर भी ध्यान दिया है। वे मानते हैं कि पूर्वग्रह का एक स्रोत जड़ीभूत हो गयी रुचियाँ ही हैं। उनके अनुसार विचारधाराएँ भी पूर्वग्रहों का निर्माण करती हैं। वे यह भी कहते हैं कि आलोचना के पूर्वग्रह संक्रमणकारी होते हैं और वे पाठकों की रुचि को भी जड़ीभूत बना देते हैं। राजनीतिक पूर्वग्रह साहित्य की समझ को कैसे विकृत करता है, इसका एक दिलचस्प उदाहरण कश्मीर में 'मौत और दोशीजा' नामक कविता पर हुई लम्बी बहस की रिपोर्ट पेश करते हुए शिवदान सिंह चौहान ने दिया है। फरवरी, 1951 में प्रगतिशील लेखक संघ की ओर से एक गोष्ठी में कश्मीर के युवा कवि रहमान राही ने 'मौत और दोशीजा' नाम की लम्बी कविता पढ़ी, जिस पर लम्बी बहस हुई। बहस में राजनीति और विचारधारा की दृष्टि से उस कविता पर अनेक आरोप लगाये गये और ऐतराज किया गया। बहस के अन्त में शिवदान सिंह चौहान ने जब यह बताया कि यह कविता वास्तव में राही की नहीं है, बल्कि गोर्की की कविता का उर्दू अनुवाद है तब सबको साँप सूँघ गया; गोष्ठी में सन्नाटा छा गया। इस पूरी घटना और गोष्ठी में हुई बहस को शिवदान सिंह चौहान ने पूर्वग्रहग्रस्त साहित्यिक समझ का प्रमाण माना है। उन्होंने यह लिखा भी है कि "कोरे राजनीतिक कार्यकर्त्ताओं की साहित्यिक रुचि कितनी विकृत होती जा रही है और अपने असाहित्यिक पूर्वग्रहों को किस उद्धत भाव से कवि और लेखकों पर थोपने की कोशिश करते हैं, इस गोष्ठी

में हुई बहस से साबित होता है।"

आलोचना में दूसरों के पूर्वग्रहों को पहचानना और उनसे संघर्ष करना आसान है, लेकिन अपने पूर्वग्रहों को स्वीकार करना और उनसे लड़ना बहुत मुश्किल काम है। शिवदान सिंह चौहान ने यह मुश्किल काम किया है। उनकी पुस्तक 'परिप्रेक्ष्य को सही करते हुए' में कई ऐसे उदाहरण हैं जहाँ उन्होंने अपने आरम्भिक आलोचनात्मक लेखन में मौजूद पूर्वग्रहों और उनसे प्रभावित मूल्यांकनों की सीमाओं को स्वीकार किया है तथा उन्हें सुधारने का प्रयास भी किया हैं। शिवदान सिंह चौहान ने छायावाद, मैथिलीशरण गुप्त, जैनेन्द्र कुमार और आचार्य रामचन्द्र शुक्ल आदि के बारे में अपनी राय बदली है, इसके साथ ही उन्होंने हजारी प्रसाद द्विवेदी, यशपाल और नागार्जुन के उपन्यासों का नया मूल्यांकन भी किया है।

अपने राजनीतिक और विचारधारात्मक पूर्वग्रहों से मुक्त होकर महत्त्वपूर्ण कृतियों के मूल्यांकन का शिवदान सिंह चौहान ने जो प्रयास किया है उसका एक महत्त्वपूर्ण उदाहरण है—रेणु के 'मैला आँचल' और 'परती परिकथा' का उनके द्वारा किया गया मूल्यांकन। 1957 में लिखे 'आलोचना के मान' शीर्षक लेख में शिवदान सिंह चौहान ने 'परती परिकथा' का विस्तृत विश्लेषण करते हुए उसे अत्यन्त महत्त्वपूर्ण यथार्थवादी उपन्यास माना है। 'परिप्रेक्ष्य को सही करते हुए' में रेणु के 'मैला आँचल' पर चौहान जी का एक लेख है, जिसमें उन्होंने प्रेमचन्द के 'गोदान' से 'मैला आँचल' की तुलना करते हुए उसे आजादी के बाद के भारतीय जीवन का सबसे कलात्मक और यथार्थवादी महाकाव्य कहा है। उन्होंने यह भी लिखा है कि "बढ़ते हुए अन्याय, भ्रष्टाचार और जनद्रोह के विरुद्ध बावनदास की शहादत और कालीचरण का जागरूक संघर्ष इतनी प्रतीकात्मक घटनाएँ हैं कि वे स्वातन्त्र्योत्तर राजनीति को मूर्त चित्रों में परिभाषित कर देती हैं। यह 'मैला आँचल' की कालजयी जीवन्तता और शक्ति का सबसे बड़ा सबूत है।" शिवदान सिंह चौहान की पीढ़ी के मार्क्सवादी आलोचक रेणु के 'मैला आँचल' और 'परती परिकथा' को अनास्था और अयथार्थ का साहित्य घोषित करते रहे हैं, जबकि चौहान जी ने उन्हें अत्यन्त कलात्मक यथार्थवादी उपन्यास माना है।

हिन्दी की मार्क्सवादी आलोचना में परम्परा पर बहुत बहस हुई है। वह बहस साहित्य के इतिहास से जुड़ी हुई है और साहित्य के समालोचन से भी। इस प्रसंग में रामविलास शर्मा की पुस्तक 'परम्परा का मूल्यांकन' (1981) और नामवर सिंह की 'दूसरी परम्परा की खोज' (1982) विशेष रूप से उल्लेखनीय हैं। शिवदान सिंह चौहान ने भी परम्परा के प्रश्न पर गम्भीरता से विचार किया है। श्री चौहान का परम्परा सम्बन्धी दृष्टिकोण रामविलास शर्मा और नामवर सिंह से अधिक व्यापक है। परम्परा केवल साहित्य तक सीमित नहीं होती। उसका सामाजिक आधार होता है और राजनीतिक अभिप्राय भी। आज के समय में परम्परा का राजनीतिक उपयोग भी

दिखाई देता है। परम्परा की धारणा कभी-कभी सामाजिक-सांस्कृतिक और राजनीतिक उद्देश्यों के अनुरूप भी निर्मित होती है। इसीलिए परम्परा की खोज ही नहीं होती, उसका आविष्कार भी किया जाता है और खोज तथा आविष्कार के लिए समाहार तथा बहिष्कार की प्रक्रियाओं का प्रयोग किया जाता है। शिवदान सिंह चौहान ने परम्परा पर विचार करते हुए उसे केवल साहित्य तक सीमित नहीं रखा है, बल्कि उसके सामाजिक आधार और राजनीतिक प्रयोजन पर भी ध्यान दिया है। उन्होंने 'भारत में प्रगतिशील साहित्य की आवश्यकता' (1937) शीर्षक निबन्ध में भारतीय समाज और साहित्य में लोकप्रिय समन्वयवाद की तीखी आलोचना की है। उन्होंने लिखा हैं कि "भारतीय नेता, साहित्यकार, कलाकार और दार्शनिक सभी इस बात पर गर्व करते है कि भारतीय जीवन भारतीय आर्थिक प्रणाली, यहाँ की सामाजिक व्यवस्था अर्थात आश्रम-चतुष्टय के द्वारा उत्पन्न किया हुआ भारतीय समन्वयवाद इतना पूर्ण है कि उसे बाहर के आक्रमण से कभी भय नहीं रहा। ये लोग ऐतिहासिक तथ्य की उपेक्षा तो करते ही हैं, साथ ही वर्तमान काल की ओर देखना या वास्तविकता को समझना भी नहीं चाहते।" इस समन्वयवाद के दार्शनिक आधार और राजनीतिक-सामाजिक प्रयोजन को स्पष्ट करते हुए उसी निबन्ध में श्री चौहान ने लिखा है कि "द्वैतवाद को लीजिए या अद्वैतवाद को या विशिष्टाद्वैतवाद को या भारतीय दर्शन के अन्य पहलुओं पर नजर डालिए; गौतम, मनु, वेदव्यास या शंकराचार्य चाहे जिस किसी को लीजिए; या इस भारतीय आदर्शवाद के नये संस्करणों पर दृष्टि डालिए—इन सब वेदान्त या कर्म की फिलासफियों में कुछ ऐसी बुनियादी बातें हैं जो एक-दूसरे से अलग नहीं की जा सकतीं। सभी सामन्ती समाज के औचित्य को स्वीकार करती हैं।...किसी प्रकार शोषित वर्ग कभी अपनी एकता अनुभव न कर सके, इसके लिए समन्वयवाद पर खूब पॉलिश हुई है और हो रही है।" यह वह समन्वयवाद है जिसे रामचन्द्र शुक्ल 'विरुद्धों का सामंजस्य' कहते हैं और जयशंकर प्रसाद 'समरसता'। उसी समन्वयवाद को आजकल कुछ लोग सांस्कृतिक राष्ट्रवाद भी कह रहे हैं।

शिवदान सिंह चौहान ने साहित्य की परम्परा के सामाजिक आधार को पहचाना है और साहित्यिक परम्पराओं के निर्माण तथा परिवर्तन में समाज की भूमिका पर भी ध्यान दिया है। उन्होंने लिखा है कि "साहित्य की परम्पराएँ केवल इस कारण बनती हैं कि साहित्य में किसी-न-किसी रूप में जीवन-सत्य की अभिव्यक्ति होती है और चूँकि आचार-विचार, उसके न्याय और धर्म सम्बन्धी विचार और उसकी नैतिकता और राजनीतिक, आर्थिक और सामाजिक व्यवस्थाएँ रोज-रोज नहीं बदला करतीं, इस कारण इस चतुर्दिक वातावरण से प्रभावित मनुष्य के दृष्टिकोण की साहित्य में जो अभिव्यक्ति होती है वह भी तब तक थोड़ा-बहुत करके अपने को दुहराती चलती है जब तक कि जीवन में कोई मौलिक परिवर्तन न हो गया हो या जब तक रूढ़ियों में जकड़े हुए समाज का विकास इस सीमा तक अवरूद्ध न हो गया हो

कि लोग सामान्य रूप से मौलिक परिवर्तन की आकांक्षा करने लगे हों। इस प्रकार साहित्य की प्रत्येक परम्परा समाज के एक दीर्घकालीन अपेक्षाकृत स्थिर जीवन के सत्य को व्यक्त करती है।" रामविलास शर्मा और नामवर सिंह के परम्परा सम्बन्धी चिन्तन से शिवदान सिंह चौहान के इन विचारों की तुलना कीजिए तो स्पष्ट होगा कि केवल शिवदान सिंह ने ही साहित्य की परम्परा के सामाजिक आधार और अर्थ की व्यवस्थित व्याख्या की है।

हिन्दी में परम्परा पर बहस का जो रूप रहा है और परम्परा की व्याख्या करने वाली जो दृष्टि रही है उससे शिवदान सिंह चौहान सहमत नहीं हैं। वे मानते हैं कि हिन्दी में प्रायः भारतीय परम्परा के नाम पर हिन्दू परम्परा की बात होती है। उन्होंने लिखा है कि "हिन्दी में प्राचीन परम्परा के अध्ययन में अक्सर ऐसा ही देखने में आया है जो भारतीय परम्परा को व्यवहारतः आर्य या हिन्दू परम्परा तक ही सीमित कर देता है। प्रच्छन्न रूप से यह प्रवृत्ति हिन्दू राष्ट्रवाद की तर्जुमानी करती है।" शिवदान सिंह चौहान भक्ति आन्दोलन और उसके साहित्य को 'सांस्कृतिक परम्पराओं के सतत संघात से निर्मित एक मिली-जुली संस्कृति का समन्वित रूप' मानते हैं। वे भक्ति-आन्दोलन को भारतीय नवजागरण का पहला दौर भी कहते हैं।

हिन्दी में पहली और दूसरी परम्पराओं के बीच बहस का महाभारत अत्यन्त उग्र रूप में सामने आया है। शिवदान सिंह चौहान ने भी दो परम्पराओं की बात की है। वे वर्णाश्रम व्यवस्था पर आधारित हिन्दू परम्परा को मानव-द्रोही परम्परा कहते हैं। उन्होंने लिखा है कि "हमारे देश की एक अत्यन्त प्राचीन और प्रबल मानव-द्रोही परम्परा है, जिसकी मिसाल अन्यत्र नहीं मिलती। इस परम्परा ने चतुष् वर्ण-व्यवस्था के जरिए मनुष्य को जाति-पाँति के इतने कठोर और क्रूर शिकंजों में जकड़ रखा है कि अछूत और नीच कही जाने वाली दलित जातों पर होते आने वाले द्विज वर्ग की जातों (ब्राह्मण क्षत्रिय वैश्य) के अत्याचारों और अन्यायों को देखकर भी हमारा जमीर बेदार नहीं होता। दुर्भाग्य से यह हमारे इतिहास का सच है।" इसके विपरीत शिवदान सिंह चौहान बौद्ध परम्परा को दूसरी परम्परा कहते हैं। उन्होंने लिखा है कि "जहालत और अबुद्धिवाद की मानव-द्रोही पहली हिन्दू परम्परा के समानान्तर और विरोधी इतनी ही प्राचीन एक दूसरी परम्परा भी हमारे देश में रही है जिसे हम भारतीय विश्व-इतिहास के परिप्रेक्ष्य में मानव सभ्यता और संस्कृति की प्रगतिशील परम्परा कह सकते हैं। इस दूसरी परम्परा का सूत्रपात बोध-प्राप्ति के बाद गौतम बुद्ध के इस क्रान्तिकारी विचार से हुआ कि मनुष्य जन्म से ऊँचा या नीचा नहीं होता अर्थात सभी मनुष्य जन्मतः बराबर हैं। तब से (पच्चीस सौ वर्ष) पुरोहितवाद की मानवद्रोही प्रतिगामी परम्परा और मनुष्यों में फैले दुख के कारणों की खोज करनेवाली गौतम बुद्ध प्रवर्तित मानववादी प्रगतिशील परम्परा—इन दोनों के बीच द्वन्द्वात्मक टक्कर जीवन के हर क्षेत्र में चलती आयी है।"

पिछले दो-तीन दशकों से भारतीय साहित्य और हिन्दी साहित्य में भी भारतीयता की खोज का अभियान चल रहा है। साहित्य से लेकर समाजशास्त्र तक इस प्रवृत्ति का एक रूप संस्कृतीकरण के रूप में व्याख्यायित किया गया है। शिवदान सिंह चौहान ऐसी भारतीयता को ब्राह्मणवाद का पर्याय मानते हैं। उन्होंने लिखा है कि "आजादी के बाद से संस्कृतीकरण (जो ब्राह्मणवाद का ही प्रच्छन्न नाम है) की उत्तरोत्तर बढ़ती प्रक्रिया के फलस्वरूप पुनरुत्थानवाद और अबुद्धिवाद की शक्तियों के पाँव और गहरे जमते जा रहे हैं। हमें परिवर्तन का भ्रम हो रहा है, लेकिन लोगों के दिल और दिमाग और गुलाम बनते जा रहे हैं।"

शिवदान सिंह चौहान हिन्दी के उन विरले मार्क्सवादियों में एक हैं, जिन्होंने निरन्तर हिन्दूवाद और भारतीय समाज में उसके विस्तार की तीखी आलोचना की है। 'बलिदान और साम्प्रदायिकता' शीर्षक निबन्ध में उन्होंने लिखा है कि "जिनके हाथों गाँधी जी शहीद हुए, उनके मानस-पुत्र आज जिस दम्भ और उद्दंडता से इतिहास और मानव-मूल्यों को ठुकराते हैं, भारतीय राष्ट्र और भारतीय संस्कृति को हिन्दू साम्प्रदायिकता का पर्याय घोषित करके अनेकानेक मानवजातीय समुदायों और संस्कृतियों के परस्पर आदान-प्रदान से लगातार समृद्ध होती जानेवाली ऐक्य भावना का गला घोंट रहे हैं, हिन्दुत्व की स्थापना के लिए, अर्थात राजनीतिक सत्ता हथियाने के लिए भोली-भाली अज्ञान और गरीबी से पीड़ित सहज विश्वासी हिन्दू जनता को रामजन्मभूमि और बाबरी मस्जिद की समस्या खड़ी करके जिस तरह साम्प्रदायिक हिंसा और धर्मान्धता को बढ़ावा दे रहे हैं, वह हर देशभक्त और जनवादी व्यक्ति के लिए गम्भीर चिन्ता का विषय बन गया है।" श्री चौहान ने इस प्रवृत्ति के इतिहास की खोज भारतीय नवजागरण और स्वाधीनता आन्दोलन में मौजूद पुनरुत्थानवादी और हिन्दुत्ववादी प्रवृत्तियों के प्रसार में की है। वे ठीक ही कहते हैं कि स्वामी दयानन्द के सुधारवाद में ब्राह्मणवाद और पुनरुत्थानवाद का गठजोड़ दिखाई देता है।

शिवदान सिंह चौहान हिन्दी के अकेले ऐसे मार्क्सवादी समालोचक हैं जिन्होंने जीवन भर फासिज़्म के विदेशी और देशी संस्करणों का लगातार विरोध किया है। उन्होंने 1937 में फासिज़्म विरोधी एक पुस्तक लिखी थी—'रक्त रंजित स्पेन' जिसकी भूमिका जवाहरलाल नेहरू ने लिखी थी। तब से लेकर मृत्युपर्यन्त वे यूरोपीय फासिज़्म के भारतीय संस्करण के रूप में विकसित राष्ट्रीय स्वयंसेवक संघ के सांस्कृतिक राष्ट्रवाद का खुलकर विरोध करते रहे हैं। यूरोपीय फासिज़्म और भारतीय फासिज़्म के बीच एकता का एक सूत्र आर्यजाति की कल्पना ने रंगभेद पर आधारित क्रूर और नृशंस नस्लवाद को जन्म दिया था। जिसका भारतीय रूप हिन्दुत्ववाद के रूप में दिखाई देता है। आर्य जाति के मिथक का प्रभाव स्वामी दयानन्द सरस्वती के चिन्तन पर पड़ा और उसी को आज के सांस्कृतिक राष्ट्रवादी हिन्दू राष्ट्रवाद के आधार के रूप में देखते-समझते हैं। शिवदान सिंह चौहान ने लिखा है कि इस आर्यवाद के

प्रभाव के कारण भारतीय इतिहास एक मिथक का हिस्सा बन गया। "अपने पूर्वज आर्यों के मूल स्थान की खोज शुरू हुई। तिलक महाराज से लेकर सम्पूर्णानन्द जी तक अनेक विद्वानों ने उत्तरी ध्रुव से लेकर मध्य एशिया में रबीबा की घाटी के बारे में अटकलें लगायीं और यह सिद्ध कर दिया कि आर्यों का आदि देश कोई और नहीं; स्वयं भारत ही था। इससे हिन्दू साम्प्रदायिकता को बल मिला। तब से हिन्दू साम्प्रदायिकता उत्तरोत्तर अधिक संगठित और आक्रामक होती गयी है।" परम्परा और हिन्दू साम्प्रदायिकता के बारे में शिवदान सिंह चौहान के चिन्तन और लेखन का केवल ऐतिहासिक महत्त्व नहीं है, वह आज के भारतीय समाज की सांस्कृतिक स्थिति, राजनीतिक दशा और साहित्य के भविष्य की दिशा को समझने-समझाने के लिए अत्यन्त महत्त्वपूर्ण है।

# राहुल सांकृत्यायन : स्थानीयता के प्रति प्रतिबद्ध

स्वाधीनता आन्दोलन के समय भारत में जो बुद्धिजीवी, लेखक और कलाकार पैदा हुए वे मूलतः और मुख्यतः अपने सोच-विचार, लेखन और गतिविधियों में पहले स्थानीय होते थे, बाद में उस स्थानीयता के आधार पर राष्ट्रीय बनते थे और अन्तरराष्ट्रीय भी। राहुल सांकृत्यायन ऐसे ही बुद्धिजीवी, विचारक, लेखक और राजनीतिक आन्दोलनकर्ता थे। आज के बुद्धिजीवियों, लेखकों और कलाकारों की मानसिकता एकदम अलग है। वे स्थानीय होने के पहले राष्ट्रीय बनना चाहते हैं और राष्ट्रीय होने के पहले अन्तरराष्ट्रीय बन जाने के लिए बेचैन रहते हैं।

स्थानीयता से राहुल जी की अन्तरंगता और अटूट आत्मीयता का प्रमाण है अपनी मातृभाषा भोजपुरी से उनका अथाह प्रेम। इस प्रेम का पहला प्रमाण भोजपुरी भाषा और उसके साहित्य की रक्षा और विकास के आन्दोलन से राहुल जी का गहरा सम्बन्ध है।

राहुल जी भोजपुरी और उसके साहित्य के उत्थान और विकास के लिए चिन्तित थे। अपनी यह चिन्ता उन्होंने 1947 में भोजपुरी साहित्य सम्मेलन के दूसरे अधिवेशन (गोपालगंज) के सभापति के रूप में जो भाषण दिया था, उसमें विस्तार से व्यक्त की है।

अपनी मातृभाषा भोजपुरी से राहुल जी के अथाह प्रेम का दूसरा प्रमाण है उस समय के भोजपुरी साहित्य के रचनाकारों और उनकी रचनाओं के महत्त्व की पहचान। गोपालगंज के भोजपुरी साहित्य सम्मेलन के सभापति के रूप में जो भाषण उन्होंने दिया था उसमें भोजपुरी के अनेक कवियों और नाटककारों का उल्लेख ही नहीं, मूल्यांकन भी है। उन्होंने भोजपुरी के कवियों में रघुवीर नारायण सिंह, मनोरंजन प्रसाद सिंह और मन्नन द्विवेदी का उल्लेख किया है। यही नहीं, उन्होंने भोजपुरी के रस सिद्ध कवि बिसराम के बिरहा-काव्य की महत्ता और गुणवत्ता के बारे में कहा है, "बिसराम के कबिताई अइसन ओइसन कबिताइ नइखे। हम त ढेर तरे के कबिताइ पढ़ले सुनले बानी अ बहुत-बहुत भाखोमे। बाकी, इ कहे में हमरा ईचिको भर संकोच नइखे, कि बिसराम आइसन कबिताइ बहुत कम्मे देखे में आवेले। हमरा एकर बड़ अफसोस बा कि बिसराम हमनी के छोड़ि के चल देहले, अऊ जुबाने। अबेहिन

उनके बहुत दिन जीए के रहल। मिरतु के कवन ठेकाना। सबसे बेसी अपसोस त एक बात के बा, कि बिसराम के कबिताइ के समूचा संग्रह केहु करे ना पाबल। ऊ बेपढ़ रहले।"

उसी भाषण में राहुल जी ने भोजपुरी के मशहूर नाटककार और रंगकर्मी भिखारी ठाकुर के महत्त्व का मूल्यांकन करते हुए कहा था, "हमनी के बोली में केतना जोर हवे, केतना तेज बा, इ अपने सब भिखारी ठाकुर के नाटक देखला पर जानब। काहे दस-दस पनरह-पनरह हजार के भीड़ ई नाटक देखे खातिर आवेला। मालूम होतबा कि एह नाटक में पउलिक के रस आवेला। जवना चीज में रस आवे, उहे कबिताई। केहु के जो लमहर नाक होय अउर खाली दोसे सूंघत फिरे तो ओकरा खातिर का कहल जाए। हम एतना कहतानी जे भिखारी ठाकुर के नाटक में दोस नइखे, ऐसन बात नइखे। दोस बा अउ ओकर कारन भिखारी ठाकुर नईखन, ओकर कारन हवे पढ़ुआ लोग। उ लोग जो आपन बोली से नेह देखाइत, भिखारी ठाकुर के नाटक देखित अ ओइमें कउनो बात सुझाव दीत त ई कुलि दोस मिट जाइत। भिखारी ठाकुर हमनी के एगो अनपढ़ हीरा हवे। उनका में कुलि गुन बा।"

उसी भाषण में राहुल जी ने भोजपुरी कविता के संग्रह और विवेचन के लिए दुर्गा शंकर सिंह और उदय नारायण तिवारी को याद किया है। यही नहीं, उन्होंने भोजपुरी के लोकगीतों, लोक गाथाओं और लोक कथाओं के संग्रह और अध्ययन का भी आग्रह किया है।

भोजपुरी से राहुल जी के प्रेम का तीसरा प्रमाण है भोजपुरी में उनका साहित्य सृजन। राहुल जी ने 1942 में भोजपुरी के आठ नाटकों की रचना की। वे नाटक हैं—1. 'जपनिया राछस', 2. 'देश रच्छक', 3. 'जरमनवा के हार निहिचय', 4. 'ई हमार लड़ाई', 5. 'ढुनमुन नेता', 6. 'नइकी दुनिया', 7. 'जोंक' और 8. 'मेहरारुन की दुरदसा'। राहुल जी के इन नाटकों पर हिन्दी या भोजपुरी में व्यवस्थित रूप से विचार नहीं हुआ है। उसका एक कारण तो यह है कि ये सभी नाटक उपलब्ध नहीं हैं। उन नाटकों का प्रकाशन दो जिल्दों में हुआ था। पहले छपे पाँच नाटक, फिर बाद में तीन नाटक। इन दोनों जिल्दों में से पाँच नाटक वाली जिल्द अनुपलब्ध है, केवल तीन नाटक वाली जिल्द उपलब्ध है। राहुल जी ने इन आठों नाटकों की रचना हजारीबाग जेल में रहते हुए की थी।

राहुल जी के आठ भोजपुरी नाटकों में से चार नाटकों—'जपनिया राच्छस', 'देश रच्छक', 'जरमनवा के हार निहिचय' और 'ई हमार लड़ाई' का ऐतिहासिक महत्त्व है क्योंकि ये सभी दूसरे विश्व युद्ध से जुड़े हुए हैं। दूसरे महायुद्ध के दौरान जापान ने जैसा बर्बर व्यवहार अपने पड़ोसी देशों के कब्जों के दौरान वहाँ की जनता के साथ किया था उसे देखते हुए जापान को राक्षस कहना उचित ही था। 'देश रच्छक' नाटक में जापान के आक्रमण से भारत की रक्षा के लिए लड़ने वाले भारतीय सैनिकों

की वीरता का चित्रण है। तीसरा नाटक 'जरमनवा के हार निश्चिय' राहुल जी की राजनीतिक दूरदर्शिता का सबूत है। 1942 में जर्मनी युद्ध में लगातार जीत रहा था तब समाजवादी समाज, उसकी लाल सेना और उसकी जनता की अपराजेय शक्ति में आस्था के कारण ही इस नाटक में राहुल जी ने जर्मनी की हार की भविष्यवाणी की थी। 'ई हमार लड़ाई' में उस राजनीतिक समझ और दृष्टि की अभिव्यक्ति है जो उस समय भारत की कम्युनिस्ट पार्टी की थी और सांस्कृतिक स्तर पर फासिस्ट विरोधी मोर्चे की।

राहुल जी के बाकी चार नाटक—'ढुनमुन नेता', 'मेहरारुन की दुरदसा', 'नइकी दुनिया' और 'जोंक' जितने सार्थक 1942 में थे उतने ही आज भी हैं। 'ढुनमुन नेता' नाटक में 1937-1938 में अन्तरिम सरकार के समय में कांग्रेस के नेताओं का जनता और जन आन्दोलनों के साथ जो व्यवहार था और उससे उनका जो चरित्र सामने आता था उसी की अभिव्यक्ति है। कांग्रेस के नेताओं का चरित्र जितना ढुलमुल 1937-38 में था, उनकी कथनी और करनी में जितना अन्तर उस समय था उससे बहुत अधिक और विकृत रूप में आज है, इसीलिए यह नाटक जितना तब प्रासंगिक था उससे अधिक अब है।

राहुल जी के तीन नाटकों में सबसे महत्त्वपूर्ण है 'मेहरारुन के दुरदसा'। यह राहुल जी का सबसे सशक्त, प्रभावशाली, अग्रगामी और मूलगामी नाटक है। सशक्त इसलिए कि इसमें विचार और मंचन दोनों में कलात्मक एकता है, इसके प्रभावशाली होने का प्रमाण 2010 में जे.एन.यू. में इसके मंचन का दर्शकों पर पड़ने वाला प्रभाव था और अग्रगामी तथा मूलगामी इसलिए कि भारतीय स्त्री की, विशेष रूप से गाँव की स्त्रियों की पराधीनता और स्वाधीनता के सवाल को इसमें जिस रूप में उठाया गया है और नाटक के अन्त में उसका जैसा हल सुझाया गया है वह अग्रगामी है और मूलगामी भी। इस नाटक के आरम्भ में जो भोजपुरी गीत है उसमें भारतीय स्त्री की पराधीनता की वास्तविकताओं के विभिन्न रूपों और पक्षों की पहचान है और उनसे उपजी पीड़ा की मार्मिक अभिव्यक्ति भी। वह गीत इस प्रकार है :

*एके माईबपवा से एक ही उदरवा में,*
*दूनो के जनमवाँ भइल, रे पुरुखवा।*
*पूतके जनमवा में नाच आ सोहर होला,*
*बेटिके जनम परे सोग, रे पुरुखवा ॥ 1 ॥*
*धनवा धरतिया प बेटवा के हक होला,*
*बिटिया के किछुवो ना हक, रे पुरुखवा।*
*मरदा के खइला-कमइला के रहता बा,*
*तिरिया के लागेला केवाड़ रे पुरुखवा ॥ 2 ॥*
*खेव के रणपवा जिनिगिया भर परी ओके,*

*लइके जे मरदा मुअल, रे पुरुखवा।*
*तिरिया के मुवले त बतिये कवन पूछा,*
*जिअते सवतिया ले आवे रे पुरुखवा ॥ 3 ॥*
*आँखियैके देखतै पतुरिया ले रखले बा,*
*मार-गारी देला दिन-रात, रे पुरुखवा।*
*ओहि रे खसुरवा मरदवा के किछु नाहीं,*
*तिरिया के भकसी झोंकावे, रे पुरुखवा ॥ 4 ॥*

'नइकी दुनिया' नाटक में शोषण और दमन के सहारे टिकी सामन्ती और पूँजीवादी व्यवस्था के बदले एक समतामूलक समाज की जरूरत, कल्पना और सम्भावना की प्रस्तुति राहुल जी करते हैं और उसे नई दुनिया कहते हैं। उसके निर्माण के लिए वे जनता का आह्वान भी करते हैं। इसकी ओर संकेत नाटक के आरम्भिक गीत में है :

*नइकी दुनिये के बसौले, ई कुलि दुखवा जाई ना,*
*जहवाँ न केहुये छोट बड़ लोगवा, सब्बै भाई-भाई ना।*

इस नाटक में दूसरे विश्व युद्ध की धमक के साथ उस समय के गाँधीवादी कांग्रेसियों की रीति, नीति और राजनीति की खरी आलोचना है। राहुल जी की नई दुनिया में शोषण, लूट और दमन का राज खत्म हो गया है और पंचायती राज कायम हो गया है। इस नाटक का अन्त जिस समूह गान के साथ होता है वह मजदूरों का अन्तरराष्ट्रीय गीत है, जो भोजपुरी में है। राहुल जी के इस नाटक को उनकी किताब 22वीं सदी के साथ पढ़ने पर इसके नये अर्थ खुलेंगे।

'जोंक' राहुल जी के भोजपुरी नाटकों की शृंखला में अन्तिम नाटक है जिसमें किसानों और मजदूरों का खून चूसने वाली अनेक जोंकों की चालाकियों, बदमाशियों और धूर्तताओं की यथार्थवादी प्रस्तुति है और साथ ही किसानों तथा मजदूरों की गरीबी, बदहाली, बेचैनी और वेदना की अभिव्यक्ति भी है। यह नाटक प्रेमचन्द के कथा-साहित्य में चित्रित समाज की याद दिलाता है। राहुल जी के इस नाटक के अनुसार किसानों-मजदूरों का खून चूसने वाली जोंकें हैं—जमींदार, महाजन, मिल मालिक, पण्डित और साधु आदि। इन सबकी करतूतों और व्यवहारों की ब्योरेवार प्रस्तुति इस नाटक में है। नाटक के आरम्भ में जो गीत है उसमें किसानों की दुर्दशा और चिन्ता की अभिव्यक्ति है तो दूसरे अंक के आरम्भिक गीत में मजदूरों की बदहाली का चित्रण है। तीसरे अंक के आरम्भ के गीत में ब्राह्मणों और साधुओं के शोषक स्वभाव और व्यवहार का चित्रण है। राहुल जी के इस नाटक को ठीक ढंग से समझने के लिए इसके साथ उनकी किताब 'तुम्हारी क्षय' के एक निबन्ध 'तुम्हारी जोंकों की क्षय' को पढ़ना जरूरी है।

राहुल जी के भोजपुरी के 8 नाटकों में उनका एक और रूप है—वह है उनका

भोजपुरी का कवि रूप। मेरे सामने उनके तीन नाटक हैं, इसलिए उन्हीं नाटकों में राहुल जी का जो कवि रूप है उसकी चर्चा करूँगा। इन तीन नाटकों में उनके करीब एक दर्जन गीत हैं। भावों और विचारों का संयोजन, संरचना की सरलता, लोक प्रचलित लयों, रागों और छन्दों का प्रयोग तथा गीतों की भाषा की सहजता के कारण ये गीत नाटक के दर्शकों के मन को छूने और कविता प्रेमियों को आकर्षित करने में सक्षम हैं। कार्ल मार्क्स ने कहीं लिखा है कि कविता मनुष्यता की मातृभाषा है। मार्क्स के इस कथन के साथ यह जोड़ना जरूरी है कि जब मातृभाषा में कविता लिखी जाती है तभी वह मनुष्यता की मातृभाषा बनती है। राहुल जी ने नाटकों के लिए भोजपुरी में जो गीत लिखे हैं उनमें सचमुच मनुष्यता की सहज और स्वाभाविक अभिव्यक्ति है। राहुल जी के तीन नाटक—'मेहरारुन के दुरदसा', 'नइकी दुनिया' और 'जोंक' आन्दोलनधर्मी तो हैं ही, ये मुक्तिधर्मी भी हैं; क्योंकि ये नाटक भारतीय समाज की शोषणयुक्त वास्तविकताओं का बोध पैदा करते हुए उनकी जकड़बन्दी से चेतना और जिन्दगी की मुक्ति की चेतनता भी पैदा करते हैं।

भोजपुरी भाषा से राहुल जी के प्रेम का चौथा प्रमाण यह है कि उन्होंने उसका विचार-विमर्श की भाषा के रूप में भी प्रयोग किया है। इसका सबूत है उनकी अत्यन्त लोकप्रिय किताब 'भागो नहीं, दुनिया को बदलो'। यह किताब भोजपुरी मिश्रित हिन्दी में है। इस किताब को लिखते समय किताब की भाषा को लेकर राहुल जी के मन में अनेक चिन्ताएँ थीं, जिनके बारे में उन्होंने पहले संस्करण की भूमिका में लिखा है। इस भूमिका का शीर्षक है 'तनिक अरज'। यहीं से किताब में भोजपुरी मौजूद है। पहले राहुल जी की इच्छा थी कि वे इस किताब को भोजपुरी में लिखें। लेकिन उन्होंने ऐसा नहीं किया, क्योंकि उनको लगा कि अगर किताब भोजपुरी में लिखी जाएगी तो वह चार-पाँच जिलों ही के काम की होगी। राहुल जी इस किताब को दूर-दूर तक फैली हिन्दी जनता की किताब बनाना चाहते थे, इसलिए उन्होंने उसे ऐसी हिन्दी में लिखा जिसे प्राइमरी तक हिन्दी पढ़ी जनता समझ सकती है।

इस पुस्तक को लिखने का उनका उद्देश्य राजनीतिक था। भूमिका में ही उन्होंने लिखा है कि "राजनीति को थोड़े से पढ़े-लिखे आदमियों के हाथ में देकर अब चुप बैठा नहीं जा सकता। ऐसा करने से जनता को बराबर नुकसान उठाना पड़ा। जनता को वोट देने का अख्तियार दे देने से काम नहीं चलेगा, उसे अपनी भलाई-बुराई भी मालूम होनी चाहिए और यह भी मालूम होना चाहिए कि राजनीति के अखाड़े में कैसे दाँव-पेंच खेले जाते हैं। इस पोथी में इस बात को समझाने की मैंने थोड़ी-सी कोशिश की है। लोगों को, इससे कुछ फायदा होगा या नहीं, इसे मैं नहीं कह सकता। और इतना बड़ा काम एक पोथी से हो भी नहीं सकता। मुझे उमेद है कि मेरे दूसरे भाई अपनी मजबूत कलम से और अच्छी किताबें लिखेंगे; तब ज्यादा काम हो सकेगा।"

यह किताब भोजपुरी क्षेत्र के किसानों की हिन्दी में लिखी गयी है। किसानों

के बीच अपनी राजनीतिक सक्रियता के अनुभव से राहुल जी जानते थे कि किसान कैसी भाषा बोलना और सुनना पसन्द करते हैं। वे यह भी जानते थे कि अगर समाज को बदलना है तो पहले जनता की चेतना को बदलना होगा और जनता की चेतना को बदलने के लिए उनसे ऐसी भाषा में संवाद स्थापित करना होगा जिसे जनता अपना समझे और माने। राहुल जी ने भोजपुरी क्षेत्र की जनता की चेतना और दुनिया को बदलने के लिए, नये विचारों को आम जनता तक पहुँचाने के लिए ही भोजपुरी मिश्रित हिन्दी में यह किताब लिखी, जिसके कारण वह अनन्य रूप से लोकप्रिय हुई।

भोजपुरी से राहुल जी के लगाव का एक और कारण है वे केवल हिन्दी, संस्कृत, पालि और तिब्बती के लेखक, दार्शनिक, इतिहासकार, पुरातत्त्ववेत्ता, राजनीतिक विचारक और अनुवादक ही नहीं थे, बल्कि वे स्वाधीनता आन्दोलन और किसान आन्दोलन के जुझारू नेता भी थे। वे 1921 में असहयोग आन्दोलन में शामिल हुए और 1922 में गिरफ्तार हुए। फिर 1939 में उन्होंने अमवारी के किसान आन्दोलन का नेतृत्व किया, सिर पर लाठी लगी, गिरफ्तार हुए और जेलों में रहे। वे 1940-42 में फिर किसान आन्दोलन में सक्रिय हुए और गिरफ्तार हुए। उनकी राजनीतिक जीवन यात्रा कांग्रेस से शुरू होकर कम्युनिस्ट पार्टी तक पहुँची। राहुल की राजनीतिक सक्रियता और किसान आन्दोलन में उनकी नेतृत्वकारी गतिविधियों का मुख्य क्षेत्र बिहार का पुराना छपरा जिला था, जहाँ की जनभाषा भोजपुरी थी और आज भी है। आन्दोलनों के लिए जनता को जगाने, उसके बीच अपने विचारों का प्रचार-प्रसार करने और उससे आत्मीय सम्बन्ध बनाने का सबसे सुगम और विश्वसनीय उपाय था भोजपुरी भाषा में बातचीत करना, भाषण देना और लेख तथा किताबें लिखना। राहुल जी छपरा जिले के गाँवों में लोगों के बीच भोजपुरी में ही भाषण देते थे। उन्होंने 'मेरे असहयोग के साथी' पुस्तक में लिखा है, "मैं छपरा जिले में हमेशा वहाँ की बोली भोजपुरी में ही भाषण देता था। सोचता था, हिन्दी में बोलने से आधा-तिहाई ही लोगों के पल्ले पड़ता है तो फिर क्यों न उस भाषा का सहारा लिया जाए जिसमें सोलहो आना पल्ले पड़े।"

हिन्दी क्षेत्र की विभिन्न लोकभाषाओं के बीच आपस में ऐसी आत्मीयता और घनिष्ठता है कि एक लोकभाषा में लिखी कविता या कही बात को दूसरी लोकभाषा बोलने वाले आसानी से समझते हैं। यही कारण है कि हिन्दी क्षेत्र की विभिन्न मातृभाषाओं या बोलियों में लिखी भक्तिकाल की कविता पूरे हिन्दी क्षेत्र में समझी जाती है। मैथिली के विद्यापति, अवधी के जायसी और तुलसी, ब्रज भाषा के सूरदास और राजस्थानी की मीराबाई की कविता समझने में मातृभाषाओं का भेद बहुत बाधक नहीं होता। राहुल जी इस बात को जानते थे, इसीलिए वे मैथिली क्षेत्र में भोजपुरी में भाषण देते थे जिसे जनता सहज भाव से सुनती और सराहती थी।

स्थानीयता से सम्बद्ध राहुल जी की बौद्धिकता का एक और प्रमाण है; उनकी पुस्तक 'कनैला की कथा'। कनैला राहुल जी का पितृग्राम है, जिसकी पुरातात्विक, ऐतिहासिक और भौगोलिक कथा राहुल जी ने लिखी है। ऐसी कथा भारत के हर गाँव की हो सकती है। लेकिन हर गाँव को राहुल जी जैसा जिज्ञासु, तत्ववेत्ता, इतिहासज्ञ और देशज प्रतिभा से सम्पन्न व्यक्ति कहाँ प्राप्त होता है! राहुल जी ने इस पुस्तक में कनैला ग्राम की 1300 ई. पू. से 1957 ई. तक की कथा लिखी है। उस कथा में कितनी कल्पना है और कितना सत्य, यह कहना तो मुश्किल है, लेकिन यह सच है कि वह कथा जितनी ज्ञानवर्धक है उतनी ही मनोहर भी। राहुल जी की इस पुस्तक का समाजशास्त्रीय महत्त्व भी है, क्योंकि इसमें कनैला के निवासी विभिन्न जातियों के बीच आर्थिक, सामाजिक और सांस्कृतिक स्तरों के भेद से बनी संरचनाओं का विश्लेषण है। राहुल जी ने जाति-भेद से निर्मित स्तर-भेद और आर्थिक-भेद को स्पष्ट करते हुए लिखा है, "कनैला में बाहर से आये पाँड़े ब्राह्मणों की जमींदारी थी। लेकिन, वह अपने बाहरीपन को इतना तक ही जानते थे कि सुदूर अतीत में किसी समय उनका कोई पूर्वज सरयूपार से आया था। इसी मिट्टी को वह अपनी मिट्टी समझते थे—बल्कि मिट्टी को वे केवल अपनी समझते थे। भर, चमार, चूड़िहारों, दर्जी और दूसरी जाति वाले लोग उनसे भी बहुत पहले से इस मिट्टी में रहते थे, एक तरह से उनका सम्बन्ध इस मिट्टी से अनादिकाल का था; पर, उनको इस भूमि में कोई हक प्राप्त नहीं था। जिस चार हाथ जमीन पर उनकी झोंपड़ी खड़ी थी, उसे भी वह अपने मालिकों की कृपा की देन समझते थे।"

'कनैला की कथा' के अन्तिम अध्याय 'स्वराज्य' में आजादी के बाद कनैला गाँव की बनती-बिगड़ती तस्वीर में बदलती हुई आर्थिक स्थिति, सामाजिक हैसियत, राजनीतिक चेतना और मानसिक दशा की जो कथा है वह कमोबेश उत्तर भारत के हर गाँव की कथा का प्रतिनिधित्व करती है। राहुल जी ने ठीक ही लिखा है कि "युगों बाद कनैला के आर्थिक, सामाजिक, सांस्कृतिक ढाँचे पर इतना जबरदस्त प्रहार हो रहा है, जिससे उसका और अधिक दिनों तक चलना सम्भव नहीं।" पुस्तक के अन्त में राहुल जी ने यह आशा की थी कि आर्थिक विषमता पर आधारित छोटी-बड़ी जातियों का जो वर्ग भेद कनैला और दूसरे गाँवों में युगों से चला आया है, वह अब कायम न रह सकेगा। लेकिन ऐसा नहीं हुआ। कनैला और भारत के दूसरे गाँवों में अब भी जाति-भेद और वर्ग-भेद मौजूद है। आजाद भारत के गाँवों के बारे में अगर गाँधी जी की ऐसी आशा पूरी नहीं हुई तो राहुल जी की कैसे पूरी होगी। गुणाकर मुले ने 'स्वयंभू महापण्डित' में यह सूचना दी है कि राहुल जी ने 'आजमगढ़ की पुरा कथा' नामक पुस्तक भी लिखी थी जो अप्रकाशित है।

स्थानीयता राहुल जी की कहानियों में भी है। उन्होंने स्वयं लिखा है, "1934 ई. में कुछ वास्तविक घटनाओं को लेकर कहानियाँ लिखने की इच्छा हुई, और एक-एक

करके मैंने उन कहानियों को लेकर पत्रिकाओं में भेजा, जोकि 'सतमी के बच्चे' में संगृहीत हैं।" कनैला राहुल जी का पितृग्राम है तो पन्दहा उनका मातृग्राम, जो उनका जन्म ग्राम भी है। 'सतमी के बच्चे' नामक कहानी संग्रह की कुछ कहानियों में पन्दहा के निवासियों की कथा है तो कुछ में कनैला के निवासियों की।

राहुल जी ने जैसे अपने पितृग्राम कनैला की कथा लिखी है वैसे ही अपने राजनीतिक कर्म क्षेत्र बिहार के सारन जिले पर एक महत्त्वपूर्ण निबन्ध लिखा है जो उनकी पुस्तक 'पुरातत्व निबन्धावली' में है। राहुल जी ने पुरातात्विक अवशेषों, ऐतिहासिक सूचनाओं, भौगोलिक जानकारियों और अपने प्रत्यक्ष ज्ञान के आधार पर सारन जिले का बौद्ध काल से आधुनिक काल तक का इतिहास लिखा है। इस इतिहास में सारन की नदियों, फसलों और व्यापार की स्थितियों का उल्लेख है, विभिन्न जातियों और सम्प्रदायों का विवरण है और मेले तथा त्योहारों का वर्णन है। इस निबन्ध में सारन में रचित और लोकप्रिय साहित्य का भी इतिहास है।

सारन जिले के इतिहास का सबसे उज्ज्वल अध्याय वह है जो अंग्रेजी राज के विस्तार के विरुद्ध विद्रोह और युद्ध का बिगुल बजाने वाले भारत के सम्भवतः प्रथम स्वाधीनता सेनानी फतेह बहादुर साही से जुड़ा है। फतेह बहादुर साही के बारे में राहुल जी ने लिखा है, "इस वंश के लोग पहले कल्याणपुर में राज्य करते थे, पीछे राजधानी 'हुस्सेपुर' हुई। जब अंग्रेजों के आने पर (1765 ई. में) वीरश्रेष्ठ महाराज फतेह साही ने अंग्रेजों की ताबेदारी स्वीकार न की, तब कम्पनी से बहुत संघर्ष हुआ। इस संघर्ष में महाराज को हुस्सेपुर छोड़कर 'तमकुही' के जंगलों में चला जाना पड़ा। सारन के इस 'प्रताप' (फतेह साही) ने महाराणा प्रताप की तरह न जाने कितने कष्ट सहे, लेकिन तो भी जीवन-भर उसने दासता स्वीकार नहीं की। अंग्रेजों ने 1791 ई. में उसका राज्य भाई के पोते छत्रधारी साही को दे दिया। उस समय से राजधानी 'हथुआ' हो गयी।"

राहुल जी ने यह 1930 के पहले लिखा था। उस समय अंग्रेजी राज के दमन और आतंक को देखते हुए ऐसा लिखना साहस का काम था।

अंग्रेजी राज की अधीनता अस्वीकार करने और मालगुजारी देने से इनकार करने वाले फतेह बहादुर साही के विद्रोह, त्याग, संघर्ष और बलिदान को याद करते हुए यह ध्यान में रखना आवश्यक है कि उनका विद्रोह और युद्ध 1857 ई. के लगभग एक सदी पहले का है। फतेह बहादुर साही टीपू सुलतान के समकालीन थे, पर टीपू सुलतान से छोटे राज्य के राजा। उनका संघर्ष और युद्ध लगभग 30 वर्षों तक चला, 1767 ई. से 1795 ई. तक। सारी कोशिशों के बावजूद अंग्रेजी शासन उन्हें न पकड़ सका, न बन्दी बना सका और न मार सका। ऐसा कहा जाता है कि 1808 ई. में वे संन्यासी बन गये।

यद्यपि कलकत्ता रिव्यू (Vol. LXXVI) के लेख 'द अरिस्टोक्रेसी ऑफ बिहार'

(1883) में फतेह बहादुर साही के विद्रोह और संघर्ष के बारे में लिखा गया था, लेकिन बाद में स्वाधीनता आन्दोलन का इतिहास लिखने वाले इतिहासकारों के लगभग विस्मरण के कारण फतेह बहादुर साही के विद्रोह का इतिहास उपेक्षा का शिकार हुआ। 1857 के महाविद्रोह का इतिहास लिखने वालों ने भी फतेहसाही के विद्रोह की उपेक्षा ही की। 1960 ई. में छपे सारन गजेटियर में पी.सी. राय चौधरी ने फतेह बहादुर साही के संघर्ष का इतिहास कुछ विस्तार से लिखा है। 20वीं सदी के अन्त और 21वीं सदी के आरम्भ में फतेह साही की मूल राजधानी हुस्सेपुर के आसपास के साहित्यकारों और बुद्धिजीवियों ने इस महान स्वतन्त्रता प्रेमी के संघर्ष और बलिदान की स्मृति को जगाने, ताजा करने और लोकव्यापी बनाने के लिए हिन्दी और भोजपुरी में साहित्य लिखने और प्रकाशित कराने का प्रयत्न किया है। इस प्रक्रिया में फतेह साही पर भोजपुरी में एक खण्ड काव्य प्रकाशित हुआ है। हिन्दी में एक उपन्यास छपा है और एक नाटक भी। इन सबके साथ ही उन पर इतिहासकारों और साहित्यकारों के लिखे निबन्धों का एक संग्रह भी प्रकाशित हुआ। अभी हाल में 22 मई, 2011 के अंग्रेजी अखबार 'द हिन्दू' की पत्रिका में इतिहासकार जे.एन. सिन्हा ने एक लेख में फतेह साही के गौरवशाली संघर्ष को याद किया है। फतेह बहादुर साही का संघर्ष जैसा महाकाव्यात्मक था वैसा इतिहास लिखा जाना अब भी बाकी है।

# राहुल जी और हिन्दी समाज

अप्रैल 1994 में राहुल जन्मशती वर्ष समाप्त हो रहा है। राहुल की जीवन-यात्रा अप्रैल में आरम्भ हुई थी और उसका अन्त भी अप्रैल में ही हुआ। पिछले अप्रैल से इस अप्रैल तक सालभर राहुल जन्मशती के नाम पर जो कुछ भी हुआ है, उसे देखते-सुनते हुए जब उसमें निहित विडम्बना की ओर ध्यान जाता है तब टी.एस. एलियट की कविता 'वेस्टलैंड' की पहली पंक्ति याद आती है: 'सचमुच अप्रैल क्रूरतम महीना है...' राहुल जन्मशती वर्ष में जगह-जगह समारोह हुए। उनमें से कुछ का आयोजन और उद्घाटन ऐसे व्यक्तियों ने किया, जो राहुल के साहित्य से एकदम अपरिचित हैं और उनके विचारों के पक्के विरोधी। कुछ समारोह सामाजिक शिष्टाचार के रूप में हुए, कुछ सांस्कृतिक अपराध-बोध के कारण तो कुछ राजनीतिक मजबूरियों के तहत। इन सबमें रस्म अदायगी की चिन्ता ही अधिक थी, राहुल के वैचारिक संघर्षों के क्रान्तिकारी उद्देश्यों को समझने और आगे बढ़ाने की कोशिश बहुत कम। कुछ समारोहों में जन्मोत्सव की धूमधाम थी तो कहीं-कहीं श्रद्धा से श्राद्ध का आयोजन था। गोष्ठियों में भी गम्भीर विचार-विमर्श के बदले भोज का भाव ही मुख्य था। विचार के नाम पर कहीं कुछ लोगों ने पूजा भाव से राहुल महिमा का बखान किया तो कहीं उनके विचारों के ताप से झुलसे हुए कुछ लोगों ने उनकी निराधार निन्दा भी की।

राहुल जन्मशती के अवसर का उपयोग भी खूब हुआ है। जो लोग विचार और व्यवसाय के रिश्तों की बारीकियों को जानते हैं, उन्होंने इस मौके का कई तरह से उपयोग किया है। इस बीच राहुल साहित्य के कुछ विशेषज्ञ भी निकल आये हैं। उन्हें विशेषज्ञता का लाभ भी मिला है। जो लोग साल भर पहले राहुल और उनके साहित्य के बारे में बात करने से बचते थे, वे अचानक शताब्दी वर्ष में राहुल की विरासत की रक्षा के लिए बेचैन हो उठे और ऋषि-ऋण चुकाने के लिए तत्पर! जन्मशती वर्ष में उपजी विशेषज्ञता, बेचैनी और तत्परता अगर सालजीवी ही न रहे, कुछ स्थायी भी हो तो शायद सार्थक साबित हो। लेकिन ऐसा कैसे होगा, जबकि हर साल किसी न किसी बड़े कवि-लेखक-विचारक की जन्मशती आने ही वाली है।

हिन्दी में प्रायः लेखकों की जन्मशती के अवसर पर वही सब होता है, जो राहुल जी के प्रसंग में हुआ है। लगता है कि यहाँ साहित्य के नेतागण लेखकों की जन्म शताब्दी

का वैसे ही इन्तजार करते हैं जैसे राजनीतिक नेता बाढ़, सूखे और अकाल का। अब राहुल जन्मशती का वर्ष जा रहा है। लेकिन वह अपने पीछे कुछ ऐसे प्रश्न छोड़े जा रहा है, जो हिन्दी समाज की मानसिकता के अनेक पक्षों को उजागर करते हैं।

पिछले साल भर के जन्मशती सम्बन्धी समारोहों की चहल-पहल को देखकर कोई भी यह जानना चाहेगा कि ये सब समारोह क्यों और किसके लिए? इनसे किसको क्या मिला? समारोहों और गोष्ठियों में राहुल जी का कौन-सा रूप उजागर होकर सामने आया? समारोह करने वाले क्या राहुल जी के सामाजिक, राजनीतिक और सांस्कृतिक विचारों की क्रान्तिकारी धार पर शान चढ़ाना चाहते थे या उनको एक प्रतीक-पुरुष बनाकर केवल पूजना चाहते थे? जिस सत्ता की संस्थाओं ने राहुल को जीवनभर कोई महत्त्व नहीं दिया, उन्हें बौद्ध और साम्यवादी जानकर लगातार उपेक्षा और विरोध का शिकार बनाया, जिसके कारण उन्हें मजबूर होकर परदेश में नौकरी करनी पड़ी; उसी सत्ता की संस्थाओं में जन्मशती वर्ष के समय इतना राहुल-प्रेम क्यों और कैसे उमड़ आया? अगर समारोह और गोष्ठियाँ आयोजित करने वालों के मन में राहुल की साहित्य-रचना, ज्ञान-साधना और वैचारिक संघर्ष के लिए सचमुच प्रेम है, तो फिर उनकी तिब्बत से लाई हुई दुर्लभ पांडुलिपियाँ पटना संग्रहालय में सड़कर नष्ट क्यों हो रही हैं? उनकी 'पालि काव्यधारा', 'तिब्बती-हिन्दी कोश का दूसरा भाग', 'नेपाल', 'आजमगढ़ की पुराकथा' आदि अनेक पुस्तकें अब भी अप्रकाशित क्यों पड़ी हैं? उनकी ऋग्वैदिक आर्य, बौद्ध-संस्कृति, हिन्दी-काव्यधारा, संस्कृत-काव्यधरा, पुरातत्त्व निबन्धावली आदि जन्मशती वर्ष के बावजूद पाठकों को सुलभ क्यों नहीं हैं? राहुल की पचास से अधिक छोटी-छोटी पुस्तकें जनजीवन की समस्याओं के बारे में जनता के लिए ही लिखी गयी हैं। उन पुस्तकों को जनता के बीच पहुँचाना अधिक ज़रूरी है या केवल राहुल जी पर उत्सव करना? जन्मशती वर्ष में एक ओर राहुल की अधिकांश किताबें अन्धकार में पड़ी हैं और दूसरी ओर समारोहों में उनका गुणगान हो रहा है। राहुल जीवन भर भारतीय समाज की दिमागी गुलामी को मिटाने के लिए शब्द और कर्म से लड़ते रहे। एक ओर उसी गुलामी का जाल फैलाया जा रहा है और दूसरी ओर राहुल-राग गाया जा रहा है। यह सब पाखण्ड नहीं तो और क्या है?

प्रायः राहुल जैसे बड़े लेखक और विचारक की जन्मशती नयी पीढ़ी से यह माँग करती है कि वह नये सन्दर्भ में नयी दृष्टि से उनके लेखन का विश्लेषण करे और साथ ही उनके विचारों के महत्त्व की पहचान करते हुए उन्हें विकसित भी करे। यही नहीं, ऐसा अवसर नयी आलोचना-दृष्टि की सार्थकता की परख के लिए कसौटी का काम भी करता है। राहुल जन्मशती वर्ष में अनेक गोष्ठियाँ हुई हैं और एक दर्जन से अधिक पत्रिकाओं के विशेषांक भी निकले हैं, लेकिन उन सबकी वैचारिक उपलब्धियाँ क्या हैं? क्या उनमें राहुल की रचनाशीलता और वैचारिक देन का कोई सचमुच नया विवेचन और मूल्यांकन हुआ है? क्या राहुल के लेखन पर विचार की

प्रक्रिया में कोई नयी दृष्टि विकसित होती दिखाई देती है? अधिकांश गोष्ठियों, विशेषांकों और 'राहुल परिक्रमा' नाम के संकलन में भी या तो पुरानी बातें दुहरायी गयी हैं या जन्मशती के अवसर के अनुकूल श्रद्धा अर्पित की गयी है। इस बीच जो दो-तीन विचारोत्तेजक लेख सामने आये हैं, उनके केन्द्र में राहुल की इतिहास-दृष्टि है और उनसे जुड़े हुए कुछ सवाल भी। सी.एल. प्रभात ने राहुल के प्रसंग में दूसरी परम्परा का प्रश्न एक बार फिर उठाया है और राहुल को 'हिन्दी की दूसरी परम्परा का सही शलाका पुरुष' कहा है। यह ध्यान देने की बात है कि इतिहास के अन्त और इतिहास-दृष्टि की अप्रासंगिकता की सारी घोषणाओं के बावजूद हिन्दी में अब भी इतिहास-दृष्टि की चिन्ता है, इसका कुछ श्रेय राहुल को मिलना चाहिए, जिनके लेखन और चिन्तन पर विचार की कोई भी प्रक्रिया उनकी इतिहास-दृष्टि के अर्थ की खोज की उपेक्षा नहीं कर सकती।

राहुल केवल कथाकार और विचारक नहीं हैं। वे किसान आन्दोलन के संघर्षशील कार्यकर्ता भी रहे हैं। इसलिए उनकी इतिहास-दृष्टि केवल इतिहास के व्याख्याकार की दृष्टि नहीं है। वह मूलतः इतिहास बनाने के प्रयत्न में लगे विचारक की दृष्टि है। वे चार किताबों की मदद से पाँचवीं किताब पैदा करने वाले इतिहास के व्याख्याकार नहीं हैं। उनकी इतिहास-दृष्टि में समाज का इतिहास बनाने के अनुभव और बेचैनी का योग भी है। इसी दृष्टि से राहुल जी संस्कृति और साहित्य के इतिहास को भी देखते हैं और कथा-साहित्य की रचना भी करते हैं। जब वे संस्कृति और साहित्य की परम्परा के बारे में लिखते हैं, तब भी वे केवल परम्परा का स्मरण नहीं करते या उसकी प्रगतिशीलता ही नहीं खोजते, बल्कि परम्परा के उस मोहक प्रभामंडल को तोड़ते भी हैं, जो प्रभुत्वशाली वर्ग और विचारधारा के रक्षा-कवच का काम करता है। वे जब संस्कृति का इतिहास लिखते हैं, तब उसमें छिपी हुई बर्बरता के इतिहास को भी नहीं भूलते। वे अतीत की महानता पर मुग्ध रहने वाले से प्रश्न करते हैं कि आज जो अँधेरा हम देख रहे हैं क्या हज़ार साल पहले वह कम था? राहुल इतिहास की विवेक यात्रा इस प्रश्न का उत्तर खोजने के लिए करते हैं कि आज का भारतीय समाज ऐसा क्यों है?

राहुल ने समाज, संस्कृति और साहित्य तीनों का इतिहास लिखा है। लेकिन अपने समय में प्रचलित इतिहास लेखन की पद्धति से भिन्न ढंग से। हिन्दी के लिए इतिहास लेखन की उनकी दृष्टि ही नयी नहीं है, उसकी पद्धति भी नयी है। वे एक ओर 'वोल्गा से गंगा', 'सिंह सेनापति', 'दिवोदास' और 'जय यौधेय' में इतिहास से आख्यान की एकता निर्मित करते हैं तो दूसरी ओर ऋग्वैदिक आर्य तथा बौद्ध-संस्कृति में सांस्कृतिक भौतिकवाद की पद्धति का विकास करते हैं। उन्होंने संस्कृत के इतिहास लेखन को दार्शनिक तत्त्ववाद और आध्यात्मिक रहस्यमयता से मुक्त किया है। वे समाज के इतिहास में, जनजीवन के अनुभवों में, वास्तविकता और आकांक्षा के द्वन्द्व

में संस्कृत की रचना और विकास-प्रक्रिया की खोज करते हैं। राहुल की इतिहास-दृष्टि में समग्रता से उपजी वह व्यापकता है, जो समाज, संस्कृति और साहित्य में से किसी एक के इतिहास की विशेषज्ञता की पहुँच के परे हो जाती है।

राहुल हिन्दी के सर्वाधिक लोकप्रिय लेखकों में से एक हैं। वे साहित्यकारों के बीच जितने जाने-माने जाते हैं उससे अधिक इतिहासकारों, दार्शनिकों, समाजशास्त्रियों, पुरातत्ववेत्ताओं और राजनीतिक कार्यकर्त्ताओं के लिए महत्त्वपूर्ण हैं। लेकिन इन सबसे अधिक वे संघर्षशील जनता के लेखक, विचारक और मार्गदर्शक हैं। खासतौर से आठ भोजपुरी नाटकों और 'भागो नहीं दुनिया को बदलो' जैसी रचनाओं के कारण राहुल को विशाल भोजपुरी समुदाय में जैसी लोकप्रियता मिली है, उसकी तुलना आधुनिक लेखकों में केवल प्रेमचन्द से की जा सकती है। हिन्दी समाज के बाहर भारत की अन्य भाषाओं के साहित्य-संसार में राहुल की लोकप्रियता का प्रमाण उनकी रचनाओं के अनुवाद देते हैं। उनकी जितनी कृतियों के अनुवाद जितनी भारतीय भाषाओं में हुए हैं, उतने अनुवाद प्रेमचन्द को छोड़कर शायद ही किसी अन्य आधुनिक हिन्दी लेखक की रचनाओं के हुए हों। केवल बांग्ला में राहुल की बीस से अधिक किताबों के अनुवाद प्रकाशित हैं। अनुवाद का यह सारा काम राहुल साहित्य के प्रति अन्य भाषा-भाषियों के अदम्य आकर्षण के कारण हुआ है, किसी सरकारी संस्था के सहारे नहीं।

मानव समाज के विकास में राहुल की मूलगामी जिज्ञासा ने उनकी ज्ञान-साधना के क्षेत्र को व्यापक बनाया। इसीलिए उन्होंने भारत ही नहीं सम्पूर्ण एशिया के समाज और संस्कृति की लगातार विवेक यात्रा की है। उनकी इस यात्रा का विस्तार नेपाल, तिब्बत, चीन, जापान, लंका, बर्मा, ईरान और मध्य एशिया के दुर्गम इतिहास तक है। ज्ञान की इस व्यापकता के कारण ही राहुल भारत के ही नहीं एशिया के महापण्डित कहे जाते हैं। ऐसे लेखक की जन्मशती के समय उसे केवल हिन्दी के एक लेखक के रूप में देखना-समझना उसे सीमित करना है।

राहुल हिन्दी के उन गिन-चुने लेखकों में हैं, जिनके लेखक में न तो 'मेरा भारत महान' वाली आत्ममुग्धता के लिए कोई जगह है और न हिन्दी समाज की मनगढ़ंत प्रगतिशीलता के लिए। इसके ठीक विपरीत उनके चिन्तन में एक प्रखर आलोचनात्मक चेतना है, जो सम्पूर्ण भारतीय समाज और विशेष रूप से हिन्दी समाज की सामन्ती संरचना में शूद्रों के शोषण तथा स्त्रियों की गुलामी की पूरी व्यवस्था और विचारधारा की बखिया उधेड़ती है। वही आलोचनात्मक चेतना वैदिक-पौराणिक परम्परा के रूढ़िवाद की पोल भी खोलती है। इसके साथ ही वह जनजीवन और जन साहित्य में मौजूद विद्रोह की उस परम्परा की खोज भी करती है जो प्रभुत्वशाली वर्णों तथा वर्गों की विचारधारा के विरुद्ध बार-बार उठ खड़ी होती है। इस तरह राहुल भारतीय समाज तथा हिन्दी समाज के दलित और पराधीन जन समुदाय में आलोचनात्मक आत्म-सजगता पैदा करते हुए उसे दिमागी गुलामी से छुटकारे का रास्ता दिखाते

हैं। राहुल की इस आलोचनात्मक चेतना का आधार है—जन आन्दोलनों में सक्रिय हिस्सेदारी से अर्जित उनका अनुभव। बौद्ध-दर्शन से उस अनुभव को दृष्टि मिली है और मार्क्सवाद ने उसे धार दी है।

राहुल ने दर्शन, इतिहास, भाषा और साहित्य से सम्बन्धित ऐसा बहुत काम किया है कि उनके आगे इन विषयों के विशेषज्ञ भी पानी भरें। लेकिन उनके चिन्तन और लेखन का लक्ष्य हमेशा जनता और उसकी चेतना का जागरण रहा है, न कि पेशेवर पण्डित समुदाय। वे जानते हैं कि समाज में 'विचारों और भावों का कहाँ क्या काम/कब वह वंचना का एक साधक अस्त्र/कब वह ज्ञान का प्रतिरूप।' इसीलिए वे जीवन भर जनता के सहज और आत्मीय बुद्धिजीवी बने रहे। अगर कभी उन्हें पेशेवर पण्डितों की चुनौती का उन्हीं की ज़मीन पर खड़े होकर सामना करना पड़ा, तब भी वे जनता के पक्षधर बुद्धिजीवी के रूप में ही मैदान में उतरे। इसका एक उदाहरण 'रामराज्य और मार्क्सवाद' नाम की उनकी किताब है। इस जन्मशती वर्ष में राहुल के अनेक रूपों की खोज और पहचान हुई, लेकिन जनता के बुद्धिजीवी राहुल लगभग ओझल ही रहे। क्या इसका कारण हिन्दी समाज में जन आन्दोलनों का अभाव और जनचेतना का पिछड़ापन है या हिन्दी के लेखकों की बदली हुई मानसिकता? या कि दोनों?

राहुल जन्मशती वर्ष की एक वैचारिक उपलब्धि के रूप में गुणाकर मुले की लिखी हुई दो पुस्तकें सामने आयी हैं—'महापण्डित राहुल सांकृत्यायन', जो राहुल की जीवनी है और 'स्वयंभू महापण्डित' जिसमें राहुल के बुद्धि-वैभव का विवेचन है। पहली पुस्तक में राहुल का परिचय है—एक विराट् व्यक्तित्व, घुमक्कड़राज और महापण्डित के बुद्धि वैभव का परिचय। दूसरी पुस्तक, पहली पुस्तक की पूरक ही है। जो तथ्य, सूचनाएँ और सन्दर्भ पहली में है, वही दूसरी में भी है। कई जगह दोहराव भी है। दूसरी पुस्तक का सबसे महत्त्वपूर्ण भाग वह है जिसमें भदन्त आनन्द कौसल्यायन को लिखे राहुल के बहत्तर पत्र छपे हैं।

जिस लेखक की विस्तृत आत्मकथा मौजूद हो, उसकी जीवनी लिखना सरल है और कठिन भी। सरल इसलिए कि जीवनी के लिए जरूरी सामग्री, सन्दर्भ और जीवन की रूपरेखा आत्मकथा में सहज सुलभ होती है। इस सबके संग्रह के लिए जीवनीकार को बहुत भागदौड़ नहीं करनी पड़ती है। लेकिन यह सुविधा कुछ कठिनाइयाँ भी पैदा करती है। जहाँ ऐसी सुविधा होती है, वहाँ जीवनीकार के सामने पहला प्रश्न यही आता है कि जिसकी आत्मकथा मौजूद है, उसकी जीवनी क्यों लिखी जाय? और अगर लिखी जाय तो उसमें नयापन कैसे आये? जहाँ तथ्यों और सूचनाओं का नयापन सम्भव नहीं होता, वहाँ जीवन-कथा की पुनर्रचना से, मूल लेखक के जीवन-संघर्ष के नये अर्थ की खोज से, उसकी रचनाशीलता और विचार के नये विश्लेषण से और सबसे अधिक जीवनी लेखन की कला से जीवनी में नयापन आता

है। इन सबके लिए नयी दृष्टि जरूरी है, जो कहीं और से नहीं मिलती। उसका विकास जीवनी लेखक स्वयं करता है। जीवनी एक साहित्यिक रचना भी है, उसकी मूल्य चेतना और कला-सम्बन्धी कुछ शर्तें भी होती हैं। इसलिए जीवनी-लेखन केवल श्रद्धा से सम्भव नहीं होता, उसके लिए समझदारी और नयी दृष्टि भी चाहिए।

राहुल ने पाँच खण्डों में अपनी जीवन-यात्रा लिखी है, जिसमें उनकी जीवन-कथा के साथ-साथ उनके समय और समाज की कथा भी है, बल्कि दोनों कथाओं की विभिन्न गतियाँ और स्थितियाँ इस तरह आपस में मिली हुई हैं कि राहुल की जीवनी-यात्रा की कथा भारत की विकास-यात्रा की कथा बन गयी है। आत्मकथा के ढाँचे में व्यक्तिगत जीवन के आख्यान से समाज के इतिहास की एकता का ऐसा रूप कम ही देखने को मिलता है। राहुल की जीवन-यात्रा का काल भारतीय समाज के इतिहास का वह काल है, जो अनेक प्रकार के संघर्षों, उतार-चढ़ावों, महानताओं-क्षुद्रताओं के बीच भारतीय प्रज्ञा के रचनात्मक विस्फोटों से भरा हुआ है। राहुल की आत्मकथा उस बीहड़ दिक्-काल से गुजरने की गवाही देती है और उसका अनुभव भी कराती है।

ऐसी आत्मकथा के लेखक की पहली जीवनी लिखने का साहस गुणाकर मुले ने किया है, इसलिए उसमें कमियों का होना आश्चर्यजनक नहीं है। उनकी दोनों पुस्तकों की अधिकांश सामग्री का मूल स्रोत राहुल की आत्मकथा ही है। लेकिन यह आश्चर्य की बात है कि दोनों में कहीं भी एक महत्त्वपूर्ण कृति के रूप में राहुल की आत्मकथा का विशेष विश्लेषण नहीं है। गुणाकर मुले की पुस्तकों से राहुल के बहुआयामी व्यक्तित्व, जीवन-संघर्ष, रचना-कर्म और बुद्धि-वैभव की झलक तो मिलती है, लेकिन इन सबकी जटिल और गतिशील समग्रता का साक्षात्कार नहीं होता। 'महापण्डित राहुल सांकृत्यायन' नामक पुस्तक में राहुल के जीवन-सम्बन्धी अनेक नये तथ्य हैं, कहीं-कहीं जीवन-यात्रा की खाली जगहों को भरने की कोशिश भी है और उनके जीवनी लेखन के आगे-पीछे की साधक-बाधक परिस्थितियों को उजागर भी किया गया है। लेकिन उनकी जीवन-यात्रा के मार्मिक प्रसंगों के सघन संवेदनात्मक क्षणों का ऐसा कोई चित्र नहीं है, जो पाठकों के मन को छुए। इस जीवनी की एक परेशानी इसकी विवरण-प्रधान डायरीवाली भाषा भी है।

गुणाकर मुले की दोनों पुस्तकों में एक प्रकार की दुविधा है—भेद खोलने की इच्छा और छिपाने की सावधानी के बीच, विशेषतः राहुल के पारिवारिक जीवन के अन्तिम कुछ वर्षों के बारे में लिखते समय। उस दुविधा के कारण राहुल की ज़िन्दगी के आखिरी कठिन दिनों की अधूरी तस्वीर सामने आती है और गुणाकर मुले की सत्यनिष्ठा भी प्रभावित होती है। इस दुविधा का एक कारण व्यक्तिगत जीवन की कड़वी सच्चाइयों से मुँह चुराने वाली मानसिकता है, जो हिन्दी समाज में अत्यन्त प्रबल है। जहाँ जीवन की अश्लीलता को शालीनता की चादर से ढककर जीने को ही सभ्यता माना जाता हो, वहाँ बड़े लोगों के बारे में सच कहने-सुनने

की आदत कैसे होगी? हिन्दी में आत्मकथा और जीवनी लेखन की दुर्दशा का मुख्य कारण यहाँ व्यक्तिगत जीवन की सचाई कहने के साहस का और उसे सहने की आदत का अभाव भी है। अभी दो साल पहले सर्वपल्ली राधाकृष्णन की एक जीवनी अंग्रेजी में छपी है, जिसके लेखक राधाकृष्णन के पुत्र एस. गोपाल हैं। उस जीवनी में राधाकृष्णन के जन्म और जीवन के बारे में कुछ ऐसी कड़वी सच्चाइयों का उल्लेख है कि वह अगर हिन्दी में होती तो हंगामा खड़ा हो गया होता।

गुणाकर मुले ने 'महापण्डित राहुल सांकृत्यायन' में आधा सच कहने का जो साहस किया है, उसके कारण वे एक घटिया विवाद के शिकार हो चुके हैं। उन पर यह आरोप लगाया गया है कि उन्होंने राहुल के पारिवारिक कलह की चर्चा की है। परिवार में कलह का होना कोई आश्चर्यजनक बात नहीं है और अगर वह है तो उसका उल्लेख अपराध क्यों है? जीवनीकार की मुख्य चिन्ता यह होती है कि वह जिसकी जीवनी लिख रहा है, उसके बारे में पूरा सच कहे। यही जीवनी लेखन की नैतिक और सौन्दर्यबोधी शर्त भी है। अगर इस शर्त को निभाने में साँच की आँच से कुछ चेहरे झुलसते हैं तो जीवनीकार क्या करें? वह तो अपने कथानायक के बारे में तुलसीदास की तरह मानता है कि 'नाते नेह राम के मनिअत सुहृद सुसेव्य जहाँ लौं/अंजन कहाँ आँखि जेहि फूटे, बहुतक कहौं कहाँ लौं।'

राहुल शती के वर्ष में एक ओर उनकी विरासत के सच्चे स्वरूप को जानने-समझने के प्रयत्न हुए हैं तो दूसरी ओर राहुल को पोथीनिष्ठ पण्डित के रूप में पेश करते हुए उनकी विरासत को हड़पने की कोशिश भी हुई है। ऐसी कोशिश का एक नमूना है—'राहुल चयनिका', जिसके सम्पादक विद्यानिवास मिश्र और रामेश्वर मिश्र पंकज हैं। इस चयनिका की दृष्टि तो संकीर्ण है ही, भूमिका में साम्यवाद को गरिआने का जबर्दस्ती मौक़ा भी निकाल लिया गया है। 'राहुल चयनिका' का पाठक यह नहीं जान पाएगा कि राहुल वैदिक-पौराणिक परम्परा के कठोर रूढ़िवाद और धार्मिक पाखण्ड का जीवन भर कैसा खण्डन करते रहे हैं, वे हिन्दू समाज की खूँखार जातिवादी व्यवस्था में शूद्रों के शोषण का किस तरह विरोध करते रहे हैं और लूट-तंत्र की व्यवस्था के शिकार सभी शोषितों, दलितों और पराधीनों के लिए कैसे लड़ते रहे हैं। 'राहुल चयनिका' का पाठक यह भी नहीं जान पाएगा कि वे 'रामराज्य और मार्क्सवाद', 'तुम्हारी क्षय', 'दिमागी गुलामी', 'दोहा कोश' और 'बौद्ध संस्कृति' जैसी वैचारिक संघर्ष से भरपूर कृतियों के लेखक हैं। चयनिका के माध्यम से राहुल को वैदिक-पौराणिक परम्परा में समेटने की दयनीय कोशिश है। दयनीय इसलिए कि वह परम्परा जैसे अश्वघोष, सरह पाद और कबीर को आज तक नहीं पचा पायी है, वैसे ही राहुल को भी नहीं पचा पाएगी।

राहुल की विरासत को हड़पने के लिए कैसे झूठ और कैसी दुर्व्याख्या का सहारा लिया जा सकता है—इसका एक नमूना 12 दिसम्बर, 1993 के 'नवभारत

टाइम्स' में छपी पंकज की टिप्पणी है। टिप्पणीकार की सबसे बड़ी चिन्ता राहुल को मार्क्सवाद से अलग करने की है। इसलिए उसने चमत्कारी गणित की मदद से यह साबित करने की कोशिश की है कि राहुल अक्टूबर 1939 से मार्च 1943 तक कुल साढ़े तीन वर्ष सक्रिय कम्युनिस्ट रहे। अगर सक्रियता का अर्थ कम्युनिस्ट पार्टी की सदस्यता ही है तो राहुल जी 1939 से 1947 तक पहली बार पार्टी के सदस्य रहे और दूसरी बार फरवरी 1955 से जीवन के अन्त तक। दूसरी बार कम्युनिस्ट पार्टी का सदस्य बनने के बाद उन्होंने लिखा था, "मैं डरता था कि पार्टी मेम्बर न रहते, कहीं महाप्रयाण न करना पड़े। अब जीवन भर के लिए पार्टी मेम्बर हुआ।" इस तरह टिप्पणी-लेखक की यह बात एकदम झूठी साबित होती है कि राहुल जी केवल साढ़े तीन वर्ष सक्रिय कम्युनिस्ट रहे। अगर सक्रियता का अर्थ केवल सदस्यता न हो, उसका विचार और व्यवहार से भी सम्बन्ध हो तो राहुल जी जब कम्युनिस्ट पार्टी के सदस्य नहीं बने थे, तब भी विचार के स्तर पर मार्क्सवाद से जुड़े हुए थे, इसीलिए उन्होंने 1934 में 'साम्यवाद ही क्यों' लिखा था। यही नहीं उन्होंने तो भारत में कम्युनिस्ट पार्टी बनने के पहले ही 'बाईसवीं सदी' नाम के समाजवादी यूटोपिया की रचना की थी। 1947 से 1954 तक जब वे पार्टी से बाहर थे, तब भी विचार और व्यवहार में मार्क्सवादी ही थे इसका प्रमाण हैं, 1947 से 1954 के बीच लिखी हुई उनकी मार्क्सवाद सम्बन्धी पुस्तकें। उन्होंने 1949 में लिखा, 'कम्युनिस्ट क्या चाहते हैं?' फिर 1953 में स्तालिन, लेनिन, मार्क्स और माओत्से तुङ की जीवनियाँ। राहुल ने इतिहास, दर्शन, संस्कृति और साहित्य की व्याख्या ही नहीं, उपन्यास और कहानियों की रचना भी मार्क्सवादी दृष्टि से की है। उन्होंने 'वोल्गा से गंगा' की रचना के उद्देश्य के बारे में लिखा है, '1933 में ही यूरोप से लौटते समय मन में खयाल आया था कि साम्यवाद को समझने और उसकी ओर प्रेरित करने के वास्ते एक ऐसी पुस्तक लिखूँ, जिसमें हमारे देश का ऐतिहासिक विकास कहानियों में आ जाय।' इसी चिन्ता की देन है 'वोल्गा से गंगा' की कहानियाँ। इस सबके बावजूद अगर कोई कहे कि राहुल जी पर मार्क्सवाद का प्रभाव अत्यल्प है तो उससे बड़ा झूठ और क्या होगा? राहुल की विरासत की विकृत व्याख्या करने का मुख्य लक्ष्य है मार्क्सवाद का विरोध और भारतीय समाज में परिवर्तन की चेतना का विरोध।

राहुल अभिजनवादी मानसिकता के लेखक नहीं हैं। वे परम्परागत बुद्धिजीवी भी नहीं हैं। वे जनता के ऐसे लेखक और बुद्धिजीवी हैं, जो सामाजिक परिवर्तन की प्रेरणा देते हैं। भारतीय समाज में परिवर्तन की सच्ची चिन्ता और जरूरत जनता को है, इसलिए वही राहुल की क्रान्तिकारी विरासत को विकृत करने और मिटाने के प्रत्येक प्रयत्न से पहले की तरह आगे भी उसकी रक्षा करेगी।

# यशपाल का मार्क्सवादी चिन्तन

*"वर्तमान में हमारा उद्देश्य है—जो कुछ है उसकी निर्मम आलोचना करना। निर्मम का आशय यह है कि आलोचना के नतीजों से भयभीत न होना और यह भी कि समकालीन सत्ता से टकराहट की कोई चिन्ता न करना।"*

**कार्ल मार्क्स**[1]

बीसवीं सदी के अन्त तथा इक्कीसवीं सदी के आरम्भ में हिन्दी में पुराने लेखकों और विचारकों पर सोचने-लिखने और उनका मूल्यांकन करने के लिए विचारों की अनेक नालियाँ बह रही हैं, जिनसे उड़-उड़कर तरह-तरह के छींटे हिन्दी के पुराने लेखकों पर पड़ रहे हैं। ऐसी स्थिति में यशपाल या उनके जैसे किसी लेखक पर पुनर्विचार करना मुश्किल है। दूसरी ओर मार्क्सवाद के भी अनेक संस्करण चारों ओर फैले हुए हैं। उत्तर-मार्क्सवाद की घोषणा और जाप करने वालों को कुछ देर के लिए अगर हम भूल भी जाएँ तो भी हमारे सामने यह सवाल रहेगा कि इस समय किस प्रकार का मार्क्सवाद भारतीय समाज के वर्तमान और भविष्य के लिए आवश्यक तथा उपयोगी है।

यशपाल हिन्दी के मार्क्सवादी कथाकार के रूप में विख्यात हैं। प्रेमचन्द के बाद की पीढ़ी के जिन कथाकारों ने अपने कथा-लेखन की नयी भूमि और नयी कथा-दृष्टि का विकास करते हुए हिन्दी कथा-साहित्य का इतिहास निर्मित किया है, उनमें यशपाल का विशेष महत्त्व है। यशपाल के बारे में बात करते समय यह याद रखना जरूरी है कि वे केवल कथाकार नहीं हैं, बल्कि वे प्रेमचन्द की तरह सुनिश्चित दृष्टि के पत्रकार और विचारक भी हैं। यशपाल अंग्रेजी राज से देश की स्वाधीनता के लिए सशस्त्र और वैचारिक संघर्ष करने वाले उन क्रान्तिकारियों के समूह से जुड़े हुए थे जिनका नेतृत्व भगत सिंह ने किया था। क्रान्तिकारी गतिविधियों से अलग होने के बाद यशपाल ने 'विप्लव' नाम की पत्रिका के प्रकाशन के समय अपने वैचारिक संघर्ष का नया दौर शुरू किया था, जिसमें वे एक कथाकार और विचारक के रूप में लम्बे समय तक लगे रहे। यशपाल के सम्पूर्ण जीवन पर ध्यान दीजिए

तो मालूम होगा कि वे स्वाधीनता संघर्ष के मोर्चे पर एक कर्मवीर और शब्दवीर की तरह हमारे सामने आते हैं।

'विप्लव' के सम्पादक के रूप में यशपाल का लक्ष्य मार्क्सवादी विचारों को व्यापक समाज, विशेष रूप से शोषित उत्पीड़ित समाज के बीच पहुँचाना था। नवम्बर 1938 में 'विप्लव' का प्रवेशांक प्रकाशित हुआ। वह समय कांग्रेस पार्टी की नीतियों के कारण देश में फैली राजनीतिक निराशा का था। 'विप्लव' के प्रवेशांक के सम्पादकीय में उस समय की राजनीतिक स्थिति और चिन्ता इन शब्दों में व्यक्त हुई है, "आज हमारा राष्ट्रीय मोर्चा कांग्रेस की अपनी लखनऊ और फैजपुर में कायम की गयी खाइयों से पीछे हट रहा है। सामाजिक क्रान्ति की जिस बिजली से हमारा मोर्चा सजीव हो उठा था, वह प्रतिदिन शिथिल पड़ती जा रही है।"[2] ऐसी स्थिति में यशपाल विप्लव की आवश्यकता का अनुभव करते हैं। इसलिए वे लिखते हैं कि "विप्लव मनुष्य और उसके समाज की जीवनी-शक्ति का स्रोत है। मनुष्य-समाज का विकास के मार्ग पर एक पड़ाव पूरा कर दूसरे पड़ाव में कदम रखना विप्लव है। आज हम एक पड़ाव का मार्ग तय कर क्लान्त, श्रान्त और जर्जर हो आगे अपने मार्ग को बन्द पा रहे हैं। किन्तु जीवन की राह पर चले बिना गुजारा नहीं; न चलने का अर्थ है मृत्यु।"[3] भारतीय समाज को निराशा से मुक्त करने के लिए यशपाल ने 'विप्लव' नामक पत्रिका का प्रकाशन शुरू किया और उसके माध्यम से जनजागरण का अभियान।

'न्याय का संघर्ष' (1940) पहली किताब है जिसमें यशपाल के राजनीतिक चिन्तन का स्वरूप निखर कर हमारे सामने आता है। इसकी भूमिका में आचार्य नरेन्द्र देव ने लिखा है कि, "समाज की जीर्ण अवस्था में परिवर्तन होने से पूर्व विचारों में क्रान्ति होना आवश्यक और प्राकृतिक क्रम है। सामाजिक क्रान्ति के मध्याह्न के लिए विचारों की क्रान्ति ऊषा के समान है। हमारा समाज अपनी पुरानी व्यवस्था के शिकंजे में छटपटा रहा है और नवीन व्यवस्था की आवश्यकता का अनुभव कर रहा है। यह विचारों की क्रान्ति का लक्षण है। दूसरे शब्दों में कहना होगा कि हम विचारों की क्रान्ति के युग से गुजर रहे हैं।"[4] आचार्य नरेन्द्र देव की धारणा है कि विचारों की क्रान्ति का काम होता है हमारी न्याय की धारणा को नये मार्ग पर लाना। यही काम यशपाल ने इस पुस्तक में किया था। एक ओर उन्होंने पुरानी न्याय व्यवस्था की गहरी छानबीन की तो दूसरी ओर उसके अन्तर्विरोधों का विश्लेषण भी किया। आचार्य नरेन्द्र देव ने यशपाल की लेखन-शैली की एक विशेषता की ओर पाठकों का ध्यान आकृष्ट किया है, "लेखक ने कलम की नोक से आत्मविस्मृत समाज को गुदगुदा कर जगाने की चेष्टा की है और समाज को करवट बदलते न देखकर कई जगह उसने कलम की नोक समाज के शरीर में गड़ा दी है।"[5] लेखन शैली की यह विशेषता यशपाल के सम्पूर्ण वैचारिक लेखन में है। इसका एक परिणाम यह हुआ

है कि कुछ लोगों को जागरण के बदले केवल चुभन की स्मृति सताती रहती है।

आज के समय में सामाजिक न्याय की बहुत बात होती है, खासतौर से हिन्दी क्षेत्र की पूरी राजनीति सामाजिक न्याय के नाम पर चल रही है। यह अलग बात है कि सामाजिक न्याय की बातें अधिक होती हैं और काम बहुत कम। यशपाल ने बहुत पहले स्वाधीनता आन्दोलन के दौरान भारत में व्याप्त सामाजिक अन्याय का विश्लेषण किया था और न्याय के छद्‌म के सच को भी पाठकों के सामने रखा था। उन्होंने लिखा है कि "न्याय में शक्ति है। शक्ति के अनेक रूप हैं। सबसे अच्छा रूप शक्ति का है पैसा।"[6] साथ ही उन्होंने स्पष्ट किया है कि न्याय की धारणा में समय-समय पर संघर्ष होता आया है और उसका रूप बदलता रहा है। यशपाल के चिन्तन में बाद के दिनों में गाँधीवाद और मार्क्सवाद से सम्बन्धित जिन विचारों का टकराव हुआ है उनके बीज 'न्याय का संघर्ष' में मौजूद हैं। इसमें एक निबन्ध गाँधीवाद पर है जिसके बारे में यशपाल का प्रश्न है कि गाँधीवाद नवयुग का प्रतीक है या युगान्त का। इस पुस्तक में मार्क्सवाद से सम्बन्धित अपनी समझ को भी यशपाल ने स्पष्ट रूप से व्यक्त किया है और नये युग के लिए मार्क्सवाद की जरूरत पर जोर भी दिया है।

यशपाल ने स्वाधीनता आन्दोलन के अपने अनुभवों को ध्यान में रखते हुए प्रेमचन्द की तरह शोषितों के स्वराज्य की बात की है, "अपने स्वतन्त्रता संग्राम का अनुभव हमें बताता है कि इस देश की कुछ श्रेणियाँ सदा जनता की महत्त्वाकांक्षाओं के विरुद्ध रही हैं। उन्होंने सदा हमारे शोषकों का ही साथ दिया है। उनके सन्तोष के लिए हम यदि दलित और शोषित श्रेणियों की माँग को दबा देने का यत्न करेंगे तो इसका अर्थ होगा कि हमें स्वराज्य के स्वप्न को भूल जाना होगा या फिर ब्रिटिश शोषण की जगह देशी शोषण को स्वीकार करना होगा।"[7] यही बात प्रेमचन्द ने 'आहुति' नामक कहानी में कही है। उस कहानी की नायिका कहती है कि, "अगर स्वराज्य आने पर भी यदि सम्पत्ति का यही प्रभुत्व रहे और पढ़ा-लिखा समाज यूँ भी स्वार्थान्ध बना रहे तो मैं कहूँगी कि ऐसे स्वराज्य का न आना ही अच्छा, कम-से-कम मेरे लिए तो स्वराज्य का यह अर्थ नहीं है कि जॉन की जगह गोविन्द बैठ जाए।"[8] ठीक यही बात 2 फरवरी, 1931 के क्रान्तिकारी कार्यक्रम के मसौदे में भगत सिंह ने भी कही थी, "भारत सरकार का प्रमुख लार्ड रीडिंग की जगह यदि पुरुषोत्तम दास ठाकुर हों तो इससे क्या फर्क पड़ेगा। एक किसान को इससे क्या फर्क पड़ेगा यदि लार्ड इरविन की जगह सर तेज बहादुर सप्रू आ जाएँ।"[9] इससे यह जाहिर होता है कि यशपाल एक ओर प्रेमचन्द की परम्परा को आगे बढ़ा रहे थे तो दूसरी ओर भगत सिंह के विचारों को भी।

धर्म के राजनीति में हस्तक्षेप की यशपाल ने बराबर आलोचना की है। यह आलोचना यशपाल की अधिकांश पुस्तकों में है और विशेष रूप से 'गाँधीवाद की

शव-परीक्षा' में मौजूद है, क्योंकि गाँधीजी ने धर्म और राजनीति को मिलाने की कोशिश की थी या यह भी कह सकते हैं कि धर्म का राजनीतिक उपयोग किया था। यशपाल स्पष्ट कहते हैं कि अगर राजनीति पर धर्म का मुलम्मा रहेगा तो न सच्ची राष्ट्रीयता का विकास होगा और न मानवीयता का। साथ ही कि, "जब तक वह मजहब का मुलम्मा, चाहे वह कट्टरता का गहरा मुलम्मा हो या सहिष्णुता का हलका मुलम्मा, हम पर चढ़ा रहेगा, हम आदमी के रूप में न पहचाने जाएँगे, न दूसरे को पहचान सकेंगे। न हमारी राष्ट्रीयता वहाँ पनप सकेगी, न हम राष्ट्रीयता के उस उद्देश्य की ओर एक कदम भी बढ़ा सकेंगे, जिसका हम इतना ढोल पीट रहे हैं।"[10] आज हम राजनीति में धर्म के खतरनाक हस्तक्षेप को देख रहे हैं। यह अचानक नहीं हुआ है, बल्कि स्वाधीनता आन्दोलन की उस राजनीति की देन है जो धर्म से जुड़ी हुई थी। 1940 में यशपाल की बात चौंकाने वाली लग सकती थी पर आज वह एक भीषण सच्चाई के रूप में हमारे सामने खड़ी है।

यशपाल के सम्पूर्ण लेखन में, चाहे वह कथात्मक हो या वैचारिक, भारतीय स्त्री की पराधीनता की पहचान और उसकी स्वतन्त्रता की वकालत किसी भी दूसरे लेखक की तुलना में अधिक प्रभावशाली रूप में व्यक्त हुई है। उसके लिए हिन्दी के मर्यादावादी या रूढ़िवादी आलोचकों ने यशपाल को कभी माफ नहीं किया। 'न्याय का संघर्ष' में भी यशपाल ने व्यंग्य के साथ यह लिखा है कि, "क्या अब जमाना बदल गया है? क्या अब स्वतन्त्रता, समता और न्याय का जमाना है? आदमियों के लिए होगा, स्त्रियाँ तो आदमी नहीं हैं, कभी थीं भी नहीं। उनके लिए स्वतन्त्रता, समानता और न्याय का प्रश्न कैसा?...स्त्री न आदमी है और न आदमी का दर्जा पा ही सकती है। वह और घरेलू पशुओं की तरह आदमी के उपयोग की चीज हैं।"[11]

'विप्लव' पत्रिका के स्थायी स्तम्भों में से एक था 'मार्क्सवाद की पाठशाला', जिसे 'विलक्षण' नाम से यशपाल लिखा करते थे। एक प्रकार से उसी का विकसित रूप यशपाल की 1940 में प्रकाशित पुस्तक 'मार्क्सवाद' थी। जिस समय यशपाल की पुस्तक 'मार्क्सवाद' छपी, उस समय तक हिन्दी में मार्क्सवाद का प्रामाणिक ज्ञान कराने वाली पुस्तकें बहुत कम थीं। हिन्दी में मार्क्सवाद का विवेचन करने वाली परम्परा की शुरुआत रामचन्द्र वर्मा की पुस्तक 'साम्यवाद' से होती है, जो 1919 में छपी थी। उसके बाद राधामोहन गोकुल की पुस्तक 'कम्युनिज्म क्या है?' 1924 में छपी। बाद में सत्यभक्त ने 'साम्यवादी' नाम की पत्रिका निकालकर 1920 के दशक में मार्क्सवाद सम्बन्धी विचारों को हिन्दी भाषी जनता के सामने रखा। सत्यभक्त ने 'साम्यवाद के सिद्धान्त' नाम की पुस्तक की भी रचना की जो 1934 में प्रकाशित हुई। 1934 में ही राहुल जी की पुस्तिका 'साम्यवाद ही क्यों?' भी सामने आई। मार्क्सवाद सम्बन्धी लेखन की इस स्थिति को देखते हुए यशपाल की पुस्तक 'मार्क्सवाद' का प्रकाशन एक महत्त्वपूर्ण घटना है।

यशपाल की पुस्तक 'मार्क्सवाद' में कोई नयी चौंकाने वाली व्याख्या नहीं है। इसमें समाजवादी विचारों की आवश्यकता और विकास को सहज तथा सुबोध भाषा में इस तरह प्रस्तुत किया गया है कि साधारण पढ़े-लिखे लोग भी उन विचारों को समझकर आत्मसात कर सकें। इसमें लोकप्रिय लेखन के गुण हैं, विशेषज्ञता की आकांक्षा से उपजा चमत्कारपूर्ण तर्कजाल नहीं है। लोकप्रिय लेखन के गुणों की व्याख्या करते हुए लेनिन ने 1901 में कहा था कि, "लोकप्रिय लेखन सरल और ज्ञात तथ्यों से अपनी बात शुरू करते हुए सहज तर्कों को प्रभावशाली उदाहरणों के सहारे सोच-विचार करने वाले पाठकों को निष्कर्षों तक पहुँचने में मदद करता है, वह पाठकों के मन में नये प्रश्न पैदा करता है और उन्हें गम्भीर अध्ययन तथा चिन्तन-मनन की प्रेरणा भी देता है।"[12] यशपाल ने 'मार्क्सवाद' पुस्तक के माध्यम से यही काम किया है। यशपाल ने उस समय के भारतीय समाज में प्रचलित और प्रचारित गाँधीवाद की आलोचना करते हुए उसकी मार्क्सवाद से तुलना भी की है। यह पुस्तक यशपाल के मार्क्सवाद सम्बन्धी प्रामाणिक ज्ञान के साथ-साथ भारतीय समाज के जटिल यथार्थ की विश्वसनीय समझदारी का प्रमाण देती है।

यशपाल ने जब 'मार्क्सवाद' लिखी थी तब उनके सामने दो तरह के लोग थे जिन्हें यह पुस्तक समर्पित की गयी, "मेरा यह परिश्रम समर्पित है उन सब साथियों को जो समाजवाद को पूर्णतः समझे बिना ही उसके सुखद सपनों की कल्पना करते हैं और उन सब मित्रों को जो समाजवाद का वास्तविक परिचय प्राप्त किये बिना भी उसे समाज, सभ्यता और संस्कृति का शत्रु समझते हैं।"[13] इस बीच के समय में उन लोगों की संख्या कम नहीं हुई है जो समाजवाद को पूर्णतः समझे बिना ही उसके सुखद सपनों की कल्पना किया करते हैं, लेकिन उन लोगों की संख्या आज बहुत बढ़ गयी है जो समाजवाद को भारतीय समाज, सभ्यता और संस्कृति का शत्रु समझते हैं। ऐसी स्थिति में यशपाल की पुस्तक आज भी पहले प्रकार के लोगों के लिए उपयोगी है और उनके सामने खड़े प्रश्नों का उत्तर देने वाली है। दूसरे प्रकार के लोगों में दो तरह के व्यक्ति हैं। एक वे जो मार्क्सवाद को न जानने के कारण उसका विरोध करते हैं और दूसरे वे जो सामाजिक परिवर्तन से भयभीत होने के कारण मार्क्सवाद को अस्वीकार करते हैं। जो मार्क्सवाद को नहीं जानते वे यशपाल की पुस्तक 'मार्क्सवाद' को पढ़कर उसे जान सकते हैं लेकिन जो जान बूझकर मार्क्सवाद का विरोध करते हैं उनके लिए यशपल की पुस्तक आज भी एक चुनौती है।

प्रेमचन्द की तरह यशपाल भी यह समझते थे कि भारतीय जनता की आजादी की लड़ाई केवल अंग्रेजी राज्य से स्वतन्त्रता तक सीमित नहीं है। उसका लक्ष्य साम्राज्यवाद के साथ-साथ भारतीय समाज में मौजूद सामन्ती तत्त्वों, मूल्यों और प्रवृत्तियों के प्रभावों से मुक्ति भी है और साथ ही उभरते पूँजीवाद के शोषण तथा

दमन से छुटकारा भी। इस चौतरफा संघर्ष के लिए एक ऐसी विचारधारा की जरूरत थी जो एक ओर भारतीय समाज व्यवस्था को ठीक ढंग से समझने-समझाने में जनता की मदद करे तो दूसरी ओर जनता को समाज के समग्र रूपान्तरण के लिए संघर्ष की प्रेरणा भी दे। यशपाल मानते थे कि ऐसी विचारधारा केवल मार्क्सवाद है।

भारतीय समाज में पहले से मौजूद सामाजिक स्थितियों, मूल्यों और मान्यताओं को शाश्वत मान लेने की प्रवृत्ति रही है। इस प्रवृत्ति को एक ओर धार्मिक मतवाद ने बढ़ावा दिया है तो दूसरी ओर गाँधीवाद ने। यशपाल ने धार्मिक मतवाद और गाँधीवाद की आलोचना करते हुए परिवर्तन की प्रक्रिया को ही सामाजिक विकास की अनिवार्य शर्त माना है। उन्होंने लिखा है, "अपनी परिस्थिति, अवस्था और व्यवस्था में त्रुटि अनुभव करना और उसे पूरा करने के उपाय की खोज ही मनुष्य समाज को परिवर्तन और विकास के पथ पर आगे बढ़ाती है।"[14] वह यह भी मानते हैं कि समाज में असमानता की उपस्थिति एक ऐसी सच्चाई है जिसे सब स्वीकार करते हैं और जो असमानता के शिखर पर हैं वे समानता की आकांक्षा भी रखते हैं। मानव समाज के विकास के मध्य युग में समानता की भावना धार्मिकता के अन्तर्गत व्यक्त होती थी, परन्तु आज के युग में असमानता की प्रक्रिया को समझने में मार्क्सवाद मदद करता है। यशपाल का यह कहना ठीक है कि शोषित पीड़ित जनता के मन में समानता की आकांक्षा ही समाजवाद की आकांक्षा के रूप में प्रकट हुई है।

भारत में जब से मार्क्सवाद आया है तब से इसके विरोधी कई तरह के तर्क देते रहे हैं। उनमें से एक तर्क यह भी है कि मार्क्सवाद एक विदेशी विचारधारा है इसलिए यह भारतीय समाज के अनुकूल नहीं है। यशपाल के अनुसार, "मनुष्य की आर्थिक अवस्था में समानता लाने के लिए समाज की व्यवस्था में परिवर्तन करने की जो विचारधारा आज समाजवाद या मार्क्सवाद के नाम से हमारे सामने आ रही है उसे अनेक व्यक्ति भारतीय वातावरण और संस्कृति के लिए विदेशी और अनुपयुक्त समझते हैं।"[15] ऐसा मानने वाले उस समय के अनेक गाँधीवादी थे और आज के सांस्कृतिक राष्ट्रवादी हैं। आज के सांस्कृतिक राष्ट्रवादी विदेश से हर चीज उधार लेने को तैयार हैं, पर मार्क्सवाद को विदेशी कहकर उसका विरोध करते हैं। अर्थात गुड़ खाना पर गुलगुले से परहेज करना। मार्क्सवाद को विदेशी कहकर उसको खारिज करने वालों को उत्तर देते हुए यशपाल ने तर्क किया, "इसमें सन्देह नहीं कि समाजवाद की विचारधारा पहले पश्चिम में ही विकसित हुई क्योंकि पश्चिम के देशों में ऐसी विचारधारा पैदा करने वाली परिस्थितियाँ भारत से पहले पैदा हुईं। परन्तु समय गुजरने के साथ वे परिस्थितियाँ इस देश में भी उत्पन्न हो गयीं। पूँजी-प्रधान पद्धति और पैदावार के वैज्ञानिक साधनों और औद्योगिक सभ्यता को यदि यह देश अपनायेगा तो इन परिस्थितियों से पैदा होने वाले विचारों की भी उपेक्षा नहीं कर सकेगा।"[16]

इस देश में तब और अब भी ऐसे बहुत से लोग हैं जो यह कहते हैं कि भारत एक आध्यात्मिक देश है इसिलए यहाँ मार्क्सवाद का भौतिकवाद नहीं चल सकता। इस तर्क में आध्यात्म से उतना प्रेम नहीं है जितना मार्क्सवाद की क्रान्तिकारी शक्ति का भय। ऐसा आध्यात्मवाद समाज में विषमता और शोषण की स्थितियों को बनाये रखता है। इस बात की ओर संकेत करते हुए यशपाल का कहना है, "इतिहास इस बात का गवाह है कि आध्यात्मिकता ने सदा से उपदेश दिया है कि भगवान की इच्छा और न्याय से समाज में मालिक-नौकर और राजा-प्रजा का विधान बना। नौकर और प्रजा को चाहिए कि मालिक और राजा को अपना पिता, स्वामी और रक्षक मानकर उसकी सेवा और आज्ञा का पालन करें।"[17] लेकिन समाज का इतिहास आध्यात्मवाद की इस कामना से संचालित नहीं होता। यशपाल का मानना है कि "यदि मनुष्य-समाज भगवान की आज्ञा को स्वीकार कर अपनी अवस्था से सन्तुष्ट रहकर अपनी अवस्था में परिवर्तन की चेष्टा न करता तो मनुष्य समाज का न कभी विकास होता और न कुछ उन्नति होती।"[18]

मार्क्सवादियों के बीच और उनके बाहर भी मजदूर वर्ग की तानाशाही के सिद्धान्त पर बहुत बहस हुई है। बीसवीं सदी के पाँचवें और छठे दशक में उसकी आलोचना अनेक मार्क्सवादी विचारक करते रहे। हिन्दी में इस सिद्धान्त का खण्डन साठ के दशक के अन्त में रामविलास शर्मा ने भी किया था। यशपाल ने अपनी पुस्तक में इस सिद्धान्त की व्याख्या की है और उसका समर्थन भी किया है। यशपाल ने बहुत बाद में एक लेख लिखा था—'मार्क्सवाद का पुनर्मूल्यांकन', जिसमें उन्होंने चिन्तन की स्वतन्त्रता पर जोर देते हुए यह कहा है कि "जो व्यक्ति द्वन्द्वात्मक भौतिकवाद के अनुसार सोचने का दावा करते हैं उन्हें अपनी मान्यताओं पर पुनर्विचार करने में संकोच नहीं होना चाहिए।"[19] उसी लेख में यशपाल ने यह भी कहा है कि "मेरे विचार में तो मार्क्सवाद के साधनहीनों का एकाधिपत्य (Dictatorship of Proletariat) शब्द या विचार में भी अन्तर्विरोध है।" तात्पर्य यह है कि जब यशपाल 'मार्क्सवाद का पुनर्मूल्यांकन' लेख लिख रहे थे, तब वे 'सर्वहारा की तानाशाही' में विश्वास नहीं करते थे।

मार्क्सवाद के विरोधी भारत में यह प्रचार करते रहे कि समाजवादी व्यवस्था में स्त्री पर से एक पुरुष का बन्धन हटाकर उसे समाज की साझी भोग्य वस्तु बना दिया जाएगा, जिससे समाज में अनाचार या दुराचार फैलेगा। यशपाल इस प्रचार से परिचित थे इसलिए इसका उत्तर देते हुए उन्होंने लिखा है कि मार्क्सवाद स्त्री-पुरुष के सम्बन्ध को पुरुष की सम्पत्ति और धर्म के भय से जकड़ देने के पक्ष में नहीं हैं। वह स्त्री-पुरुष के सम्बन्ध को दोनों की प्राकृतिक आवश्यकता और कर्तव्य का सम्बन्ध मानता है। वह स्त्री-पुरुष के सम्बन्ध में न तो दासता के भाव को स्वीकार करता है और न उच्छृंखलता को। स्त्री की स्वाधीनता और पराधीनता के प्रश्न को

यशपाल ने 'चक्कर क्लब' में भी उठाया है और समाजवादी समाज में स्त्रियों की स्थिति के बारे में लिखा है कि "समाज में स्त्री की आर्थिक स्थिति पुरुष के समान ही स्वतन्त्र होगी और वह व्यक्तिगत और सामाजिक रूप से पुरुष के समान ही समाज पर निर्भर रहेगी।"[20] समाजवादी समाज में स्त्री की स्थिति से पूँजीवादी समाज में स्त्री की स्थिति का अन्तर समझना हो तो भूतपूर्व सोवियत संघ की समाजवादी व्यवस्था और उसके विघटन के बाद के रूस में आई पूँजीवादी व्यवस्था में स्त्रियों की स्थिति की तुलना करना पर्याप्त होगा। समाजवाद के दौर में जिस रूसी समाज में सम्भवतः कहीं कोई वेश्या नहीं थी, वहीं आज पूँजीवाद की कृपा से प्रकट और गुप्त रूप से जगह-जगह वेश्यालय खुल गये हैं। पूँजीवाद के समर्थक स्त्री की इस अवस्था को उसकी व्यक्तिगत स्वतन्त्रता मानते हैं।

मार्क्सवाद पर लिखते हुए यशपाल यह जानते थे कि मार्क्सवाद की आखिरी लड़ाई पूँजीवाद से ही होगी। पूँजीवाद मार्क्सवाद का विरोध करते हुए बार-बार प्रजातन्त्र की बात करता है इसीलिए यशपाल ने पूँजीवादी प्रजातन्त्र की व्याख्या भी की है। उन्होंने लिखा है कि "पूँजीवादी राष्ट्रों में जिसे वैयक्तिक, आर्थिक और राजनैतिक स्वतन्त्रता कहा जाता है, वह न तो आम जनता की वैयक्तिक स्वतन्त्रता है और न प्रजा का सच्चा शासन, वह एक तरह से पूँजी और पूँजीपतियों की तानाशाही ही है"[21] जिसे लोकतन्त्र का मोहक नाम दिया जाता है। यशपाल ने जब यह लिखा था तब यह बात जितनी सच्ची थी उससे अधिक सच्ची आज है। भले ही इसे कुछ सदाशयी लोग पूँजीवाद से फैले मनुष्यता के विरुद्ध अपराध कहें लेकिन अपराध और पूँजीवाद का चोली-दामन का सम्बन्ध है, जिसकी गवाही पूँजीवाद का पूरा इतिहास देता है।

यद्यपि मार्क्सवाद सम्बन्धी यशपाल के चिन्तन और लेखन का एक ऐतिहासिक सन्दर्भ है और उसकी ऐतिहासिक सार्थकता भी, लेकिन उनकी कुछ बातें अपने समय की सीमाओं के परे भी सार्थक हैं। 'मार्क्सवाद' पुस्तक के अन्त में यशपाल कहते हैं कि "पूँजीवादी प्रणाली जैसे राष्ट्रीय क्षेत्र में सीमारहित लूट चाहती है वैसे ही अन्तरराष्ट्रीय क्षेत्र में भी।"[22] यशपाल के इस कथन को आज के सन्दर्भ में जोड़कर देखें तो भूमण्डलीकरण का नारा और एक विश्व व्यवस्था की माँग वास्तव में अन्तरराष्ट्रीय क्षेत्र में पूँजीवाद की सीमारहित लूट की स्थापना के ही प्रयास हैं। 1940 में यशपाल ने चेतावनी दी थी, "अमेरीका ने आर्थिक रूप से बर्बाद देशों को सहायता देने के नाम पर अपने कर्जों की जंजीरों में बाँधकर संसार भर पर अपनी पूँजी का एकछत्र राज्य कायम किया है।"[23] यह बात 1940 की तुलना में आज की स्थिति को ज्यादा स्पष्ट करती है। यशपाल ने यह भी लिखा है कि "पूँजी की साम्राज्यवादी नीति संसार को युद्ध के भय से मुक्ति नहीं दिला सकती।"[24] यशपाल का यह कथन अमेरिका के व्यवहार से रोज-रोज सच सिद्ध हो रहा है।

बीसवीं सदी के तीस और चालीस के दशक में पूरी दुनिया में मार्क्सवाद से विभिन्न विचारधाराओं की टकराहट हो रही थी। उस समय भारत में मार्क्सवाद की मुख्य टक्कर गाँधीवाद से थी। इस टकराहट के बारे में मार्क्सवादी और गाँधीवादी दोनों तरह के लोग सजग थे। स्वयं गाँधी जी खुद को पक्का साम्यवादी कहते थे और साम्यवाद तथा समाजवाद के प्रसार को रोकना अपना उद्देश्य भी मानते थे। उन्होंने 1924 से 1947 तक लगातार साम्यवाद, समाजवाद और मार्क्सवाद के बारे में अपनी राय प्रकट की है और उन सबका विरोध भी किया है। अनेक गाँधीवादियों ने भारत में साम्यवाद की बाढ़ को रोकने के लिए लगातार लिखा है जिसका उत्तर मार्क्सवादियों ने भी दिया है। हिन्दी में जिन लोगों ने मार्क्सवाद से गाँधीवाद के संघर्ष में निरन्तर भाग लिया है और मार्क्सवादी दृष्टि से गाँधीवाद की खरी आलोचना की है उनमें यशपाल सबसे आगे हैं और उनकी आलोचना में सुसंगति भी है। निस्संदेह यह कहा जा सकता है कि यशपाल हिन्दी में गाँधीवाद के सबसे बड़े मार्क्सवादी आलोचक हैं। यशपाल की अनेक पुस्तकों में वैसे तो गाँधीवाद की आलोचना है लेकिन उसका सबसे प्रखर रूप 'गाँधीवाद की शवपरीक्षा' (1941) में है। यशपाल यह पुस्तक लिखते समय सम्भावित प्रतिक्रियाओं के बारे में सजग थे इसीलिए उन्होंने पुस्तक के समर्पण में लिखा, "...समाज में स्तुति हो या निन्दा, भले ही धनपतियों का शाप मिले, सामने आकर मृत्यु ही क्यों न खड़ी हो, न्याय पथ पर अविचल रहेंगे धीर।"[25] यह यशपाल की सर्वाधिक विवादास्पद पुस्तक है। पुस्तक में व्यक्त विचारों पर विवाद उतना नहीं हुआ है जितना इसके नाम पर। हमारे यहाँ अप्रिय सच कहने की मनाही है, इसीलिए अगर कोई लेखक अप्रिय सच कहने का साहस करता है तो वह आलोचना और निन्दा का पात्र बनता है। ऐसा नहीं है कि यशपाल गाँधीजी के महत्त्व को नहीं जानते। उन्होंने पहले संस्करण की भूमिका में गाँधीजी के व्यक्तिगत महत्त्व को स्वीकार करते हुए लिखा, "सत्याग्रह और असहयोग को निःशस्त्र रूप से जनता की सामूहिक शक्ति के सहारे चला सकने की सूझ भारत की राजनीति को महात्मा गाँधी की बड़ी भारी देन है। आम जनता की चीज बनने के कारण 1920 के राजनैतिक आन्दोलन का जो विस्तार हुआ, वह भारतवर्ष की मौजूदा पीढ़ी के जीवन में एक नयी और बहुत बड़ी बात थी। भयभीत और उत्साहहीन जनता के लिए सामूहिक रूप से आवाज़ उठा सकने का साहस करना साधारण घटना न थी। जनता की इतनी बड़ी राजनैतिक सेवा कर सकने के कारण महात्मा गाँधी जनता के लिए पूज्य हो गये।"[26]

इससे स्पष्ट है कि यशपाल गाँधीजी के सम्मोहक नेतृत्व की क्षमता को स्वीकार करते हैं और आम जनता के जागरण में गाँधी की भूमिका के योगदान को भी। लेकिन वे गाँधीवाद की आलोचना करते हैं क्योंकि उनके अनुसार, "गाँधीवाद केवल राजनीति ही नहीं है, वह जीवन का एक दृष्टिकोण है। गाँधीवाद वैज्ञानिक नहीं,

वह इतिहास और तर्क के आधार पर नहीं चलता। उसका आधार है विश्वास और संस्कार। विश्वास को दृढ़ बनाने के लिए गाँधीवाद मनुष्य की बुद्धि और विवेक का भरोसा नहीं कर सकता, वह सहारा लेता है भगवान की प्रेरणा का।"[27] यशपाल ने गाँधीजी से अधिक उनके महात्मापन की आलोचना की है। गाँधीजी ने भारतीय स्वाधीनता आन्दोलन का नेतृत्व करते हुए प्रतीकों की राजनीति शुरू की थी और राजनीति को धर्म से जोड़ा था। आज प्रतीकों की राजनीति का रूप बदल गया है और धर्म से राजनीति का सम्बन्ध भी वही नहीं है जो गाँधीजी की राजनीति में था। लेकिन यह मानना होगा कि आज के हिन्दुत्ववादियों की प्रतीकों की राजनीति और धर्म के राजनीतिक उपयोग का एक स्रोत महात्मा गाँधी की राजनीति भी है। यशपाल ने गाँधीजी के राजनीतिक अभिप्राय, उसके धार्मिक और आध्यात्मिक प्रयोजन और प्रतीकों की राजनीति की जो आलोचना की है वह आज के सांस्कृतिक राष्ट्रवादियों की भी आलोचना में सहायक है।

गाँधीजी प्रायः शाश्वततावाद के समर्थक थे। उन्होंने कहा था, "मेरा यह दावा नहीं है कि मैंने किसी नये तत्त्व या सिद्धान्त का आविष्कार किया है। मैंने जो शाश्वत सत्य है उनको अपने नित्य के जीवन और प्रतिदिन के प्रश्नों पर अपने ढंग से उतारने का प्रयास मात्र किया।"[28] इस तरह गाँधीजी ने अपनी व्यक्तिगत मान्यताओं को शाश्वत बना दिया, जिसकी यशपाल ने आलोचना की, "(गाँधीजी ने) परम्परागत सत्य-अहिंसा और न्याय की धारण, को मुख्य मानकर उन्हें शाश्वत बनाये रखने के लिए समाज में आने वाले परिवर्तनों को रोकने का यत्न किया। गाँधीवाद सत्य, अहिंसा और न्याय को ईश्वर का अंश और ईश्वर की प्रेरणा बताता है। ईश्वर शाश्वत या अपरिवर्तनशील है और मनुष्य के निर्णय से परे। सत्य और अहिंसा की धारणाओं को शाश्वत और अपरिवर्तनशील ईश्वर का अंश बताने का प्रयोजन यही है कि सत्य-अहिंसा की धारणा में परिवर्तन की बात न सोची जाए।"[29] गाँधीजी कभी-कभी राजनीतिक नेता से अधिक सन्त-महात्मा की तरह बात करते थे। स्वराज्य के बारे में उन्होंने कहा था कि, "हमें संसार के लोभ का कम और परलोक के लोभ का अधिक ध्यान रखना चाहिए।"[30] जाहिर है ऐसे परलोकवाद से स्वराज का कोई सम्बन्ध नहीं है। इस परलोकवाद पर केवल कोई रूढ़िवादी ही विश्वास कर सकता है। गाँधीजी का आध्यात्मवाद एक तरह से वर्तमान सामाजिक और आर्थिक व्यवस्था को यथावत बनाये रखने का ही एक बहाना था। इसीलिए यशपाल ने जनता को सावधान किया कि "परिवर्तन का विरोधी गाँधीवादी आध्यात्म समाज की व्यवस्था को, पैदावार के साधन को यथावत अर्थात व्यक्तिगत स्वामित्व और उत्तराधिकार की प्रणाली पर कायम रखने का प्रयत्न है, जिसका अर्थ सामन्तवादी और पूँजीवादी प्रणाली की रक्षा करना है।"[31]

गाँधीवाद की एक प्रवृत्ति है वर्णाश्रम धर्म की स्तुति। गाँधीजी ने लिखा

है, "कोई हिन्दू वर्णाश्रम की उपेक्षा नहीं कर सकता। इस प्रथा को समझकर, दोषपूर्ण मालूम होने पर उसका ज्ञानपूर्वक त्याग किया जा सकता है, और यदि यह प्रथा धर्म की निर्दोष विशेषता है तो (और वह है इसलिए) इसका पोषण तथा पुनरुद्धार किया जाना चाहिए।"[32] उन्होंने यह भी लिखा है कि "वर्ण का यह धर्म है अधिकार नहीं। इसका मतलब यह है कि प्रत्येक वर्ण को चाहिए कि अपने-अपने धर्म को कर्म समझकर उनका पालन करे।"[33] इस पर टिप्पणी करते हुए यशपाल कहते हैं कि वर्णाश्रम धर्म गाँधी का अविष्कार नहीं है, वह सामन्तकाल की आर्थिक व्यवस्था थी। उसका अधिक विश्वासयोग्य और व्यापक परिचय हमें 'मनुस्मृति' और तत्कालीन ग्रन्थों से मिल सकता है। वर्णाश्रम धर्म का मुख्य प्रयोजन था मौलिक शासक श्रेणियों के आर्थिक, सामाजिक और राजनैतिक नियन्त्रण को उनके वंशों की परम्परा में सुरक्षित रखना और साधनहीन श्रेणी को कभी भी साधनवान होने का अवसर न देना। यशपाल की यह आलोचना वर्णाश्रम धर्म की अम्बेडकर द्वारा की गयी आलोचना से मिलती-जुलती है और आज के दलितों की आलोचना से भी। राहुल के अलावा यशपाल दूसरे महत्त्वपूर्ण विचारक हैं जिन्होंने ब्राह्मणवाद और वर्णाश्रम धर्म के समर्थन के लिए गाँधीजी की तीखी आलोचना की है।

तुलसीदास की रामराज्य की कल्पना को लोकप्रिय बनाने और उसे समाज की आदर्श व्यवस्था के रूप में प्रचारित करने का काम महात्मा गाँधी ने किया था। यशपाल की मान्यता है कि गाँधीवाद की दृष्टि में रामराज्य का अर्थ है मालिक लोग अपनी सम्पत्ति के मालिक रहें, जागीरदार अपनी जागीर के मालिक रहें, परन्तु वे लोग अपने मजदूरों, नौकरों और रैयतों के प्रति न्याय और दया का व्यवहार करें। हजारों वर्षों का मनुष्य समाज का अपना एक इतिहास है कि शासन की शक्ति अपने हाथ में रखने वालों ने शासन सदा ही अपने स्वार्थ के लिए किया। यशपाल ने 'गाँधीवाद की शव परीक्षा' में गाँधीजी के सिद्धान्तों की समीक्षा करने के बाद 'रामराज्य की कथा' (1951) में गाँधीवाद की व्यावहारिक विफलता का विस्तार से विवेचन किया।

स्वाधीनता के बाद भी राष्ट्रीय सरकार की रीति-नीति की आलोचना करते हुए 'रामराज्य की कथा' की भूमिका में यशपाल लिखते हैं कि इस देश की जनता रामराज्य की स्थापना के पश्चात दिन-प्रतिदिन अपनी गिरती जाती अवस्था, नित्य बढ़ती जाती भूख, कंगाली, बेरोजगारी, राजनैतिक दमन और नागरिक स्वतन्त्रता के अपहरण से यह बात अनुभव कर रही है कि जिस उद्देश्य से उसने मुक्ति के लिए संघर्ष किया था, वह पूरा नहीं हुआ। कांग्रेस और गाँधीवाद ने रामराज्य के जिस आदर्श को आमने-सामने रखकर, उसे सत्य, अहिंसा और वैधानिकता का नाम देकर जिस नीति को अपनाया और जिस रूप में कांग्रेस उस पर चल रही है, उसका परिणाम इस देश के शासन की बागडोर पर पूँजीपति श्रेणी के हाथ मजबूत कर देने

के सिवा और कुछ हो ही नहीं सकता। यशपाल का संकेत यह है कि कांग्रेसी शासन में रामराज्य का छद्‌म गाँधीवाद की स्वाभाविक परिणति है। यह सब जानते हैं कि गाँधी जी वर्ग-संघर्ष की जगह वर्ग-मैत्री पर जोर देते थे, लेकिन मैत्री तो बराबर वालों में होती है, शोषकों या शोषितों में या शासकों या शासितों में मैत्री की बात छल के अलावा और क्या हो सकती है।

पिछले एक-दो दशक से गाँधीवाद पर पुनर्विचार की प्रक्रिया चल रही है, विशेष रूप से उत्तर-आधुनिकतावादी गाँधीजी के हिन्द स्वराज्य का पुनर्मूल्यांकन कर रहे हैं। गाँधीजी ने हिन्द स्वराज्य में आधुनिकता की कटु आलोचना की है और उसे पूरी तरह अस्वीकार कर दिया था। गाँधीजी का यह आधुनिकता विरोधी अभियान उत्तर-आधुनिकतावादियों को विशेष प्रिय है क्योंकि यह उनके अपने दृष्टिकोण के अनुकूल है। वैसे आजकल हिन्द स्वराज्य की प्रासंगिकता की खोज सांस्कृतिक राष्ट्रवादी भी कर रहे हैं। ऐसे समय में यशपाल की 'मार्क्सवाद', 'गाँधीवाद की शव-परीक्षा' और 'रामराज्य की कथा' को पढ़ना विचारों की दृष्टि से उत्तेजक है और उपयोगी भी।

1930 के दशक के अन्त में यशपाल के चिन्तन और लेखन में मार्क्सवाद से गाँधीवाद की बहस की जो शुरुआत हुई थी, वह जीवन भर उनके लेखन में बनी रही। 'न्याय का संघर्ष', 'मार्क्सवाद', 'गाँधीवाद की शव परीक्षा' और 'रामराज्य की कथा' में यशपाल ने गाँधीवाद की सैद्धान्तिक आलोचना अधिक की है, लेकिन 'देखा सोचा समझा', (1951) में उन्होंने गाँधीवादियों के व्यवहार की व्यवस्थित समीक्षा की। यशपाल ने सेवाग्राम की यात्रा की, गाँधीजी से मुलाकात की और उनसे बातचीत भी की थी। गाँधीवादियों के व्यवहार से यशपाल को लगा कि गाँधीवाद के अनुयायियों में असहिष्णुता है और पाखण्ड भी। इस पुस्तक में गाँधीवादी जैनेन्द्र से मार्क्सवादी यशपाल का एक दिलचस्प संवाद है और विवाद भी। यशपाल के शब्दों में, "जैनेन्द्र जी से मुलाकात मुझे बार-बार याद आती है और 'कम्युनिज्म को फाइट करने' के उनके दृढ़ निश्चय का मेरी दृष्टि में विशेष महत्त्व है। उनका यह दृढ़ निश्चय एक विशेष विचारधारा का प्रतीक है। इस विचारधारा का मूल आधार है कि कम्युनिज्म को अनिष्ट और घृणित मानने के लिए उसका परिचय होना आवश्यक नहीं, अथवा उचित और अनुचित, सत्य और असत्य, न्याय और अन्याय, नैतिक और अनैतिक का निर्णय स्वतन्त्र विचार से परिस्थितियों, समाज के अनुभवों और ज्ञान के आधार पर नहीं किया जा सकता। सत्य, न्याय और नैतिकता शाश्वत वस्तु हैं; मनुष्य समाज के निर्णय के अधीन और परिवर्तनशील नहीं।"[34] इससे यह जाहिर है कि गाँधीवादी मूलतः रूढ़िवादी हैं और वे बहस की तुलना में अपनी आस्था को अधिक महत्त्वपूर्ण समझते हैं। यशपाल ने ठीक ही लिखा कि, "भाई जैनेन्द्रजी सत्य, अहिंसा और न्याय के एक विशेष रूप के प्रतीक हैं और आस्था के कारण

ही 'कम्युनिज्म को फाइट करना' आवश्यक समझते हैं।"[35] असल में कम्युनिज्म से लड़ने का निर्णय एक प्रकार से पूँजीवाद को अभयदान देने का निश्चय भी है। 'देखा सोचा समझा' में एक और बहस यशपाल की अज्ञेय से हुई संकलित है। वह बहस 29 अक्टूबर, 1950 को 'आल इण्डिया रेडियो' के इलाहाबाद स्टेशन में उपन्यासों के स्वर पर बातचीत के दौरान हुई। इस बहस से यह स्पष्ट है कि अज्ञेय विचारों की स्वतन्त्र सत्ता स्वीकार करते हैं जबकि यशपाल विचारों को जीवन के यथार्थ से जुड़ा मानते हैं। यशपाल समझते हैं कि, "जीवन के यथार्थ से विचारों की सत्ता को स्वतन्त्र मानने के दो प्रयोजन होते हैं : एक—जीवन की परिस्थितियों में परिवर्तन स्वीकार करके भी आदर्शों को यथावत रखना। दूसरा—बुद्धिवादी सन्तोष पाने के लिए विचारों की क्रान्ति को स्वीकार करके भी उसे समाज की व्यवस्था पर प्रभाव डालने से रोकना।"[36]

यशपाल इस पुस्तक में बार-बार विचारों के सामाजिक और वर्गीय मूल की ओर संकेत करते हैं। इस पुस्तक के एक निबन्ध 'नादिरशाही व्यक्तिगत स्वतन्त्रता' में उन्होंने व्यक्तिगत स्वतन्त्रता के अतिवाद की और उसके आक्रामक रूप की भी विस्तृत व्याख्या की है। वे व्यक्तिगत स्वतन्त्रता को समाज की स्वतंत्रता से जोड़कर देखते हैं, इसीलिए कहते हैं कि "देश की स्वतन्त्रता को और व्यक्तिगत स्वतन्त्रता को मैं भिन्न-भिन्न नहीं समझ सकता। इस देश की स्वतन्त्रता से अभिप्राय हिमालय, विन्ध्याचल और गंगा-यमुना की स्वतन्त्रता नहीं, इस देश के व्यक्तियों की स्वतन्त्रता ही होनी चाहिए।"[37] 'देखा सोचा समझा' के निबन्ध 'नादिरशाही व्यक्तिगत स्वतन्त्रता' को अगर 'बीबी जी कहती हैं मेरा चेहरा रोबीला है' संग्रह के 'व्यक्तिगत स्वतन्त्रता और सामूहिक स्वतन्त्रता' नामक निबन्ध के साथ पढ़ें तो व्यक्तिगत स्वतन्त्रता और सामाजिक स्वतन्त्रता का स्वरूप भी स्पष्ट होगा और सम्बन्ध भी। व्यक्तिगत स्वतन्त्रता को यशपाल पूँजीवाद का आग्रह मानते हैं और सामूहिक स्वतन्त्रता को समाज की जरूरत। व्यक्तिगत स्वतन्त्रता का नारा पूँजीवाद प्रायः अपने अस्तित्व और विशेषाधिकारों की रक्षा के लिए उछालता है, इसीलिए यशपाल दिखाते हैं कि कैसे पूँजीपति श्रेणी अपने विशेष अधिकारों की रक्षा के लिए समाज के अधिकांश भाग साधनहीनों को अपने स्वामित्व के बन्धनों में जकड़े रखने में, उनका सहयोग पाने के प्रयोजन से अपने विशेष अधिकारों को ही पवित्र व्यक्तिगत स्वतन्त्रता का नाम दे देते हैं। यशपाल यह प्रश्न पूछते हैं कि आखिर "यह प्रवंचना कब तक चलेगी? हम कुछ लोगों की व्यक्तिगत स्वतन्त्रता की रक्षा के लिए अपनी सर्वसाधारण समाज की व्यक्तिगत स्वतन्त्रता को कब तक बलिदान करते रहेंगे।"[38]

'चक्कर क्लब' (1942) वास्तव में 'विप्लव' में छपे लेखों और टिप्पणियों का संग्रह है। उसका मुख्य उद्देश्य आम जनता में सोचने-समझने और तर्क करने की ताकत का विकास है। इसीलिए यशपाल ने इसके समर्पण में एक कविता दी है :

*"बुद्धि बल यद्यपि बहुतेरा,*
*मन में छाया घोर अँधेरा,*
*तू मन की आँखें खोल,*
*ले तर्क तराजू तोल,*
*बाबा मन की आँखें खोल।"[39]*

इनमें यशपाल ने अनेक नामों से टिप्पणियाँ लिखी हैं। उन नामों में कहीं कोई दार्शनिक है तो कहीं कोई वैज्ञानिक, कहीं कोई इतिहासज्ञ है तो कहीं कोई साहित्यकार। एक तरह से यह पुस्तक भी गाँधीवाद और मार्क्सवाद के बीच गहरे वाद-विवाद से भरी हुई है। इस पुस्तक में धर्म की आलोचना है, पाखण्ड और रूढ़िवाद का खण्डन है तथा चमत्कारवाद का विरोध भी, और साथ ही भारतीय संस्कृति के इतिहास की निर्मम आलोचना भी है।

यशपाल उन थोड़े से लेखकों में हैं जिन्होंने दलित विमर्श के व्यवस्थित आरम्भ के बहुत पहले हिन्दू समाज की वर्ण व्यवस्था की कटु आलोचना की है। उन्होंने भारतीय संस्कृति के रूप में प्रचारित पाखण्ड की आलोचना करते हुए कहा है कि भारत के ऋषि "दूसरी जातियों को राक्षस बता अपनी जाति और श्रेणी के योद्धाओं को उपदेश देते थे कि उनका नाश करें और दूसरी श्रेणियों को तुच्छ बताकर उच्च जाति और वर्ण सेवा के लिए उन्हें वश और व्यवस्था में रखें। उनका त्याग एक विशेष प्रकार की विचारधारा के कारण व्यक्तिगत रुचि थी।"[40] साथ ही वे यह भी कहते हैं कि वर्ण व्यवस्था में "खेती और व्यापार करने वाले वैश्यों का तथा बिना साधन के शारीरिक परिश्रम करने वाले शुद्ध सेवकों का शोषण होता था।"[41]

इस पुस्तक में भारतीय स्त्री के अधिकारों की बार-बार चर्चा की गयी है। पुस्तक के एक निबन्ध 'स्त्रियों की स्वतन्त्रता और समान अधिकार' में यशपाल ने भारतीय स्त्री की पराधीनता के सच का विश्लेषण किया है और उसकी स्वतन्त्रता की आकांक्षा की अभिव्यक्ति भी की है। बहस में शामिल एक दार्शनिक के शब्दों में, "स्त्रियों की स्वतन्त्रता का प्रश्न मुनष्य की सभ्यता के विकास के साथ अनिवार्य रूप से बँधा हुआ है।"[42] विडम्बना ही है कि यशपाल तो स्त्रियों की स्वतन्त्रता की वकालत करते हैं लेकिन हिन्दी के कुछ आर्यसमाजी मार्क्सवादी उस वकालत के लिए यशपाल की निन्दा करते हैं।

यशपाल भारतीय समाज में स्त्री की पराधीनता को केवल उजागर ही नहीं करते, वे स्त्रियों की स्वतन्त्रता के लिए समाजवादी समाज बनाने का आग्रह भी करते हैं। इसीलिए वे कहते हैं कि समाजवाद में स्त्री की आर्थिक स्थिति पुरुष के समान ही व्यक्तिगत रूप से स्वतन्त्र होगी और सामाजिक रूप से वह पुरुष के समान ही समाज पर निर्भर रहेगी। 'बात बात में बात' (1950) पुस्तक में एक लम्बा निबन्ध है 'पूँजीवाद की भोग्य महिला और समाजवाद की आत्मनिर्भर नारी'। इस निबन्ध में यशपाल ने पूँजीवादी समाज और समाजवादी समाज में स्त्री की स्थिति में अन्तर

का विस्तृत विवेचन किया है कि "पूँजीवादी व्यवस्था को केवल मोहक बनाने के लिए, उसे नजाकत और नखरा सिखाने के लिए, अपने भोग और मनोरंजन के लिए उसे चुलबुलेपन का अवसर देने के लिए 'कलात्मक' शिक्षा देने के लिए तैयार है, परन्तु स्त्री की पराधीनता के बन्धन तोड़कर उसका आत्मनिर्भर बन जाना पूँजीवाद की संस्कृति को स्वीकार नहीं।"[43]

'बात बात में बात' भी 'चक्कर क्लब' ही तरह की 'विप्लव' के स्तम्भों में लिखे गये लेखों और टिप्पणियों का संग्रह है, लेकिन इस निबन्ध संग्रह का मुख्य विषय साहित्य की विभिन्न समस्याएँ हैं। यशपाल की साहित्यिक चिन्ताओं को ठीक से समझने के लिए 'बात बात में बात' के साथ 'मैं क्यों लिखता हूँ? (1983) पढ़ना जरूरी है। 'बात बात में बात' यशपाल ने साहित्य में प्रचार की भूमिका और महत्त्व तथा जनता के साहित्य का स्वरूप स्पष्ट किया। इसके साथ ही उन्होंने साहित्य की परम्परा के मूल्यांकन के बारे में अपना दृष्टिकोण भी स्पष्ट किया। उनका दृष्टिकोण शुद्ध साहित्यवादियों से भिन्न है। उन्होंने वाल्मीकि और कालिदास का एक मार्क्सवादी की तरह विश्लेषण तथा मूल्यांकन किया है। यशपाल के इस चिन्तन में उनका परम्परा प्रेम उनके मार्क्सवादी विचारक पर हावी नहीं हुआ है।

'मैं क्यों लिखता हूँ?' में यशपाल की साहित्य चिन्ता अधिक व्यापक है। इसमें उन्होंने साहित्य के प्रसंग में 'बहुजन की जिजीविषा बनाम अभिजन की आकांक्षा' के द्वन्द्व का विश्लेषण किया है और लेखक बनाम नागरिक के द्वैत्व का खण्डन भी किया है। इस पुस्तक में उस समय के अनेक साहित्यिक विवादों की प्रतिध्वनियाँ हैं। इसमें कहीं कहानी-नयी कहानी का विवाद है तो कहीं साहित्य के स्थायी मूल्य तथा श्रेय और प्रेय का विवेचन है। उन्होंने साहित्य में प्रगतिशीलता की भी विश्वसनीय व्याख्या की और यथार्थवाद बनाम आदर्शवाद के द्वन्द्व की भी । इस पुस्तक में एक निबन्ध है—'शामे अवध', जिसमें हिन्दी-उर्दू विवाद के कुछ दिलचस्प प्रसंग हैं और उस विवाद से सम्बन्धित अनेक महत्त्वपूर्ण विचार भी।

यशपाल केवल संसार, भारतीय समाज और भारतीय जीवन के महाप्रश्नों या बुनियादी सवालों पर ही विचार नहीं करते, वे व्यक्ति और समाज के जीवन की छोटी-छोटी घटनाओं और बातों पर भी बहस करते हैं। उस बहस में उनका दृष्टिकोण प्रायः यथार्थवादी और अग्रगामी होता है। 'जग का मुजरा' ऐसी ही बातों पर विचार करने वाले निबन्धों का संग्रह है। इन निबन्धों में भी भारतीय स्त्री की स्वाधीनता, अंग्रेजी के दुष्प्रभाव, भाषा के प्रश्न और धर्म के आतंक पर बहस करते हुए यशपाल आम जनता को सावधान और सजग बनाते हैं। यशपाल प्रायः किसी गम्भीर दार्शनिक की तरह चमत्कारपूर्ण मौलिक चिन्तन के बदले जनता से सीखने और उसे सिखाने वाले कुशल शिक्षक की तरह बहस करते हैं। प्रेमचन्द के 'विविध प्रसंग' में संकलित लेखों और टिप्पणियों से यशपाल के निबन्धों और टिप्पणियों

की तुलना की जाए तो यह बात स्पष्ट होगी कि वे प्रेमचन्द की परम्परा को आगे बढ़ाने वाले हिन्दी के विचारक के रूप में हमारे सामने आते हैं। यशपाल की एक विशेषता उनके चिन्तन और लेखन में मौजूद लोकतांत्रिक पद्धति और शैली है। वे 'विप्लव' की पत्रकारिता के माध्यम से विचारों की दुनिया में आये थे, इसलिए उनके चिन्तन और लेखन में ऐसा खुलापन है जो पत्रकारिता के लिए आवश्यक होता है। उनके चिन्तन और लेखन में न तो खुद को सही मानने की जिद है और न दूसरों को गलत साबित करने की कोशिश। जहाँ खुद को सही मानते की जिद दूसरों को गलत साबित करने की कोशिश बनती है वहाँ विचार प्रक्रिया अनेक समस्याओं का शिकार होती है।

यशपाल ने कई तरह के निबन्ध लिखे हैं—कुछ विचार-प्रधान हैं तो कुछ कथात्मक, कुछ आत्मपरक हैं तो कुछ विशुद्ध वर्णनात्मक। इन निबन्धों में जगह-जगह गहन व्यंग्य और विनोद भी हैं जिनका यशपाल ने आलोचना के हथियारों की तरह प्रयोग किया है। उनके निबन्धों को पढ़ते हुए कभी-कभी पाठकों को ललित निबन्धों का आस्वाद प्राप्त होता है तो कभी-कभी व्यंग्य-विनोद की गुदगुदाहट होती है। यशपाल के अनेक निबन्ध संवाद शैली में लिखे गये हैं जिनमें एक प्रकार की नाटकीयता है और अपने पाठकों से आत्मीय सम्बन्ध बनाने की क्षमता भी है।

## सन्दर्भिका


1. कार्ल मार्क्स, *Socialist Register* (1843), 1947 ed., pp 1
2. *क्रान्तिकारी यशपाल : एक समर्पित व्यक्तित्व* (1979), सम्पादक : मधुरेश, पृष्ठ 275
3. वही, पृष्ठ 275
4. *न्याय का संघर्ष* (1940), भूमिका
5. वही, भूमिका
6. वही, पृष्ठ 201
7. वही, पृष्ठ 221
8. *अनभै सांचा* (2002), मैनेजर पाण्डेय, पृष्ठ 154
9. वही, पृष्ठ 154
10. देखिये सन्दर्भ 4, पृष्ठ 231
11. वही, पृष्ठ 242
12. *Lenin On Literture and Art* (1901), pp 17
13. *मार्क्सवाद* (1940), समर्पण
14. वही, पृष्ठ 213
15. वही, पृष्ठ 218
16. वही, पृष्ठ 218

17. वही, पृष्ठ 243
18. वही, पृष्ठ 243
19. *भारतीय लेखक :* यशपाल विशेषांक (2003), पृष्ठ 315
20. *चक्कर क्लब* (1942), पृष्ठ 65
21. देखिए सन्दर्भ 13, पृष्ठ 310
22. वही, पृष्ठ 352
23. वही, पृष्ठ 352
24. वही, पृष्ठ 352
25. *गाँधीवाद की शव परीक्षा* (1941), समर्पण (प्रथम संस्करण)
26. वही, भूमिका (प्रथम संस्करण)
27. वही, भूमिका (प्रथम संस्करण)
28. वही, पृष्ठ 7
29. वही, पृष्ठ 8
30. वही, पृष्ठ 11
31. वही, पृष्ठ 11
32. वही, पृष्ठ 68
33. वही, पृष्ठ 68
34. *देखा सोचा समझा* (1951), पृष्ठ 424
35. वही, पृष्ठ 437
36. वही, पृष्ठ 428
37. वही, पृष्ठ 412
38. वही, पृष्ठ 493
39. *चक्कर क्लब* (1942), समर्पण
40. वही, पृष्ठ 84
41. वही, पृष्ठ 84
42. वही, पृष्ठ 59
43. *बात बात में बात* (1950), पृष्ठ 139

**नोट**–उपर्युक्त सन्दर्भ निबन्धों के संयुक्त संकलन *यशपाल के निबन्ध,* खण्ड 1–2 (1994) के अनुसार हैं।

# उग्र की साम्राज्यवाद विरोधी चेतना

पाण्डेय बेचन शर्मा 'उग्र' हिन्दी के ऐसे लेखक हैं जिनके विचार और लेखन में साम्राज्यवाद विरोध प्रखर रूप में मौजूद है। भाव के रूप में साम्राज्यवाद विरोध उनके मन में पहले से था। लेकिन साम्राज्यवाद विरोधी सोच, चेतना ओर रचनाशीलता का विकास बाद में हुआ जिसकी अभिव्यक्ति उनकी अनेक रचनाओं में हुई है। उन्होंने 'उग्र' उपनाम उसी साम्राज्यवाद विरोध के भाव के प्रभाव में रखा था। उन्होंने अपनी आत्मकथा 'अपनी खबर' में लिखा है कि "आज से चालीस वर्ष पूर्व राष्ट्र-भक्त लेखक ऐसे कर्कश उपनाम इसलिए चुना करते थे कि बलवान ब्रिटिश साम्राज्य के नृशंस शासक नाम ही से दहल जाएँ। शायद शक्तिहीनता छिपाने के लिए लोग प्रचण्ड नामोपनाम चुना करते थे; जैसे—'त्रिशूल', जैसे 'बज्रपाणि', जैसे 'धूमकेतु', जैसे 'भीष्म', 'भीम', 'भयंकर', 'प्रलयंकर' या अपना ढाई अक्षर का 'उग्र'।"

बाद के दिनों में साम्राज्यवाद का विरोध अधिक सघन और सजग रूप में उनके लेखन में व्यक्त होने लगा। तब की अपनी भावना के बारे में उन्होंने अपनी आत्मकत्था में ही लिखा है कि "मेरी लेखनी में अंग्रेजी राज के प्रति घोर घृणा तथा क्रान्तिकारियों के लिए तरल महामोह था।" उग्र जी ने 'अपनी खबर' में यह सूचना भी दी है कि 1920-21 में उन्होंने आयरलैण्ड के एक शहीद मैकस्विनी पर एक लम्बी कविता लिखी थी। मैकस्विनी ब्रिटिश शासन के विरुद्ध उपवास करते हुए शहीद हुए। उग्र की वह कविता 'आज' अखबार में छपी थी। उग्र ने अपनी आत्मकथा में 1920-21 की अपनी कुछ कविताएँ याद करते हुए प्रस्तुत की हैं। उस समय के उग्र के भावबोध को समझने में ये कविताएँ सहायक हैं। 1920-21 की 'कामना' शीर्षक कविता यह है :

*भयंकर ज्वालाएँ*
*जाग उठें, सब ओर आग की हो जाये भरमार!*
*मधुर रागिनी नहीं चाहते—*
*और न स्वर सुकुमार!*
*वज्र-नाद-सा बोल उठे हम सबके उर का तार!*
*पावस की घनघोर-सी*

*चारों ओर नभ में धुएँ की राशि व्याप उठे,*
*और उसमें से हमारी दिव्य आशाएँ*
*चंचला-सी चमकें अनन्त चिनगारियाँ!*
*ऐसे समय*
*ओ हो हो! आ हा हा!*
*उग्र-रूप विश्वामित्र,*
*दुष्ट-दल-नाशक भृगु,*
*रावण-दर्प-हारी राम,*
*कुरु-बल-वन-दावानल, कर्मवीर-कृष्ण ऐसा,*
*अथवा पिनाकी भूतनाथ श्री कपालभृत*
*ऐसा वीर-भारत हमारा उग्र नाच उठे!*
*एवमस्तु।*

इस कविता को पढ़कर पाठक अन्दाज लगा सकते हैं कि जब उग्र जी हिन्दी साहित्य की दुनिया में कविता के माध्यम से प्रवेश कर रहे थे तब उनकी साम्राज्यवाद विरोधी चेतना कितनी प्रखर थी। उनकी इस साम्राज्यवाद विरोधी चेतना की प्रखरता की ओर बनारस के क्रान्तिकारियों का ध्यान गया और उन्होंने उग्र को अपने दल में शामिल करने की योजना बनायी, फिर प्रयत्न किया, लेकिन उग्र उनके निकट होने के बावजूद क्रान्तिकारी दल में शामिल नहीं हुए क्योंकि वे जानते थे कि कलम से मारना हो तो वे सारे विश्व के अनाचारियों को बिना नरक भेजे न मानें। लेकिन बन्दूक और तलवार से प्राण लेना उनके स्वभाव के अनुकूल न था। उग्र जी स्वाधीनता आन्दोलन से केवल लेखक के रूप में ही नहीं जुड़े थे, वे स्वाधीनता आन्दोलन में स्वयं शामिल भी थे इसीलिए 1921 में जेल गये।

उग्र के लेखन में जो तीखा साम्राज्यवाद विरोध उत्पन्न हो रहा था उसकी ओर हिन्दी के लेखकों और आलोचकों ने भले ही ध्यान न दिया हो लेकिन तत्कालीन अंग्रेजी राज उस तीखेपन को पहचान रहा था। इसलिए उसने उग्र जी की चार कृतियों पर पाबन्दी लगाई। इस प्रसंग में भी उग्र जी हिन्दी के अकेले लेखक हैं जिनकी चार कृतियों पर पाबन्दी लगी। वे कृतियाँ हैं : 1. लाल क्रान्ति के पंजे में (1924), 2. चिंगारियाँ (कहानी संग्रह) (1928), 3. पंजाब की महारानी—कहानियाँ (1931), 4. क्रान्तिकारी कहानियाँ (1939)।

'लाल क्रान्ति के पंजे में' एकांकी नाटक है जो रूस की बोल्शेविक क्रान्ति के आरम्भिक एक दिन की घटना पर केन्द्रित है। इस एकांकी में ज़ार निकोलस के आतंककारी शासन के अन्त, रूस की बोल्शेविक क्रांति की विजय और ज़ार के पूरे परिवार का अन्त होता है। इस एकांकी के अन्त में लेनिन का यह वाक्य है 'ज़ार के ही खून से संसार के अन्धों की आँखें खुल जाएँ और वे गरीबों को उनकी

झोंपड़ियाँ लौटा दें।' उग्र जी का यह एकांकी गोरखपुर से निकलने वाली पत्रिका 'स्वदेश' के 1924 के विजयांक में छपा था जिसके अतिथि सम्पादक उग्र जी ही थे। उस विशेषांक के बारे में अंग्रेजी राज की प्रतिक्रिया उस पर पाबन्दी और अपनी गिरफ्तारी का ब्योरा उग्र जी ने उपनी आत्मकथा में इस तरह दिया है, "स्वदेश के उस अंक को लेकर गोरी गवर्नमेण्ट में तहलका मचा, गवर्नर-इन-कौंसिल ने केस चलाने का निश्चय किया। प्रेमचन्द के भाई महताबराय पकड़े गये, सरस्वती प्रेस के प्रिण्टर। दशरथ प्रसाद द्विवेदी गिरफ्तार हुए स्वदेश के संचालक, स्वदेश प्रेस रौंद डाला गया। लेकिन बन्देखाँ तब तक 'मतवाला'-मण्डल में कलकत्ता थे। गोरखपुर का वारण्ट जब कलकत्ता आया, मैं बम्बई भाग गया। कलकत्ता पहली बार मैं घर से भागकर आया था। बम्बई पहली बार कलकत्ता से भागकर पहुँचा। और एक संगी के संग साइलेण्ट फिल्म कम्पनी में काम करने लगा। पीछे वारण्ट था दफा 124-ए बादशाह के विरुद्ध राजद्रोह (डिस अफेक्शन) फैलाने के जुर्म का, लेकिन सामने थी बम्बई, फिल्म-कम्पनी, शराब, कबाब और जनाब क्या बतलाऊँ। मैं भूल ही गया जवानी के जोश में कि प्राणों के पीछे वारण्ट था जिसमें फँसने पर बड़ी-बड़ी सजा भी सहज ही मिल सकती थी। पाँचवें महीने पुलिस सी.आई.डी. ने मालाबार हिल पर मुझे गिरफ्तार किया।" तीन महीने तक मुकदमा चलने के बाद उग्र को नौ महीने की सख़्त सजा मिली। स्वदेश के संचालक सम्पादक को सत्ताईस महीने की सख़्त सजा हुई।

ऐसा नहीं है कि उग्र जी ने रूस की बोल्शेविक क्रान्ति की तारीफ में अचानक ही यह नाटक लिखा। उन्होंने रूसी समाज, वहाँ की जनता और क्रान्तिकारी प्रक्रिया को ध्यान में रखकर 1923-24 के बीच छह कहानियाँ लिखी थीं। ये कहानियाँ हैं—पागल, निहिलिस्ट, स्वदेश के लिए, कर्तव्य और प्रेम, वीर कन्या और भीषण असन्तोष। ये कहानियाँ आज, स्वदेश, मतवाला और प्रताप में छपीं। इन कहानियों में एक ओर ज़ारशाही के जुल्म और दमन का चित्रण है तो दूसरी ओर जनता के आक्रोश और विद्रोह की व्यंजना भी है। इन कहानियों को पढ़कर लगता है कि उग्र जी ने पूरी तैयारी और जानकारी के बाद 'लाल क्रान्ति के पंजे में' एकांकी लिखा था।

उग्र जी अंग्रेजी साम्राज्यवाद के ही विरोधी नहीं थे, वे दुनिया के दूसरे साम्राज्यवादी देशों और उनके प्रतिनिधियों की करतूतों, इरादों और व्यवहारों को भी जानते-समझते थे। उन्होंने एक कहानी लिखी है जिसका नाम है—'टाम, डिक, हैरी एण्ड कम्पनी लिमिटेड'। इस कहानी में तीन पात्र हैं—टाम, डिक और हैरी। टाम अंग्रेज है, डिक फ्रांसीसी और हैरी अमेरिकी है। ये तीनों युक्त प्रान्त के रंगपुर शहर में रहकर काले लोगों का सफेद धूर्तता से शोषण और दोहन करते हैं। इन तीनों ने मिलकर जो कम्पनी बनाई है उसका नाम है टाम, डिक, हैरी एण्ड कम्पनी लिमिटेड। ईस्ट इण्डिया कम्पनी ने जिस तरह की चालाकी, धूर्तता और बदमाशी से भारत पर कब्जा किया

और उसे लूटा, उसी प्रक्रिया को इस कहानी में व्यंग्यात्मक रूप में व्यक्त करने की कोशिश है। उग्र जी ने कहानी में लिखा है कि "कम्पनी का उद्देश्य था येन केन प्रकारेण रंगपुर शहर और आस-पास के गाँवों का आर्थिक, नैतिक और सांस्कृतिक सर्वनाश कर उन्हें मानसिक, शारीरिक और व्यावहारिक दास, गुलाम बना देना।"

दुनिया भर में पहले और आज भी साम्राज्यवाद की यही रीति-नीति और गतिविधि रही है। उस रीति-नीति और उसके परिणाम का ब्योरा कहानी में इस प्रकार है, "रंगपुर शहर और आस-पास और सारे देश में टाम-डिक-हैरी कम्पनी के प्रचार में सबसे अधिक ब्रिटिश गवर्नमेंट और उसके वश में रहने वाले हिन्दुस्तानी कर्मचारियों ने सहायता की, यहाँ तक कि लोगों को यह पता लगाना मुश्किल हो गया कि कम्पनी सरकार की है या सरकार कम्पनी की। टाम-डिक-हैरी कम्पनी के हित के जरिए किसान सताये जाने लगे। मज़दूर मारे जाने लगे। एक तरह संगीनों की नोक से कम्पनी के धन्धे बढ़ाए जाने लगे। शिक्षा, फैशन और भोग-आनन्द रंगपुर वालों की सारी जीवन-पद्धति ही नष्ट कर दी गयी और जनपद में हाहाकार पड़ गया।"

इस कहानी में उग्र ने साम्राज्यवाद की चालाकी और मौकापरस्ती को भी उजागर किया है। उन्होंने दिखाया है कि हिन्दुस्तान के आजाद होने के बाद कैसे टाम, डिक और हैरी भी आजादी के जश्न में शामिल होते हैं। कहानी में उग्र ने लिखा है कि "बाज़ार की हवा के साथ रुख बदलने में उस्ताद टाम-डिक-हैरी ने भी आजादी दिवस कम धूमधाम से नहीं मनाया। टाम ने शराबखाने को खद्दर से सजाया, डिक ने बदमाश विलायती छोकरियों को तिरंगे जैकेट पहनाए और हैरी के सिनेमा हाउस की ऊँची खोपड़ी पर इण्डिया का राष्ट्रीय झण्डा फहराया गया। झण्डा फहराया कांग्रेस कमेटी के देशभक्त अध्यक्ष ने और खद्दर के चूड़ीदार पाजामा, अचकन और जवाहर टोपी पहनकर टाम-डिक-हैरी तीनों ने नगरवासियों को एक पार्टी देकर प्रसन्न किया। 'आजादी मुबारिक! आजादी मुबारिक!!' के नारे लगाते-लगाते तीनों के कण्ठ सूख गये। उन्हें विश्वास हो गया कि रंगपुर के बुद्धू इण्डियन उनके जुल्मों को भूल गये, एतबार हो गया कि आगे भी पुरानी आसानी से वह इण्डिया का दोहन-शोषण कर सकेंगे।" कहानी के अन्त में उग्र जी का साम्राज्यवाद विरोध और लोकतंत्र का समर्थन पूरे रूप में सामने आता है। टाम, डिक और हैरी द्वारा आजादी के उत्सव मनाने के नाटक के बीच में अचानक एक दर्जन शस्त्रधारी भारतीय नौजवान आते हैं और टाम, डिक और हैरी को घेर लेते हैं। उनकी धोखाधड़ी की पोल खोलते हुए कांग्रेस का अध्यक्ष कहता है "हम रंगपुर शहर के नागरिक गोरे नीच स्वार्थी आतताइयों का विश्वास उनकी पैशाचिक रुचि देखने के बाद अब हरगिज नहीं कर सकते। हमें तुम्हारी एक भी चीज नहीं चाहिए। न शिक्षा, न सिनेमा, न सूट और न शराब। हमारी और तुम्हारी भी कुशल अब इसी में है कि अपनी दुकानें बढ़ा

तुम लोग अपने-अपने देश को रवाना हो जाओ। चलो!" यहाँ उग्र की साम्राज्यवाद विरोधी आकांक्षा की अभिव्यक्ति हुई है, पर वास्तव में देश के आजाद होने के बाद ऐसा हुआ नहीं।

उग्र की साम्राज्यवाद विरोधी चेतना की एक और तेजस्वी अभिव्यक्ति उनके नाटक 'डिक्टेटर' में हुई है। यह नाटक 1937 में कलकत्ता से छपा था। इस नाटक की भूमिका में उग्र जी ने लिखा है कि "डिक्टेटर नाटक से अधिक राजनीतिक वाद-विवादों का मनोरंजक संग्रह मात्र है।" उन्होंने यह भी लिखा है कि "इस विषय पर खुलकर कुछ लिखना या कहना भारत के लिए सहज नहीं है।" जब नाटक लिखा गया था तब तक उग्र की तीन कृतियों पर पाबन्दी लग चुकी थी और वे नौ महीने सख्त कैद की सजा भी भुगत चुके थे। इसलिए अब उनके सामने यह बात स्पष्ट थी कि नाचे तो घूँघट क्यों और घूँघट तो नाचे क्यों। उग्र जी साम्राज्यवाद के ऐसे निर्मम आलोचक थे जो अपनी आलोचना के परिणामों की न चिन्ता करते थे न परवाह। 'डिक्टेटर' नाटक में फासिस्ट साम्राज्यवाद की आलोचना है। उग्र ने भूमिका में स्पष्ट लिखा है कि "इस नाटक का डिक्टेटर फासिस्ट ब्राण्ड वाला है।"

इस नाटक में आठ पात्र हैं वे हैं—पूँजीवादी, प्रजावादी, साम्यवादी, बलवादी, बकवादी, महाकाल, माया अर्थात शान्ति और जनता। इन्हीं के बीच बहस के रूप में यह नाटक चलता है। उग्र जी ने जब यह नाटक लिखा था तब यूरोप में फासिज्म आ चुका था। उग्र यह मानते थे कि फासिज्म साम्राज्यवाद का अत्यन्त खूँखार और भयानक रूप है। इस नाटक की शुरुआत कबीर के एक पद से होती है जिसका आशय यह है कि कोई आतंककारी शासक कितना भी शक्तिशाली विराट और नृशंस क्यों न हो उसका अन्त होता ही है। इस नाटक के आरम्भ में एक व्यक्ति है जिसका नाम है जॉन बुल, जिसके दाहिने हाथ में बन्दूक है और बायें में रुपयों का थैला और पीठ पर यूनियन जैक। जाहिर है वह इंग्लैण्ड है। वह कहता है कि "मेरी हुकूमत आधी दुनिया पर है और पूरी दुनिया पर है मेरा दबदबा"। मैं सिकन्दर का बाप, नीरो का दादा, तैमूर का ताऊ और चंगेज का चाचा हूँ। दूसरा व्यक्ति है अंकल साम, जाहिर है वह अमेरिका है, जिसके पास एक से बढ़कर एक भयानक हथियार हैं। इनके साथ फ्रांस, बेल्जियम, युगोस्लोवाकिया के प्रतिनिधि हैं। सबसे अन्त में एक व्यक्ति आता है 'कार्ल मार्क्स सी घनी छतनार दाढ़ी, बड़े-बड़े बाल, इसका नाम मोसिये विप्लव है, साम्यवादी है।' इस नाटक में शुरू से अन्त तक विप्लव के माध्यम से साम्यवादी दृष्टिकोण प्रस्तुत किया गया है। इस नाटक में काल की दृष्टि में 1918 से 1948 तक का समावेश है।

इस नाटक में एक भारतीय भी है जिसे बकवादी कहा गया है। वह दूसरे दृश्य में आता है और अमेरिकी तथा अंग्रेज को लक्ष्य करके कहता है, "देखिए सज्जनो बिजनेस! मोटे बनिया बिना बिजनेस हिलते भी नहीं।" इसके बाद अमेरिकी और अंग्रेज,

भारतीय के बारे में जो कुछ कहते हैं उससे भारतीयों के बारे में साम्राज्यवादियों का दृष्टिकोण जाहिर होता है। अमेरिकी कहता है, "हॉरिबल, यह गुलाम बीच में क्योंकर बोलता है, इण्डियन।" उसके बाद अंग्रेज जॉन बुल (क्रोध से) कहता है—"एनफ, यू नेटिव। तू यहाँ कैसे आया।" तब बकवादी (भारतीय) जवाब देता है"मैं भी जनता माता से स्वराज्य माँगने आया हूँ। जनता सभी की माता है, किसी की दासी नहीं।" तब नाराज होकर अमेरिकी कहता है—"चुप रह पागल बुड्ढे, काला-कलर्ड।" अमेरिकी के इस कथन से यह भी जाहिर होता है कि अमेरिकी श्वेतांगों के मन में काले लोगों के प्रति कैसी घृणा है।

दूसरे अंक के पहले दृश्य में डिक्टेटर के प्रभुत्व और प्रभाव को दिखाया गया है। दूसरे दृश्य में लीग ऑफ नेशन्स को लीग ऑफ फैशन्स के रूप में पेश किया गया है। इस अंक में तीसरे दृश्य का सम्बन्ध 1938 से है। इस दृश्य में डिक्टेटर के विजय अभियान का चित्रण है। चौथे दृश्य में डिक्टेटर के बारे में भारत की राय बकवादी प्रस्तुत करता है। पाँचवें दृश्य में डिक्टेटर और उसके विजय अभियान के बारे में ब्रिटिश सरकार की राय प्रस्तुत है। छठवें दृश्य में द्वितीय विश्वयुद्ध की भयावहता का दृश्य है। तीसरे अंक का पहला दृश्य 1948 का है। इस दृश्य में उग्र की दूरदर्शिता व्यक्त हुई है। इस दृश्य में न कहीं डिक्टेटर है, न जॉन बुल और न अंकल साम। केवल विश्व की जनता है और जनता पर जनता का ही राज है। इस नाटक के अन्तिम दृश्य में फासिस्ट डिक्टेटर की पराजय और अन्त की ओर संकेत है और जनता के राज के माध्यम से द्वितीय विश्वयुद्ध में सोवियत संघ और समाजवाद के विजय की भविष्वाणी भी है। यही उग्र की दूरदर्शिता है। उग्र की इस दूरदर्शिता के प्रसंग में मुझे राहुल सांकृत्यायन के एक भोजपुरी नाटक की याद आ रही है जिसका नाम है 'जरमनवां के हार निहिचय'। यह नाटक 1942 का है। राहुल जी ने उग्र की तरह ही 1942 में ही यह लिखा था कि फासिस्ट जर्मनी की हार होगी।

# राजेन्द्र यादव का हंस-विवेक

राजेन्द्र यादव ने जुलाई 2011 के हंस के सम्पादकीय में लिखा है कि 'इस अंक के साथ यह हंस अपने पच्चीस वर्ष पूरे कर रहा है।' जो व्यक्ति, विचार, संस्था और पत्रिका पच्चीस वर्ष पूरा कर ले उसे वयस्क माना जा सकता है। लेकिन वयस्क होने के साथ वयस्कता भी हो, यह जरूरी तो नहीं। वह हो सकती है और नहीं भी। जो इतनी उम्र पार कर ले, उसकी सम्भावनाओं की बात करने के बदले उसकी खबर लेना उचित होगा।

हंस का नाम सामने आते ही सबसे पहले प्रेमचन्द का हंस याद आता है। मेरे सामने एक सवाल यह है कि प्रेमचन्द के हंस और राजेन्द्र यादव के हंस के बीच क्या सम्बन्ध है? केवल नाम साम्य है या कुछ और भी समानताएँ हैं। राजेन्द्र यादव के हंस के हर अंक में उसे 'जन चेतना का प्रगतिशील कथा मासिक' कहा जाता है। इस कथन में जो प्रगतिशील है वह राजेन्द्र यादव के हंस को प्रेमचन्द के हंस से जोड़ता है। तो क्या राजेन्द्र यादव के हंस की प्रगतिशीलता वही है जो प्रेमचन्द के हंस की थी। जी नहीं। प्रेमन्द की प्रगतिशीलता भारत में और हिन्दी में आधुनिकता के आरम्भिक काल की प्रगतिशीलता थी, उसका सम्बन्ध प्रगतिशील आन्दोलन के आरम्भिक दौर से भी था, जबकि राजेन्द्र यादव के हंस की प्रगतिशीलता उत्तर-आधुनिक समय की है, अस्मिता विमर्श के दौर की। मैं पहले भी यह लिख चुका हूँ कि प्रेमचन्द के हंस और राजेन्द्र यादव के हंस के बीच वही फर्क है जो प्रेमचन्द और राजेन्द्र यादव के बीच है।

राजेन्द्र यादव जिस नयी कहानी आन्दोलन के एक नेता और लेखक हैं उसकी एक प्रवृत्ति थी हिन्दी कथा लेखन की पूर्ववर्ती परम्परा का लगभग निषेध। नयी कहानी के नेताओं ने अपने पूर्ववर्ती कहानीकारों—जैनेन्द्र, अज्ञेय और यशपाल की कहानी कला की देन को अस्वीकार किया और उन्होंने प्रेमचन्द की कहानी-रचना की दृष्टि और कला की सार्थकता को सन्देह, शंका और सवाल की नज़र से देखा। उन्होंने इस बात पर ध्यान नहीं दिया कि साहित्य और कला में नया परम्परा से कटकर नहीं, उससे सटकर शक्तिशाली बनता है। जार्ज बर्नाड शा शेक्सपीयर के नाटकों की जब कटु आलोचना कर रहे थे, तब उनसे किसी ने पूछा था कि क्या

आप शेक्सपीयर से बड़े हैं। जार्ज बर्नार्ड शा ने कहा था कि हम शेक्सपीयर से बड़े हैं क्योंकि उनके कन्धों पर खड़े हैं। नयी कहानी आन्दोलन के नेता और कहानीकार इस बात को मानने के लिए तैयार न थे। राजेन्द्र यादव 'प्रेमचन्द की विरासत' में नयी कहानी को प्रेमचन्द की विरासत से मुक्त करने का आग्रह कर रहे थे, लेकिन जब एक आन्दोलनधर्मी पत्रिका निकालने के बारे में सोचना शुरू किया तो प्रेमचन्द का हंस याद आया और उसकी प्रगतिशीलता भी उपयोगी लगी। राजेन्द्र यादव के हंस की प्रगतिशीलता की ताकत और सार्थकता उसकी निर्द्वन्द्व समकालीनता में है।

राजेन्द्र यादव ने जुलाई 2011 के सम्पादकीय में हंस के सम्पादक के रूप में पच्चीस वर्षों की अपनी भूमिका, हासिल, नुकसान, देन और असमंजस का आकलन किया। उनकी एक स्थायी शिकायत या पीड़ा यह रही है कि हंस के सम्पादन के कारण उनका कथा लेखन एकदम छूट गया है। उन्होंने लिखा है, "रचनात्मक लेखन एकदम छूट गया है और रह गया है सिर्फ महीने-भर झक मारकर लिखा जाने वाला सम्पादकीय। 'हंस' का ताम-झाम कुछ इस तरह हावी है कि लोग यह भी भूल गये हैं कि मैंने भी कुछ रचनात्मक लिखा था—शायद बहुत बुरा नहीं लिखा था।"

राजेन्द्र यादव के अनेक सखाओं और सखियों की भी ऐसी शिकायतें सुनी जाती रही हैं। ऐसी शिकायत का एक कारण यह है कि हिन्दी साहित्य की दुनिया में सामाजिक और राजनीतिक सोच तथा विचार के महत्त्व के बारे में न तो जरूरी गम्भीरता है न पर्याप्त दिलचस्पी, बल्कि एक घातक उदासीनता है। राजेन्द्र यादव ने हंस के सम्पादकीयों के माध्यम से वर्तमान भारत की सामाजिक और राजनीतिक वास्तविकताओं, स्त्रियों और दलितों की पराधीनताओं के बारे में जो सोचा और लिखा है वह उनकी और अन्य बहुतों की कहानियों और उपन्यासों से अधिक सार्थक, प्रभावकारी और आन्दोलनधर्मी है। उस सबका हिन्दी समाज ही नहीं, हिन्दी पढ़ने वाले गैर हिन्दी भाषी भारतीय समाज पर गहरा असर पड़ा है, प्रतिक्रियाएँ हुई हैं और हलचलें भी पैदा हुईं। साहित्य का एक लक्ष्य अगर अपने पाठकों को स्वतन्त्र, संवेदनशील, सामाजिक और मानवीय बनाना है तो राजेन्द्र यादव ने हंस के सम्पादकीयों की मदद से यह लक्ष्य पूरा किया है। ऐसी स्थिति में रचनात्मक लेखन छूट जाने की शिकायत क्यों? राजेन्द्र यादव ने जो रचनात्मक लेखन किया है उससे क्या पैदा हुआ है? केवल सैकड़ों शोध-प्रबन्ध ही न, जो उनके लिए भी लगभग निरर्थक हैं। जबकि उनके वैचारिक लेखन से प्रेरणा, प्रोत्साहन और दिशा पाने वाले असंख्य लेखक और कार्यकर्ता पैदा हुए। रही बात हंस के सम्पादन के कारण रचनात्मक लेखन छूट जाने की तो यह राजेन्द्र यादव की अपनी सीमा है। क्या प्रेमचन्द ने हंस के सम्पादन के साथ-साथ रचनात्मक लेखन नहीं किया था!

राजेन्द्र यादव का हंस-विवेक हंस के हर अंक में छपने वाली कहानियों, लेखों, समीक्षाओं, बहसों और कविताओं के चुनाव में भी प्रकट होता है। लेकिन उन सब

पर मैं अभी कुछ नहीं कहना चाहता। मैं हंस के अंकों में 'काँटे की बात' और 'मेरी तेरी उसकी बात' शीर्षकों से राजेन्द्र यादव के लिखे सम्पादकीयों में मौजूद हंस-विवेक पर कुछ कहना चाहता हूँ क्योंकि हर अंक के सम्पादकीय में ही राजेन्द्र यादव की अपनी सामाजिक-राजनीतिक चिन्ताओं और सोच-विचार की दिशाओं की अभिव्यक्ति होती है। उन्हीं सम्पकीयों के कारण वैचारिक हंगामे पैदा हुए हैं और विवाद तथा वितण्डावाद भी।

'काँटे की बात' और 'मेरी तेरी उसकी बात' में राजेन्द्र यादव साम्प्रदायिकता के माया जाल, हिन्दू धर्म के मोह और आतंक, साहित्य की स्वतन्त्रता, बुद्धिजीवी के संकट, रचनाशीलता के द्वन्द्ध, सत्ता और साहित्य के सम्बन्ध, सच बोलने के खतरे, पुरस्कारों की राजनीति, अस्मिता-विमर्श के अतिरेक, अतीत के प्रेत और वर्तमान की वास्तविकताएँ, भारत में जाति व्यवस्था की जकड़बन्दियाँ, राजनीति के अर्थ की बहुलता, नीति और राजनीति के खेल, दलित चेतना और दलित साहित्य, साहित्य में श्लील-अश्लील और गालियाँ, भाषा और वर्ग, भारतीय समाज में स्त्री की स्थिति, उसकी स्वतन्त्रता की सरहदें, स्त्री की हत्या, आत्महत्या और सती प्रथा तथा स्त्री लेखन की समस्याएँ आदि से जुड़े असंख्य सवालों पर अपना सोच-विचार पच्चीस वर्षों तक लगातार बेहिचक और बेबाक ढंग से व्यक्त किया है। इसीलिए हंस के सम्पादकीयों में ही राजेन्द्र यादव का हंस-विवेक मूर्त रूप में मौजूद है।

यद्यपि राजेन्द्र यादव ने हंस के सम्पादकीयों के माध्यम से भारतीय समाज विशेष रूप से हिन्दू समाज की संरचना, मानसिकता, सोच और व्यवहार से सम्बद्ध अनेक स्थायी और समकालीन प्रश्नों को तल्ख अन्दाज और भाषा में उठाया है, उनके प्रभावों और परिणामों का ब्योरेवार विवेचन किया है, लेकिन अपने वैचारिक अभियान को उन्होंने जिन दो मुद्दों पर केन्द्रित किया है वे हैं भारतीय समाज में स्त्री की परतन्त्रता का यथार्थ और दलितों की पराधीनता की वास्तविकता। इनके साथ ही उन्होंने स्त्रियों और दलितों की स्वतन्त्रता की आकांक्षा और कोशिश का भी विवेचन किया है। इन दोनों में स्त्री की मुक्ति के प्रश्न पर राजेन्द्र यादव के विचारों के सन्दर्भ में हिन्दी में काफी वैचारिक रक्तपात हुआ है। क्यों न हो। स्त्री की मुक्ति के सन्दर्भ में राजेन्द्र यादव के विचार पर्याप्त उत्तेजक और भड़काऊ हैं। इस प्रसंग में उनका एक कथन यह है, "नारी को अगर स्वतन्त्र होना है तो वेश्या बनने के सिवा कोई रास्ता नहीं है, तभी वह जी सकेगी। वर्ना उसकी लगाम पिता, पति, पुत्र के ही हाथ में है। न उसका अपना कोई व्यक्तित्व है, न नाम। आज भी बहुसंख्यक औरतें अपने इन्हीं सम्बन्धों के माध्यम से जानी जाती हैं।" (काँटे की बात-3, पृष्ठ 145)

राजेन्द्र यादव मानते हैं कि स्त्री की मुक्ति का मतलब है उसकी देह की मुक्ति। वे कहते हैं, "पुरुष की अपेक्षा स्त्री अपनी देह में ज्यादा कैद है। वह अपने शरीर से

ऊपर उठना या उसे भूलना भी चाहे, तो न प्रकृति उसे ऐसा करने देगी, न समाज। उसका सारा सामाजिक मूल्यांकन, सबसे पहले उसके शरीर का मूल्यांकन है। गुण तो बाद में आते हैं। वह एक ऐसी 'दृश्यवस्तु' है जिसे अपनी सार्थकता पुरुष की निगाह से सुन्दर और उपयोगी लगने में ही पानी है।" (काँटे की बात-3, पृष्ठ 156) राजेन्द्र यादव की इस बात को मान लिया जाए तो यह भी मानना होगा कि आज की मुक्त भारतीय स्त्री के उदाहरण हैं राखी सावन्त, मल्लिका सहरावत और विपाशा बसु न कि मेधा पाटकर, महाश्वेता देवी और अरुणा राय।

राजेन्द्र यादव के वैचारिक अभियान का दूसरा मुद्दा है भारतीय समाज में जाति व्यवस्था और उसके भयावह नतीजे। जातिवाद की जैसी तीखी, धारदार और जोरदार आलोचना राजेन्द्र यादव ने की है वैसी उनके समकालीन किसी और लेखक ने नहीं की है। वर्ण व्यवस्था और जातिवाद के विरुद्ध राजेन्द्र यादव का आक्रोश, असल में, दलित समुदाय के शोषण, दमन और उनकी यातना के विरुद्ध आक्रोश है। हिन्दी में जाति व्यवस्था की निर्भीक आलोचना की जिस परम्परा का निर्माण प्रेमचन्द और राहुल सांकृत्यायन ने किया था उसी को अधिक उग्र और मूलगामी राजेन्द्र यादव ने बनाया है। वे जाति व्यवस्था को हिन्दू साम्प्रदायिकता और हिन्दू राष्ट्रवाद से नाभि-नाल-बद्ध मानते हैं इन सबकी आलोचना करते हुए वे जिस मानसिकता से गुजरते हैं उसका नक्शा यह है, "स्तब्ध और अवसन्न चेतना के फलक पर केवल एक दूसरे को काटती रेखाएँ और आपस में टकराती चीखें, नारे और दहाड़ें हैं। सर्पाकार अन्धी सुरंग का मुहाना बन्द है। सिर्फ एक 'रेजिग्नेशन' (प्रतिरोधहीन समर्पण) है अब जो हो सो हो, शायद कुछ नहीं हो सकता। अतीत के दरवाजे बन्द हैं। और भविष्य एक दुर्लंघ्य दीवार बनकर खड़ा है—क्यों अब तक का सोचा, सुना देखा-समझा इस तरह ध्वस्त हो गया?" (काँटे की बात-3, पृष्ठ 42)

राजेन्द्र यादव की सामाजिक चिन्ता केवल स्त्री की मुक्ति, दलितों की स्वाधीनता और सम्प्रदायवाद के अन्त तक सीमित नहीं है। इन सबके साथ ही वे शोषण और दमन से मुक्त समाज व्यवस्था के लिए संघर्ष की भी चिन्ता करते हैं। जब सोवियत संघ की समाजवादी व्यवस्था का विघटन हुआ तब चारों ओर से यह शोर सुनाई पड़ने लगा कि समाजवाद असफल हो गया है, अब उसका कोई भविष्य नहीं है। ऐसे समय में राजेन्द्र यादव ने लिखा था, "आज मेरे लिए इस बात के भी बारीक ब्योरे महत्त्वपूर्ण नहीं हैं कि समाजवाद कहाँ, किस तरह फेल हो गया था या हो रहा है। महत्त्वपूर्ण यह है कि समता और समानता की मानवीय आकांक्षा कहाँ किस तरह जीवित है। या दमन और शोषण के खिलाफ संघर्ष कहाँ और किस तरह चलाए रखे जा रहे हैं– और इस विचार को दृष्टि देने में बुद्ध सहायक हैं या मार्क्स—हमारा तात्कालिक शाश्वत-सत्य यही है कि मानव कल्याण का कोई विचार कभी नहीं मरता, वह केवल कुछ समय के लिए भूमिगत होता है।" (काँटे की बात-3, पृष्ठ 61)

राजेन्द्र यादव के हंस-विवेक की एक विशेषता यह है कि वह केवल बौद्धिकता तक सीमित नहीं है। उसमें विचारशीलता के साथ गहरी संवेदनशीलता भी है। उन्होंने हंस के फरवरी अंक में सफदर हाशमी और नवम्बर 1991 के अंक में शंकर गुहा नियोगी की हत्याओं तथा मार्च 1989 के अंक में गोरख पाण्डे की आत्महत्या पर जो सम्पादकीय लिखे हैं उनमें राजेन्द्र यादव की संवेदनशीलता और सहृदयता की अभिव्यक्ति हुई है। उनकी इस संवेदनशीलता का एक स्रोत उनका कथाकार मानस भी है। इन सम्पादकीयों में संवेदना और सोच की मुठभेड़ से उपजी बेचैनी के कारण लेखन की भाषा में जो रवानी पैदा हुई है वह कविता की सीमा को छूती है।

राजेन्द्र यादव के हंस-विवेक को प्रभावशाली बनाने में मदद करती है उनकी जानदार और असरदार भाषा। राजेन्द्र यादव के सम्पादकीयों की भाषा जनतान्त्रिक है और संवादधर्मी भी। वे ठीक ही कहते हैं कि "व्यक्तिगत रूप से मैं नहीं मानता कि विचार की संश्लिष्टता और भाषा की जटिल दुरूहता एक-दूसरे के पर्याय हैं। भाषा तभी उलझती है जब या तो विचारों में अस्पष्टता हो, या अंग्रेजी में सोचा गया वाक्य ज्यों का त्यों हिन्दी में उतार देने की जिद हो।" (काँटे की बात-4, पृष्ठ 85) भाषा के बारे में उनका यही दृष्टिकोण उनकी भाषा को जनतान्त्रिक बनाता है। भाषा के इस जनतन्त्र में व्यंग्य विनोद के लिए भी जगह है। विश्वास न हो तो एक उदाहरण देखिए, "अब आएगा, असली मजा।" उत्तर भारतीय राजनीतिक फलक को देखकर उद्घोष करने को मन करता है। विश्वनाथ प्रताप नामक एक शूद्र, तापस-वेश में दिल्ली के सिंहासन पर तपस्या करने लगा था और 'सवर्ण-पुत्र' अकारण जल-जलकर मर रहे थे। उनके पिताओं ने अयोध्या जाकर राम के दरबार में गुहार लगायी, "अन्नदाता, ऐसा तो कभी न देखा, न सुना। कोई उपाय कीजिए, वर्ना सारी मूल्य-मर्यादाओं का नाश हो जाएगा। और धरती रसातल को चली जाएगी—त्राहि माम्।" तब मर्यादा पुरुषोत्तम भगवान राम के चर, गुप्तचर चारों ओर दौड़े, पश्चिमी दिशाओं और सीमान्तों से लाख घोड़ों वाला रथ धड़धड़ाता हुआ मिथिला पहुँचा। अन्ततः आधुनिक शम्बूक का वध हुआ।

पूजा-अर्चना प्रिय देवताओं ने दुन्दुभियाँ बजायीं, जय-जयकार किया और अपने पत्रों के मुखपृष्ठों पर सम्पादकीय के रूप में पुष्प वर्षा की। इस प्रकार पुनः धर्म का राज्य स्थापित हुआ। यानी ग्यारह महीनों का विश्वनाथ-युग समाप्त और चन्द्रशेखर-काल चालू—"बोल, सियावर रामचन्द्र की जै।" (काँटे की बात-3, पृष्ठ 87)

राजेन्द्र यादव यद्यपि कविता प्रेमी नहीं माने जाते, लेकिन वे हर अंक में कविताएँ और ग़ज़लें छापते हैं। यही नहीं वे प्रायः अपने सम्पादकीयों को हिन्दी और उर्दू के नये-पुराने कवियों की कविताओं से सजाते भी हैं। पर हद तो तब होती है जब वे हंस-विवेक को कवितामय बनाते हैं। अप्रैल 1986 के सम्पादकीय का आरम्भ इस

तरह होता है, "अहा, कैसा सुन्दर, मनोहारी और आध्यात्मिक दृश्य है। अप्रैल के भगवान भुवन-भास्कर अभी खपरैलों पर उदित हुए हैं, पक्षी कलरव करने लगे, पशु गले में घंटियाँ टुनटुनाते चरने निकल आये हैं, हदों (तड़ागों) में राजीव मुस्कुराने लगे हैं—'राज-घाट' पर सन्तों की भीड़ है, लहरों में कछुओं, मगरमच्छों और घोंघा-बसन्तों का जमघट है, भक्तजन आटे की गोलियों में 'रामनाम' की बारूद भरे लूट मचाये हैं। हर तुलसीदास चन्दन घिस रहा है, हथेली पर गर्दन रखे बार-बार उचक रहा है : शायद रघुवीर इसी भाल को तिलकित कर दें।" (काँटे की बात-2, पृष्ठ 38) वैसे तो पूरा सम्पादकीय कविताई से भरा पड़ा है, लेकिन उसके अन्त होते-होते राजेन्द्र यादव का सोया हुआ भूतपूर्व कवि कविता के सुहाने मौसम में दहाड़ते हुए अचानक सामने आता है और अपनी 56-57 में लिखी एक कविता पेश करता है :

"भेड़ों के झुण्ड में एक भेड़ बोली यों/वह जो आया था, तहमद लगाये हुए/कान में बीड़ी थी। बेरहम आँखों में मौत की सख्ती थी। हाथों पर खून था। जरूर कसाई था। अपनी भूरी को पहली ही बार में मुँह-माँगा दाम दे, उसने खरीद लिया/कान से खींचकर साथ-साथ ले गया-असल में मूर्ख था। फूले-फूले रोओं से ऐसा भरमा गया/कि हम जैसी भेंड़ें-मोटी और चरी हुई/देखती ही रह गयीं/अच्छा, चुप-चुप/देखो, कोई वैसा ही/फिर आता।"

राजेन्द्र यादव के हंस-विवेक को संचालित करने वाली सोच की शैली उनके लेखन की भाषा के रूप की भी रचना करती है। उनकी सोच की शैली और भाषा की एक विशेषता अतिरंजना है। अतिरंजना का स्वाभाविक सहयोगी सरलीकरण है। वे जब भारतीय समाज, उसकी संस्कृति, उसके इतिहास, 1857 के महाविद्रोह या हिन्दी नवजागरण पर लिखते हैं तो प्रायः अतिरंजना और सरलीकरण के कौशलों का उपयोग करते हैं। ऐसा वे अनजाने में नहीं जानबूझ कर करते हैं, क्योंकि वे जानते हैं कि हिन्दी में सन्तुलित और संयमित बातों पर कोई ध्यान नहीं देता, जबकि अतिरंजनाओं और सरलीकरणों पर महीनों चर्चाएँ और बहसें होती हैं। आप राजेन्द्र यादव की अतिरंजना और सरलीकरण का एक उदाहरण हंस के जुलाई 2011 के सम्पादकीय में देखिए। वे लिखते हैं, "आज तो सांस्कृतिक राष्ट्रवादियों ने पुराणों को इतिहास ही बना डाला है। दैवी सीमाएँ खींच डाली है और इन सीमाओं का लाँघना या पार जाना ऐसा पाप है जिसका शास्त्र-सम्मत प्रायश्चित भयानक यंत्रणादायक है।" क्या हमारे सामने केवल सांस्कृतिक राष्ट्रवादियों का इतिहास लेखन है? क्या डीडी कोसाम्बी, रामशरण शर्मा, रोमिला थापर, इरफान हबीब और हरबंस मुखिया का इतिहास हमारे सामने नहीं है? इन दोनों में अधिक स्वीकार्य और स्वीकृत इतिहास लेखन कौन सा है! राजेन्द्र यादव मार्क्सवादियों के इतिहास लेखन से परिचित हैं, फिर भी वे केवल सांस्कृतिक राष्ट्रवादियों की इतिहास दृष्टि के आतंककारी प्रभाव की बात करते हैं। क्या यह अतिरंजना और सरलीकरण नहीं है?

राजेन्द्र यादव के हंस-विवेक में थोड़ी सी आत्ममुग्धता भी है। अगर प्रमाण चाहते हैं तो कांटे की बात-1 की भूमिका के रूप में लिखे लेख 'रचना के बदले' को पढ़िए। यह 1992 में लिखा गया था। इसमें उन्होंने लिखा है, "मेरा सारा लेखकीय संघर्ष जिस निर्भीक और निष्पक्ष स्वतन्त्रता के लिए प्रतिबद्ध रहा है, शायद उसमें समझौता नहीं किया। इसके पीछे सिर्फ बल यही लगता है कि न कुछ खोने का डर है, न पाने की लालसा। ...कम से कम लेखन से तो नहीं ही है, हाँ मान्यता और स्वीकृति की आकांक्षा रही हो तो कह नहीं सकता।" (काँटे की बात-1, पृष्ठ 9) अगर अब भी उनकी आत्ममुग्धता के बारे में सन्देह हो तो आगे पढ़िए : "सामने बैठे पाठकों के साथ सामयिक समस्याओं और गुत्थियों पर सीधे-सीधे संवाद करने का सुख, अपनी साहसिकता, मौलिकता और विश्लेषणदृष्टि पर मिली तालियों का नशा, क्या लेखक को पाठकों की प्रत्याशाओं से नहीं बाँध देता?" (काँटे की बात-1, पृष्ठ 9) सवाल उठता है कि कब, कहाँ और किनसे मिलीं ये तालियाँ जिनके नशे से पैदा हुई यह आत्ममुग्धता। मैं तो यही कहूँगा कि जो है वह है। हंस की सफलता, लेखकों और लेखिकाओं का जमघट, तालीबाजों का जमावड़ा तथा ख्याति और कुख्याति की लालसा से उपजी होगी आत्ममुग्धता।

मैं पिछले पच्चीस वर्षों से हंस के अंक पढ़ता रहा हूँ और कभी-कभी उसमें लिखता भी रहा हूँ। इस प्रक्रिया में मेरा पहला अनुभव यह है कि राजेन्द्र यादव हंस के लेखकों के विचारों का सम्मान करते हैं, उनको काट-छाँट कर नहीं छापते, मतभेदों के बावजूद। दूसरा अनुभव यह है कि हंस का अंक मिलते ही सबसे पहले मैं राजेन्द्र यादव का सम्पादकीय पढ़ता हूँ और पढ़ने के बाद सम्पादकीय में व्यक्त राजेन्द्र यादव के विचारों तथा सोच की उनकी शैली के बारे में अपनी असहमतियाँ प्रायः खरी-खरी और कभी-कभी निन्दात्मक भाषा में जाहिर करता हूँ। उसी भाषा में वे जवाब भी देते हैं। लेकिन उन्होंने कभी मतभेद को मनभेद नहीं बनाया, बातचीत बन्द नहीं की और वैचारिक विरोध के बदले बैर पालने का प्रयत्न नहीं किया। इससे जाहिर है कि राजेन्द्र यादव अब हिन्दी में दुर्लभ होती जा रही उस मानसिकता के व्यक्ति हैं जिसे जनतान्त्रिक कहा जाता है।

# सुरेन्द्र चौधरी की आलोचना दृष्टि और फणीश्वरनाथ रेणु की रचनाशीलता

हिन्दी में आजकल अखबारों और पत्रिकाओं में जैसी आलोचना दिखाई देती है उसमें प्रायः रचनाओं और रचनाकारों के बारे में मनमानी रायजनी ही अधिक होती है, सन्तुलित साहित्य-विवेक बहुत कम मिलता है। आलोचना में सच्चा साहित्य-विवेक तब होता है जब वह जीवन-विवेक से जुड़ा हो और जीवन-विवेक पूरा तब होता है जब वह जगत-विवेक से सम्पन्न हो। सुरेन्द्र चौधरी ऐसे आलोचक हैं जिनकी आलोचना में गम्भीर साहित्य-विवेक है और उसका जीवन-विवेक तथा जगत-विवेक से गहरा सम्बन्ध है। उनकी चाहे 'नयी कहानी' और बाद की कहानियों की आलोचना हो, 'गोदान' का विश्लेषण हो, 'मैला आँचल' का विवेचन हो या 'मुक्ति-प्रसंग' का मूल्यांकन हो, इन सबके सावधान पाठकों को सुरेन्द्र चौधरी के साहित्य-विवेक, जीवन-विवेक और जगत-विवेक का साक्षात्कार अवश्य होगा।

आलोचक के साहित्य-विवेक से उसके जीवन-विवेक और जगत-विवेक का सम्बद्ध होना इसलिए भी जरूरी है क्योंकि प्रत्येक सार्थक रचना में जीवन-विवेक और जगत विवेक की उपस्थिति होती है। उस उपस्थिति से ही कोई भी रचना सार्थक और महत्त्वपूर्ण बनती है। रचना में जहाँ ये दोनों अनुपस्थित होते हैं वहाँ रचना या तो समकालीन परिस्थितियों के प्रति प्रतिक्रियाओं का समूह होती है या फिर भाषिक लीला की क्रीड़ा। इन दोनों प्रकार की रचनाओं की सीमाओं की पहचान के लिए भी आलोचनात्मक चेतना में जीवन-विवेक और जगत-विवेक का अन्तरंग सम्बन्ध जरूरी है। तभी आलोचना में साहित्य के भूसा और अन्न में फ़र्क़ करना सम्भव होता है।

साहित्य अकादेमी के लिए फणीश्वरनाथ रेणु पर सुरेन्द्र चौधरी ने जो विनिबन्ध लिखा है उसमें वे रेणु के सम्पूर्ण साहित्य के पूर्ण आलोचक के रूप में हमारे सामने आते हैं। वह आलोचना पूर्ण इसलिए है कि उसमें सुरेन्द्र चौधरी के साहित्य-विवेक से उनके जीवन-विवेक और जगत-विवेक का सम्बन्ध दिखाई देता है और वही सम्बन्ध रेणु के उपन्यासों, कहानियों, रिपोर्ताजों और रेखाचित्रों की गुणवत्ता और विशिष्टता की व्याख्या करने में मदद भी करता है। सुरेन्द्र चौधरी रेणु की रचनाओं

में जीवन-विवेक और जगत-विवेक की कलात्मक अभिव्यक्ति की ही खोज और पहचान भी करते हैं।

इस विनिबन्ध का पहला महत्त्वपूर्ण निबन्ध है 'एक अन्तःकथा'। इसमें सुरेन्द्र चौधरी रेणु के जीवन, उनके सोच-विचार के सन्दर्भ, गाँवों और किसानों के जीवन-यथार्थ के रेणु के अनुभव और ज्ञान, उनकी राजनीतिक चेतना और क्रियाशीलता के साथ ही उनके व्यक्तिगत और राजनीतिक जीवन की आशाओं और निराशाओं का ऐसी भाषा में विश्लेषण करते हैं जो पाठकों की संवेदना जगाने में सक्षम है और उस विश्लेषण में सोच की ऐसी प्रक्रिया भी क्रियाशील है जो पाठकों को विचारशील बनाती है।

इस विनिबन्ध में दूसरा महत्त्वपूर्ण निबन्ध है 'धरती-पुत्रों की रपट' जिसके अन्तर्गत सुरेन्द्र चौधरी ने रेणु के अनूठे रिपोर्ताज में मौजूद सोच, उनकी विशिष्ट शैली और सर्जनात्मक भाषा के साथ उनकी अन्तःचेतना की गति की दिशा पहचानने की कोशिश की है। सुरेन्द्र चौधरी के अनुसार रिपोर्ताज के ब्योरों में "एक पूरी लोक लहर है जो हमें क्रमशः 'मैला आँचल', 'परती परिकथा' से होकर 'ठुमरी' की दुनिया में ले जाती है।" इस तरह सुरेन्द्र चौधरी रेणु की सम्पूर्ण रचनाशीलता में मौजूद लोक-चेतना के विस्तार की पहचान करते हैं।

सुरेन्द्र चौधरी ने ठीक ही लिखा है कि "रेणु के साहित्यिक रिपोर्ताज की तीन स्पष्ट शृंखलाएँ दिखाई पड़ती हैं। पहली शृंखला में विद्यापति और रसप्रिया वाले रिपोर्ताज हैं। दूसरी शृंखला में 'सोनो आमां' और तीसरी शृंखला में 'ऋणजल-धनजल' आता है।" सुरेन्द्र चौधरी के अनुसार पहली शृंखला के रिपोर्ताज में एक तन्मयता है तो दूसरी और तीसरी शृंखला के रिपोर्ताज में दुःस्वप्न का आतंक है। सुरेन्द्र चौधरी ने यह भी लिखा है कि "रेणु के रिपोर्ताज में राग-विराग की नाटकीयता के साथ-साथ प्रगीत की आत्मीयता भी है। रेणु के इन रिपोर्ताजों में सुरेन्द्र चौधरी विचारधारा और भावधारा का पूरा समन्वय देखते हैं और वे यह भी कहते हैं कि इन रिपोर्ताजों में पाठकों को चकित करने की चिन्ता उतनी नहीं है जितनी जन-जीवन के बारे में विवेकशील बनाने की कोशिश।"

रेणु के जीवन-विवेक और जगत-विवेक के सम्बन्ध की रिपोर्ताजों में खोज करते हुए सुरेन्द्र चौधरी ने ठीक ही लिखा है कि "साधारण की प्रतिष्ठा के लिए हमारे देश में विचारधारात्मक संघर्ष की एक लम्बी परम्परा रही है। रेणु के साहित्य में भी इस विचारधारा का अभाव नहीं है। वैसे उनकी भावधारा में यह संघर्ष अधिक साकार हुआ है। सामाजिक दौड़ में, काल में पिछड़ गये इन साधारण लोगों की कालकथा ही रेणु ने लिखी है। यह कालकथा घटनाओं से भी बनती है और घटनाहीन निरन्तरता से भी बनती है। उनकी घटनाहीनता का एक सामाजिक कारण है, जिसकी जड़ें हमारी संरचना में बहुत दूर, पीछे तक जाती हैं। क्या आश्चर्य है कि सम्पूर्ण व्यवस्था

ने उन्हें घटनाक्रमों से बलात् बाहर रखकर जड़ बनाने की निरन्तर चेष्टा की है। इस मर्म को समझकर ही रेणु ने उन्हें सामाजिक धारा के भीतर खींच लाने की सतत चेष्टा की है।"

रेणु के बहुचर्चित रिपोर्ताज 'ऋणजल-धनजल' की चर्चा करते हुए सुरेन्द्र चौधरी ने लिखा है कि "सन् 1947 के आसपास से शुरू होकर यह शृंखला 1975 तक चलती है। कोसी क्षेत्र से परिदृश्य बदलकर पटना तक विस्तारित होता है। जहाँ पत्रकारिता के लिए बाढ़ और सूखा खबरें हैं, वहाँ रेणु के लिए वे भारतीय गाँवों के काल-पृष्ठ पर लिखे गये नियति के अभिलेख हैं।" इन रिपोर्ताज में मानव समुदायों की दुर्गति और दुर्दशा पर रेणु का दुख है, उनका गहरा आक्रोश है, उनकी करुणा है और कहीं-कहीं मानवीय विडम्बनाओं पर मारक व्यंग्य भी।

सुरेन्द्र चौधरी ने इस पुस्तक में रेणु की कहानियों पर दो निबन्ध लिखे—कहानियों का गन्ध-परिवेश और कहानियों का रचना-संसार। इन दोनों निबन्धों में एक ओर रेणु के जीवन-बोध और जगत-बोध की पहचान है तो दूसरी ओर उनकी कहानी कला की विशिष्टता की गहरी छानबीन भी है। इन दोनों निबन्धों को पढ़ते हुए हिन्दी कहानी के समर्थ आलोचक के रूप में सुरेन्द्र चौधरी हमारे सामने आते हैं और कहानी की उनकी समझ और आलोचना की जो दृष्टि रेणु की कहानियों के विवेचन में व्यक्त हुई है उसी का विस्तार और विकास उनकी पुस्तक 'हिन्दी कहानी : रचना और परिस्थिति' में भी दिखाई देता है। रेणु की कहानियों के मूल स्वर की पहचान करते हुए सुरेन्द्र चौधरी ने लिखा है कि उनकी कहानियाँ 'ऐंद्रिय स्पर्श की तरह रूप-रस-गंध-स्पर्श-नाद मय' हैं। स्वयं रेणु अपनी कहानियों को 'मूल राग से आँख मिचौली खेलती छोटी-छोटी आंचलिक रागिनियाँ' कहते हैं।

सुरेन्द्र चौधरी रेणु की कहानियों के जातीय स्वरूप की पहचान करते हैं। वे कहते हैं, "रेणु की कहानियों का संसार आंचलिक भी है और शहराती भी। पर तथाकथित आधुनिकता से भिन्न उनका एक जातीय स्वरूप है।" सम्भवतः यही कारण है कि सुरेन्द्र चौधरी रेणु की चाहे कहानियों की आलोचना करें या उपन्यासों की, वे बार-बार प्रेमचन्द को याद करते हैं। इसका एक कारण यह भी हो सकता है कि कथाकार रेणु को कथाकार प्रेमचन्द के विरुद्ध खड़ा करने का जो भीषण प्रयत्न हिन्दी आलोचना में सुरेन्द्र चौधरी के लेखन काल में हो रहा था उसका सामना करने और उत्तर देने के लिए ही वे प्रेमचन्द और रेणु में बुनियादी एकता की खोज बार-बार करते दिखाई देते हैं।

रेणु की कहानियों की रचनाधर्मिता के प्रसंग में सुरेन्द्र चौधरी एक ओर संश्लिष्टता की बात करते हैं तो दूसरी ओर किस्सागाई की भी। सुरेन्द्र चौधरी संश्लिष्टता को रचनाधर्मिता का अनिवार्य गुण मानते हैं और उसे वे रेणु की कहानियों में लक्षित करते हैं। पर वे यह भी जानते हैं कि रेणु संश्लिष्टता के नाम पर जटिलता की

रचना नहीं करते, बल्कि इसके ठीक विपरीत रेणु किस्सागोई और कहानीपन की रक्षा करते हुए अपनी कहानियों का निर्माण करते हैं। इसीलिए सुरेन्द्र चौधरी ने लिखा है कि "रेणु ने किस्सागोई नहीं छोड़ी, कथा के रस के साथ कोई वंचनापूर्ण खेल नहीं खेला। फिर भी उनकी कहानियों में समकालीन भारत—बृहत्तर भारत से साक्षात्कार में अनेक रूप-रूपान्तर हैं।"

रेणु की कहानियों के आकर्षण का एक कारण उनकी कहानियों में सावधानी से रचित वह वातावरण भी है जो जितना आकर्षक है उतना ही सार्थक भी। रेणु की कहानियों में मौजूद वातावरण की विशेष भूमि और भूमिका के महत्त्व को सुरेन्द्र चौधरी पहचानते हैं। इसीलिए वे लिखते हैं कि "रेणु अपनी कहानियों के वातावरण को बड़ी सावधानी से, पर अत्यन्त सहजता के साथ संयोजित करते हैं। रंग-रेखाओं में उभारते हैं। उनका व्यक्त-अव्यक्त अर्थ हर दबाव के साथ प्रकट होता है।" सुरेन्द्र चौधरी ने यह भी लिखा है कि रेणु की कहानियों में छविमयता है और सघनता भी। सुरेन्द्र चौधरी ने रेणु की कहानियों का जो विश्लेषण किया है उसमें उनका मूल्यांकन भी शामिल है।

सुरेन्द्र चौधरी नामवर सिंह के साथ नयी कहानी के समर्थ आलोचक ही नहीं हैं बल्कि एक तरह से पूरक भी हैं। वह इसलिए कि नामवर सिंह ने उस दौर के जिन कहानीकारों पर नहीं लिखा उन पर सुरेन्द्र चौधरी ने विस्तार से और मनोयोग के साथ लिखा है। वे कहानीकार हैं, रेणु, मुक्तिबोध, अमरकान्त, भीष्म साहनी और हरिशंकर परसाई। इन कहानीकारों पर लिखकर सुरेन्द्र चौधरी ने नयी कहानी की प्रगतिशील परम्परा की उपलब्धियों का मूल्यांकन किया है और हिन्दी कहानी की आलोचना को पूर्णता प्रदान की है।

वैसे तो सुरेन्द्र चौधरी कहानी के आलोचक के रूप में प्रसिद्ध हैं लेकिन वे हिन्दी उपन्यास के भी एक समर्थ आलोचक हैं। एक तो उन्होंने रेणु के सभी उपन्यासों की समालोचना की है और दूसरे प्रेमचन्द के गोदान की भी ऐसी आलोचना लिखी है जैसी न उनसे पहले किसी ने लिखी थी और न बाद में किसी ने लिखी। वे मानते हैं कि "गोदान की समस्या तमाम परतन्त्रताओं से भारतीय किसान की मुक्ति में है। तमाम किसान आन्दोलनों का सार भी यही है।" गोदान के जीवन-विवेक और जगत-विवेक के आत्मीय सम्बन्ध की पहचान करते हुए सुरेन्द्र चौधरी ने ठीक ही लिखा है कि "गोदान को उसकी कला के मार्ग से देखना और उसकी जीवन-दृष्टि के मार्ग से देखना अलग-अलग निष्कर्ष तक तभी ले जाएगा जब हम दोनों का अन्तःमार्ग न पहचानेंगे। यही अन्तःमार्ग हमें गोदान की कथा से उसकी जीवन-दृष्टि तक ले जाता है।" हिन्दी में गोदान की आलोचना की एक विडम्बना यह रही है कि कुछ आलोचक उसके कथा मार्ग की आलोचना-यात्रा करते हैं तो कुछ दूसरे केवल उसकी जीवन-दृष्टि की राह चलते हैं। दोनों तरह के आलोचक उस अन्तःमार्ग पर

ध्यान न देने के कारण गोदान में, सुरेन्द्र चौधरी के शब्दों में, जीवन जीने की जो अपौरुषेयता है उसकी उपेक्षा करते हैं।

सुरेन्द्र चौधरी ने रेणु के उपन्यास साहित्य पर विस्तार से लिखा है, विशेष रूप से 'मैला आँचल' और 'परती परिकथा' पर। रेणु के उपन्यासों की आलोचना के लिए सुरेन्द्र चौधरी ने नये ढंग से यथार्थवाद की प्रचलित धारणा को समझने और व्याख्यायित करने की कोशिश की है। इस प्रसंग में उनके दो लेख ध्यान देने लायक हैं।

पहला है समकालीन यथार्थवाद और रेणु का कथा-साहित्य और दूसरा है रेणु का यथार्थवाद और मैला आँचल की नाटकीयता। सुरेन्द्र चौधरी जिसे समकालीन यथार्थवाद कहते हैं वह जॉर्ज लुकाच के समकालीन यथार्थवाद की धारणा से प्रेरित होने के बावजूद उससे भिन्न है। उन्होंने समकालीन यथार्थवाद का स्वरूप स्पष्ट करते हुए लिखा है "मेरी दृष्टि में समकालीन यथार्थवाद का अर्थ दो रूपों में अपने को प्रकट करता है; एक जनता और व्यवस्था के नये अन्तर्विरोधों के रूप में और दूसरा, जनता के बीच के अन्तर्विरोधों के रूप में। ये दोनों ही प्रकार के नये अन्तर्विरोध हमारे समाज में आज़ादी के बाद प्रकट होते हुए एक नया सामाजिक अस्तित्व धारण कर लेते हैं।" यथार्थवाद की यह समझ समकालीन है और भारतीय भी है। सुरेन्द्र चौधरी इस यथार्थवाद को पश्चिम के आलोचनात्मक यथार्थवाद से भिन्न मानते हैं क्योंकि उनके अनुसार "पश्चिमी आलोचनात्मक यथार्थवाद का एक सीमित पहलू यह रहा कि अन्ततः उसकी परिणति एक आयामी मनुष्य की वास्तविकता में होती है, जबकि हमारे यहाँ मनुष्य का सामाजिक भविष्य और यथार्थवाद की सम्भावनाएँ अभी जीवित हैं।" उन्होंने रेणु के उपन्यासों में मौजूद यथार्थवाद को स्पष्ट करते हुए लिखा है कि "रेणु ने समकालीन यथार्थवाद के लिए न कोई ऐसा रूपक ही गढ़ा है और न उसकी अतिरंजनाएँ ही ऐसी हैं, जिसके द्वारा किसी स्थिर सर्वव्यापी मानवीय नियति को लक्षित किया गया।" सुरेन्द्र चौधरी के अनुसार 'मैला आँचल' में जो यथार्थवाद है उसमें अनेक संरचना वाले भारतीय समाज के ढाँचे में मौजूद ग्रामीण जीवन के अन्तर्विरोधों की पहचान और अभिव्यक्ति है। उस यथार्थवाद का स्वरूप और उसकी संरचना समकालीन भारतीय ग्रामीण जीवन की वास्तविकताओं के अनुभवों की संरचनाओं की अभिव्यक्ति से बनता है।

सुरेन्द्र चौधरी के अनुसार रेणु के 'मैला आँचल' और 'परती परिकथा' की औपन्यासिक कला की प्रमुख विशेषताएँ हैं आडम्बरहीनता, अपने परिवेश से जुड़ी अतिरंजनाएँ, जातीयता और दृश्यों, बिम्बों तथा चित्रों की प्रवाहपूर्ण लय।

सुरेन्द्र चौधरी ने संक्षेप में लेकिन बारीकी से रेणु के परवर्ती छोटे उपन्यासों 'दीर्घतपा', 'जुलूस', 'कितने चौराहे' और 'पलटू बाबू रोड' का भी विवेचन किया है। उनको लगता है कि रेणु 'मैला आँचल' और 'परती परिकथा' जैसे महाकाव्यात्मक

उपन्यास लिखने के बाद इन छोटे-छोटे उपन्यासों के रूप में खण्ड काव्य लिख रहे थे। इन उपन्यासों का सुरेन्द्र चौधरी ने मूल्याकंन इस तरह किया है, "अपने लघु उपन्यासों में आकर रेणु समस्याओं से तो जूझते हैं, पर उसे वे अपनी भव्य कला शक्ति का अंग नहीं बना पाते।" सच्चाई यह है कि रेणु भारतीय गाँवों में किसानों और साधारण जनों के असाधारण जीवन संघर्ष के कलाकार-कथाकार हैं। इसलिए वे शहरी जीवन की समस्याओं से जुड़े छोटे उपन्यासों में वह प्रभाव और कला पैदा न कर पाये जो 'मैला आँचल' और 'परती परिकथा' में सहज रूप से मौजूद है।

## बहस के बीच में सुरेन्द्र चौधरी

सुरेन्द्र चौधरी हिन्दी आलोचना में जिस समय आये वह वादों के टकराने, विवादों के चलने और निर्विवाद को भी विवादास्पद बनाने का काल था। यही नहीं, वे जिस विचारधारा, आन्दोलन और संगठन से जुड़े हुए थे उसकी ताकत और प्रासंगिकता स्थापनाओं से अधिक विवादों में प्रकट होती थी। वह विचारधारा थी मार्क्सवाद, आन्दोलन था प्रगतिशीलता का और संगठन था प्रगतिशील लेखक संघ। इन तीनों के अन्तर्गत दो स्तरों पर बहस की क्रियाशीलता मौजूद थी। एक तो विरोधी विचारधाराओं, आन्दोलनों और संगठनों से और दूसरी ओर स्वयं मार्क्सवाद, प्रगतिशील आन्दोलन और प्रगतिशील लेखक संघ के भीतर। उस समय बहस में असहमति को मौलिकता का पर्याय समझने की प्रवृत्ति थी। यह प्रवृत्ति अब भी बनी हुई है। सुरेन्द्र चौधरी इस वातावरण में रहने के कारण अपने समय की बहसों में दिलचस्पी लेने, शामिल होने और हस्तक्षेप करने वाले आलोचक के रूप में हमारे सामने आते हैं।

हिन्दी में बहसों की तहजीब के बनते-बिगड़ते रूपों पर ध्यान दीजिए तो बहसों के इतिहास में वैचारिकता के विकास और ह्रास का इतिहास दिखाई देगा। साहित्य में बहसें कई तरह की होती हैं। कुछ बहसें ऐसी होती हैं और हिन्दी में हुई भी हैं जो रचना और आलोचना को नयी गति और दिशा देती हैं। उन्नीसवीं सदी के उत्तरार्द्ध में खड़ी बोली बनाम ब्रजभाषा पर जो बहसें हुईं उन्होंने आधुनिक हिन्दी भाषा और साहित्य को नयी गति और नयी दिशा दी। बाद में भाषा की अनस्थिरता सम्बन्धी बहस हो या साहित्य किसके लिए के सवाल पर बहस हो या साहित्यकार की आस्था, अनुभूति की प्रामाणिकता पर बहस हो, उनसे हिन्दी की रचनाशीलता और आलोचना को नयी दिशा और समझ प्राप्त हुई। कुछ बहसें ऐसी भी होती हैं जो रचना और आलोचना को दिशा देने के बदले दिग्भ्रमित करती हैं। ऐसी ही एक बहस 'भोगा हुआ यथार्थ' पर हुई थी। कुछ बहसें ऐसी भी होती हैं जो फुलझड़ी या पटाखे की तरह केवल चौंकाने का काम करती हैं। आजकल हिन्दी में अज्ञेय को लेकर ऐसी ही बहस चल रही है। सुरेन्द्र चौधरी ने जिन बहसों में भाग लिया है वे गम्भीर बहसें हैं।

सुरेन्द्र चौधरी के सम्पूर्ण लेखन पर ध्यान दीजिए तो यह स्पष्ट होगा कि उन्होंने हिन्दी की समकालीन बहसों में भाग लेते हुए हिन्दी की विचारशीलता के विकास में सार्थक योगदान किया है। एक तो उन्होंने हिन्दी में चलने वाली कुछ गम्भीर दार्शनिक बहसों में भाग लिया था जिनके प्रमाण हैं उनके निबन्ध 'परम्परा और आधुनिकता' तथा 'मार्क्सवाद और समकालीन बुर्जुआ विचारधाराएँ' हिन्दी में अस्तित्ववाद पर गम्भीरता से और नये ढंग से सोचने तथा लिखने वाले व्यक्ति थे सुरेन्द्र चौधरी जिसका प्रमाण है उनका निबन्ध 'मार्क्सवाद और समकालीन बुर्जुआ विचारधाराएँ'। दूसरी महत्त्वपूर्ण बहस जिसमें उन्होंने भाग लिया था उसका सम्बन्ध हिन्दी में वामपन्थ से है। उन्होंने एक लेख लिखा था 'व्यवस्था और वामपन्थ'। उनका दूसरा लेख है 'वामपन्थ और साहित्य में संयुक्त मोर्चा'। तीसरा निबन्ध है 'साहित्य में संयुक्त मोर्चे की प्रस्तावना'। इन सभी निबन्धों में जो बहस है उसे विचारधारात्मक बहस भी कहा जाता है। तीसरे स्तर पर उन्होंने हिन्दी साहित्य के इतिहास से जुड़े कुछ प्रशनों पर बहस में भाग लिया है। ऐसे निबन्धों में एक है 'स्वाधीनता संग्राम और हिन्दी साहित्य'। दूसरा है 'हिन्दी नवजागरण और प्रेमचन्द'। तीसरा है 'हिन्दी नवजागरण और प्रसाद'। इन निबन्धों में हिन्दी नवजागरण के बारे में सुरेन्द्र चौधरी की जो राय है वह रामविलास शर्मा से सहमति और असहमति की प्रक्रिया में बनी है। डॉ. रामविलास शर्मा ने हिन्दी नवजागरण के प्रसंग में प्रेमचन्द पर उतना ध्यान नहीं दिया जितना महाकवि निराला पर। जबकि प्रेमचन्द अपने सम्पूर्ण चिन्तन और लेखन में हिन्दी नवजागरण को जिस समग्रता में व्यक्त करते हैं और उसे जैसी अग्रगामी दिशा देते हैं वैसी समग्रता और दिशा न निराला के काव्य में है, न प्रसाद के लेखन में। सुरेन्द्र चौधरी की विशेषता यह है कि वे यह मानते हैं कि "प्रेमचन्द का साहित्य हिन्दी नवजागरण की सम्पूर्ण विचारधाराओं का प्रतिनिधित्व करता है। उसमें जातीय तत्त्वों से लेकर अन्तरराष्ट्रीय महत्त्व के सभी तत्त्व अन्तर्भुक्त हैं।"

सुरेन्द्र चौधरी ने हिन्दी साहित्य के इतिहास से जुड़े एक ऐसे प्रश्न पर भी बहस की कोशिश की है जिसका सम्बन्ध साहित्य के इतिहास की सांस्कृतिक दृष्टि से है। इस बहस के लिए उन्होंने 'तीसरी आँख' और 'शव साधना का वैकल्पिक मिथक' नामक निबन्ध लिखा है जिसमें हजारी प्रसाद द्विवेदी की इतिहास-दृष्टि पर व्यवस्थित रूप से विचार किया है। इस क्रम में उन्होंने इतिहास-दृष्टि के प्रसंग में इतिहास की द्विवेदी जी की धारणा और मिथक के महत्त्व के बारे में द्विवेदी जी के मत की समीक्षा करते हुए इतिहास-विवेक के सन्दर्भ में दोनों की सार्थकता पर विचार किया है और अन्त में लिखा है कि "द्विवेदी जी की इतिहास-दृष्टि इतिहास-संस्कृति की प्रक्रिया को अनावश्यक नहीं मानती, किन्तु इस प्रक्रिया में वह कई मिथकीय, भावात्मक और प्रतीकात्मक अमूर्तताओं में बिखरने लगती हैं।"

सुरेन्द्र चौधरी ने जिस पाँचवीं बहस में हिस्सा लिया है उसका सम्बन्ध हिन्दी

आलोचना के स्वरूप और इतिहास से है। इसके लिए उन्होंने दो निबन्ध लिखे हैं। एक का शीर्षक है 'रामविलास शर्मा और सांस्कृतिक आलोचना' और दूसरे का 'कविता के नये प्रतिमान : विसंगति और विडम्बना का सौन्दर्यशास्त्र'। रामविलास शर्मा पर लिखे निबन्ध में सुरेन्द्र चौधरी ने प्रायः असहमति से अधिक सहमति के बिन्दुओं की खोज और पहचान की है, लेकिन नामवर सिंह के 'कविता के नये प्रतिमान' से बहस करते हुए अधिकांशतः अपनी असहमतियों को ही व्यक्त किया है और वे इस निष्कर्ष पर पहुँचे हैं कि "कविता के नये प्रतिमान वस्तुतः प्रतिमानों की भीड़ है जिसमें सही प्रतिमान दबा पड़ा रह जाता है। इन फुटकल प्रतिमानों के विनियोग में नामवर सिंह उतनी संगति भी नहीं बरत पाते जितनी बुर्जुआ सौन्दर्यशास्त्री बरतते हैं।"

सुरेन्द्र चौधरी की बहस प्रक्रिया का एक सन्दर्भ साहित्य की भाषा से भी जुड़ा है। उन्होंने इसके लिए तीन निबन्ध लिखे हैं। वे हैं—'भाषा-प्रक्रिया और भाव-संवेदन', 'आक्रोश की भाषा और भाषा का आक्रोश' तथा 'कथा-भाषा में नया प्रतिमान।' सुरेन्द्र चौधरी चाहे रेणु की कहानियों और उपन्यासों की आलोचना करें या गोदान की या फिर नयी कहानी के कहानीकारों की या अपने समकालीन कवियों की कविताओं की, वे इन सभी में भाषा के प्रति कथाकार और कवियों के व्यवहार, उनके भाषिक प्रयोग और उनकी भाषिक संवेदनशीलता पर ध्यान देते हैं और उसकी सार्थकता-निरर्थकता विचार करते हैं। सुरेन्द्र चौधरी यह मानते प्रतीत होते हैं कि किसी कवि या कथाकार की भाषिक संवेदनशीलता के माध्यम से उसकी सामाजिक संवेदनशीलता व्यक्त होती है। इसीलिए वे लिखते हैं कि "आवेश की भावात्मक भाषा और व्यंग्यात्मक उपचार की भाषा अन्ततः एक ही मुहावरे बोलती है। इसके विपरीत सिनिकल आक्रोश की भाषा सर्वथा दूसरी है। वह मध्यवर्गीय संस्कारों से मुक्ति की आन्तरिक चेष्टा को रेखांकित और परिभाषित करती है।"

जो आलोचक दूसरों की भाषा पर इतना ध्यान देता हो उसकी भाषा पर भी थोड़ा ध्यान दिया जाना चाहिए। सुरेन्द्र चौधरी की आलोचना में जहाँ विचारशीलता है वहाँ भाषा बौद्धिक है, जहाँ विवाद है वहाँ भाषा में व्यंग्य है और रेणु की कहानियों के विश्लेषण में प्रगीतात्मकता भी है। पर साथ ही यह भी ध्यान में रखने की बात है कि नलिन विलोचन शर्मा का शिष्य होने के नाते उनकी भाषा में संस्कृतनिष्ठता इतनी है कि वह पाठकों के बोध के लिए बोझ बनती है। हिन्दी के जो चार आलोचक अंग्रेजी से हिन्दी में आये थे वे हैं—रामविलास शर्मा, विजयदेव नारायण साही, चन्द्रबली सिंह और रमेशचन्द्र शाह। इन चारों की आलोचना की भाषा पर अंग्रेज़ी का वैसा दबाव और आतंक नहीं है जैसा सुरेन्द्र चौधरी की आलोचना की भाषा में है।

# मृदुला गर्ग की कहानियाँ : संवेदना और सोच की व्यापकता

मृदुला गर्ग की कहानियों को पढ़ते हुए महसूस होता है कि उनमें गहरी सामाजिक संवेदनशीलता है, अपने समय और समाज में मौजूद तरह-तरह की विडम्बनाओं का सटीक बोध है, अपने समय की प्रकृति और संस्कृति के संकटों की पहचान है और इन सबको अपने कथा लेखन में व्यक्त करने के लिए आवश्यक अपनी संवेदना और सोच का सच कहने का साहस है। उनकी संवेदना और सोच के सच का दायरा जितना व्यापक है उतना ही विविधताओं से भरा हुआ भी। वह सच सामाजिक है और राजनीतिक भी, व्यक्तिगत है और सामूहिक भी, भारतीय स्त्री की जिन्दगी से जुड़ा है और पुरुष के जीवन से भी, उत्तर भारत के समाज से सम्बन्धित है और दक्षिण भारत के भी। यही नहीं, वह भारतीय जीवन के साथ-साथ अमेरिकी समाज का भी सच है। ऐसे सच की अभिव्यक्ति के लिए मृदुला गर्ग कहानी की ऐसी कला का आविष्कार करती हैं जिसमें साधारण और असाधारण, सम्भव और असम्भव, काल्पनिक और वास्तविक का उपयोग है और कथा के साथ व्याख्या और विश्लेषण, रूपक और प्रतीक, व्यंग्य और विनोद का प्रयोग भी है। वे अपनी कथा-भाषा को जानदार और असरदार ही नहीं, मूर्त और आकर्षक बनाने के लिए किस्सों, कहावतों और मुहावरों का भी इस्तेमाल करती हैं।

कहानी का एक काम यह है कि जो कुछ हममें—मनुष्य में है, और छिपा हुआ है, उसे अनावृत्त करना, खोलना और दिखाना है। इस तरह कहानी जीवन जगत को देखने दिखाने की एक कला है, जिसके लिए एक दृष्टि भी जरूरी है। मृदुला गर्ग की कहानियों में जो दृष्टि जिन्दगी को देखने, उसे कहानी में रचने और दिखाने का काम करती है वह एक सजग और संवेदनशील स्त्री-दृष्टि है। इस संग्रह की अधिकांश कहानियों में स्त्री की पराधीनता, पीड़ा, आत्म संघर्ष, सामाजिक संवेदनशीलता के साथ स्वतन्त्रता की चिन्ता, चेतना और कोशिश की अभिव्यक्ति है। जिन कहानियों में पुरुषों के व्यवहार की विसंगतियों, विडम्बनाओं और पाखण्डों को अनावृत्त किया गया है उनमें भी स्त्री दृष्टि की सक्रियता दिखाई देती है।

इस संग्रह में स्त्रियों की जिन्दगी से सम्बन्धित अनेक कहानियाँ हैं। उनमें

उल्लेखनीय हैं 'डैफोडिल जल रहे हैं', 'वह मैं ही थी', 'तुक', 'वो दूसरी', 'मेरे देश की मिट्टी, अहा' और 'मीरा नाची'। इनमें से अधिकांश कहानियों में स्त्री की बेबसी, यातना और अन्तर्द्वन्द्व की अभिव्यक्ति हुई है, जिनमें किसी न किसी रूप में एक दुखद दृष्टि क्रियाशील दिखाई देती है। 'डैफोडिल जल रहे हैं' एक ऐसी कहानी है जिसमें विरुद्धों का द्वन्द्व है; मृत्यु से जिन्दगी का, सौन्दर्य से आतंक का और यथार्थ से भ्रम का। कहानी का अन्त दुखद है, पर साथ ही जिन्दगी की सुन्दरता में विश्वास भी है। इस कहानी में जिस स्त्री की अचानक दुखद मृत्यु हो जाती है वह जिना अपने खत में लिखती है, "तुम यह मत समझ लेना कि मौत ही खूबसूरत होती है या मौत खूबसूरत ही होती है। दरअसल खूबसूरत सिर्फ जिन्दगी होती है, पर मौत उसका हिस्सा जरूर बन सकती है।" इस कहानी का आरम्भ उल्लासमय है और अन्त कारुणिक। लेकिन इसका आकर्षक पक्ष यह है कि 'गम की कहानी मजा लेकर' लिखी गयी है।

'वह मैं ही थी' उस औरत की कहानी है जिसका पति एक कस्बे में सीमेंट कारखाने में मजदूर है। कारखाने से उड़ने वाला सीमेंट हवा में फैलकर साँस की बीमारी पैदा करता है। वहाँ न कोई अस्पताल है न डाक्टर। सभी स्त्रियाँ और पुरुष भगवान के भरोसे जीते हैं। ऐसी स्थिति में गाँव से आई एक गर्भवती स्त्री की आशंका, चिन्ता, बीमारी और मौत की कहानी है 'वह मैं ही थी'। यह कहानी केवल एक स्त्री की व्यथा-कथा नहीं है। इसमें एक स्त्री के माध्यम से 'हर उस औरत की' दारुण व्यथा व्यक्त हुई है, "जो अपने वर्ग और स्थान से तोड़कर दूसरी जगह फेंक दी जाती है"। मृदुला गर्ग ने ठीक ही लिखा है कि "भारत जैसे भीषण असमानताओं वाले देश में वर्ग और स्थान की भूमिका एक जैसी है। सिर्फ औरत ऐसी चीज है जिसे कहीं से उखाड़ कर कहीं फेंका जा सकता है, इस धारणा के साथ कि वह जड़ें जमा ही लेगी। ऐसे तो कोई कीकर-बबूल से भी पेश नहीं आता।"

इस कहानी का अन्त जितना मार्मिक है उतना ही अर्थपूर्ण भी। कहानी की नायिका उमा की पहली औरत की तरह ही प्रसूति-प्रक्रिया में मृत्यु होती है, लेकिन मौत के पहले एक बच्ची पैदा होती है। उसके बाद कहानी लेखिका ने यह लिखा है, 'एक और औरत दुनिया में आ गयी।' इस वाक्य में अर्थ की अनेक सम्भावनाएँ हैं।

मृदुला गर्ग के कहानी-लेखन की एक विशेषता यह है कि उसमें मौजूद स्त्री दृष्टि केवल एक वर्ग, एक समुदाय या एक क्षेत्र तक सीमित नहीं है। वे अनेक वर्गों, समुदायों और क्षेत्रों की स्त्रियों के जीवन संघर्ष को देखती और दिखाती हैं। 'वह मैं ही थी' कहानी एक साधारण मजदूर की गाँव से कस्बे में आई पत्नी की यातना और दुखद अन्त की कहानी है तो 'तुक' एक मध्य वर्गीय पत्नी के अन्तर्द्वन्द्व, अपमान, वेदना और बेचैनी की कहानी। इस कहानी की स्त्री मीरा का पति नरेश

स्टेट बैंक में चीफ एकाउंटेंट है। वह जितना महत्त्वाकांक्षी है उतना ही आत्ममुग्ध भी। वह चाहता है कि पत्नी उसके साथ ताश खेले। लेकिन ताश के खेल में मीरा की न रुचि है और न गति; इसीलिए पति उसे बेवकूफ ही नहीं निरर्थक भी समझता है। ताश के खेल से नरेश का लगाव सनक की सीमा को छूता है, इसीलिए ताश के खेल से अनभिज्ञ पत्नी की देह से वह ताश की तरह खेलता है, कभी विजेता के दर्प के भाव से तो कभी पराजित की क्रूरता के साथ। इस बोध के साथ मीरा जीवन में बार-बार मरती है।

मृदुला गर्ग की अधिकांश कहानियों में व्यंग्य और विनोद का, बल्कि व्यंग्य से अधिक विनोद का भरपूर प्रयोग मिलता है, जिसके कारण दुखद दृष्टि की कहानी के पाठक भी निराशा, ऊब और थकान का अनुभव नहीं करते। आप 'तुक' कहानी के आरम्भ को देखिए :

"अपने बारे में दो बातें आपको पहले ही बतला दूँ। पहली यह कि मैं उन बेवकूफ औरतों में से हूँ, जो अपने पति को प्यार करती हैं। या कहना चाहिए कि मैं ही एक बेवकूफ औरत हूँ, जो अपने पति को प्यार करती है। मेरी शादी को छह महीने हो चुके और इस बीच मैं बहुत सी शादीशुदा औरतों से मिल चुकी हूँ। अपने सिवा मुझे कोई औरत नहीं मिली, जो अपने पति को दिल से चाहती हो। मैं जानती हूँ दिल से चाहना ऐसा जुमला है, जिसे सुनकर हम आजिज आ चुके हैं। हर बाजारू किस्से, हर बम्बइया फिल्म में इसका बार-बार इस्तेमाल किया जाता है।"

इस संग्रह की दो कहानियाँ ऐसी हैं जिनमें एक ओर कलाओं की मुक्तिधर्मिता है तो दूसरी ओर समाज और परिवार के अनेक घेरों में घिरी भारतीय स्त्रियों की कला चेतना है। ये कहानियाँ हैं 'वो दूसरी' और 'मीरा नाची'। पहली कहानी में गायन और चित्रांकन की मुक्तिधर्मिता है तो दूसरी में नृत्य की। 'वो दूसरी' में एक स्त्री का अपराध है गायन। वैसे उसके अपराध और भी हैं। एक यही कि वह दूसरी है, पहली पत्नी की मृत्यु के बाद ब्याहकर लायी गयी दूसरी। दूसरी के अनेक व्यंग्यार्थ होते हैं भारतीय समाज और परिवार में। उसका दूसरा अपराध यह है कि वह गरीब घर की लड़की है। गरीबी और लड़की का एक साथ होना दो अपराध हुए। मायके में 'रंडियों के मुहल्ले के पिछवाड़े रिहाइश थी' आपनी। पास में एक मन्दिर भी था अपने गरीबखाने के। वहाँ भी शाम सबेरे कीर्तन हुआ करे था। लेकिन उसे ग़ज़ल गाने और नाचने की प्रेरणा तथा सीख मिली रंडियों से। विवाह के बाद गायन की कला अपराध बन गयी, बड़े घर की तहजीब के खिलाफ। इसलिए बाद में उसने बड़े घर की तहजीब सीख ली और गाना भूल गयी। जो स्थिति गायन के साथ हुई वही चित्रांकन के साथ भी, क्योंकि उस बड़े घर की स्त्रियों की समझ यह थी कि 'तस्वीरें रानियों-महारानियों की बनाई जाती हैं या रंडियों-तवायफों की'।

दूसरी कहानी 'मीरा नाची' में नृत्य के माध्यम से एक स्त्री की स्वतन्त्रता की

खोज की अभिव्यक्ति है। कहानी का शीर्षक रूपक भी है और प्रतीक भी, लगभग वैसे ही जैसे जैनेन्द्र के उपन्यास 'सुनीता' में है। इसके साथ ही इस कहानी में पतंग का भी प्रतीक है, स्वतन्त्र उड़ने का। पतंग के प्रतीक को समझने के लिए कहानी के इन अन्तिम वाक्यों को पढ़िए : "मैं उठी और छत पर पाँव जमा कर ठीक वैसे नाचने लगी, जैसे वह नाचा था। आत्मविभोर। मुझे लग रहा था, मेरे हाथ में चरखी और माझा है और दूर आसमान में ऊपर, ऊपर उठती लहराती पतंग।" इस कहानी में नृत्य की कला के सजीव वर्णन के साथ वर्णन की कला का संयोग अत्यन्त प्रभावशाली है।

व्यंग्य और विनोद के सहारे भी गम्भीर विचार-विमर्श की कहानी लिखी जा सकती है—यह देखना हो तो 'मेरे देश की मिट्‌टी, अहा' कहानी को पढ़ा जा सकता है। इस कहानी में व्यंग्य की शुरुआत शीर्षक से शुरू होती है और वह अन्त तक बना रहता है। इस कहानी में जो खिलन्दरापन है वह केवल कहानी की भाषा और बुनावट का ही गुण नहीं है, उसका विस्तार वस्तुओं को देखने वाली दृष्टि, उनकी समझ और प्रस्तुति तक व्याप्त है। इस कहानी में गम्भीर सभ्यता-विमर्श है जिसके अन्तर्गत गाँव और शहर के परिवेश का फर्क मौजूद है, ग्रामीण विकास की योजनाओं की असलियत की पहचान है, धर्मनिरपेक्षता के उपयोग-दुरुपयोग पर व्यंग्य है, भारत सरकार की अमेरिकापरस्ती की ओर संकेत है और चुनाव में मौकापरस्ती का उल्लेख है। यह कहानी एक ऐसी औरत की कहानी है जो एक ही जीवन में हिन्दू और मुसलमान बनती हुई दोनों धर्मों और समाजों में स्त्री की दशा-दुर्दशा का अनुभव करती है। जब वह हिन्दू थी तब उसका नाम लल्ली था और जब मुसलमान बनी तब वह लैला हो गयी। लैला बनते ही निकाह के समय जब उससे उसकी रजामन्दी पूछी गयी तब वह खुश हुई, क्योंकि जब तक वह लल्ली थी तब तक कभी भी किसी बात के लिए उसकी रजामन्दी नहीं पूछी गयी थी। लेकिन लैला की खुशी तब गायब हो गयी जब उसे मालूम हुआ कि उसके शौहर की पहली बीवी मौजूद है। इस कहानी से यह जाहिर होता है कि औरत चाहे हिन्दू हो चाहे मुसलमान उसका जीवन अपमान और हिंसा की राहों से गुजरते ही बीतता है।

मृदुला गर्ग का कहानी लेखन केवल स्त्री जीवन तक सीमित नहीं है। इस संग्रह में दो कहानियाँ हैं 'जीरो अक्स' और 'मधुप पत्रकार'। 'जीरो अक्स' साहित्य की दुनिया के छद्म और आडम्बर को उजागर करने वाली कहानी है तो 'मधुप पत्रकार' एक पत्रकार की दिखावटी क्रान्तिकारिता की पोल खोलने वाली कहानी है। पहली कहानी के केन्द्र में दिल्ली का साहित्य संसार है तो दूसरी में दिल्ली का पत्रकार जगत। जीरो अक्स जिस लेखक पर केन्द्रित है उसके बारे में कहानी में लिखा है, "संयोग से (या प्रभु कृपा से) वह जब जवान हुआ तब हिन्दी प्रदेश में यथार्थवादी लेखन का बोलबाला था। वह धारा उसे खूब रास आई। भीतर जितना तेजाब बनता

पन्नों पर उगल देता था। उसका कहना था, नफरत प्यार से ज्यादा टिकाऊ होती है।" लेखक का नाम है साजन भाई। विरोधाभास से परिपूर्ण पर आकर्षक और गुदगुदाने वाला। कहानी में एक लेखिका भी है जिसका नाम है मेधा दी। यहाँ भी नाम अर्थपूर्ण है। साजन भाई के बातचीत का अन्दाज, उनके सोच की शैली, उनके व्यवहार के ढंग और डींग हाँकने की उनकी आदत को देखकर अगर दिल्ली का कोई लेखक याद आये तो इसे संयोग कह सकते हैं। लेकिन सच्चाई यह भी है कि दिल्ली में ऐसे लेखक अनेक हैं।

'मधुप पत्रकार' कहानी की शुरुआत मधुप नाम में निहित व्यंग्य से होती है। वह वाग्वीर क्रान्तिकारी है जो तीसरा पेग खाली करते ही अपने साथियों को ललकारने लगता है, "क्या यह देश चन्द हजार नवधनिक करोड़पतियों के हाथ गिरवी रखा हुआ है? क्या उन्होंने हमारी, आपकी सब हिन्दुस्तानियों की आत्माएँ अपने बेशुमार काले धन से खरीद रखी हैं कि जिधर उनका डंडा हाँकेगा, हमें उधर ही बेजुबान बैल की तरह घूम जाना होगा? कोई कुछ नहीं बोलेगा?"

मृदुला गर्ग की कहानियों में लेखिका के सरोकारों का दायरा बहुत व्यापक है। उनकी एक कहानी 'विनाश दूत' भोपाल गैस त्रासदी से सम्बन्धित है तो दूसरी 'इक्कीसवीं सदी का पेड़' पर्यावरण के विनाश से। तीसरी कहानी 'पोंगल पोली' एक ओर दक्षिण भारत के साधारण जन के भाव जगत से जुड़ी है तो दूसरी ओर अभिजात वर्ग की लोलुपता से। चौथी कहानी 'जूते का जोड़, गोभी का तोड़' में भारत की जाति व्यवस्था और चुनाव की राजनीति से उसके अन्तरंग सम्बन्ध पर केन्द्रित है। पाँचवीं कहानी है 'बड़ा सेब काला सेब' जिसमें अमेरिकी समाज में मौजूद काले-गोरों के बीच के नस्ली भेदभाव की वास्तविकता और समस्या के साथ ही उससे प्रभावित भारतीयों की मानसिकता का संवेदनशील चित्रण है। छठी कहानी 'छत पर दस्तक' का सम्बन्ध अमेरिका में रहने वाले भारतीयों के जीवन और व्यवहार से है, जिसमें भारतीयों के अमेरिकी बनने की प्रक्रिया और परिणति का ब्योरा है।

'विनाश दूत' कहानी की शुरुआत अत्यन्त दिलचस्प है। आज का एक क्रवि मेघ से अपनी प्रिया के पास सन्देश भेजना चाहता है, ठीक वैसे ही जैसे कालिदास ने मेघदूत में किया है। आरम्भ में मेघदूत के प्रसंग के माध्यम से कहानी को आकर्षक बनाया गया है। मेघदूत का मेघ तो सन्देश ले गया था लेकिन 'विनाश दूत' का मेघ आज के कवि का सन्देश ले जाने से मना कर देता है। स्वयं को कालिदास का उत्तराधिकारी समझने वाला आज का आत्ममुग्ध कवि मेघ का डाँटता-फटकारता है और सन्देश ले जाने से इन्कार का कारण पूछता है। तब मेघ भोपाल की गैस त्रासदी का ब्योरेवार वर्णन करता है, जो इस प्रकार है : "अपनी मायावी दुनिया में इस तरह डूबे हुए हो कि प्रलय सा नरसंहार, सपनों में खोयी आँखों को दिखलायी नहीं देता। यह शिव का ताण्डव नहीं जो प्रलय में सृष्टि का बीज लिये हो। यह अन्त

है, आवृत्तिहीन अन्त। यह नाच मनुष्य के निर्देश पर नाचा जा रहा है, दिव्य शक्ति के निर्देश पर नहीं। उस अपूर्ण मनुष्य के निर्देश पर जो अपने को अपूर्ण जानते हुए भी पूर्ण मानने लगा है। अर्धसत्य पर विश्वास और अर्धज्ञान में दंभ जिसकी प्रकृति बन चुकी है।"

इसके बाद कहानी लेखिका ने मेघ के माध्यम से प्रकृति और मनुष्य के सम्बन्ध के बारे में जो कहा है वह ध्यान देने लायक है। कहानी लेखिका कहती है कि "अपने निरंकुश अहंकार में उन्मत्त मनुष्य भूल गया है कि प्रकृति तभी देती है जब नतमस्तक होकर उससे माँगा जाये, नहीं तो प्रहार कर उठती है। प्रकृति से युद्ध किया ही नहीं जा सकता क्योंकि जो प्रकृति के विरुद्ध है, अन्ततः समझ लो वह नहीं है।" इस कथन में प्रकृति से मनुष्य के जिस सम्बन्ध की ओर संकेत किया गया है वह एक ओर उस सम्बन्ध की पश्चिमी आधुनिक व्याख्या का विरोध करता है तो दूसरी ओर प्रकृति सम्बन्धी भारतीय दृष्टि का समर्थन भी करता है।

यह कहानी 1985 में लिखी गयी थी। तब दुनिया तीन नामों से जानी जाती थी—पहली दुनिया, दूसरी दुनिया और तीसरी दुनिया। इस कहानी में भयानक भोपाल गैस त्रासदी के प्रसंग में भारत जैसे तीसरी दुनिया के मनुष्यों के बारे में पहली दुनिया के देशों के दृष्टिकोण को अत्यन्त तल्ख पर खरी भाषा में इस प्रकार प्रस्तुत किया गया है : "दरअसल सम्पन्न देशों के लिए कीड़े-मकोड़ों और उस अपार जनसंख्या में अन्तर था भी नहीं, जो उनकी अपनी दुनिया की वासी नहीं थी, केवल उस हवा, पानी और मिट्टी पर दखलन्दाजी कर रही थी, जो उनके हिसाब से उनके ऐशोआराम के लिए बनी थी। जब जहर उन्होंने बनाया तो शायद इतना ही सोच कर कि वह उन कीट-पतंगों का सफाया करेगा जो मनुष्य के हिस्से का अन्न खा जाते हैं। बस, मनुष्यों से उनका सरोकार केवल अपनी दुनिया के मनुष्य से था।" इस कहानी में भोपाल गैस त्रासदी के विकराल रूप और सर्वनाशी प्रभाव का जो चित्रण है वह आतंकित करने वाला है, लेकिन कहानी की विचारशीलता आतंक के बदले आलोक देने वाली है।

'21वीं सदी का पेड़' पूँजीवाद के भूमण्डलीकरण के दौर में प्रकृति और पर्यावरण के सर्वनाश की स्थिति और वास्तविकता की भयावह परिणतियों का मूर्त और संवेद्य रूप में साक्षात्कार कराने वाली कहानी है। यह एक स्तर पर वैज्ञानिक दृष्टि की भी कहानी कही जा सकती है। कहानी के आरम्भ में पेड़ के स्वभाव, स्वरूप और उस पर मौजूद परिन्दों की बहुरंगी दुनिया का जो ब्योरा है वह पाठक को पेड़ के वर्तमान और भविष्य में दिलचस्पी लेने, उसकी कथा और व्याख्या सुनने के लिए तैयार करता है। इसमें पेड़ पर बसे परिन्दों की दुनिया का अत्यन्त काव्यात्मक चित्रण है।

अब यह जग जाहिर बात है कि भूमण्डलीकरण के कारण दुनियाभर में औद्योगीकरण की जो आँधी चली है, उससे उपजे प्रदूषण से पक्षियों की अनेक

प्रजातियों के अन्त की शुरुआत हो गयी है। यही नहीं, जंगल, जल और जमीन पर कारखाने बनाने के लिए कब्जा करने का जो अभियान चला है उसके परिणाम स्वरूप असंख्य जीवजन्तु और विभिन्न प्रकार के जीवधारी विनाश के करीब पहुँच रहे हैं। कहीं-कहीं चिड़ियों, चूहों और जानवरों को मारने का भी अभियान चला है। बहुत पहले "चीन में हुक्म हुआ कि खेतों की पैदावार बढ़ानी है। चिड़ियाँ अनाज खा जाती हैं, इसलिए उन्हें मार गिराना है। हर किसान का, हर चीनी नागरिक का फर्ज है, वह चिड़ियाँ मारे। वे मारने लगे। चिड़ियाँ खत्म होने लगीं।"

इस कहानी में हिंसा के सन्दर्भ में आदमी और जानवर की तुलना की गयी है। मनुष्य हिंसा का प्रतीक और प्रमाण जानवर को मानता है, लेकिन वह खुद जितनी और जैसी हिंसा करता है उतनी और वैसी हिंसा कोई भी पशु नहीं करता, बल्कि कर ही नहीं सकता। इस कहानी में ठीक ही कहा गया है कि "दरिन्दे बेचारे उतना जुल्म कहाँ करते हैं, जितना इन्सानी हुक्मरान। उतना लम्बा-चौड़ा प्रभाव क्षेत्र ही कहाँ होता है, किसी चौपाये के पास। रिहाइशी जंगल बड़ा हो तो भी, अमलदारी सीमित रहती है। इन्सान का ही माद्दा है कि अपना इकबाल-जलाल कहाँ से कहाँ तक फैला ले। एक बार में जगल के जंगल, बस्ती की बस्ती, तहस-नहस कर डाले। आने वाली दरिन्दगी से नहीं, इन्सानगी से हमें बचा, ए खुदा।"

कवि टेनेसी विलियम्स ने कहा था, "झूठ की एक व्यवस्था है, जिसमें हम रहते हैं।" पूँजीवादी व्यवस्था का यही सच है। इसका मुख्य धर्म है पाखण्ड। व्यवस्था और उसके रक्षक-सेवक जो करते हैं वह कहते नहीं और जो कहते हैं वह करते नहीं। जो व्यवस्था प्रकृति और पर्यावरण का विनाश कर रही है उसी के रक्षक और सेवक प्रकृति और पर्यावरण को बचाने का नारा भी उछालते हैं। '21वीं सदी का पेड़' कहानी का अन्त इस पाखण्ड का पर्दाफाश करता है, "कत्ल हुए लापता पेड़ों ने जो श्मशानी वीराना छोड़ा था, उसमें पुष्पित शोर के बीच से उठते नारे उसके कानों में पड़े। पेड़ लगाओ, पर्यावरण बचाओ।"

इस संग्रह की तीन कहानियाँ लेखिका के अमेरिकी समाज, उसकी व्यवस्था, उसमें काले-गोरों के सम्बन्ध, उस सम्बन्ध से निर्मित मानसिकता और अमेरिका में रहने वाले भारतीयों के मन-मस्तिष्क पर उसके प्रभावों के अनुभवों से उपजी कहानियाँ हैं। ये तीन कहानियाँ हैं 'बड़ा सेब काला सेब', 'छत पर दस्तक' और 'शहर के नाम'। 'बड़ा सेब काला सेब' कहानी के आरम्भ में ही अमेरिका के काले लोगों के बारे में भारतीयों की राय सामने आती है। अमेरिका जाने के लिए तैयार एक भारतीय को सलाह दी जाती है :

"पर कालों से बच कर रहना।"

"सबवे में मत चढ़ना। काले खून खराबा करते हैं।"

"क्वींस की तरफ मत निकलना। काले भरे रहते हैं।"

"सामान का ध्यान रखना। काले साले सब चोर होते हैं।"

कभी अमेरिका के काले लोगों ने गोरों के रंग भेद सम्बन्धी श्रेष्ठता के आतंक से मुक्त होने के लिए एक नारे का आविष्कार किया था, 'ब्लैक इज ब्यूटीफुल।' कहानी के आरम्भ में ही एक भारतीय इस नारे की खिल्ली उड़ाता है। इस कहानी से यह बात भी सामने आती है कि अमेरिका में रहने वाले भारतीय वहाँ के काले लोगों से अलग अपनी पहचान बनाने और बताने लिए खुद को एशियन कहते हैं। आत्मालोचन का ऐसा स्वर हिन्दी कहानी में विरल है।

'बड़ा सेब काला सेब' कहानी का एक बड़ा हिस्सा अमेरिका के विभिन्न स्थानों की यात्रा के दौरान काले तथा गोरों के व्यवहारों के अनुभवों से भरा है। उन अनुभवों से यह स्पष्ट होता है कि वहाँ गोरे प्रायः उद्दण्ड, बदतमीज और असहिष्णु होते हैं और काले प्रायः शिष्ट, सहानुभूतिशील और मानवीय। इस कहनी से अमेरिका के काले लोगों के स्वभाव और व्यवहार के बारे में फैले अनेक भ्रम दूर होते हैं।

'छत पर दस्तक' अमेरिका में रहने वाले भारतीयों के अमेरिकीकरण या अमेरिकी बनने, खुद को अमेरिकी साबित करने की प्रवृत्ति और प्रक्रिया को उजागर करने वाली कहानी है। यह प्रवृत्ति और प्रक्रिया लगभग वैसी ही है जैसी अंग्रेजी राज के जमाने में भारत के मध्य वर्ग और उच्च वर्ग से बहुत से व्यक्तियों की थी, जिन्हें स्वाधीनता आन्दोलन के दौर में काले अंग्रेज कहा जाता था। इस कहानी में नलिनी नाम की स्त्री अपने अमेरिका प्रवास के दौरान जिन भारतीयों से मिलती है उनके हाव-भाव, रहन-सहन और विचार-व्यवहार के जैसे अनुभवों से गुजरती है उन्हीं का चित्रण और वर्णन है। वह यह देखकर चकित है कि "इस देश में भरा-पूरा जवान आदमी, मिनट भर में हिन्दुस्तानी से अमेरिकन बन जाता था। माँ-बाप की नागरिकता, सदियों की विरासत, खून और नस्ल, सब धरे रह जाते हैं और आदमी बिना गर्भ में आये, बिना मदद या परवरिश, नया जन्म ले लेता है। शरीर का चोला तक नहीं उतारता, जिन्दा का जिन्दा... नहीं यह गलत है, मरता जरूर है, पुनर्जन्म लेने से पहले। बहुत कुछ मरता है अन्दर-बाहर। देखने में जवान-जहान आदमी भीतर से निरीह बच्चा बन कर ही जन्म लेता है। डरा-सहमा, पूरे एक देश को बाप मान कर, उसका हुक्म बजाता हुआ, इतना धीरे-धीरे बड़ा होता है कि डॉलर का मूल्य समझने के आगे, उसकी जेहनियत जा नहीं पाती।" कहानी में इस विडम्बना की ओर भी संकेत है कि अमेरिका में रहने वाले भारतीय घर के बाहर के जीवन में गोरे अमेरिकी बनने और दिखने की कोशिश करते हैं पर अपने घर के भीतर खान-पान में भारतीय बने रहते हैं।

अमेरिकी जीवन में प्राइवेसी का बहुत महत्त्व है; समाज में ही नहीं, घर में भी। यह सामाजिकता की मौत और वैयक्तिकता की विजय का परिणाम है, जो अब भारत में भी फैल रहा है। यह कहानी प्राइवेसी से उपजी विडम्बनाओं की पहचान

कराने वाली कहनी है। लेखिका ने उस प्राइवेसी के बारे में लिखा है "प्राइवेसी! हिन्दी में कोई शब्द है इसके लिए? शायद नहीं। ऐसी कोई अवधारणा ही नहीं है हमारे पास। जो खुद पर जाहिर जग जाहिर। जो अपना होता है, नितान्त अपना, ढका-ढँपा, मन की परतों के भीतर कैद, बस वही अपना बना रहता है और कुछ नहीं। न कोई रिश्ता, भावना।" इस प्राइवेसी के दो परिणाम कहानी में सामने आते हैं। एक तो पड़ोसीपन की भावना का अभाव और दूसरा नितान्त अकेलापन। इन दोनों के मेल से जो स्थिति पैदा हुई है वह है मानवीयता की मौत। यह है आधुनिक या उत्तर-आधुनिक जीवन का वरदान।

नलिनी को इस वरदान से मुक्ति का एक अवसर मिलता है। वह जिस फ्लैट में रहती है उसके ऊपर वाले फ्लैट में एक अकेला और बेचैन बूढ़ा व्यक्ति रहता है जिसका नाम राबर्ट है। वह रातभर अपने कमरे में टहलता है और कभी-कभी पैर भी पटकता है। इससे नलिनी की नींद में बाधा पड़ती है। इस स्थिति से नलिनी को पहले खीझ होती है, फिर ऊपर वाले व्यक्ति के बारे में चिन्ता और अन्त में आत्मीयता पैदा होती है। इस पूरी प्रक्रिया को या कि क्रिया-प्रतिक्रिया की प्रक्रिया को लेखिका ने अत्यन्त धैर्य, मनोयोग और बारीकी से चित्रित किया है। इस कहानी के अन्त में जो कहा गया है वही अमेरिकी जीवन या कि उत्तर-आधुनिक जीवन का सच है, "अकेलेपन और अँधेरे का खौफ रॉबर्ट और नलिनी को ही नहीं औरों को भी है।"

कुछ दशकों से हिन्दुस्तान के वैज्ञानिकों, बुद्धिजीवियों, नौकरशाहों और मध्य वर्ग के छात्रों, छात्राओं में अमेरिका जाने, वहाँ रहने और बस जाने की होड़ लगी हुई है। लेकिन वहाँ जाने और बस जाने की जो समस्याएँ हैं उनपर कोई ध्यान नहीं देता है। उन्हीं समस्याओं पर ध्यान देने और सोचने की प्रेरणा देने का काम 'शहर का नाम' कहानी करती है। हिन्दुस्तान से जाकर अमेरिका में पढ़ने वाली एक लड़की हैरी नाम के एक अमेरिकी से प्रेम करती है, वह उससे शादी भी करना चाहती है, लेकिन अपने देश लौटकर वह हिन्दुस्तान में रहना चाहती है। ये सारी बातें एक पत्र में वह हैरी को लिख देती है। वह पत्र पढ़कर हैरी बौखला जाता है। वह शादी तो करना चाहता है, लेकिन हिन्दुस्तान जाकर रहना नहीं चाहता। हैरी की इन बातों को सुनकर वह सोचती है, "मैं समझ गयी, एक सम्पन्न देश के नागरिक को हिन्दुस्तान चल कर रहने का न्योता दे कर मैं उसका अपमान कर बैठी थी। यह सोच लेना कि वह हिन्दुस्तान आ सकता है, आना चाह सकता है, गुस्ताखी थी मेरी। क्यों? वह हिन्दुस्तान नहीं आ सकता था पर मैं अमेरिका रह सकती थी। खुशी-खुशी रह सकती थी। मैं क्यों रहूँ अमेरिका में? नहीं रहूँगी और वहाँ, मैंने तय कर लिया।"

इस कहानी में भारत के उच्च मध्य वर्ग के उन व्यक्तियों की मानसिकता की भी बखिया उधेड़ी गयी है जो अपने बच्चों को स्वतन्त्र, निर्भीक और समाजोन्मुख

व्यक्ति नहीं, एक निर्मम और स्वार्थी व्यक्ति बनाना चाहते हैं। इस कहानी की नायिका अपने छात्र जीवन में जब मजदूरों की झुग्गी झोंपड़ी वाली बस्तियों में नाटक करती है तो उसके प्रशासक पिता उस सबको राजनीति के गन्दे दल-दल में फँसना समझते हैं और उससे बचाने के लिए उसे पढ़ने के नाम पर अमेरिका भेज देते हैं। लेकिन वह हिन्दुस्तान लौटकर पिता की महत्त्वाकांक्षा का माध्यम बनने के बदले स्वतन्त्र और सहज जीवन जीने का निर्णय करती है। यही है एक स्त्री की सच्ची स्वतन्त्रता या मुक्ति।

मृदुला गर्ग की कहानियों का एक बड़ा आकर्षण उनकी कथा-भाषा है। वह कथा-भाषा अपनी बनावट और सर्जनात्मकता के कारण कहानी के पाठकों को अपने सम्मुख करने में सक्षम है। मृदुला गर्ग कहानी में वर्णित और चित्रित परिस्थितियों, स्थितियों, अनुभवों, अनुभूतियों और मनोदशाओं के बारीक से बारीक रूप को मूर्त और सजीव बनाती है और भाषा की सूक्ष्म भंगिमाओं के सहारे तरह-तरह की संवेदनाओं को सगुण और साकार रूप में व्यक्त करती है।

# अडोर्नो और आलोचना की संस्कृति

दो हजार तीन का वर्ष अडोर्नो की जन्मशती का वर्ष था। जर्मनी में, और विशेष रूप से उनके जन्म के शहर फ्रैंकफुर्त में अडोर्नो की जन्मशती बड़े जोर-शोर से विभिन्न गोष्ठियों और समारोहों के माध्यम से मनायी गयी। सितम्बर में एक बहुत बड़ा अन्तरराष्ट्रीय समारोह सम्पन्न हुआ। इस समारोह में एक संगीतकार और संगीत के दार्शनिक के रूप में अडोर्नो की उपलब्धियों पर विचार-विमर्श हुआ। अडोर्नो की लेखन-शैली और भाषा की दुर्बोधता लम्बे काल से चर्चा में रही है। एक संगोष्ठी में उसकी सार्थकता और महत्ता पर भी विचार हुआ। दो हजार तीन के दिसम्बर में कवियों की एक ऐसी संगोष्ठी का आयोजन हुआ जिसमें अडोर्नो की कविता सम्बन्धी मान्यताओं की चर्चा हुई। इस शताब्दी वर्ष में बड़े पैमाने पर अडोर्नो की अप्रकाशित रचनाओं, व्याख्यानों और पत्रों को प्रकाशित करने की योजना भी थी।

जिसका बचपन सम्पन्नता और सुख में बीता हो उसकी जवानी अगर कठिनाइयों के ताप और संताप का शिकार होती है तो उसकी रचनाशीलता और विचारों में झुलसे हुए जीवन से उपजे अवसाद की अभिव्यक्ति स्वाभाविक हो जाती है। अडोर्नो का जन्म 11 सितम्बर, 1903 को जर्मनी के फ्रैंकफुर्त नगर में एक सम्पन्न यहूदी परिवार में हुआ था। उनके पिता यहूदी थे और माँ ईसाई। उनका बचपन अत्यन्त सुखमय था, पर बाद में यहूदी पिता की सन्तान होने के कारण 30 के दशक में नाजियों के सत्ता में आने के बाद जो यहूदी विरोधी अभियान शुरू हुआ उसके परिणाम स्वरूप अडोर्नो का जीवन अनेक प्रकार की कठिनाइयों, मुसीबतों और निराशाओं का शिकार हुआ। इस समय जर्मनी में रहनेवाले अनेक दूसरे यहूदी कवियों, दार्शनिकों, संगीतकारों और वैज्ञानिकों की तरह अडोर्नो को भी एक देश से दूसरे देश में भागते हुए कठिन जीवन गुजारना पड़ा। अडोर्नो का अपनी भाषा जर्मन से गहरा लगाव था, वे भाषा और विचार के अन्तरंग सम्बन्ध का अनुभव करते थे। इसलिए उनके जर्मनी और जर्मन भाषा से दूर जाना गहरी यातना से गुजरने का कारण बना। उनके विचारों में अवसाद की निरन्तर उपस्थिति का कारण उनका अपनी जमीन और जबान से मजबूरी में निर्वासन भी है।

संगीत और दर्शन से अडोर्नो का लगाव बचपन से था और जीवन भर बना

रहा। उन्होंने केवल संगीत की साधना ही नहीं की थी, संगीत के समाजशास्त्र और सौंदर्यशास्त्र को भी सम्भव बनाया था। दर्शन में उनकी अभिरुचि और गति का प्रमाण 1930 में कीर्केगार्द पर लिखी उनकी पुस्तक से मिलता है। अडोर्नो का उस समय के लगभग सभी बड़े जर्मन दार्शनिकों, आलोचकों, कवियों और उपन्यासकारों से दोस्ती का सम्बन्ध था। उनके मित्रों में वाल्टर बेंजामिन, हॉबर्ट मारकूस, लियो लावेंथल, हार्खेइमेर और टॉमस मान आदि प्रमुख हैं। अडोर्नो के चिन्तन पर जिन दो पुस्तकों का गहरा असर पड़ा था उनमें एक है ब्लोक की 'द स्पिरिट ऑफ यूटोपियनिज्म' और दूसरी है जॉर्ज लुकाच की 'इतिहास और वर्ग-चेतना'। उनके साहित्य और संस्कृति सम्बन्धी विचारों पर वाल्टर बेंजामिन का भी गहरा असर था।

जर्मनी की सत्ता पर नाजियों के कब्जे के बाद अडोर्नो का व्यक्तिगत और वैचारिक जीवन क्रमशः कठिन होने लगा। फ्रैंकफुर्त नगर के जिस समाज विज्ञान संस्थान से अडोर्नो जुड़े हुए थे उसका जर्मनी में रहकर काम करना असम्भव हो गया। इसलिए संस्थान के संचालक हार्खेइमेर संस्थान को पहले जिनेवा और फिर न्यूयार्क ले गये। स्वयं अडोर्नो जर्मनी से भागकर कुछ दिनों तक इंग्लैंड में रहे। वे समझते थे कि नाजीवाद अल्पकालिक विपत्ति है जो जल्दी ही समाप्त हो जाएगी, लेकिन जब ऐसा नहीं हुआ तो उन्हें मजबूर होकर यूरोप से दूर अमरीका में जाकर रहना पड़ा। अडोर्नो जब ऑक्सफोर्ड में थे तब भी उनका न्यूयार्क में रहनेवाले अपने जर्मन समाजवैज्ञानिक मित्रों से लगातार सम्पर्क बना रहा। अडोर्नो गहरे मानसिक तनाव और मज़बूरी में 1937 में हार्खेइमेर के निमन्त्रण पर पहली बार न्यूयार्क पहुँचे। बाद में 1938 में दूसरी बार अमरीका गये और फिर वहीं रहकर लिखने-पढ़ने का काम करने लगे। जर्मनी से भगाकर अमरीका जाना अडोर्नो के लिए लगभग खाई से निकलकर खंदक में कूदने जैसा था। वे अमरीकी समाज-व्यवस्था और वहाँ की सांस्कृतिक स्थितियों से कभी भी तालमेल नहीं बिठा पाये, लेकिन हार्खेइमेर के साथ उनकी वैचारिक दोस्ती क्रमशः मजबूत हुई और उपजाऊ भी। हार्खेइमेर के साथ मिलकर उन्होंने जो विचार-यात्रा आरम्भ की थी उसकी उपलब्धि के रूप में 'डाइलेक्टिक ऑफ इनलाइटेनमेंट' नाम की पुस्तक सन् 1947 में प्रकाशित हुई। यह पुस्तक एक तरह से फ्रैंकफुर्त समुदाय के आलोचनात्मक समाजशास्त्र का बुनियादी दस्तावेज है। द्वितीय महायुद्ध के अन्त के बाद 1949 में फ्रैंकफुर्त संस्थान की पुनर्स्थापना जर्मनी में हुई और अडोर्नो संस्थान से जुड़े रहे। अडोर्नो की जर्मनी में वापसी के साथ ही संगीत और दर्शन में उनकी रचनाशीलताका नया दौर शुरू हुआ और उनकी लोकप्रियता भी बढ़ने लगी। 1960 का दशक अडोर्नो के चिन्तन का सबसे उर्वर समय है। इस दौर में वे अत्यन्त गहरे विवादों और संवादों के माध्यम से अपने समय और समाज की सांस्कृतिक और दार्शनिक समस्याओं से टकराते रहे जिसकी अभिव्यक्ति 'द जार्गन ऑफ ऑथेन्टिसिटी' और 'निगेटिव डाइलेक्टिक्स' पुस्तकों में

हुई है। 1960 का दशक जर्मन समाज में गहरे उथल-पुथल का काल था। उस समय एक ओर छात्र-आन्दोलन आगे बढ़ रहा था तो दूसरी ओर नया वामपन्थी चिन्तन भी सामने आ रहा था। इस वैचारिक हंगामे के समय में भी अडोर्नो ने आलोचनात्मक चिन्तन की चेतना की रक्षा की और हर प्रकार के दबाव के सामने झुकने से इनकार किया। वे छात्र-आन्दोलन के साथ नहीं थे। इसलिए उन पर तरह-तरह के आरोप भी लगाये गये। अप्रैल, 1969 में एक व्याख्यान के दौरान कुछ छात्रों ने उनका अपमान किया, जिसके बाद वे अपना व्याख्यान छोड़कर चले गये। उस समय छात्र नेताओं ने कहा था कि एक संस्था के रूप में अडोर्नो अब मर चुके हैं। इस घटना के चार महीने बाद ही स्विट्जरलैण्ड में अडोर्नो का देहान्त हो गया।

अडोर्नो बीसवीं सदी के महत्त्वपूर्ण विचारकों में से एक हैं। उन्हें मुख्य रूप से संस्कृति का आलोचक कहा जा सकता है। उनकी रचनाओं में बीसवीं सदी के समाज और कला में क्रियाशील मानस की गतिविधियों की जटिलताओं और बारीकियों की व्याख्या मिलती है। जॉर्ज स्टाईनर ने ठीक ही लिखा है कि अडोर्नो की साहित्य और संगीत सम्बन्धी आलोचनाओं में हमें उनके समय की बेचैन आत्मा की प्रामाणिक गवाही मिलती है। अडोर्नो के सम्पूर्ण चिन्तन को दो स्थितियों ने निर्णायक रूप से प्रभावित किया है। एक तो नाजी जर्मनी में यहूदियों के सर्वनाश के अभियान की कोशिश और दूसरे, अमरीका की पूँजीवादी सभ्यता में मनुष्य की चेतना को प्रशासित और अनुकूलित बनाने की प्रक्रियाएँ। अडोर्नो मानते थे कि कला और संस्कृति एक स्तर पर मनुष्य की स्वाधीनता के माध्यम हैं तो दूसरे स्तर पर उन्हें बर्बरता और अमानवीयता का साधन भी बनाया जा सकता है। संस्कृति के इन दोनों पक्षों की वास्तविकताओं और अन्तरों की पहचान की कोशिश ही उनके सम्पूर्ण लेखन में व्याप्त है। उन्होंने कहा था कि उत्तरदायी ढंग से सोचने का अर्थ है मिथकीकरण की प्रक्रिया की रहस्यमयता को तोड़ना, क्योंकि मिथकीकरण के माध्यम से ही संस्कृति और कला को पराधीनता का साधन बनाया जाता है।

वैसे तो अडोर्नो ने संस्कृति के अनेक पक्षों पर लिखा है, लेकिन उनके लेखों का केन्द्रीय विषय है पूँजीवादी समाज में कला की स्थिति। वे मानते हैं कि पूँजीपति अपने जीवन का लक्ष्य पूँजी का संचय मानता है और इस प्रक्रिया में वह सुख की चिन्ता से स्वयं को वंचित भी करता है। अगर वह कभी कला के अनुभव की कोशिश भी करता है तो उससे कोई निर्णायक आनन्द प्राप्त करने का लक्ष्य उसके सामने नहीं होता, बल्कि वह एक प्रकार से सार्थकताओं से शून्य जीवन को सजावट से ढँकने की कोशिश करता है। पूँजीवाद सामाजिक दमन की व्यवस्था को निरन्तर बनाये रखने की कोशिश के लिए ही संस्कृति और कला का उपयोग करता है। पूँजीवाद की इस प्रक्रिया को समझना-समझाना आज के युग में आलोचना का एक महत्त्वपूर्ण दायित्व है। अडोर्नो ने कहा था कि "यातना की आवाज बनना ही सच

की वास्तविक शर्त है" और ऐसे ही सच की खोज में अडोर्नो का सारा बौद्धिक प्रयत्न लगा दिखाई देता है। वे जानते थे कि हम जिस समय और समाज में रह रहे हैं उसमें 'जो है' और 'जो सच है' के बीच हमेशा अन्तर्विरोध मौजूदा रहता है और उस अन्तर्विरोध की पहचान करते हुए 'जो सच है' उसका पक्ष लेना ही कला का वास्तविक दायित्व है।

संस्कृति के आलोचक के रूप में अडोर्नो ने संगीत का समाजशास्त्र विकसित करने का जैसा प्रसत्न किया वैसा किसी और ने नहीं किया। वे जीवन भर एक ओर संगीत की साधना में लगे रहे तो दूसरी ओर सामाजिक जीवन के इतिहास, विचारधारा और मीडिया में संगीत की उपस्थिति, उसके उपयोग और दुरुपयोग की व्याख्या में भी जुटे रहे। उन्होंने आधुनिक संगीत का दर्शन लिखकर संगीत की सामाजिकता की व्याख्या की और साथ ही यूरोप के अनेक संगीतकारों की रचनाओं के सामाजिक मूल्य का विश्लेषण भी किया। अडोर्नो ने संगीत और समाज के सम्बन्ध पर विचार करते हुए लिखा है कि संगीत समाज से अलगाव की कोशिश में समाज से जुड़ाव का संकेत देता है। संगीत की भाषा अवधारणात्मक और विमर्शात्मक नहीं होती। इसलिए उसमें सचेत रूप से समाज का प्रतिनिधित्व भी नहीं होता। अडोर्नो की मान्यता है कि संगीत में समाज समग्र रूप से मौजूद होता है, उसके किसी एक हिस्से की चेतना संगीत में नहीं होती। इस प्रक्रिया में अडोर्नो गोल्डमान की तरह वर्ग और विश्वदृष्टि के सम्बन्ध के माध्यम से संगीत और समाज के सम्बन्ध की व्याख्या नहीं करते। वे स्पष्ट रूप से कहते हैं कि संगीतकार के वर्गीय मूल्य और उसकी रचना के वर्गीय स्वरूप के सम्बन्ध की खोज सही नहीं है। जैसे सक्रिय राजनीति में पक्षधरता से बचने की कोशिश अडोर्नो के लेखन में मिलती है वैसे ही वे संगीत या साहित्य के समाजशास्त्र में वर्ग की धारणा के प्रयोग से परहेज करते दिखाई देते हैं। अडोर्नो वाल्टर बेंजामिन की तरह यह मानते हैं कि संगीत में रचना के सौन्दर्यबोधीय मूल्य से उसकी सामाजिक अन्तर्वस्तु का सम्बन्ध अविभाज्य है। उन्होंने 1932 के एक पत्र में अपने संगीतकार मित्र क्रेनेक को लिखा था कि सौन्दर्यबोधीय गुणों के साथ जोड़कर ही सामाजिक प्रश्नों को ठीक से समझा जा सकता है। इसका अर्थ यह है कि वे संगीत के क्रियात्मक रूप से अधिक उसके सामाजिक स्वरूप की पहचान पर बल देते थे। वे उन लोगों में से नहीं थे जो आधार और ऊपरी ढाँचे के रूपक के माध्यम से समाज और कला के सम्बन्ध को समझने की कोशिश करते हैं।

पूँजीवादी समाज में संगीत की स्थिति को स्पष्ट करते हुए अडोर्नो ने लिखा है कि आजकल अधिकांशतः संगीत एक ऐसी वस्तु के रूप में पैदा किया जा रहा है जो बाजार में बिक्री के लिए होता है। इसलिए वह संस्कृति के उद्योग का हिस्सा है। उन्होंने यह भी लिखा है कि जो संगीत इस स्थिति का प्रतिरोध करता है उसकी अन्तर्वस्तु में कला और जीवन के अलगाव की अभिव्यक्ति मिलती है। यह अलगाव

केवल संगीत में दूर नहीं किया जा सकता। उसके लिए समाज में बदलाव जरूरी होगा। संगीत में परिवर्तन की सम्भावना पर विचार करते हुए अडोर्नो ने यह भी लिखा है कि संगीत तभी बेहतर हो सकता है जब वह एक ओर अपनी भाषा में निहित विरोधों की अभिव्यक्ति में सक्षम होगा और दूसरी ओर समाज में मौजूदा यातना को मुखर करेगा। संगीत का काम समाज में मौजूद विभीषिकाओं का मूक दर्शक बनना नहीं है। अडोर्नो समाज के प्रसंग में संगीत में अलोचनात्मक चेतना का विकास आवश्यक मानते हैं।

आधुनिक समाज में संगीत की ग्रहणशीलता पर भी अडोर्नो ने विचार किया है। उन्होंने इस बात पर बार-बार दुःख व्यक्त किया है कि आज के समाज में संगीत के प्रति विज्ञ और आलोचनात्मक संवेदनशीलता घटती जा रही है। इसका एक कारण संस्कृति के उद्योग का बढ़ता हुआ प्रभाव भी है। पश्चिम में धर्म के प्रभाव से संगीत के क्रमशः मुक्त होने पर विचार करते हुए अडोर्नो ने बीथोबेन के महत्त्व की चर्चा की है और उन्हें बुर्जुआ मानववाद की एक सर्वोत्तम उपलब्धि माना है।

संस्कृति के समालोचक के रूप में अडोर्नो की ख्याति जिन धारणाओं के कारण है उनमें संस्कृति के उद्योग की धारणा सबसे महत्त्वपूर्ण है। संस्कृति के उद्योग की धारणा का विकास अडोर्नो के अमरीकी प्रवास के दौरान हुआ, जहाँ उन्होंने अमरीका के पूँजीवादी समाज में संस्कृति के अनेक प्रकार के उपयोगों और दुरुपयोगों को देखा था। इस धारणा की व्यवस्थित अभिव्यक्ति पहली बार 'डाइलेक्टिक ऑफ इनलाइटेनमेंट' नामक पुस्तक में हुई। अमरीका में रहते हुए हार्खेइमेर और अडोर्नो ने यह अनुभव किया कि संस्कृति के माध्सम से जन-चेतना को इस तरह शासित और छल-योजना का शिकार बनाया जाता है कि वह अलोचनात्मक सोच से शून्य हो जाती है। साधारण जनता कला की उसी तरह उपभोक्ता बन जाती है जैसे कि बाजार की अन्य वस्तुओं की। अडोर्नो ने देखा था कि अमरीका में प्रत्येक स्तर पर संस्कृति को बाजार की वस्तु बनाया जा रहा है। ऐसा किसी भी प्रशासित समाज या संसार में सम्भव होता है जिसके परिणाम स्वरूप, हर्बर्ट मारकूस के शब्दों में एकआयामी समाज बनता है और एकआयामी मनुष्य पैदा होता है। इस प्रक्रिया के माध्यम से संस्कृति का एक ऐसा स्वरूप विकसित किया जाता है जिसमें प्रतिरोध की न चेतना होती है और न ताकत। अडोर्नो संस्कृति की ऐसी धारणा में विश्वास नहीं करते थे जिसमें संस्कृति के अनैतिहासिक स्वरूप और अभिजनवादी प्रयोजन को महत्त्व दिया जाता हो। वे मानते थे कि संस्कृति का भौतिक आधार होता है और उसमें न्याय-अन्याय की चेतना भी होती है। उन्होंने लिखा है कि कोई भी प्रामाणिक कला कृति और कोई भी सच्चा दर्शन अपने आप में पूर्ण नहीं होता। उनका उस सामाजिक प्रक्रिया से गहरा रिश्ता होता है जिसमें से उनका जन्म होता है। अडोर्नो संस्कृति की मुक्तिधर्मिता के अन्वेषक थे और पक्षधर भी। वे संस्कृति

के ऐसे समालोचक हैं जो सहमति और समर्पण की प्रवृत्तियों को स्वीकार नहीं करता, जो निराशा और दुख की स्थितियों में आध्यात्मिकता की खोज नहीं करता, जो स्वंय को चारों ओर फैले कीचड़ में कमल जैसा नहीं समझता और जो संस्कृति की मूर्तिपूजा भी नहीं करता। उन्होंने देखा था कि संस्कृति किस प्रकार मनुष्य की मनुष्यता की अभिव्यक्ति के बदले जन-चेतना को तोड़ने-मरोड़ने की छल योजना का साधन बनती है। वे मानते थे कि संस्कृति के द्वन्द्वात्मक आलोचक का दायित्व न तो पदार्थ से चेतना का अलगाव है और न प्रशासन से कला का। वे संस्कृति और सभ्यता के परस्पर सम्बन्ध को भी पहचानते थे। एक ओर उन्होंने अमरीका में संस्कृति के बाजारीकरण को देखा था तो दूसरी ओर जर्मनी में संस्कृति के नाम पर पलने और फैलने वाली बर्बरता को भी। इन दोनों प्रवृत्तियों को वे संस्कृति की आलोचना के सामने खड़ी चुनौती के रूप में स्वीकार करते थे। वे यह मानते थे कि बौद्धिक और कलात्मक स्थितियों की ऐसी आलोचना आवश्यक है जिसमें उनके रूप और अर्थ के विश्लेषण के माध्यम से उनके वस्तुपरक प्रयोजन और बहानों के बीच मौजूद अन्तर्विरोधों को पहचाना जा सके।

अडोर्नो भीड़ की संस्कृति के कटु आलोचक थे। इसीलिए उन्हें कुछ लोग आभिजात्य और कुलीनतावादी आलोचक भी कहते हैं, लेकिन वे भीड़ की संस्कृति से जन-संस्कृति को अलग मानते थे। संस्कृति के उद्योग की धारणा पर पुनर्विचार करते हुए उन्होंने बाद के दिनों में अपनी स्थिति स्पष्ट करते हुए लिखा है—"हमने आरम्भ में भीड़ की संस्कृति का प्रयोग किया था पर बाद में उसे बदलकर संस्कृति का उद्योग कहा ताकि भीड़ की संस्कृति के अर्थ से अपने भ्रमों को दूर किया जा सके। हम जनता के बीच से स्वतः उत्पन्न संस्कृति को या लोकप्रिय कलाओं को संस्कृति के उद्योग से उपजी कलाओं से अलगाना चाहते थे।" संस्कृति का उद्योग नये और पुराने को मिलाकर एक नयी चीज पैदा करता है। इस प्रक्रिया में जो वस्तु पैदा होती है वह जनता के उपयोग के लिए होती है और वही उपयोग का स्वरूप भी तय करती है। यह एक सुनियोजित प्रक्रिया है। यह आज के समय में तकनीकी विकास के साथ-साथ आर्थिक और प्रशासनिक शक्तियों के केन्द्रीकरण के कारण सम्भव होता है। संस्कृति का उद्योग जान-बूझकर उपभोक्ताओं को नियंत्रित करता है। वह उच्च्च कला और निम्न कला के फर्क को मिटाता है। संस्कृति का उद्योग यह भ्रम पैदा करता है कि उपभोक्ता ही सर्वोत्तम है, परन्तु वास्तव में यह उपभोक्ता की चेतना को भुलावे में डालने की चाल ही है। संस्कृति का उद्योग जनता की चिन्ता के नाम पर उसकी मानसिकता को अपने अनुकूल बनाता है। इस प्रकार जनता संस्कृति के उद्योग की निर्णायक नहीं, बल्कि उसकी विचारधारा का शिकार बनती है। संस्कृति की वस्तुओं का महत्त्व उनकी कीमत से तय होता है न कि उनकी अन्तर्वस्तु से। संस्कृति का पूरा उद्योग लाभ की प्रवृत्ति को सांस्कृतिक रूपों

में रूपान्तरित करता है। अडोर्नो ने ठीक ही लिखा है कि संस्कृति का उद्योग अपने उपभोक्ताओं से जो वादे करता है उनको निरन्तर झुठलाता रहता है। वह अनन्त प्रतीक्षा की एक दुनिया रचता है जो माया है। उससे केवल यह साबित होता है कि वास्तविकता तक पहुँचना कभी सम्भव नहीं होगा।

संस्कृति के उद्योग से अडोर्नो की एक शिकायत यह भी है कि वह रहस्यमयता का वातावरण निर्मित करता है और उपभोक्ता को लुभाता है। अडोर्नो के इस विचार के पीछे मार्क्स द्वारा वस्तु-पूजा की प्रवृत्ति के विश्लेषण का प्रभाव है। कला के अन्य रूपों के साथ-साथ संगीत में भी इस प्रवृत्ति के प्रसार की अडोर्नो ने विस्तार से आलोचना की है।

हाल के वर्षों में संस्कृति के उद्योग की धारणा सम्बन्धी अडोर्नो के विचारों की आलोचना अनेक उत्तर-आधुनिकतावादियों ने की है। कुछ उत्तर-आधुनिकतावादी संस्कृति के उद्योग से उपजी कला में लोकतन्त्र की खोज करते हुए अडोर्नो की आलोचनाओं को खारिज करते हैं, लेकिन जिस तरह पूँजीवाद से संचालित लोकतन्त्र अवास्तविक है उसी तरह संस्कृति के उद्योग से पैदा होने वाली कलाओं का लोकतन्त्र भी झूठा है। उत्तर-आधुनिकतावाद से अडोर्नो का सम्बन्ध स्वतन्त्र रूप से विचार का विषय हो सकता है। उत्तर-आधुनिकतावादी उत्तर-आधुनिक युग की एक बड़ी विशेषता बिखराव या विखण्डन को मानते हैं, लेकिन अडोर्नो ने बहुत पहले आधुनिकता को विखण्डन का युग कहा था। उत्तर-आधुनिकतावादी सिद्धान्त को यथार्थ या तथ्यात्मकता का विरोधी मानते हैं। यह अडोर्नो की प्रसिद्ध पुस्तक 'निगेटिव डाइलेक्टिक्स' (1966) में पहले से मौजूद है। उस पुस्तक की भूमिका में अडोर्नो ने लिखा है कि द्वन्द्वात्मकता वस्तुओं की गलत दशा की सत्ता-मीमांसा है और यह भी कि वह झूठ के रूप में सच का समर्थन करते हैं जबकि अडोर्नो ने पूँजीवाद की इस प्रवृत्ति की लगातार आलोचना की है। अडोर्नो के चिन्तन में ऐसा बहुत कुछ है जिसके माध्यम से फूको और ल्योतार की अनेक मान्यताओं की सीमाओं को समझना सम्भव है। उत्तर-आधुनिकतावादी पूँजीवाद की किसी सीमा को स्वीकार नहीं करते और वे मनुष्य की स्वतन्त्र इच्छा शक्ति का महत्त्व भी नहीं मानते। जबकि अडोर्नो ने लिखा है कि व्यापार के चरित्र की सीमाएँ होती हैं। श्रम-शक्ति का केवल विनिमय-मूल्य ही नहीं होता, उसका उपयोग-मूल्य भी होता है। अडोर्नो ने ठीक ही लिखा है कि मनुष्य की इच्छा-शक्ति की स्वतन्त्रता को पूरी तरह अस्वीकार करना उसको पूर्णरूप से विकसित पूँजीवाद की सेवा करने वाले श्रमिक के रूप में समझना है। आज के पूँजीवादी समाज और उसके समर्थक विचारकों के विचारों की अवहेलना का पूर्वाभास अडोर्नो के चिन्तन में मिलता है जिससे अडोर्नो को आज भी पढ़ना आवश्यक लगता है।

अडोर्नो के विचारों के प्रसंग में उत्तर-आधुनिकतावाद के साथ-साथ

विखण्डन की भी चर्चा होती रही है। अडोर्नो की जब मृत्यु हुई थी तभी या उसी समय विखण्डनवाद का जन्म हुआ था। टेरी ईगल्टन ने अडोर्नो के विचारों से विखण्डन की तुलना करते हुए लिखा है कि बहुत पहले अडोर्नो ने उन बिखरी हुई स्थितियों की ताकत की चर्चा की थी जो धारणाओं के जाल में आ नहीं पातीं, उसने अस्मिता की प्रत्येक राजनीति को खारिज किया था और वर्गचेतना के वस्तुगत स्वरूप को अस्वीकार किया था। साथ ही उसने सार्थकता की प्रक्रिया की प्रयोजनीयता का खण्डन किया था। टेरी ईगल्टन ने यहाँ तक लिखा है कि वास्तव में समकालीन विखण्डनवाद का शायद ही कोई ऐसा पक्ष है जो अडोर्नो के चिन्तन में मौजूद न हो। मिसेल र्यान ने भी अडोर्नो के विचारों में विखण्डनवाद के तत्त्वों की खोज की है। अडोर्नो और देरिदा के चिन्तन को जोड़ने वाला एक बिन्दु वाल्टर बेंजामिन का चिन्तन भी है।

आज का भारतीय समाज अनेक प्रकार के ऐसे संकटों का सामना कर रहा है जिनको समझने में अडोर्नो का चिन्तन हमारी मदद करता है। आज भारत में एक ओर साम्प्रदायिक फासीवाद का प्रसार हो रहा है तो दूसरी ओर सर्वग्रासी पूँजीवाद का। इन दोनों की जो आलोचना अडोर्नो के विचारों में है वह भारतीय समाज के भविष्य की चिन्ता करने वालों के लिए अत्यन्त उपयोगी है। आज भारत में सांस्कृतिक राष्ट्रवाद के नाम पर एक ऐसी संस्कृति का प्रचार-प्रसार हो रहा है जो मनुष्य की मनुष्यता के लिए खतरा है। ऐसी संस्कृति की राजनीति की विस्तृत आलोचना अडोर्नो के चिन्तन में मौजूद है जिससे हमारा परिचय आवश्यक लगता है। आज के भारतीय समाज में संस्कृति की आलोचना के साथ-साथ आलोचना की संस्कृति खतरे में है। अडोर्नो ने जीवन भर आलोचना की संस्कृति की रक्षा के लिए संस्कृति की गम्भीर आलोचना की कोशिश की है।

कभी अडोर्नो ने कहा था कि आस्चविज़ की घटना के बाद कविता लिखना बर्बरता है। आस्चविज़ में नाजियों ने बड़ी संख्या में यहूदियों को गैस चेम्बर में मौत की नींद दे दी थी। उस घटना का असर अडोर्नो के मन पर जीवन भर बना रहा। वे उस बर्बरता के बाद मनुष्यता की अभिव्यक्ति करने वाली कविता की सम्भावना का अन्त देखने लगे थे। जाहिर है अडोर्नो के इस कथन में गहरी निराशा है, लेकिन नाज़ी जमाने में जर्मनी में बर्बरता का जो नंगा नाच हो रहा था वह अनेक रचनाकारों की रचनाशीलता के लिए चुनौती और प्रश्न के रूप में उपस्थित था। ब्रेष्ट के सामने भी यह सवाल था कि क्या अँधेरे समय में भी कविता होगी? ब्रेष्ट ने अडोर्नो से भिन्न उत्तर दिया था। उन्होंने एक कविता में लिखा है :

'अँधेरे समय में क्या गीत गाये जाएँगे
हाँ, तब भी गीत गाये जाएँगे
अँधेरे समय के बारे में'

बाद में अडोर्नो ने भी अपनी राय बदली। उन्होंने 'निगेटिव डाइलेक्टिक्स' नाम की पुस्तक में लिखा कि स्थायी यातना को अभिव्यक्ति का वैसा ही अधिकार है जैसा यातना सहने वाले को चीखने का। इसलिए मेरा यह कहना गलत था कि आस्चविज़ के बाद कविता लिखना सम्भव नहीं है। अडोर्नो जैसा सौन्दर्यशास्त्री जो कला को वेदना की भाषा मानता हो वह कविता में वेदना की अभिव्यक्ति को कैसे अस्वीकार कर सकता है। गुजरात के जन-संहार के बाद जिनके मन में कविता की शक्ति और जरूरत के बारे में सन्देह हो उन्हें अडोर्नो के विचारों में परिवर्तन पर ध्यान देते हुए बर्बरता के विरुद्ध कविता की ताकत को पहचानना चाहिए।

आजकल हिन्दी में प्रामाणिक भारत और प्रामाणिक भारतीयता की खोज बड़े पैमाने पर हो रही है। यह स्वाधीनता आन्दोलन के काल में होने वाली भारत की खोज से एकदम भिन्न है। भारत की इस दूसरी खोज का लक्ष्य हिन्दू भारत की खोज करना है। इस प्रामाणिक भारतीयता की खोज की भाषा के अभिप्राय को समझने में हमारी मदद अडोर्नो की प्रसिद्ध पुस्तक 'जार्गन ऑफ ऑथेन्टिसिटी' कर सकती है। आधुनिक हिन्दी कविता के दौर में 'अनुभूति की प्रामाणिकता' की चर्चा थी और कहानी के क्षेत्र में 'भोगे हुए यथार्थ' की, जिसकी आलोचना बहुत पहले मुक्तिबोध ने की थी। आज हम अनुभूति की प्रामाणिकता और भोगे हुए यथार्थ की भाषा के आशय को समझने के लिए 'जार्गन ऑफ ऑथेन्टिसिटी' को पढ़ सकते हैं।

यद्यपि अडोर्नो का मार्क्सवाद विवाद का विषय रहा है, परन्तु आज मार्क्सवाद जिस संकट का सामना कर रहा है उनमें अडोर्नो को याद करना जरूरी है। अडोर्नो ने पूँजीवाद के बारे में मार्क्स की निर्मम आलोचना-दृष्टि के अनेक बिन्दुओं को विकसित किया है; वस्तु-पूजा की वर्तमान स्थिति की व्याख्या की है, सजीव श्रम पर मृत श्रम के आधिपत्य को स्पष्ट किया है, विनिमय-मूल्य से उपयोगी-मूल्य को अधिक महत्त्वपूर्ण माना है और वर्गों के लोप की मान्यता को भी अस्वीकार किया है।

एक ओर जबकि सांस्कृतिक राष्ट्रवाद विवेक पर आस्था का कब्जा चाहता है और उत्तर-आधुनिकतावाद ने बुद्धि के विरुद्ध युद्ध शुरू कर रखा है तब अडोर्नो को आलोचना की संस्कृति के रक्षक के रूप में याद करना आवश्यक लगता है, क्योंकि वे आलोचना को संस्कृति के अस्तित्व के लिए आवश्यक मानते हैं। तानाशाही आलोचना बर्दाश्त नहीं करती। अडोर्नो ने लिखा है कि जब फासीवादियों ने आलोचना शब्द को बदनाम किया और उसकी जगह कला की कद्रदानी या गुणग्राहकता को बढ़ावा दिया तब वे अधिनायकवादी राज्य के हितों के लिए काम कर रहे थे और आलोचना से भयभीत भी थे। आजकल भारतीय समाज में, विशेषकर संस्कृति और कला के क्षेत्र में रचना और विचार की स्वतन्त्रता पर आक्रमण हो रहे हैं। जो सबकी निन्दा करना अपना अधिकार समझते हैं वे वर्तमान ही नहीं अतीत के भी आलोचनात्मक

विवेक को असह्य मानते हैं। ऐसी प्रवृत्ति से अडोर्नो का निरन्तर संघर्ष आज प्रेरणा दे सकता है और शक्ति भी। अडोर्नो का लेखन हमें यह सिखाता है कि आलोचना मानव-चेतना की स्वतन्त्रता का लक्षण है तथा प्रमाण भी, और उसकी रक्षा मनुष्य की स्वतन्त्रता की रक्षा की अनिवार्य शर्त है। आलोचना एक ऐसा संस्कृति-कर्म है जिसकी शक्ति और आवश्यकता की पहचान संकट के समय में ही होती है।

हिन्दी में अडोर्नो की उपस्थिति बहुत कम है। उनके निबन्धों के भी अनुवाद कम ही हुए हैं। अडोर्नो के चिन्तन और लेखन की शैली तथा भाषा ऐसी है जो अनुवादकों के लिए चुनौती के रूप में सामने आती है। अडोर्नो शास्त्रीयता का विरोध करते थे और शास्त्र बनाने का भी। उनके यहाँ विचारों का विस्तार और विवेचन उतना नहीं है जितना अंतर्दृष्टियों के स्फुलिंगों का प्रसार है। वे अपनी बात रूपकों और सूत्रों में कहते हैं। अडोर्नो सम्प्रेषण के लिए सरलता का सहारा लेने के बदले अपनी गहन विचारशीलता को मूल रूप में व्यक्त करने का आग्रह करते थे। इसलिए उनके लेखन में दुर्बोधता मिलती है। संगीत से गहरे लगाव के कारण उनकी लेखन-शैली और भाषा में संगीतमयता भी मौजूद है। शायद यही कारण है कि गत वर्ष अडोर्नो पर फ्रैंकफुर्त में होने वाली गोष्ठियों में से एक का सम्भवतः विषय था—'संगीत जो अडोर्नो की दूसरी जबान है।'

□□